KB274177

7가지 행복 명상법

Essential Spirituality
By Roger Walsh

ESSENTIAL SPIRITUALITY

# 7가지 행복 명상법

로저 월시 지음 | 김명권·문일경·백지연 옮김

김영사

# 7가지 행복 명상법

1판 1쇄 발행  2007. 3. 15.
1판 9쇄 발행  2020. 8. 10.

지은이  로저 월시
옮긴이  김명권·문일경·백지연

발행인 고세규
발행처 김영사
등록 1979년 5월 17일(제406-2003-036호)
주소 경기도 파주시 문발로 197(문발동)  우편번호 10881
전화 마케팅부 031)955-3100, 편집부 031)955-3200 | 팩스  031)955-3111

이 책의 한국어판 저작권은 John Wiley & Sons, Inc.를 통한 저자와의 독점 계약에 의해 김영사에
있습니다. 저작권법에 의해 한국 내에서 보호를 받는 저작물이므로 무단전재와 무단복제를 금합니다.

값은 뒤표지에 있습니다.   ISBN  978-89-349-2455-5  03220

홈페이지 www.gimmyoung.com     블로그 blog.naver.com/gybook
페이스북 facebook.com/gybooks    이메일 bestbook@gimmyoung.com

좋은 독자가 좋은 책을 만듭니다.
김영사는 독자 여러분의 의견에 항상 귀 기울이고 있습니다.

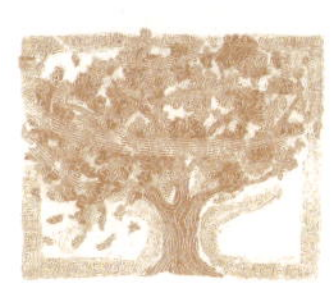

당신의 상태는 어떠한가?
'당연히 깨어 있어야 함에도 단지 반쯤만 깨어 있지 않은가.
열정은 꺼져 있고 기본적인 능력만 사용하고 있지 않은가.
정신적·신체적 자원의 극히 일부만을 사용하고 있지 않은가.'
삶의 고통, 관계의 어려움, 세상의 비극에 대한 이해는
이 물음에 답하는 것에서부터 시작된다.

우리는 지극히 물질적인 세상 안에서 권력과 부를 향한 채워지지 않는 욕망에 쫓겨 살아가고 있다. 이렇게 헛된 추구를 하면서 우리는 내면의 평화와 정신적 행복으로부터는 점점 더 멀어지고 있다. 오늘날 많은 사람들은 물질적 풍요로움 속에서도 불만족, 두려움, 불안, 불안정감을 경험하고 있다. 우리의 가슴속에 뭔가가 결여되어 있는 듯하다. 우리가 잃어버린 것처럼 보이는 것은 인간의 영성에 관한 적절한 느낌이다.

인간으로서 우리는 물질만으로는 필요를 충족시킬 수 없다. 우리는 육체의 안위를 위한 편의시설을 필요로 하지만 이것은 정신적 안위를 제공해줄 수는 없다. 이런 상황에서, 종교 전통은 아주 상대적이다. 종교가 현대의 일상생활에 큰 가치가 없다면, 우리가 종교를 포기하는 것이 정당하다. 그러나 나는 종교가 우리에게 헤아릴 수 없을 정도의 혜택을 실제로 제공해줄 수 있다고 늘 믿고 있다.

각각의 종교는 나름대로의 철학을 가지고 있으며 다양한 종교 전통 사이에는 상이점뿐만 아니라 많은 유사점이 있다. 중요한 것은 각 개인에게 적합한 것이 무엇인지 알아내는 것이다. 모든 다양한 종교들은 자비심을 일깨우는 데에 있어서 제각기 그 나름대로의 중요한 역할을 하고 있다. 모든 종교들은 자비심의 중요성을 깨닫고 있고 자비심과 조화로움의 마음을 키우기 위한 잠재력을 가지고 있다. 모든 종교는 이러한 잠재력을 바탕으로 서로를 이해하고 함께 일해 나갈 수 있다.

그와 동시에, 자비심과 용서가 인간의 기본적인 품성이며 종교적 신념과 무관하게 매우 중요하다고 나는 믿는다. 나는 종교가 우리가 가지고 있는 자연스러운 긍정적 품성을 강화하고 키워준다고 믿는다. 이 지구의 인구는 50억이 넘는다. 아마도 그 중의 10억 명만이 특정 종교를 따르고 있을 것이다. 나머지 40억은 그렇게 강한 신념을 가지고 있지 않지만, 인류가 형제와 자매인 것처럼, 자비심을 가져야할 필요를 느낄 것이라고 믿는다.

이 책에서 로저 월시는 세계의 종교들에게서 공통적으로 보이고 있는 7가지의 훈련을 검토한다. 그는 동기의 정화, 사랑과 자비심의 계발, 주의 훈련, 자각의 명료화 및 윤리 의식과 지혜의 계발 그리고 타인을 위한 봉사 방법에 대해 논의한다. 나는 이 모든 훈련들이 본질적으로 자비심의 계발과 연결되어 있다고 믿는다. 이것은 타인에 대해 생각하고 타인을 위하여 뭔가를 하기를 원하는 것뿐만 아니라 이러한 좋은 의도를 실행으로 옮기는 것과 연관되어 있다.

인간의 품성은 변화되고 더 낫게 계발될 수 있다. 그러나 종교와 영적 가치가 가져다줄 수 있는 혜택과 인류에게 할 수 있는 기여는 우리들 각자와 그것의 실제 실천 여부에 달려 있다. 그러므로 우리가 매일 몇 분 동안 여기서 설명하고 있는 훈련에 대해 생각하고 자비심을 계발하려고 노력한다면 언젠가는 자비심이 우리 삶의 부분이 되어 있을 것이다.

달라이 라마

놀랍도록 단순하다! 이 힘은 광범위한 종교 문헌을 섭렵한 저자의 탁월한 지적 능력에서 비롯될 뿐만 아니라, 수년 동안 스스로 실천한 영적 수행에도 근거하고 있다.

_람 다스Ram Dass

이 책은 에너지가 넘치고, 몰입하게 만들며, 전율하게 한다. 영적 저서 분야에서는 자체 내에서 루이스 토마스Lewis Thomas나 칼 세이건 Carl Sagan을 절실하게 찾아왔는데, 나는 로저 월시가 그런 사람이라고 믿는다. 로저는 빈약하거나 신뢰할 수 없는 상태로 남아 있는 영적 주제는 제외하면서 실직적인 영적 수련에 철저하게 근거하고 있다.

_켄 월버Ken Wilber

보석 같은 책! 25년에 걸친 깊은 영적 수행과 지적 탐구를 통해 얻어낸 독창적인 보물이다! 이 책은 저자가 아름답고 사랑스럽게 묘사한 '진실'들을 사람들이 스스로 발견하도록 해주는, 간단하지만 강력한 훈련들로 가득 차 있다.

_듀안 엘진Duane Elgin

선구적이고 독창적인 작업이다. 현대의 영적 수행자들에게는 가치를 헤아릴 수 없을 만큼 귀중한 안내서이다!

_스타니슬라브 그로프Stanislav Grof, M.D.

하나의 개척이다. 이 책은 세계의 종교에서 발견되는 공통된 수련들을 확인하고 한데 모은 최초의 책이다.

_엔젤스 애리언Angeles Arrien, Ph.D.

로저 월시는 그가 살아가는 대로 저술한다. 즉, 명료한 마음과 열린 가슴을 결합하여 지속적인 가치가 있는 작업을 해냈다. 이 책은 물질적 세상 속에서 영적인 삶이 주는 이점을 아름답고 조리 있게 표현했다.

_댄 밀먼Dan Millman

절대적 걸작! 이 책은 경험이 있는 수행자와 경험이 없는 수행자 모두에게 도움이 된다. 글은 깊고, 간단하고 명확하지만 동시에 시적이며 음악적이다. 반드시 읽어야 할 책.

_제랄드 잼폴스키Gerald G. Jampolsky, M.D.

이 책은 헉슬리의 《영원한 철학*The Perennial Philosophy*》 만큼이나 의미심장하며 우리 시대의 가장 중요한 책 중 하나가 될 것이다. 이 책은 심오한 영적 주제를 매우 명료하고 현실적인 방식으로 다루면서 간단하고 효과적인 실용적 연습들을 제공한다. _피터 러셀Peter Russel

이 책을 쓸 만한 더 나은 사람을 상상할 수 없다. 이 책의 명료함, 깊이, 그리고 중요성은 참으로 위대하다. 영적인 길을 완벽하게 소개하고 있으면서, 뭔가를 이미 알고 있다고 생각하는 사람들에게는 시원한 청량제가 된다.

_찰스 타트Charles T. Tart

# 신을 찾고자 한다면, 자신의 가슴에서

−유누스 엠레Yunus Emre [1]

# 찾아라.

삶은 고달프지만 때로 희열일 수 있다. 시련을 이겨내고 기쁨을 맛보는 것은 삶에 있어 중대한 도전이며 모든 영적 수련의 목표이기도 하다.

시련에는 여러 가지가 있다. 아무리 운 좋은 사람도 비탄과 질병, 실망과 좌절의 순간을 맞이하며, 그 때문에 고통 받는다. 우리 모두 두려움과 좌절, 슬픔과 우울을 알고 있다. 조만간 우리는 사랑하는 이의 죽음을 지켜보게 될 것이며 결국 우리 자신도 죽음에 이르게 될 것이다. 그것은 결코 새로운 발견이 아니다. 2000년 전에 붓다는 고통이 삶의 일부라는 인식을 가르침의 정수로 삼았고, 이스라엘의 유대교 시편은 삶에 대한 한탄을 다음과 같이 절묘하게 표현했다.

세월은 흘러서 한숨처럼 사라진다네.
삶은 노고와 근심뿐이지만 그것들도 곧 사라진다네.

삶을 이해하는 것은 어렵다. 우리는 멍하고 무력한 상태로 태어나서 신비로 가득 찬 세상에 살고 있는 자신을 발견하게 된다. 삶은 광대무변한 우주의 한 점 먼지와 같다. 그러므로 너무나 신비로운 삶 속에서 우리가 때로 당황하여 비틀거리는 건 이상한 일이 아니다.

그런 반면 삶은 여전히 흥미롭고 즐겁다. 세상은 셀 수 없이 많은 불가사의한 탐험거리와 만나야 할 사람들, 그리고 숨 막히는 아름다움으로 가득 차 있다. 우리 모두는 사랑과 놀이, 배움과 치유의 기회를 만난다. 삶은 기회와 도전으로 가득 차 있으며, 우리 모두는 자신의 삶을 창조하는 예술가이다.

삶은 황홀할 수 있다. 삶과 세계 자체가 신성과 다르지 않다는 것을 깨닫는 매우 심오하고 의미 있는 순간을 경험할 경우 특히 그러하다. 그러한 희열의 순간에는 마치 태양 앞의 반딧불처럼 일상적인 즐거움이 빛을 잃으며, 그러한 사랑과 자비의 순간에는 모든 창조물을 사랑하게 된다. 이러한 경험은 단 한 번만으로도 우리의 삶을 영원히 변화시킬 수 있다.

리처드 버크Richard Bucke는 바로 그 같은 경험을 한 사람이다. 그는 1837년에 태어나 캐나다의 외딴 농가에서 성장했다. 열일곱 살에 미국 전역을 여행하기 시작하면서 정원사와 광부, 미시시피 기선의 선원으로 일했다. 더 큰 모험을 하기 위해서 그는 유타 주까지 1900킬로미터를 횡단하는 마차 수송대의 운전보조에 지원하여 굶주림과 여러 차례에 걸친 인디언의 공격으로부터 간신히 살아남았다. 네바다 주에서 광부가 되기로 과감하게 결정하면서부터 그에게 불운이 닥쳐왔다. 한겨울에 친구가 죽었고 버크와 다른 한 명의 생존자만이 황무지에 남게 되었다. 필사적인 몸부림 끝에 그들은 가까스로 태평양 연안을 향해 떠날 수 있었다. 그것은 끔찍한 여행이었다. 함께 떠난 동료는 세상을 떠났고 버크는 마지막 순간에 탄광인부에게 구조되었다. 그의 발은 동상에 걸려서 한쪽은 부분적으로, 다른 한쪽은 완전히 절단해야만 했다. 스물한 살에 그는 그렇게 불구가 되었다.

그러나 그해에 버크는 재산을 상속받아 의과대학에 진학하여 완전히 새로운 삶을 시작하고, 그 후로는 저명한 정신과 의사로 살아가게 된다.

서른 살에 버크의 삶은 또 다른 전환점을 맞이했다. 그의 집을 방문한 사람이 월트 휘트먼Walt Whitman의 시를 몇 편 낭송해주었는데, 그 시는 그에게 매우 극적인 영향을 미쳐 버크는 점차 관조적인 사람이 되었다. 1872년에는 서른다섯의 나이에 삶을 완전히 뒤흔드는 경험을 했고, 그것은 수백 수천의 독자들에게 영향을 미쳤다. 《우주 의식Cosmic Consciousness》이라는 유명한 책의 서문에서, 그는 그날 밤 두 친구와 함께 윌리엄 워즈워스William Wordsworth와 존 키이츠John Keats, 퍼시 비시 셸리Percy Bysshe Shelley와 로버트 브라우닝Robert Browning, 그리고 휘트먼의 시를 읽으며 시간을 보냈다고 밝히고 있다. 자정쯤 그들은 헤어졌고 버크는 마차를 타고 멀리까지 나갔다. 그는 여전히 시에 대한 생각에 사로잡혀 있었으며 마음은 고요하고 행복했다. 그 순간 예고도 없이 갑자기 다음과 같은 경험이 찾아왔다.

돌연 나는 불꽃 같은 구름에 둘러싸여 있는 나 자신을 발견했다. 순간 나는 가까운 큰 도시 어딘가에서 대형 화재가 발생했다고 생각했다. 그러나 그 다음 순간에, 불이 내 안에서 일어나고 있다는 것을 깨달았다. 형언할 수 없는 지혜로운 빛에 이어 환희와 큰 기쁨이 뒤따랐다. 우주는 생명력 없는 물질로 이루어진 것이 아니라 살아 있는 현존이라는 것을 믿는 차원을 넘어 직접 보게 되었다. 나는 나 자신을 영원한 생명으로 의식하게 되었다. 영원한 생명을 얻게 될 것이라는 믿음이 아니라 이미 영원한 생명을 지니고 있다는 의식이었다. 나는 모든 사람들이 영원불멸하며 모든 것들이 스스로와 공공의 선을 위해 상호작용하고 있는 우주의 질서를 깨달았다. 세계의 기본 원리는 우리가 사랑이라고 부르는 것에 있으며 모든 존재의 행복이 궁극적인 목표임을 알게 되었다.

그 심오한 경험은 매우 강렬하여 버크는 남은 여생을 그러한 경험을 연구하는 데 바쳤다.

슬픔과 신비, 행복과 환희 같은 경험을 다루는 방법이 있다는 것은 분명히 놀라운 일이다. 슬픔을 보다 잘 견디고 치유하며, 신비 한가운데서 의미를 발견하고, 행복을 찾아내고, 환희를 받아들이는 것을 배울 수 있다면 우리의 삶은 근본적으로 변화할 수 있을 것이다. 다행히 이러한 것들이 영적 수련의 목표이다. 영적 수련을 통해서 삶을 변화시키는 은총의 향연이 가능해지는 것이다.

## | 영적 수련의 이점 |

우리는 종교religion와 영성spirituality이라는 두 가지 중요한 용어를 구분할 필요가 있다. 종교라는 용어는 다양한 의미를 가지고 있는데, 특히 신성과 삶의 궁극적 가치에 관련된 의미를 담고 있다. 반면 영성이라는 용어는 신성의 직접적인 경험을 의미한다. 영적인 수련은 우리로 하여금 신성을 경험케 하는데, 신성은 우리 삶에 있어서 가장 핵심적이고 중요한 것이다.

### 심리적·영적 이점

영적 수련의 궁극적 목적은 깨달음이다. 즉 진정한 자기와 신성과의 관계를 깨닫는 것이다. 이러한 여정 중에 영적 수련은 다양한 선물을 제공한다. 수천 년 동안 모든 전통의 성인들은 수행자의 삶을 보면서 영적 여정 중에 경험한 다양한 효과를 찬미해왔다. 점차 가슴이 열리기 시작하고 두려움과 분노가 사라지며, 탐욕과 질투가 줄어들고 행복과 기쁨이 자라난다. 또한 사랑이 꽃피고, 마음의 동요 대신에 평온이 자리 잡으며, 타인의 성장에 대한 관심과 지혜가 자라나기 시작하고, 몸과 마음이 건강해진다. 영적 수련은 이렇게 우리 삶의 모든 측면에 실제로 영향을 미치며 다양한 방식으로 변화가 일어난다.

과거에는 이러한 주장들이 그 신뢰성에 대해 도전을 받았다. 그러나 이제는 상황이 아주 많이 변했다. 현대의 실험을 통해서 고대의 주장들을 지지하는 동시에 심리적·신체적 효과를 증명하는 자료들이 홍수처럼 쏟아지고 있다.

심리적 이점 중에서는 불안이 감소하고 평온이 증가하는 이완반응이 가장 잘 알려져 있다. 또 다른 이점은 창조성과 지성, 학문적 성취 같은 지적인 재능이 계발되고 보다 활기찬 사람이 된다는 것이다. 영적 수련을 통해서 사람들은 더 많은 자기통제와 자기실현을 경험하게 된다. 점점 더 민감해지고, 더 깊은 공감이 가능해지며 부부관계에서도 더 큰 만족을 얻게 된다. 그러한 이들은 알코올이나 약물을 복용하지 않으며 성性이나 공격성 같은 문제로 갈등하지 않는다.

## 신체적 이점

신체적 이점 또한 아주 극적이다. 영적 수련은 스트레스와 혈압, 콜레스테롤 수치를 감소시킨다. 또한 불면증과 근육 경련, 편두통에서부터 만성적인 통증에 이르는 질환을 완화시킨다. 노화 증상을 감소시키고 수명을 연장시키기도 한다. 하버드대학의 한 연구팀은 요양원의 80대 노인 환자들을 대상으로 실험하여, 명상을 시작한 환자들은 하지 않은 환자들보다 더 큰 행복감을 느끼고 병세에 호전을 보였으며 더 장수한다는 것을 밝혀냈다.

## 가장 위대한 발견

오랫동안 영적 수련은 우리의 감성과 지성, 그리고 삶에 있어서 변화의 기적을 일으켜왔다. 감성이 열리고 지성이 명확해질수록, 우리는 점점 더 경계 없는 마음의 깊이를 만나게 된다.

그러다가 자신의 내부에서 마침내 가장 심오하고 의미심장하며, 인간이 할 수 있는 가장 중대한 발견을 하게 된다. 우리 안에서 가장 심오하고 진정한 자기를 발견하고, 우리가 스스로 상상한 것 이상의 존재라는 사실을 깨닫게 된다. 우리는 신성의 창조물이며 항상 신성과 친밀하게 연결되어 있다는 것, 그리고 신성의 은총과 보살핌을 받고 있다는 것을 알게 된다.

이는 모든 발견 중에서 가장 위대한 발견이며, 비밀 중의 비밀이다. 이 귀중한 선물은 위대한 종교의 근원이자 목표이다. 이것은 우리 모두가 추구하는 목표이며, 삶에서 열망하는 것에 대한 대답이요, 신비주의자들이 느끼는 희열의 원인이며, 영원히 넘치는 기쁨의 근원이다. 또한 위대한 종교의 핵심적인 메시지이며 신비 체험의 기초이다. 서양의 전통에서는 이를 다음과 같이 표현하고 있다.

천국은 네 안에 있다. (예수, 기독교)
자신을 아는 것이 자신의 주를 아는 것이다. (마호메트, 이슬람교)
그는 모든 것 안에 있고, 모든 것은 그 안에 있다. (유대교)

수세기 전에, 황홀경을 경험한 중국의 수행자들도 이와 유사한 표현을 남겼다.

자신의 본성을 이해하는 자는 천성을 이해한다. (맹자, 유교)
영혼의 깊은 곳에서 우리는 신성, 즉 유일자를 깨닫게 된다. (주역)

인도의 전통에서도 이러한 깨달음의 선물을 그들의 언어로 표현했다.

아트만(개별 의식)과 브라만(우주 의식)은 하나이다. (힌두교)
내면을 보라, 당신이 곧 붓다이다. (불교)

이와 같은 황홀경 체험은 영적 발달의 가장 심오한 목표이며 최고의 경지이다. 표현의 차이는 있을지라도 세계 종교에서 영원의 철학perennial philosophy과 영원의 수련perennial practice의 근간이 되는 경험은 공통점을 갖는다.


## | 영원의 철학과 수련 |


전 지구적인 소통에 힘입어, 우리는 역사상 처음으로 세계의 모든 종교와 그 종교의 유용한 지혜와 수련법을 손에 쥐게 되었다. 전과 비교할 수 없을 정도로 많은 사람들이 다양한 전통의 수련법을 접하고 있다. 그러나 그 풍부한 가능성은 오히려 서로 상반돼 보이는 주장과 수련의 다양성으로 많은 사람들을 혼란스럽게 했고, 심지어는 현혹시켜왔다. 그렇다면 서로 다른 전통들의 공통분모는 무엇인가?

각기 다른 수백의 문화와 주장, 그리고 관습에도 불구하고 정통성을 갖는 각 전통의 심장부에서 비롯된 지혜와 수련에서는 핵심적인 공통점을 찾을 수 있다. '정통성을 갖는 전통'이라는 말은 그 전통이 직접적인 성스러운 경험을 제공할 수 있고, 수련자들의 진실한 영적 성장과 성숙을 촉진시킨다는 의미이다.

수천 년 간 수많은 이들이 서로 종교가 다르다는 이유로 싸우고, 고문하고, 죽였다는 사실은 참으로 놀랍다. 아무 신문이나 흘긋 보기만 해도 종교 간의 차이가 고통스럽도록 분명하게 다가오지만,

이제 우리는 점차 그 유사점과 공통점을 알아가고 있다.

## 영원의 철학

학자들은 종교적 지혜의 본질적이고 공통적인 핵심을 영원의 지혜perennial wisdom, 혹은 영원의 철학이라고 부른다.

왜 영원인가? 삶에 대한 심오한 통찰은 세기와 문화를 넘어 지속되면서 전 시대의 위대한 성인들이 가르쳐온 것이기 때문이다.

수천 년 간 발달해온 영원의 철학은 인류가 축적한 지혜의 보물창고이다. 광범위한 조망과 심오한 깊이는 삶과 사랑, 건강과 행복, 고통과 구원의 본질에 관해 헤아릴 수 없이 많은 통찰을 제공한다.

그 심장부에는 실재와 인간 본성에 관한 네 가지 결정적인 주장(진보한 영적 수행자들의 직접적인 통찰에 근거한 것이므로 사실상은 관찰이라 할 수 있다)이 있다.

1_ 실재에는 두 측면이 있다. 하나는 물리적인 사물과 생물의 세계로서 우리 모두에게 익숙한 일상의 영역이다. 이 영역은 시각과 청각을 통해 접근 가능하며 물리학이나 생물학 같은 과학에 의해 연구된다.

그러나 이러한 친숙한 현상의 이면에는 훨씬 미묘하고 심오한 또 다른 영역이 있다. 이는 의식과 영혼, 우주심, 혹은 도의 영역이다. 더 나아가 물리적인 영역과 그 근원이 창조되고 포함되는 영역이다. 이 영역은 시간과 공간, 그리고 물리적 법칙을 창조했기 때문에 그것에 제한받지 않는다. 따라서 경계가 없고 무한하며 시간을 넘어 영원하다.

　2_ 인간은 두 영역 모두에 관여한다. 우리는 육체적인 존재일 뿐만 아니라 영적인 존재이기도 하다. 우리는 신체를 지니고 있지만 우리 존재의 핵심부에, 우리 마음의 깊은 곳에 초월적 자각의 중심 또한 지니고 있다. 이 중심은 순수 의식, 마음, 영혼, 혹은 진정한 자기로 묘사되는데 유대교에서는 네샤마neshamah[2]로, 기독교에서는 영혼이나 성스러운 불꽃으로, 힌두교에서는 아트만으로, 불교에서는 불성으로 불린다. 이러한 성스러운 불꽃은 모든 실재의 성스러운 배경과 설립에 밀접하게 연관되어 있다. 심지어 몇몇 전통에서는 그것과 분리될 수 없을 정도로 동일하다. 우리는 신성과 분리되지 않으며 영속적으로 밀접하게 연결되어 있다.

　3_ 인간은 성스러운 불꽃과 그 원천이 되는 성스러운 바탕을 인식할 수 있다. 이것은 매우 중요한 의미로, 영원의 철학에서 제시하는 것을 맹목적으로 받아들일 필요가 없다는 뜻이다. 그러는 대신 우리 각자가 자신을 위해 그 주장을 검증할 수 있고 직접적인 체험을 통해 그 타당성을 결정할 수 있다. 영혼이나 가장 깊은 내면의 진정한 자기가 비물질적이라 감각이나 과학적 도구로는 알 수 없는 것도 주의 깊은 내관에 의해서는 파악할 수 있다.

　이것이 항상 쉬운 것은 아니다. 우연히 흘긋 볼 수도 있지만, 성스러운 깊이에서 선명하게 유지되는 비전은 대체로 자각을 충분히 명료화하는 의미심장한 수련을 필요로 한다.

　마음이 조용하고 명료할 때, 우리는 진정한 자기를 직접적으로 체험할 수 있다. 이는 개념도, 그에 대한 지적인 이론도 아닌 바로 진정한 자기 그 자체다. 즉각적인 깨달음을 얻거나 성스러운 불꽃을 보는 게 아니라 자신이 바로 빛이라고 인식하는 직접적인 직관이다. 유대교부터 수피즘[3]에 이르기까지, 플라톤에서 붓다에 이르기까지, 마이스터 에크하르트Meister Eckhart[4]에서 노자에 이르기까지 성인들은 이 점에 동의해왔다. 힌두교의 우파니샤드[5]에서는 "이러한 이해는 이성에 의해서는 도달할 수 없다"고 했고, 기독교의 유명한 신비가인 십자가의 성 요한St. John of the Cross[6]은 다음과 같이 썼다.

지적인 자의 논쟁으로는
그것을 붙잡을 수 없나니.
이 드높은 지혜는
지극히 뛰어나서
과학의 능력으로는
그에 가 닿기를 바랄 수 없나니.

인간의 번영은 사랑하는 이의 은총에서 비롯된다는 맥락에서 볼 때 단순한 독서나 이론적 지식은 신성의 직접적인 체험과는 거리가 먼 아주 빈약한 대용품에 불과하다. 붓다는 단지 이론적 이해에만 만족하는 사람을 다른 사람의 성城에 속한 목동에 비유했고, 마호메트는 좀 더 솔직하게 책을 운반하는 당나귀에 비유했다.

　4　영원의 철학의 네 번째 주장은 우리의 영적 본성이 최고 선善, 즉 최고의 목표와 인간 존재의 가장 위대한 선을 인식한다는 것이

다. 이에 견주면 다른 모든 목표는 무색하다. 다른 모든 기쁨은 오직 부분적으로만 만족을 준다. 다른 어떤 체험도 그것만큼 황홀하지 않고, 다른 어떤 성취도 그것만큼 보상을 주지 못하며, 다른 어떤 목표도 자신이나 타인에게 그것만큼 이롭지 않다. 다양한 전통과 다양한 시대의 현자들이 이 점에 동의해왔다.

이는 타인의 말이나 맹목적 신앙에 의해 받아들이는 거친 교리가 아니라는 것을 다시 한 번 강조한다. 그보다는 자신을 위해 이 열매를 맛본 사람들이 직접 체험한 것을 표현한 것이다. 보다 중요한 것은 우리 모두가 스스로를 위해 그것을 검증하고 맛보라는 초대를 받았다는 것이다.

만약 이 네 가지 주장에서 본질적인 정수만을 골라내면 우리는 무엇을 발견할 수 있는가? 영원의 철학에서 울려 퍼지는 핵심적인 외침은 다음과 같다. 우리는 우리 자신을 비극적으로 평가절하해왔다. 우리는 슬프게도 우리 자신을 시간을 넘어선 영혼이라기보다는 일시적인 육체로, 축복 받은 붓다라기보다는 분리되고 고통 받는 자신으로, 신의 축복 받은 자녀라기보다는 의미 없는 한 점의 물질로 잘못 여긴다.

각 전통의 언어는 다르지만, 그 중심 메시지는 동일하다. 당신은 당신이 생각하는 그 이상이다! 내면을 깊이 바라보면, 당신의 자아는 진정한 자기의 대양에서 작은 파도에 불과하다는 것을 발견하게 될 것이다. 내면을 들여다보면 당신 마음의 중심에서, 당신 영혼의 깊이에서 신성과 친밀하게 연결된 진정한 자기를 발견하게 되고, 당신이 신성과 경계 없는 은총을 나누고 있다는 사실을 알게 될 것이다.

이러한 인식은 구원salvation과 각覺satori, 깨달음enlightenment과 해탈liberation, 자아멸각fana[7]와 열반nirvana, 각성awakening과 성령Ruah Hagodesh[8] 같은 명칭으로 알려져 있다. 그러나 그 명칭이 무엇이든 간에, 모든 위대한 종교는 진정한 자기와 신성과의 진실한 관계를 발견하도록 돕기 위해 존재한다. 이러한 발견은 최고의 기쁨이고 인간 삶의 위대한 목표라는 점에 그들 모두 동의한다.

## 영원의 수련

삶의 중심에 있는 의문은 진정한 자기의 발견에 어떻게 도달할 것인가이다. 그 과정에서 위대한 종교들은 위대한 선물을 제공한다. 각 종교는 우리가 목표에 도달하는 것을 돕기 위해 만든 일련의 수련법을 가지고 있다. 유대교와 이슬람교와 기독교의 율법과 묵상, 힌두교의 요가, 도교의 수련 등 어떤 종교든 각 전통은 우리를 일깨우는 영적 수련을 제공한다.

많은 영적 수련 중에서 정통성을 갖는 종교에는 공통적인 일곱 가지 수련이 있는데, 우리는 그것을 영원의 수련이라고 부를 수 있을 것이다. 수백만의 사람들이 종교 창시자들에 의해 정립된 영원의 수련을 수행해왔고, 이제 우리도 그것의 보편적 본성을 알 수 있다. 이 책은 그 일곱 가지 영원의 수련을 설명하고, 삶의 모든 측면에 적용할 수 있게 하므로 독자들은 영원의 수련이 제공하는 많은 이점을 자연스럽게 즐길 수 있을 것이다.

자신의 마음을 철저히 시험함으로써
자신의 본성을 이해할 수 있다.

# 자신의 본성을 이해하는 자는 천성을

— 맹자

# 이해한다.

이 책은 세계의 영적 수행에 관한 23년 간의 연구와 수련의 결과다. 그 이전에 나는 어떤 종교에 대해서도 그 가치나 타당성을 믿지 않는 불가지론자였다. 영화나 텔레비전을 접하기 힘든 오스트레일리아의 오지에서 자라면서, 나는 탐욕스럽게 책을 읽었고 급속도로 과학과 사랑에 빠졌다. 10대 후반 무렵에 과학은 나의 신이 되었다. 나는 연구자들에게 경배했고, 연구실에서 예배를 올렸으며, 내가 아는 한 과학의 도구로 측정 불가능한 것은 존재하지 않았다.

나는 나 자신을 자료로 채우고 지성을 정확한 과학적 기계로 갈고 닦으면서 대학에서 10년 이상을 보냈다. 나는 심리학, 물리학, 신경과학, 그리고 의학 학위를 수집했고, 의학과 심리학, 그리고 정신의학의 임상 자격증을 땄으며, 뇌와 행동에 관한 논문과 책을 발간했다. 그러면서 가끔 쉬는 시간에는 종교 지향적인 친구들을 원초적이고 고루한 사고를 지녔다고 놀려댔다.

## | 내적인 탐구들 |

마음의 신비에 매료된 나는 뇌 연구를 계속하고 정신의학을 공부하고자 미국으로 향했다. 그곳에서 나는 괴상한 정신상태로 나를 당황하게 만드는 환자들을 도우려고 필사적으로 노력했다. 마음에 대해 좀 더 알고 싶은 호기심 때문에 나는 내담자로서 심리 치료에도 입문하게 되었다. 이때는 단지 나 자신을 내관하는 흥미로운 몇 주를 보낼 거라는 기대감밖에 없었다.

그런 내 생각은 크게 잘못된 것이었다. 치료는 주의를 내면으로 돌리는 방법을 알려주었고, 마음을 탐험하면서 나를 둘러싼 외부의 우주만큼이나 광활하고 신비로운 우주를 내 안에서 발견했다. 그것은 문자 그대로 내 삶에 엄청난 충격으로 다가왔다. 생각과 환상, 이미지와 직관, 그리고 숨은 동기와 전혀 알아차리지 못했던 정서의 세계가 있었다. 그 내적인 세계는 마음과 나 자신을 이해할 수 있는 열쇠였고 삶에 대한 무한한 지혜와 안내를 제공했다. 내면의 눈이 먼 나는 그간 나 자신과 만나지 못했는데, 대부분의 사람들 또한 나와 비슷한 무지로 인해 고통 받는 것이 보였다.

이러한 탐험을 계속하면서, 나는 다양한 명상 수련을 접하기 시작했다. 다양한 명상법은 마음을 훈련할 수 있는 고요와 집중력, 민감성과 자기자각 같은 자질을 일깨울 수 있는 강력한 도구임이 입증되었다. 명상은 마음의 위대한 깊이를 드러내주었다. 이제까지 내가 안다고 여겼던 것은 단지 하나의 작은 조각에 불과하다는 것과 마음은 내가 기대했던 것보다 훨씬 더 광범위하고 신비롭다는 사실이 점차 분명해졌다.

나는 믿을 수 없을 정도로 흥분되었으나 그와 동시에 고통스러울 정도로 혼란스러웠다. 왜 과학자이자 종교 회의론자인 내가 종교적 방법인 명상을 하는 것인가? 종교 수행이 단지 과학 이전 시대의 유물이라면 왜 그토록 유용하게 보이는가? 그것이 원시적 사고의 잔재에 불과하다면 내가 어떻게 유익함을 얻을 수 있었겠는가?

나는 이러한 역설로 혼란스러워하면서 몇 달을 보냈다. 그러던 어느 날 밤, 저녁식사를 준비하다가 문득 생각에 잠겨 욕실 문을 열었는데, 거기에 내 삶을 영원히 바꿔놓은 이해의 섬광이 나타났다. 마음을 훈련할 수 있는 공통적인 핵심 수련이 위대한 종교들의 영적 중심부에 있다는 사실을 깨닫게 되자 나는 숨이 막혔다. 그러한 수련들은 한결같이 마음의 심오한 상태와 종교 창시자가 애초에 발견했던 지혜와 사랑 같은 자질들을 일깨운다. 그렇다. 종교는 너무나 많은 무의미함을 포함하고 있지만, 그와 동시에 주목할 만한 변화의 힘을 지닌 지혜와 수련의 핵심 또한 포함하고 있는 것이다.

이러한 새로운 이해를 통해 내 삶의 방향은 완전히 바뀌었다. 나는 종교와 영적 수련에 관해 집중적으로 연구하기 시작했다. 우선 아시아 전통에 관한 공부에 심취했다. 불교 명상을 배웠고, 조용한 명상 수련원에서 수개월을 보내면서 종일 수련에 몰두했다. 신학자와 철학자, 붓다와 공자, 맹자 같은 여타 성인의 말씀을 섭렵하면서 지혜로운 이를 찾아 세계를 여행했다.

몇 년 후, 나는 내 본래의 전통이라고 할 수 있는 기독교 탐구로 돌아왔다. 기쁘고 놀랍게도 전에는 완전히 놓쳤던 지혜의 깊이를 기독교 안에서 새롭게 발견하고 인식할 수 있었다.

예전에 내가 했던 기독교 탐구는 주일학교와 전통적 교회에 한정되어 있었다. 대부분의 기독교인들은 아직도 그에 관해 거의 모르지만, 나는 전통적 기독교단체 이면에 존재해온 2000년 간의 풍요로운 영적 전통과 명상적 지혜를 발견했다. 명상 수련은 충만한 영적 체험이라는 선물을 안겨주었고 한때 내가 간과했던 가르침을 음미할 수 있는 이해의 틀을 제공했다. 나는 열정적으로 기독교 명상을 수련했고 오늘날까지도 계속해오고 있다.

기독교에 대한 새로운 이해는 유대교적 근원에 대한 관심으로 나를 이끌었다. 진보적 학생들만 접해왔고 공식적으로는 최근까지도 조심스럽게 숨겨져 있는 유대교의 영적 수련에 대해 나는 탐구하기 시작했다. 기독교와 마찬가지로 유대교의 뿌리로부터 갈라져 나간 또 다른 세계적 종교인 이슬람교에 대한 연구도 시작할 기회가 주어졌다. 이런 방식으로 나는 샤머니즘을 포함한 모든 초기 전통에 대한 단기적 진입을 시도했고, 그 결과는 《샤머니즘의 영혼*The Spirit of Shamanism*》이라는 책으로 출간되었다.


## | 일곱 가지 수련의 발견 |


점차 나는 이러한 종교들의 공통적인 수련법을 알아가기 시작했다. 첫 번째 힌트는 람 다스*Ram Dass*[9]로부터 얻었는데, 아마도 그는 교수직을 떠나 영적 스승이 된 유일한 하버드대학 교수일 것이다. 그는 모든 영적 전통은 마음의 세 가지 자질을 강조하며, 그 자질을 일깨우기 위한 수련을 포함하고 있다고 주장했다. 그 세 가지는 윤리의 계발과 집중, 그리고 지혜에 관한 수련이다.

람 다스의 설명에 의하면 윤리는 필수적이다. 만일 우리가 비윤리적으로 살면서 타인을 고의적으로 해친다면 우리 자신 또한 해를 입는다. 죄책감과 두려움으로 우리 마음이 고통 받기 때문이다. 집중은 우리의 쉼 없는 마음을 고요히 하고, 수많은 걱정과 전형적으로 매여 있는 강박에서 놓여나는 데 필요하다. 삶과 자신을 이해하고 잘 살아가기 위해서는 지혜가 계발되어야 한다. 이러한 사실은 분명 가치가 있었고, 시간이 지나면서 나는 또 다른 필수적인 공통 수련이 있다는 것을 알게 되었다.

그중에서 제일 먼저 분명해진 것은 정서를 변화시키는 것이었다. 각 전통은 두려움이나 미움 같은 고통스러운 감정의 파괴력을 인식하고, 그러한 감정은 감소시키면서 사랑과 자비 같은 이로운 정서를 계발하는 방법을 제시하고 있다. 이러한 방법은 결과가 나타나기까지 오랜 시간이 걸리지만 정서적 삶을 현저하게 변화시키며 정서적 지혜를 발달시킨다.

다음으로 나는 동기를 변화시키는 수련을 알게 되었다. 우리 대부분은 돈이나 재산, 칭송, 그리고 권력 같은 것에 집중할 뿐만 아니라 심지어 탐닉하게 된다. 그러나 모든 영적 전통에서는 그런 것들에 대한 강박적 갈망은 고통일 뿐이라고 소리 높여 경고하고 있다. 그것들은 오직 일시적인 위안만을 제공할 뿐 궁극적으로는 충족감을 주지 못하며 쉽게 우리의 가치관을 왜곡시키기 때문이다. 도교에서는 "성인조차도 부와 명예를 다루지 못하거늘 어찌 당신이 그것을 할 수 있겠는가?"라고 묻는다. 따라서 도교 전통에서는 그러한 갈망을 보다 건강하고 충만한 욕구로 대체하는 방법을 제시하고 있다.

내 자신의 자각이 점차 명료해짐에 따라, 자각을 명료화하는 것 또한 보편적인 수련이라는 사실을 깨달았다. 자각은 대체로 두려움, 욕망, 그리고 방황하는 주의력에 의해 흐려져 있으므로 사도 바울이 말했듯이 우리는 '어두워진 유리창'을 통해서 본다. 그래서 자각을 명료하게 하고 영적 비전을 일깨우는 것은 자신과 세계를 민감하고 정확하게 보기 위해서 반드시 필요하다. 그리고 영적 전통은 그렇게 할 수 있는 방법을 제공한다.

마지막으로 나는 봉사의 지대한 중요성을 절실하게 느끼기 시작했다. 의식적으로 타인에게 기여하는 수행 말이다. 봉사는 탐욕 같은 파괴적인 동기를 줄이고 친절과 관용 같은 건강한 대안들을 계발한다. 깊은 영적 수련은 그 자신뿐만 아니라 타인을 이롭게 하기 위해서도 행해진다. 이슬람교 창시자인 마호메트가 '모든 덕목 중에서 가장 뛰어난' 덕목이라고 여겼듯이 사실상 영적 작업의 중심 목표는 타인을 돕는 행위를 할 수 있도록 자신을 변화시키는 데 있다.

어떠한 순서로든 실행될 수 있지만 아래의 차례가 일곱 가지 수련을 배우는 데 특히 도움이 된다. 이 점은 책을 읽어 나갈수록 좀 더 분명해질 것이다. 일곱 가지 영원의 수련은 다음과 같다.

- 동기의 변화　갈망을 줄이고 영혼이 원하는 바를 발견하라.
- 정서적 지혜의 계발　가슴을 치유하고 사랑하는 법을 배우라.
- 윤리적 삶　선을 행하고 좋은 기분을 느껴라.
- 마음을 집중하고 평온하게 하라.
- 영적 비전의 각성　명확히 보고 모든 것 속에서 신성을 깨달아라.
- 영적 지능의 계발　지혜를 계발하고 삶을 이해하라.

· 행동하는 영성의 표현   관용과 봉사의 기쁨을 만끽하라.


　이러한 일곱 가지 영원의 수련을 이끌어내는 데 있어, 나는 수련과 기법 및 연습을 구분한다. 수련practice이라는 용어는 지혜나 집중 같은 중요한 마음의 능력을 계발하는 것을 언급하는 데 사용한다. 수련은 결국 자발적이고 자연스러운 존재방식이 되기 위해 요구되는 자질들의 예행연습이라고 할 수 있다. 기법technique과 연습exercise은 수련상의 특정한 방법을 가리키는 용어로 사용한다. 예를 들어 명상과 성찰의 특정 기법들은 지혜를 계발하기 위한 수련의 한 부분이다.

　이러한 구분은 음악이나 기도 같은 잘 알려진 기법들이 왜 영원의 수련에 포함되지 않는가를 명확히 설명해준다. 영적 전통에서는 수련이라는 말이 이중적 의미로 쓰일 수 있으며, 사람들은 가끔 '명상을 수련한다' 같이 수련을 하나의 기법으로 말하기 때문에 이 문제가 다소 미묘해질 수 있다. 아무튼 우리의 목적에 도달하기 위해서는 일반적인 수련과 특정한 기법 및 그 연습을 구분하는 것이 보다 효율적이다.

꽃향기는
곧 사라진다.
익은 과일도
순식간에

―로이 칭 유엔Loy Ching Yuen [10]

상하고 만다.

이 세상에서의 시간은 너무도 짧으므로, 후회하지 않도록 하라.
형언할 수 없는 것을 만끽할 기회를 결코 놓치지 않도록 하라.

이 책에 소개되는 수련과 연습, 그리고 아이디어는 일상에 적용될 수 있으며 당신의 삶을 변화시키는 데 도움을 준다. 스스로 시험해보라. 이 책을 통해 당신은 삶을 바꿀 수 있다.

이 수련은 어떤 종교적 믿음도 요구하지 않으며, 특정한 종교적 믿음을 포기하는 것 또한 요구하지 않는다. 이 책은 믿음보다는 배움과 삶에 더 많은 관심을 갖는다. 열린 마음과 기꺼이 실험하고자 하는 의지만이 필요할 뿐이다. 중요한 것은 이 책의 수련이 당신에게 유익한지 여부일 것이다.

그렇다고 수련이 쉽다는 의미는 아니다. 수련은 자신과 삶에 대해 주의 깊게 살펴보는 용기를 필요로 한다. 정기적으로 연습하는 노력과 하기 힘들 때에도 꾸준히 지속하는 마음가짐을 요구한다. 다행히도 수련을 계속하면 할수록 당신의 본성은 더욱 깨어난다. 그러므로 그 무엇보다도 필요한 것은 인내이다. 자신과 삶을 변화시키는 과정은 점진적이기 때문이다.


## 이 책에 대하여


앞으로 이어질 장에서는 일곱 가지 영원의 수련이 한 가지씩 소개된다. 각 장의 도입부에서는 수련의 중요성과 이점을 설명하고,

몇 가지 제언과 함께 일상생활에 수련을 적용할 수 있는 다양한 연습방법을 제시한다. 그리고 보다 높은 단계의 수련과 몇 가지 신비체험에 대해서도 설명할 것이다.

## 영적 연습

위대한 종교들은 일곱 가지 영원의 수련과 구체적인 실행방법, 둘 다를 제시하고 있다. 이 책에서는 우리의 일상생활에 적용할 수 있는 가장 강력하면서도 단순한 연습방법들을 제시한다.

그 연습 중에는 하나 이상의 종교로부터 직접 가져온 오래된 방법도 있고, 현대인의 요구에 맞게 수정된 방법도 있다. 나는 대부분의 연습을 나름대로 보완하고 개선했으며, 때로는 우리 시대의 스승들로부터 아이디어를 빌려오기도 했다. 이러한 개정작업을 통해 현대를 살아가는 우리들에게 보다 적절한 형태의 수련을 만들었다. 예를 들어 종교 창시자들은 마음의 평화가 중요하다는 점은 강조했지만, 운전하거나 통화를 하면서 평화를 느낄 수 있는 구체적인 방법은 제시하지 않았다. 우리는 운전이나 통화를 하면서 화를 내고 불안해할 수도 있는 한편 차분하고 편안해질 수도 있다. 따라서 몇몇 연습은 현대인의 생활에 초점을 맞춤으로써 영적 자질의 향상을 꾀한다.

각 연습은 자기변화와 각성을 가능하게 하는 도구이다. 나의 이러한 생각은 세 가지 근거에 기초하고 있다. 즉 고금에 걸친 현자들의 가르침과 나 자신의 경험, 그리고 내 제자들의 경험이다. 지난 23년간 나는 시간을 두고 모든 연습을 스스로 실천했으며, 그 연습이 유익하다는 것을 깨달았다. 더 나아가 그중 많은 연습을 제자들에게 가르쳤고 그들 또한 그 연습의 가치를 발견했다. 연습은 되도록 단순하면서도 즉각적인 효과를 낼 수 있는 것 위주로 선별되었다. 단세 가지 예외가 있는데 그에 대해서는 나중에 언급하겠다. 그러나 대부분의 연습은 처음 실천할 때부터 효과를 나타낸다.

이러한 연습은 일상 속에서 실천할 수 있다는 점에서 특히 가치가 있다고 할 수 있다. 당신은 직장을 그만두고 절에 들어갈 필요가 없다. 절은 집중적인 수행을 위한 훌륭한 장소이지만 동시에 그곳에서도 일상생활은 계속된다. 이 책의 연습은 일상적인 활동을 영적 각성의 기회로 삼을 수 있게 한다.

### 이 책에서 강조하는 점

이 책은 간단하지만 큰 효과를 거두도록 하기 위해 실용성과 세계의 주요 종교, 탁월한 스승들에게 초점을 맞췄다.

1_ 높은 실용성을 강조했다. 고대로부터 각 종교는 방대한 이론을 축적해왔으나 그만큼 무의미한 것들도 쌓아왔다. 종교 이론은 학자들의 관심을 끌기는 했으나 실용적인 이점은 거의 제공하지 않았고 엄청난 시간을 허비시키는 혼돈이었다. 따라서 나는 이론적인 면은 최소화하고 무의미한 것은 과감히 버렸으며, 아주 실용적이면서도 효과적인 아이디어와 연습만을 제시하고자 했다.

2_ 일곱 개의 주요 종교에 초점을 두고 있다. 유대교의 일신교, 기독교, 이슬람교, 그리고 아시아 종교인 힌두교, 불교, 도교, 유교

는 '세계 종교' 또는 '위대한 종교'라고 일컬어지는데, 그 이유는 이 종교들이 실로 막대한 영향을 미쳤기 때문이다.

각 종교의 전통은 수많은 분파로 갈라지는데, 모든 분파가 이 책의 일곱 가지 수련을 다 포함하고 있지는 않다. 그러나 정통 종파를 총체적 관점에서 살펴보면, 이 책의 수련법을 예외 없이 갖고 있음을 발견할 수 있다. 예를 들어 공자는 사회적 상황이 매우 불안한 시대에 살았기 때문에 사회의 불의를 해결하기 위해 필사적으로 노력했다. 따라서 그는 기본적으로 윤리와 지혜, 봉사와 자비 같은 수,련을 중요시했다. 집중력이나 영적 비전의 계발에 대한 강조는 거의 찾아볼 수 없다는 점에서 몇몇 학자들은 고대 유교를 종교로 간주할 수 없다고 지적했다. 그러나 수십 세기를 거치면서 유교는 특히 불교와 도교 사상의 영향을 받아, 신유교neo-Confucianism로 꽃을 피우고 상당히 정관적이며 영적인 차원을 계발했다. 이 신유교에서는 일곱 가지의 수련을 모두 찾아볼 수 있다.

3_ 각 종교의 가장 탁월한 인물한테서 주제를 이끌어냈다. 나는 예수, 마호메트, 노자, 공자, 붓다 같은 종교 창시자의 말씀을 가능한 많이 활용했다.

## 과학과 심리학의 증거 활용

영적 성숙이란 오래전에 살았던 스승과 고대 사상의 전유물이라고 한정할 수는 없다. 영성이 우리 안에서, 우리를 통해서 존재한다면 그것은 우리가 살고 있는 현대를 포함해야 하며 금세기 과학의 발견과도 접목되어야 한다.

과학과 종교는 지난 수세기에 걸친 전쟁으로 양쪽 모두 위협을 받아왔다. 과학의 관점에서 몇몇 비판들은 명백히 타당한 것이다. 예를 들면 노자가 900살에 태어났다는 것, 붓다가 탄생한 후 단 몇 분 만에 걸었다는 것, "세상은 기원전 4004년 10월 22일 저녁 6시에 창조되었다"는 17세기의 대주교 제임스 어셔James Ussher의 주장 같은 종교적 신화들을 과학자들이 비웃는 것은 당연하다. 다행히 어셔의 주장은 케임브리지대학 부총장인 존 라이트풋John Lightfoot 박사에 의해 정정되었는데, 그는 성경을 읽고 "인간은 기원전 4004년 10월 23일 아침 9시에 삼위일체에 의해 창조되었다"고 선언했다. 한편 종교학자들과 철학자들은 과학이 타당한 정보를 얻을 수 있는 유일한 방법이며 모든 실재를 설명한다는 주장을 공격했다. 그들은 과학은 주관적인 경험에 직접 접근할 수 없으며, 의미나 목적 같은 삶의 핵심적 차원에 대해서는 그 어떤 개입도 할 수 없다고 주장했다.

그러나 이런 논쟁은 검증할 수 없는 사이비 종교의 독단적인 주장과 사이비 과학자, 즉 과학만능주의 간에 발생한 것이다. 과학만능주의는 과학이 타당한 지식을 얻는 유일한 수단이라는 신념을 의미한다. 과학만능주의자들에 대한 치명적인 반론은 '과학만이 타당한 지식을 얻는 유일한 수단이라는 과학적인 증거를 보여주시오'이다. 이 질문에 답하는 것은 불가능하므로 그저 멍한 침묵만이 있을 뿐이다. 그러한 증거는 존재하지 않는다.

직접 검증할 수 있는 종교적 주장, 스스로의 경험을 강조하는 성숙한 영성과 직접적인 관찰과 검증을 강조하는 성숙한 과학 사이에는 전쟁이 있을 수 없다. 결과적으로 우리는 현대 과학의 발견이 영성에 빛을 비출 때마다 그것들을 살펴보고, 또 주시해야만 한다. 특히 최근 들어 심리학은 명상과 의식의 상태, 자아초월적 발달 등을 연구하고 있다. 이런 연구는 영적 수련이 어떻게 작용하는지를 밝혀왔으며, 그 이점도 부분적으로나마 확인했다. 이런 연구를 통해 영원의 지혜와 현대 과학의 통합을 중점적으로 연구하는 새로운 심리학 분야인 '자아초월 심리학transpersonal psychology[11]'이 탄생했다. 이 책은 이러한 영성 수련과 관련된 현대 사상과 연구 결과를 포함하고 있다. 그것은 영적 주장을 평가하는 새로운 방법을 제시해줄 수도 있을 것이다.

최근까지 영성을 검증하는 방법은 두 가지였다. 즉 신앙과 개인적인 체험이 그것이다. 신앙을 가지면 우리는 사람이든 경전이든 영적 권위자의 주장을 단순히 그대로 받아들인다. 그들이 어떤 것을 진리라고 주장하면 그대로 수용한다. 그러나 스승과 경전은 완전히 오류일 가능성을 당연히 내포하고 있다. 불교도들이 지적했듯이, 이런 형태의 '검증되지 않은 신앙'이나 현대의 철학자들이 설명하는 '권위에 의한 증거'는 재앙이 될 수 있다. 따라서 우리 스스로 필요한 수련을 실천하여 이러한 주장을 실험해가는 것이 보다 바람직하며, 스스로 '검증된 믿음'을 만들어야 한다.

그러므로 이제 세 번째 방법도 가능하다. 역사상 처음으로 우리는 스스로 그 주장을 실험할 수 있으며, 일부 주장이 어떻게 관련 연구를 저해하는지도 파악할 수 있다. 이 책에서는 전반적으로 이러한 이원적 접근을 강조한다.

## | 변화에 도전하라 |

우리 자신을 변화시키는 것은 하나의 도전이다. 다행히 그 도전을 보다 수월하게 만드는 몇 가지 일반적인 원칙이 있으며, 그 원칙은 일곱 가지 수련에 모두 적용될 수 있다. 여기에서는 그 원칙을 간략하게 소개하고 이어지는 장에서 그 원칙을 구체적으로 응용해보겠다.

**간단한 것부터 시작하라:** 비교적 쉽게 익힐 수 있는 습관과 상황에서부터 시작하는 것이 좋다. 정말 어려운 도전은 나중을 위해 남겨두라. 몇 차례 성공으로 자신감을 가진 후에 시도하는 것이 바람직하다. 유대교의 지혜는 다음과 같이 표현한다. "모든 것의 열쇠는 시작하는 방법이다." "소박하게 시작하고, 좀 더 높은 영역을 지향하면서 진지한 노력을 계속하라. 그러면 (궁극적으로는) 당신이 꿈꾸지 못했던 수준에까지 도달할 것이다."

**실행 기간을 결정하라.** 연습을 실행할 기간을 확실하게 정하라. 남은 여생 동안 몸에 해로운 음식은 절대 먹지 않겠다는 결심은 그럴싸하게 들리지만 아마도 당신을 짓누르게 될 것이다. 몇 달 동안 적당히 하면서 실패하는 것보다 하루라도 건강에 좋은 식이요법을 실천하며 그것에 완전히 집중하는 편이 훨씬 낫다.

**예외를 만들지 마라.** 새로운 습관이 확고히 자리 잡을 때까지는 예외를 만들지 않는 것이 최선이다. 1주일 동안 정확한 시간에 회의에 참석하기로 결심했다면 회의 때마다 늦지 않도록 하라.

보고 배워라. 실험을 진행하는 동안 변화하는 경험을 탐구하라. 어떤 느낌이 드는가? 어떤 저항을 경험하는가? 다른 사람들은 어떻게 반응하는가? 그 의도는 변화가 진행되는 과정에서 가능한 한 많이 배우라는 것이다.

너그러워져라. 스스로에게 친절하고 용서를 베풀어라. 실수를 했거나 목표에 도달하지 못했다면, 당신은 인간이며 인간은 불완전한 창조물이라는 사실을 받아들여라. 기억하라. 이것은 수련이다. 처음부터 완벽하게 할 수 있었다면 당신은 수련할 필요가 없었을 것이다.

다시 시작하라. 실패하면(누군들 실패하지 않겠는가?) 가능한 빨리 다시 시작하라. 연습을 다시 시작하는 한, 실수를 하거나 목표에 도달하지 못하는 것은 문제가 되지 않는다. 실패보다 성공을 한 번만 더 하게 돼도 그것은 성공한 것이다.

기록하라. 자신의 관찰과 통찰, 실수와 성공뿐만 아니라 목표를 기록할 수 있는 일기장이나 노트를 준비하라. 목표를 기록하는 것은 확신을 보다 견고하게 하고 강화시킨다. 조사에 따르면, 목표를 적는 사람들이 그렇지 않은 사람들보다 훨씬 쉽게 성공할 가능성이 있다고 한다. 일기에 많은 시간을 할애할 필요는 없다. 매일 단 몇 분의 기록도 충분히 가치 있다. 쓰기는 통찰을 결정화하고 망각이라는 방어를 무력화시키며 몇 년 후에 더 큰 통찰을 가져올 수 있는 아이디어와 성찰을 축적시킨다. 지난 수세기 동안 유대교와 이슬람교 스승들은 꾸준한 일기 쓰기의 장점을 강조해왔으며 현대의 심리학자들 또한 그 조언을 그대로 받아들이고 있다.

**스스로 즐겨라.** 이 점은 별로 알려지지 않은 수련의 비밀이다. 시간을 즐겁게 보내는 것이 좋다. 그것은 심지어 위대하기까지 하다! 우리는 종교적 삶을 이를 악물고 견뎌내야 하는 희생으로, 성자를 근엄한 순교자로 여긴다. 수련의 목표 중 하나가 즐거움이며, 궁극적으로는 희열이라는 사실을 잊고 있는 것이다. 내가 이제까지 만난 성자들과 성인들은 내가 아는 사람들 중 가장 행복한 사람들이었다.(이 책에서 '성자saint' 는 영적으로 성숙한 사람을, '성인sage' 은 영적으로 성숙하면서도 특히 현명한 사람을 의미한다.)

스스로 즐기는 것은 전혀 이기적인 행동이 아니다. 실제로 현자들은 행복이 사람들을 덜 자기중심적으로, 더 이타적으로 만든다는 사실을 오래전부터 지적해왔으며 심리학자들 또한 이에 동의하고 있다.

## 수련의 왕도는 실천뿐이다

가장 중요한 점은 수련과 연습을 단순히 읽을 뿐 아니라 실천해야 한다는 점이다. 어떤 독자들은 아마 몇 시간 만에 이 책을 독파하여 매력적이고도 다양한 몇 가지 아이디어를 얻을 수 있겠지만, 이 책의 내용을 실천하지 않는다면 개인적 변화는 일어나지 않을 것이다. 수련에 직접 참여해야 변화를 얻을 수 있다. 실천하고 일상에 적용하는 만큼 당신은 변화된다. 책을 읽은 후 곧바로 모든 연습을 다 하고 싶지는 않을 것이다. 그러나 최소한 각 장의 일부라도 시도하고 다음으로 넘어가기를 권한다. 2500년 전 붓다의 설법은 오늘날에도 여전히 진실이다.

신성한 말을 얼마나 많이 읽든,
얼마나 많이 이야기하든,
그에 따라 실행하지 않는다면
무슨 소용 있으랴?[12]

# 무엇을 어떻게 해야 하는가? 조금씩 조금씩 젖을 떼라.



—루미 Rumi[13]

이것이 내가 말하고자 하는 핵심이다.
피에서 자양분을 얻는 태아로부터 우유를 마시는 유아로,
고형질의 음식을 먹는 어린아이로, 지혜를 찾는 탐구자로,
잘 보이지 않는 게임의 사냥꾼으로.

수련은 무엇을 하는 것이고 정확히 어떻게 하는 것인가? 이에 대한 가장 훌륭한 답은 우리의 삶에 신이 개입되어 있다는 것이다. 또한 수련은 생명 에너지를 바꿔놓는데, 예를 들어 쿤달리니 에너지[14]를 각성시키고 음과 양의 균형을 찾도록 한다. 그러나 가장 일반적이고 생생한 묘사는 은유를 포함한다.

## | 영적 성장의 은유들 |

은유는 일반적으로 미묘하거나 포착하기 어려운 어떤 것을 구체적이며 이해가 쉬운 다른 용어로 묘사하는 언어의 상징이다. 영적 체험과 변화는 그 본질상 미묘하고 정의 내리기 어려운 경우가 대부분이라 은유적인 묘사가 많이 활용된다. 각 은유는 영적 발달의 한 측면을 표현하기도 하고, 수련의 효과를 다양하고도 풍부한 모습으로 그려주기도 한다. 다음은 영적 성장을 안내하고 설명해주는 가장 효과적인 '변화와 관련된 은유들' 중 일부이다.

**각성**awakening 성인들은 우리의 일상적 상태가 반의식적semi-conscious이므로 수행을 통해 이러한 혼수상태에서 깨어나야 한다고 지적한다.

**탈최면**dehypnosis 우리의 혼수상태는 일종의 혼미상태trance나 최면이라고 할 수 있다. 최면에 걸린 사람들은 위축된 마음 때문에 고통을 겪으며, 그들의 자각과 행위는 대개의 경우 타인의 암시에 의해 제한된다. 그럼에도 불구하고 최면에 걸린 사람들은 보통 그 한계나 최면상태라는 사실조차 인식하지 못한다. 탈최면이 되었을 때만 그들은 자유로워지며 혼미한 상태였음을 알게 된다. 영적 수련은 둔감해져 있는 집단적 혼미상태로부터 우리를 자유롭게 한다.

**깨달음**Enlightenment 이 은유에 따르면, 우리는 내면의 어둠 속에서 헤매고 있으나 영적 훈련을 통해 이해와 광명, 그리고 비전을 갖는 것이 가능해진다.

**드러남**uncovering 우리의 진정한 본성, 혹은 진아는 숨겨져 있고 베일에 싸여 있어 자각할 수 없다. 그러나 영적 수련은 이 베일을 걷어내 우리의 진정한 정체성을 자각하도록 회복시킨다.

**자유**freedom 우리는 불안정한 동기, 즉 감정의 노예가 된 상태에 있다. 그러므로 그것을 길들이는 노력을 할 때 자유가 찾아온다.

**변용**Metamorphosis 자연이 모충을 화려한 나비로 탈바꿈시키는 것처럼 영적 수련 또한 우리를 탈바꿈시킨다.

**전개**unfolding 장미의 아름다움은 봉오리 안에 감춰져 있으나 이미 존재하고 있다. 마찬가지로 우리가 갖는 초월적 아름다움과 가능성은 내면에 숨겨져 있으며 수련은 우리를 전개시키고 꽃피울 수 있도록 돕는다.

**전체성**Wholeness 영적 전통과 현대 심리학은 우리의 마음이 분리되어 있고 적대적인 파편들로 분열되어 있다고 지적한다. 영적 수련은 마음을 치유하여 온전하게 만들며 마음과 목표를 일치시킨다.

**여정**Journey 여정의 은유는 우리가 특정한 목표 지점까지 여행한다는 의미를 함축한다. 이 목표는 아주 멀리 떨어져 있는 것처럼 여겨질 수도 있다. 그러나 영적 지혜의 목표는 우리의 진아로, 항상 이 자리에 존재하며 매 순간 우리의 인식과 기억을 기다리고 있음을 암시한다.

**죽음과 재탄생**Death and Rebirth 낡고 거짓된 자기는 새롭고 진실한 자기에게 길을 양보해야 한다. 수련은 기꺼이 죽을 수 있을 정도로 우리를 강하게 단련시킨다. 이전에 가졌던 자신의 이미지를 포기하는 것은 곧 죽음처럼 느껴질 수 있다. 그러나 자아의 잿더미 속에서 불사조같이 새로운 자기이미지가 부상한다. 이 새로운 자기이미지는 스스로 죽을 것이며 반복적으로 다시 태어날 것이다. 마침내 우리가 모든 이미지와 개념을 넘어서 진실로 존재하는 무엇, 진실로 존재하는 누구라는 것을 인식할 때까지. 그러면 더 이상 죽어야 할 자기이미지는 남지 않는다. 오직 죽음의 부재만이 있을 뿐이다.

## | 발달의 가속화 |

정통 수련법은 발달을 촉진한다. 영적 훈련은 심리학적 · 영적 성장을 재출발시키고 가속화한다. 즉 고착되어 있는 어느 수준으로든 우리를 인도하여 그것을 극복하고 성장하도록 도와준다. 이러한 사상은 현대의 연구 성과와도 밀접하게 관련되어 있다.

## 발달의 단계들

현대 심리학자들은 인간의 발달이 세 단계를 거쳐 진행된다는 데 동의하고 있다. 그 세 단계란 전인습preconventional, 인습conventional, 후인습postconventional[15], 또는 전개인prepersonal, 개인personal, 초개인 transpersonal[16]을 말한다. 우리는 전인습적·전개인적 단계에서 비사회적이고 혼란스러운 상태로 태어난다. 인간으로서 자신에 대한 정체감도, 사회적 인습에 대한 관점도 없이 태어나는 것이다. 자라면서 비공식적으로는 가족과 매체에 의해, 공식적으로는 교육제도에 의해 점차적으로 문화에 적응해간다.

이런 방식으로 우리는 사물에 대한 인습적 관점을 가지게 되며 그 속에서 최면에 걸린다. 우리들 대부분은 사회가 요구하는 대로 보고 행동한다. 우리는 우리의 문화적 신념이 타당하고, 도덕은 정당하며, 가치는 충족된다고 간주하는 경향이 있다. 또 기존의 세계관을 받아들이고 우주와 자신에 대한 이미지를 받아들인다. 인습적·개인적 단계로 성숙하게 되면 그 실체의 관점 속에서 확고히 자신의 입장을 굳히게 된다. 물론, 다행히도 인습적 세계관에는 가치 있는 것들이 많다.

## 인습적 삶의 한계

시대와 문화를 막론하고 현자들은 인습적 발달의 한계를 개탄했다. 인습성은 구름에 가려진 자각, 진실하지 않으며 좌절시키는 삶의 방식과 관련이 있다. 동양에서는 이 왜곡된 각성을 마야maya나 환상, 혹은 꿈으로 묘사해왔다.

서양의 전통 또한 이와 유사한 진단을 내린다. 이슬람교와 기독교는 우리의 비전이 베일에 가려 있다고 묘사한다. 실존주의 철학자들은 인습적인 생활을 비성찰적이며 피상적이라고 비판한다. 일부 심리학자들은 우리가 '합의된 혼미상태consensus trance'나 '공유된 최면shared hypnosis' 속에서 살고 있다고 우려한다. 그리고 최악의 경우에는 잔인한 전쟁이나 대량 학살 같은 '집단 정신병collective psychosis' 상태를 유발시키기도 한다.

미국의 가장 위대한 심리학자이자 철학자로 존경받는 윌리엄 제임스William James[17]는 예의 그 신랄한 방식으로 우리의 상태를 요약했다.

우리는 당연히 깨어 있어야 함에도 단지 반쯤만 깨어 있다.
우리의 열정은 꺼져 있고 기본적인 능력만 사용하고 있다.
우리는 정신적·신체적 자원의 극히 일부만을 사용하고 있다.

동양과 서양, 종교와 철학과 심리학의 이러한 관점은 모두 놀랍고도 중대한 한 가지 결론에 도달하고 있다. 즉 우리는 반만 성장해 있고 반만 깨어 있다는 것이다. 발달은 전인습적 수준에서 인습적 수준으로 진행되었다. 그러나 반의식적인 혼미상태에서 멈춘 채 괴로워하고 있다. 이 혼미상태를 인식하지 못하는 것은 대개 몇 가지 이유 때문이다. 우리는 유아기 이후로 쭉 최면에 걸려왔으며 우리 모두는 그 안에서 공감대를 이루고 있다. 우리는 문화라고 불리는 가장 거대한 컬트 속에서 살아가고 있다. 삶의 고통, 관계의 어려움, 세상의 비극은 대부분 이 사실들을 인정하면 이해되기 시작한다.

## 더 진보된 성장의 이점

희망적인 사실은 삶의 인습적 단계가 정지된 것이라기보다는 더 진보하기 위한 하나의 디딤돌이 될 수 있다는 것이다. 심리학은 최근에 플라톤과 헤겔 등의 철학자들이 오랫동안 주장해왔으며, 위대한 종교들이 오랫동안 강조해왔던 측면을 재발견하고 있다. 즉 더 진보한 발달이 가능하다는 것이다. 일상의 인습적 상태는 집단적인 발달 고착의 형태일 수 있다. 그러나 발달은 우리가 건강과 정상의 한계라고 여겼던 선을 훨씬 뛰어넘어서까지 진행될 수 있다. 우리 모두에게는 엄청난, 그러나 보통은 잘 인식하지 못하는 성장 가능성이 숨어 있다. 그리고 초개인적 · 초인습적 성숙으로 보다 높은 곳에 도달하게 되면 영적 성장의 높은 단계와 만나게 된다. 수련은 이 성장을 가능하게 만드는 도구이다.

보다 높은 단계에 도달한 사람들은 덜 성숙한 사람들보다 훨씬 더 만족스럽고 유익한 방식으로 살고 사랑하며 관계를 맺고 즐긴다. 이 높은 단계가 정확히 어떠한 것인지는 다음 장들에서 밝혀질 것이므로 여기서는 그중 한 측면, 즉 윤리의 중요성을 다음의 사례를 통해 실감나게 살펴보겠다.

한 심리학 연구는 평범하고 선량하나 인습적인 사람들은 명령에 따라 무고한 희생자들에게 소름 끼치는 고문을 가할 수 있다는 끔찍한 증거를 보여준다. 또한 그 연구는 후인습적인 단계까지 성숙한 사람들은 훨씬 더 독립적이며 다른 사람들에게 고통을 주지 않으려고 한다는 사실을 증명하고 있다.

이 실험에서 배우들은 의자에 묶여 있었고 가짜 전기충격기에는 전선이 연결되어 있었다. 전기충격기의 계기에는 '약한 충격', '위험: 심한 충격', 그리고 가장 강한 단계인 'XXX'가 적혀 있었다.

먼저 피실험자들에게는 이 실험이 학습에 관한 연구라고 알려주었다. 그들은 배우(피실험자들은 배우들이 단순히 연기를 하고 있다는 사실을 몰랐다)가 오답을 말할 때마다 점점 높은 강도의 충격을 가하라는 지시를 받았다. 매번 눈에 띄게 증가되는 충격을 가하자 배우들은 필사적으로 비명을 지르고 풀어달라고 애원하는 등 점점 심하게 고통을 겪는 척했다. 피실험자들이 충격을 가하는 것을 망설이면 실험자는 그들에게 계속하라고 지시했다. 피실험자들의 3분의 2 정도가 이미 치명적이라고 알고 있는 가장 높은 수준인 'XXX' 충격을 가했다.

다른 수준의 도덕 발달 단계에 있는 사람들은 다른 방식으로 반응했다. 인습적 수준의 사람들은 대부분 복종한 반면, 초인습적 수준의 사람들은 자리를 박차고 일어나 명령에 맹목적으로 따르는 것을 거부했다.

이와 동일한 원리가 현실세계에서는 훨씬 더 비참한 상황으로 재연된다. 베트남 전쟁의 가장 잔인한 일화 중 하나는 1968년 미군 보병 정찰대가 마이라이 마을에 들어가 300명이 넘는 민간인을 학살한 사건이다. 군과 관련된 연구는 초인습적 도덕 수준에 있는 사람은 비윤리적인 명령에 복종하지 않으며 고문을 가하지 않으려 한다는 사실을 보여준다.

## |자아초월적 발달의 장애 요인 |

이 사회는 전인습적 단계에서 인습적 단계로의 발달은 지지하면서 그 이상의 발달은 대체로 무시하거나 심지어 강하게 거부한다. 왜 그럴까? 그 이유는 후인습적 지혜가 개인과 사회를 둔감하게 만들고, 인습적 기반과 생활방식을 뒤흔들며, 사회적 상황을 유지하기 위해 공유된 수많은 믿음(돈이 많아야 행복하다든가 우리 나라가 우월하다든가 같은 믿음)을 심각한 수준까지 파괴할 수 있기 때문이다. 이러한 믿음은 안락함을 가져다 주지만 상당한 대가를 요구한다.

일상적이고 인습적인 수준을 넘어서려는 사람은 사회의 지지를 받기 어렵다. 성장은 우리 자신의 개인적인 방어를 극복하는 것을 의미하기도 한다. 아이러니하게도 우리는 현재의 유약함만큼이나 잠재적인 위대함을 두려워한다. 왜냐하면 공허함과 과대망상을 경계하기 때문이다. 위대한 사람이 되면 완전히 다른 사람이 될 것 같다는 두려움도 갖는다. 우리는 어떤 사람이 될 것이며, 무엇을 할 것이며, 어떤 책임을 맡게 될 것인가? 모든 것은 새롭고도 낯설게 다가올 것이다. 왜냐하면 진정한 성장은 알려진 것에서 미지의 것으로 이행하는 것과 관련 있기 때문이다. 우리는 낡고 친숙한 믿음과 자신의 과거사를 포기해야만 한다. 심리학자인 진 휴스턴Jean

Houston[18]이 말했듯이 다음과 같은 것이 필요하다.

하나의 이야기, 하나의 믿음에 종지부를 찍는 것은 더 큰 것으로 다시 태어나기 위한 것이다. (…) 발달은 보다 위대한 관심사에 깨어 있기 위해 작은 관심사를 포기하는 것이다.

자신의 잠재력에 대한 두려움은 영적 스승과 심리학자 모두가 이해하고 있는 매우 실제적이며 강력한 힘이다. 그것은 '성장의 회피the evasion of growth', '자발적 자기장애voluntary self-crippling', '자신의 위대함에 대한 두려움fear of one's own greatness', 그리고 전도하라는 하나님의 지시를 거역한 선지자 요나의 이름을 딴 '요나 콤플렉스' 등 다양한 이름으로 불린다.

다행히 성장에 수반되는 불편은 대개 일시적이다. 그러나 미리 그 사실을 깨닫기는 어렵다. 도약하기 전에는 성장이 희생으로 느껴질 수도 있다. 시간이 지난 후에야 희생한 것은 예전의 제한적 삶이 주었던 안락함뿐이라는 사실이 명백해진다. 20세기 인도의 성인 스리 오로빈도Sri Aurobindo[19]는 다음과 같이 말했다.

이것이 (수행을) 시도해보지 않은 사람에게 (수행의) 경로를 설명하는 것이 왜 그렇게 어려운가 하는 이유이다. 그는 오늘 현재 자신이 처한 관점에서만 볼 것이다. 아니, 그 관점조차 상실했는지도 모른다. 그러나 만약 우리가 그의 개인적 관점을 상실하는 것 자체가 왜 진보이며, 한 인간이 닫힌 진실의 단계에서 열린 진실, 즉 삶 그 자체와 같은 진실, 모든 관점을 포용하고 무한한 발달의 모든 단계에서 모든 것의 용도를 알수 있기 때문에 특정 관점에 사로잡히기에는 너무도 위대한 진실의 단계로 이행할 때 삶이 어떻게 변화하는지를 알게 되면, 진실은 거부하기에는 너무도 위대하다는 것을 깨닫고 끊임없이 더 높은 수준의 진실을추구한다.

### 초개인적 성장을 위한 요건

이러한 어려움을 고려하면 초개인적 단계로 성장하기 위해서는 반드시 도움이 필요하다. 다행히도 위대한 종교는 모든 발달 단계에 필요한 지원을 제공한다. 유아기에는 편안함과 안전함을 제공하고 인습적 성인기에는 안식과 커뮤니티, 행동강령과 교의를 제공한다. 즉 삶과 세계를 설명하는 신념체계를 제공하는 것이다.

제도적 종교는 인습적인 삶의 의미와 그러한 삶을 영위하는 방법을 제시하므로 대개의 경우 인습적 차원을 넘는 성장으로 유도하기에는 불완전하다. 따라서 그 이상의 것인 영적 훈련과 더 성장하기위해 설계된 수련체계가 필요하다.

영적 훈련은 초개인적 성장으로 정진하려는 마음을 가진 영적 커뮤니티와 함께 하는 것이 이상적이다. 이런 커뮤니티는 더 큰 커뮤니티에서는 할 수 없는 지원을 제공하며, 안내자나 스승의 역할을 담당할 수 있는 한두 명의 고급 수련자를 포함하는 것이 이상적이다. 혼자서도 수련을 진전시킬 수는 있지만, 커뮤니티의 지원과 스승의 안내는 말로 표현할 수 없을 만큼 귀중하고 효과적이다.

## 동기 바꾸기

# 갈망을 줄이고
# 영혼이 원하는 바를 발견하라

당신이 정말로 바라는 것은 행복해지는 것이다.
모든 욕망은 그것이 무엇이든 간에 행복을 향한 갈망이다. 근본적으로
당신은 스스로 잘살기를 원한다. 욕망 그 자체에는 잘못이 없다. 그것
은 삶 자체이며 지식과 경험을 통해 성장하려는 충동이다. 잘못된 것
은 당신이 하는 선택이다. 음식과 섹스, 권력, 그리고 명성 같은 사소
한 것이 당신을 행복하게 할 수 있다고 상상하는 것은 당신 자신을
기만하는 것이다. 진정한 자기와 같이 깊고 넓은 것이야말로
당신을 진실로, 그리고 지속적으로 행복하게 만들 수 있다.

— 니사르가다타 마하라지 Nisargadatta Maharaj[20]

탐욕을
버린 그 자리에
어찌 평화가
오지 않을 수

—노자

있겠는가.

모든 사람은 평화를 원한다. 그것이야말로 일상의 자질구레한 일에서 문명의 발전에 이르기까지 인간이 모든 활동을 하게 만드는 원동력이다. 영적 수련이 가치 있는 이유는 그것이 우리를 행복하게 해줄 뿐 아니라 궁극적으로는 희열에 이르는 문을 열어주는 역할을 하기 때문이다. 그것은 우리가 흔히 보는 곧 사라질 즐거움이 아니라 변치 않고 깊은 만족감을 안겨주는 종류의 행복감인 것이다.

모든 사람이 행복을 원하지만 대부분의 사람들은 잘못된 생각들로 인해 끔찍하게 고통 받고 있다. 더 나쁜 점은 명예나 돈 혹은 사람이나 소유물 등 우리가 원하는 것이 무엇이든 간에 일단 우리를 행복하게 만드는 것이 무엇인지를 마음에서 결정하게 되면 그것에 집착하게 된다는 것이다. 진정한 행복과 기쁨을 알기 위해서는 우리의 동기를 바꿀 필요가 있다. 즉 진정한 행복을 가져오지 않는 것들에 대한 갈망을 줄이고 진정한 행복을 가져오는 열망에 관심을 가져야 한다. 다음 수련은 우리 자신의 동기를 바꿀 수 있도록 도울 것이다.

· 행복을 가져올 것이라고 잘못 생각한 것들을 인식하기.
· 집착을 내려놓기.
· 진정으로 행복감을 키울 수 있는 것을 인식하고 추구하기.

무엇이 진정한 행복에 이르게 하는가? 우리가 소유하고 있는 물건과 재산, 우리 사회와 대중매체를 잠시 살펴보면 무엇이 자신을 행복하게 만든다고 믿고 있는지 분명하게 드러난다. 그것은 바로 물건이다. 온갖 간판과 네온사인, 라디오와 텔레비전 등에서 우리가 무엇을 사고, 소유하고, 맛본다면 진정한 만족이 올 것이라고 쉴 새 없이 떠들어댄다. 우리 문화는 돈과 성욕, 권력, 그리고 명예라는 네 가지 물질에 집착하고 있다. 만일 우리가 그것을 넉넉히 얻을 수 있다면 영원히, 그리고 충분히 행복할 것이라는 유혹적인 환상에 사로잡혀 있다.

위대한 종교들은 이와는 전적으로 다른 입장을 취하고 있다. 그들은 이런 생각을 절대적으로 잘못된 것으로 보고 강도 높게 비판한다. 물론 생계를 위해서는 돈이 필요하며, 앞에서 말한 네 가지 물질은 우리에게 즐거움을 준다. 그러나 이들 중 하나 혹은 네 가지 모두가 지속적으로 진정한 행복을 가져다 주고, 그것만이 기쁨을 줄 수 있다고 믿는 것은 망상에 불과하다.

오랜 역사와 수많은 성인의 말씀을 통해 보더라도, 모든 위대한 종교는 우리가 다음과 같은 매우 중요한 사실을 반드시 인식해야 한다고 간곡히 요구하고 있다. 즉 그 어떤 외부의 감각이나 소유물도 결코 지속적이고 충분한 만족을 줄 수 없다는 것이다. 사실 부와 소유물에 집착하는 것은 사소한 것에 우리를 중독시키며 삶에서 진정으로 중요한 것으로부터 우리를 멀어지게 한다. 위대한 도교 성인 중의 한 사람인 장자는 다음과 같이 경고했다. "너희들은 바깥 일에 자신의 힘을 다 써버려 결국 자신의 영혼을 갉아먹는다." 이 점에 대해 마호메트는 다음과 같이 요약하여 말한 바 있다. "지복 에 이르기 위해 부副를 등에 지고 가파른 산에 오르는 것은 대단히 어려운 일이다." 예수는 다음과 같이 물었다. "모든 세상을 다 얻는 다 하더라도 자신의 영혼을 잃는다면 그것이 어떻게 이득을 얻은 것이라고 할 수 있겠는가?"

진정한 행복과 희열은 그것이 있는 곳과 찾는 방법을 알면 얻을 수 있다. 그 가능성을 탐색하기 전에 다음의 두 가지 중요한 질문을 할 필요가 있다.

1_ 외적인 즐거움이 우리에게 충분한 만족을 줄 수 없다는 위대 한 종교의 주장을 뒷받침할 수 있는 증거가 있는가?

2_ 그 주장이 진실이라면, 왜 우리는 외적인 즐거움에 최면에 걸 린 듯이 빠져들며, 어떻게 물질에 대한 집착으로부터 해방될 수 있 는가?

### 만족의 과학

인류 역사상 충분할 만큼 많이 가졌다고 생각한 사람은 하나도 없었다. 인류의 반 이상이 혹심한 빈곤으로 고통 받고 있지만, 또 다른 사람들은 역사상 위대한 제왕들조차 꿈꿔보지 못한 풍족함을 누리고 있다. 수많은 차와 컴퓨터, 전화와 텔레비전, 전자우편과 냉 장고, 신선한 음식과 냉동식품 같은 소유 목록은 실로 끝이 없다.

우리는 마술 같은 전자제품과 힘과 노력을 줄여주는 도구들, 그리고 재미에 빠져 시간을 쉽게 보낼 수 있는 온갖 놀이들에 도취되어 있다. 역사상 가장 부유했던 사람도 지금 우리가 누릴 수 있는 즐거움 중 아주 일부분밖에 누리지 못했을 것이다.

그렇다면 이렇게 많은 것을 누리게 되어 우리는 더 행복해졌는가?《행복의 추구 *The Pursuit of Happiness*》를 쓴 심리학자 데이비드 마이어스David Myers[21]에 의하면, 답은 '아주 조금'이다. 일단 빈곤을 벗어나고 우리의 기본적인 욕구가 충족되면 그 이상의 수입과 소유물은 우리의 행복에 거의 도움이 되지 않는다는 사실을 이 분야의 방대한 연구 결과들이 입증해주고 있다. 마이어스는 다음과 같이 요약하고 있다.

참으로 이상한 일은 돈을 많이 버는 사람들이 자신의 수입에 대해서 아주 조금 더 만족할 뿐이라는 것이다. 진실은 다음과 같다. 만족은 원하는 것을 갖는 데 있기보다는 가진 것을 원하는 데 있다는 것이다.

미국의 경우를 보자. 1960년부터 1990년까지 30년 동안 일반인의 권리와 재산은 두 배로 늘어났다. 그러나 그것이 행복도 두 배로 증가시켰는가? 마이어스의 가슴 아픈 결론은 다음과 같다.

지난 30년 동안 우리가 훨씬 더 잘살게 되었다고는 하나 행복감과 삶의 만족도는 거의 증가하지 않았다.

이러한 사실은 대부분의 사람들에게 충격적인 것이다. 이는 수많은 사람과 문화가 지니고 있는 행복에 대한 기본적인 가정을 허물어뜨린다. 수백만의 사람들은 그들의 건강을 해쳐가면서까지 부자가 되기 위해 애를 쓴다. 자본주의자들과 경제인들은 돈이 인간을 움직이는 핵심 동기라고 믿고 있다. 수많은 소비자들은 언제까지나 최신 전자제품을 사려고 할 것이다. 정치가들은 최면에 걸린 유권자들 앞에서 나라를 더 부강하게 만들 수 있다고 유혹한다. 물론 우리는 사람들이 극심한 빈곤에서 벗어나도록 도울 필요가 있다. 그러나 최근의 연구는 위대한 세계 종교들의 입장과 일치한다. 즉 더 많은 부와 소유물이 인간을 더 행복하게 만들지는 않는다는 것이다.

## 균형 잡힌 삶

탐욕에 사로잡히지 않은 자가 가장 부유한 자다. 구두쇠야말로 가장 가난한 자다.

—마호메트

겪지 않아도 될 엄청난 고통을 일으키는 데는 공통적인 오해가 있다. 돈과 섹스, 소유물 같은 물질적인 즐거움은 그 자체가 나쁜 것이 아니며 갖는 것 자체가 죄악도 아니다. 그것들은 삶의 즐거움 중 일부이며 우리는 그것들을 분명히 누릴 수 있다. 실제로 유대교와 기독교, 그리고 이슬람교 같은 일신교 전통은 종종 그것들을 신의 축복이라고 하며 이 세상을 세속적인 기쁨의 정원으로 묘사하기도 한다. 그러나 만일 그러한 즐거움이 최고라고 믿거나 기쁨의 유일한 원천이라고 믿는 결정적인 실수를 저지른다면, 우리는 마치 마약 중독자가 마약의 노예가 되듯이 그 즐거움에 중독되고 말 것이다.

필요한 것은 총체적이고 균형 잡힌 삶의 철학이다. 즉 즐거움이 무엇인지 알고, 그 가치를 인정하며, 인생의 필요한 곳에 그것을 적절히 안배하는 그런 철학이 필요한 것이다.

### 삶의 네 가지 목적

힌두교에서는 삶에 네 가지 목적이 있다고 한다. 아르타<sup>artha</sup>(부), 카마<sup>kama</sup>(욕망), 다르마<sup>dharma</sup>(의무), 그리고 목샤<sup>moksha</sup>(해탈)가 그것이다. 아르타는 물질적인 소유물을 얻는 것으로 이 네 가지 중 안락한 삶을 위해서 가장 필수적인 것이다. 카마는 감각적인 즐거움과 사랑이다. 카마수트라는 세계적으로 널리 알려진 성에 관한 고전이다. 세 번째 목적은 다르마로 이것은 여러 가지 다양한 의미를 지니고 있으나 그 의미의 핵심은 윤리적·종교적 의무에 관한 것이다.

이것들 중에서 앞의 세 가지 목적은 적절하고 즐길 만한 것으로 받아들여진다. 그러나 그것은 만족스런 삶을 위해 네 번째 목적의 가치가 인정되고 추구될 때 비로소 당당하게 향유할 수 있는 것이다.

네 번째 목적인 목샤는 앞의 세 가지의 가치가 설 수 있는 자리를 마련하고 균형을 잡아주며 힌두 철학과 삶에 심오함을 더해준다. 목샤는 영적인 해방이고 자유이며 깨달음이다. 그것은 인간이 살아가는 궁극적인 목적이며 선으로 간주된다. 앞의 세 가지 목적은 즐거움을 위해서 추구되기도 하지만 영적인 성장을 위해서도 추구된다. 이 네 가지 목적을 통합하는 것은 앞의 세 가지가 비윤리적이거나 과도하게 추구되지 않도록 해주며, 전체 삶과 삶이 주는 기쁨을 깨달음이라는 무한한 기쁨으로 인도하게 한다.


## | 갈망이라는 저주 |


집착과 갈망, 그리고 그것이 빚어낸 탐욕과 중독은 단순한 욕망과는 매우 다르다. 집착은 행복해지기 위해서는 내가 원하는 것을 반드시 가져야만 한다고 강박적으로 비명을 지르는 것과 같다. 예를 들어 단순히 아이스크림을 원해서 아이스크림을 먹는다면 그 자체는 아주 좋다. 만일 아이스크림을 먹지 못한다 하더라도 그다지 큰일은 아니다. 그러나 아이스크림에 집착하고 있고 그것을 반드시 먹어야만 한다고 생각하면 고통 받게 된다. 욕망은 단순한 바람이지만 집착은 강박적인 행위다. 충족되지 않은 욕망은 비교적 작은 충격을 주지만 충족되지 않은 집착은 좌절과 고통을 가져온다.


### 갈망의 대가

모든 위대한 종교는 갈망을 인간 고통의 주요한 원인으로 본다. 흥미롭게도 서양 심리학과 서구 사회는 이제 그것을 인정하기 시작했다. 최근에야 우리는 집착이 얼마나 만연되어 있고 파괴적이며, 얼마나 무섭게 우리의 삶과 문화를 일그러뜨리고 있는지 인정하기 시작했다. 모든 마약 중에서도 가장 중독성이 심하고 위험한 담배가 매년 수백만 명의 생명을 앗아가고 있는 것과 마찬가지로 소비에 대한 우리의 집착은 지구를 중독시키고 있다.

서구에서는 약물 중독에 주로 초점을 맞춰왔다. 그러나 위대한 종교들은 오랫동안 인간이 실제로 다른 많은 것들에 집착하고 심지어 중독될 수 있음을 지적해왔다. 돈, 권력, 명성, 섹스, 지위, 신념, 음식, 옷, 자기이미지 등 그 목록은 끝이 없다. 일단 걸려들면, 집착은 우리의 우선순위를 왜곡시키고 진정한 행복의 원천을 보지 못하도록 눈멀게 만든다. 티베트 불교는 이를 다음과 같이 시각적으로 묘사하고 있다.

마치 나방이 등잔불에 속고 있듯이, 당신은 당신이 중독된 것과 감각적인 욕망의 대상에 속고 있다.

이 점을 가장 명확하게 지적한 사람은 붓다이다. 2500년 전에 붓다가 된 한 남자는 29년 동안 왕자로서 온갖 부귀영화를 누리고 살았다. 처음에 그는 왕족의 삶의 방식대로 가능한 모든 쾌락을 누리면서 살았으나, 30세 생일이 되기 전날 왕궁 밖에 마차를 타고 나갔다가 그의 삶을 바꾸고 결국에는 온 세상을 변화시키게 된 세 가지를 목격하게 된다. 노인과 병자, 그리고 시체가 그것이었다. 그는 순간적으로 깨달음을 얻고 다음과 같은 사실을 인정하게 되었다.

1_ 자신을 포함해 모든 사람들은 나이와 질병, 그리고 죽음을 도

저히 피할 수 없다.

　2_ 그 자신의 많은 쾌락과 오락거리는 영원히 지속되지 않는다.

　3_ 그 무엇도 지속적인 행복이나 삶의 의미를 가져다 주지 않는다.

이러한 깨달음의 결과는 실로 극적인 것이었다. 그는 자신의 왕궁과 부, 그리고 가족까지 등진 채 불굴의 정신으로 인생의 궁극적인 행복과 목적을 찾아 나섰다. 그는 당대의 수행법을 모두 다 수련해보았다. 철학을 공부했고, 요가를 수련했으며, 아사 직전까지 갈 정도의 극심한 고행과 단식을 했다. 그의 말을 옮겨보면 다음과 같다.

아주 적은 양의 음식을 먹으면서 나의 육신은 극도로 쇠약해져갔다. 음식 부족으로 나의 엉덩이는 마치 낙타 발굽처럼 되었다. 등뼈는 마치 구슬을 꿰어놓은 것처럼 휘어졌다. 그리고 뱃가죽을 만지려고 하면 등뼈가 대신 잡히곤 했다.

고행의 길을 추구하여 죽음의 문턱까지 가본 그는 고행도 그 반대 극단인 화려한 감각적 삶도 그가 추구하는 목적을 성취시켜줄 수 없다는 것을 깨달았다. 대신 그는 극단적인 고행과 탐욕 사이의 '중도中道'라 불리는 지점에 안주하게 된다.

건강을 회복하기 위해 충분한 음식을 섭취한 후, 그는 궁극의 깨달음을 위해 최후의 노력을 하기로 결심했다. 나무 아래 앉아서 깨달음을 얻기 전까지는 설사 죽는 한이 있더라도 그 자리에서 일어나지 않기로 맹세했다. 그는 며칠 밤낮을 온갖 갈망과 두려움에 직면했으며 정신의 가장 깊은 곳까지 탐사했다. 그리하여 마침내 그는 동이 트기 직전에 깨달음을 얻게 되었다. 비로소 그는 '붓다the Buddha'가 되었고 이는 '깨달은 자'를 의미한다.

첫 35년 동안 그는 모든 정신적인 수행을 하고 모든 쾌락을 맛보고 버린 결과 궁극적인 깨달음의 기쁨을 성취했다. 붓다는 자신이 무엇에 대해 말하고 있는지를 잘 인식하면서 행복과 그 행복을 찾는 방법에 대해서 설교했다.

### 네 가지 거룩한 진리: 사성제

그는 자신의 깨달음을 사성제四聖諦[22]로 요약했는데 그것이 불교의 정수이다.


1_ 인생은 곤경과 고통으로 가득 차 있다.

2_ 고통의 원인은 집착이다.

3_ 집착으로부터의 자유는 고통으로부터의 자유를 가져다 준다.

4_ 집착과 고통으로부터의 자유는 팔정도八正道[23]를 수련함으로써 얻을 수 있다. 그 중심은 계戒, 정定, 혜慧이다.


그의 가르침은 집착의 중추적인 역할을 깨닫는 것을 핵심으로 삼고 있다. 붓다는 모든 사람이 행복을 추구하지만 거의 대부분이 잘못된 길로 가고 있음을 관찰했다. 사람들은 집착을 내려놓기보다는 집착을 이루기 위해서 필사적으로 덧없는 투쟁을 계속한다.

중독성 있는 갈망에 대한 욕구는 막을 수 없으며 도저히 만족시킬 수도 없다. 갈망을 채워주면 잠시 동안의 만족은 얻을 수 있지만 점점 더 큰 갈망이 불러일으켜지게 된다. 붓다는 "내리는 비가 모두 금이 된다 하더라도 갈망에 대한 갈증은 여전히 채울 수 없을 것이다"라고 말했다.

갈망에는 필연적으로 따라오는 공포와 분노, 질투, 그리고 우울 등과 같은 고통스러운 친구들이 있다. 이 감정들은 집착과 긴밀히 연결되어 있으며, 우리 마음 안에서 집착이 작용하는 방식을 잘 보여준다. 우리는 갈망하는 것을 얻지 못할까 봐 두려워하고, 하고자 하는 일을 방해하는 그 누구에게나 화를 내며, 우리가 갈망하는 것을 얻은 사람에 대한 질투심으로 몸부림치고, 희망을 잃으면 우울증에 빠지고 만다. 유대인에게 내려오는 다음과 같은 지혜의 말이 있다. "이 세상과 세상에 속한 것들을 너무 좋아하면 하늘의 분노를 살 것이다." 그럴 수도 있고 아닐 수도 있다. 그러나 그것이 분노와 그 밖의 고통스런 감정을 불러일으킨다는 것은 분명하다.

우리 삶에서 고통의 크기는 갈망하는 것과 소유하고 있는 것 사이의 차이를 반영한다. 갈망은 감정적인 번뇌를 일으키며, 그것을 채울 수 없을 때 고통을 낳는다.

또한 미묘한 영적인 대가도 지불하게 된다. 집착은 우리를 보잘것없는 쾌락에 묶어두고 위대한 기쁨을 빼앗아간다. 예수는 이러한 딜레마를 다음과 같이 지적했다. "그 누구도 두 스승을 섬길 수 없느니라. 그대는 신과 부富를 동시에 섬길 수 없다." 16세기 에스파냐의 수도사로 가톨릭에서 가장 영향력 있는 신비가 중의 한 명인 16세기

에스파냐의 수도사 십자가의 성 요한은 아래와 같이 말했다.

어떤 것에 묶여 있는 영혼은 그 안에 무엇이 있든 간에 신과의 합일이라는 자유에 도달하지 못할 것이다. 굵고 강한 쇠줄이든 가늘고 약한 실이든 꽉 잡아매고 있은 한, 새는 날 수 없기 때문이다. 그 끈이 풀어질 때 비로소 새는 날아갈 수 있다. 따라서 아무리 가벼운 집착에라도 매여 있는 영혼은 그 집착이 지속되는 한, 신에게 도달할 수 없다.

유대교와 기독교의 십계명 중 하나인 "탐(갈망)하지 말라"는 특별한 것이 아니다. 신유학파의 왕양명[24]은 아래와 같이 주장했다.

성인들의 가르침은 전적으로 개인적인 욕망(집착)에 의해 미혹되는 것을 없애는 데 있다. 이는 하늘과 땅, 그리고 만물과 한 몸이 될 수 있는 조건을 회복하기 위해서이다.

## 갈망의 원인

위대한 종교의 메시지는 명확하다. 우리는 모두 중독자라는 것이다. 장난감과 하찮은 장신구들은 결국 고통을 가져오는데 왜 우리는 그것들에 그토록 필사적으로 집착하는가?

위대한 종교들은 그것이 잘못된 자기정체성 때문이라고 설명한다. 즉 우리가 성스러운 것으로부터 분리되어 있어 우리의 본성을 깨닫지 못하고 있다는 것이다. 이러한 분리는 다양한 방식으로 묘사된다. 유대교와 기독교에서는 그것을 '원죄'라고 부른다. 힌두교와 불교에서는 마야라는 반半의식적인 상태에 빠지는 것이라고 하며, 도교에서는 도道에서 벗어나는 것이라고 말한다.

뭐라고 부르든 간에, 그 이면의 메시지는 동일하다. 즉 우리의 무한하고 영적인 본성을 망각하고 환영에 빠져 있다는 것이다. 결과적으로 우리는 자신을 형편없이 평가절하하고, 자신이 연약한 육체에 갇힌 미미하기 짝이 없으며 본래부터 부족하고 겁 많은 존재라고 믿는다. 자신을 이토록 업신여기며 위대한 고향으로부터 떨어져 나왔을 때의 느낌은 어떠한가? 우리가 근본적으로 결함이 있고 오염되어 있다고 믿기 때문에 우리는 결함을 숨기고 보상하며 그것으로부터 회피할 수 있는 것이라면 무엇이든 갈망하게 되는 것이다.


## | 집착을 다루는 전략 |

집착을 멈출 수 있는 두 가지 정반대의 방법이 있다. 첫째는 사람들이 많이 사용하는 방법인데, 그 결과는 파국적이다. 둘째는 사용하는 사람은 거의 없지만 우리를 희열로 이끄는 방법이다.

### 전략 1 집착하는 것 성취하기

이 접근법에서는 먹기, 소유하기, 섹스하기, 될 수 있는 한 많이 소비하기 등 우리가 집착하는 것을 성취하려고 한다. 무엇을 갈망하든 간에 우리는 그것을 얻고자 애쓴다. 이 전략을 통해서 우리는 내적인 결핍감을 외적인 자극들로 채운다. 즉 즐거운 감각과 더 많은 소유물, 그리고 더 큰 권력으로 채우는 것이다. 우리는 갈망하는 것과 현재 소유하고 있는 것 간의 고통스러운 간격을 줄이기 위해 더 많이 소유하고자 필사적으로 노력한다. 이 접근법을 통해서 우리는 집착을 충족시키기 위해 세상을 통제하려고 하며, 보고 듣고 만지고 맛보기 위해 소비하고 그 대가를 치른다.

이 전략은 심각한 문제를 안고 있다. 우리가 원하는 방식대로 성취하기 위해 세상을 통제하는 것은 무척 어렵고 끝이 없는 작업이다. 설사 우리가 성공한다고 해도 불가피한 일들이 발생한다. 즉 세상이 변화한다.

설상가상으로 원하는 것을 손에 넣는다고 해도 그것이 충분치 않다는 것을 알게 된다. 우리는 곧 더 많은 것을 원한다. 마약 중독자들은 이전과 같은 흥분을 맛보기 위해 더 많은 양의 마약을 필요로 하고, 구두쇠는 더 많은 돈을 필요로 하며, 소비자들은 더 많은 쇼핑을 필요로 한다. 종교적 언어로 말하자면 탐욕이 늘어나는 것이고, 심리학적으로 말하자면 욕망이 습관화되는 것이다. 어떤 말로 표현하든 결과는 같다. 마이어스는 만족은 줄어들고 집착은 불어난다는 사실을 "계속 커져가는 욕망은 만족에 끝이 없다는 사실을 깨닫게 한다"라고 표현했다. 우리는 광고에서 당신은 모든 것을 가질 수 있다는 말을 계속해서 듣는다. 그런데 왜 그들은 모든 것을 다 가져도 불충분하다는 말은 하지 않는 것일까?

## 대리만족은 진정한 만족이 아니다

왜 그런가? 답은 아주 간단하지만 사람들은 그 답을 모르고 있다. 모든 스쳐가는 쾌락은 우리가 진정으로 필요로 하는 것도, 우리가 진정으로 원하는 것도 아니다. 그것은 단지 대리만족에 불과하며 우리 내면의 결핍감을 보상하기 위한 시도이다. 우리의 진정하고 깊이 있는 열망은 결핍이 없는 우리 자신의 진정한 자기를 일깨우는 것이다.

모든 힌두 성인들 중에서 가장 위대하다고 일컬어지는, 9세기 인도의 샹카라Shankara[25]는 "무엇이 갈망을 파괴할 수 있는가?"라고 스스로 묻고 "그것은 진정한 자기의 실현이다"라고 답했다.

대리만족을 덧없이 추구하는 것은 필연적으로 실패할 수밖에 없다. 우리가 진정으로 원치 않는 것을 충분히 얻을 수는 없기 때문이다. 수많은 사람과 문화가 광적으로 그것을 추구하고 있으며, 오염되고 황폐해진 지구는 인간의 멈출 줄 모르는 식욕을 입증해준다. 간디는 세계가 모든 사람의 필요를 충족시키기에는 충분하나, 모든 사람의 탐욕을 충족시키기에는 충분치 않다고 지적하면서 이 상황을 잘 요약했다.

일단 우리가 집착과 집착에 의해 줄어드는 만족감을 이해한다면, 놀랍지만 우리를 자유롭게 하는 결론에 도달할 것이다. 즉 그 어떤 물질도 우리를 충분히, 그리고 영원히 행복하게 해줄 수 없다!

우리는 결코 돈과 섹스, 권력과 소유물, 그리고 명예 같은 것을 만족할 만큼 충분히 얻을 수 없다. 역설적으로 이것은 우울한 메시지가 아니라 오히려 자유와 희망의 메시지이다. 왜냐하면 전에 가졌던 모든 것으로부터는 만족을 얻지 못했지만 이후의 어떤 것은 우리를 영원히 만족시킬 수 있을 거라는 고통스런 신념에서 우리를 해방시켜주기 때문이다. 그것은 우리 바깥에 있는 어떤 사람이나 소유물에 대한 광적이고 희망 없는 추구로부터 우리를 해방시켜 내면의 공허감을 채워줄 수 있을 것이다.

### 전략 2 마음 바꾸기

좋은 소식은 지속적인 만족에 이르는 방법이 있다는 것이다. 이 방법은 우리가 필요하다고 여기는 것에 대한 마음을 바꾸는 것을 포함한다. 수피라고 불리는 이슬람 신비주의자들 사이에 잘 알려진 아름다운 이야기가 있다.

수피들이 좋아하는 인물 중에 나스루딘Nasrudin[26]이라 불리는 사람이 있다. 나스루딘은 언뜻 보기에는 바보 같아 보이지만 실제로는 현명하고 지혜로운 사람으로, 그의 속임수는 인생에 대한 놀라운 교훈을 담고 있다.

어느 날 나스루딘이 길을 걷다가 길 한편에서 울고 있는 남자를 발견하고 물었다.

"친구여, 무엇이 문제입니까? 왜 울고 있습니까?"

"나는 너무 가난하기 때문에 울고 있어요. 나는 돈도 없고 가진 것이라고는 이 작은 가방밖에 없어요."

남자가 통곡하며 말했다. 그러자 나스루딘은 짧은 탄성을 흘리고는 갑자기 그 가방을 낚아채서 남자의 시야에서 벗어날 때까지 힘껏 도망쳤다.

가난한 남자는 "나는 이제 모든 것을 잃었구나" 하고 탄식하며 나스루딘이 달아난 방향을 따라 터벅터벅 걸어가면서 계속 울었다. 어느 정도

걷다가 그는 길 중앙에 자신의 가방이 놓여 있는 것을 발견하고는 갑자기 황홀해졌다.

"신이시여, 감사합니다. 나의 전 재산이 돌아왔습니다. 감사합니다. 정말 감사합니다."

그러자 나스루딘이 길옆의 숲에서 모습을 드러내면서 외쳤다.

"그를 울게 한 가방이 이제는 그를 황홀하게 만들었으니 이 얼마나 이상한 일인가."


행복은 집착을 키우는 데 있지 않고, 집착을 줄이고 단념하는 데 있다. 붓다의 사성제 중 멸제滅諦만큼 이를 극명하게 표현한 예는 찾아보기 어렵다. "집착으로부터의 자유는 고통으로부터의 자유를 가져다 준다."

이와 마찬가지로 샹카라는 어떻게 천국에 이를 수 있는가라는 물음에 "갈망으로부터의 자유가 천국에 이르는 길이다"라고 답했다.

수많은 성인들이 그것에 동의해왔다. 어떤 성인은 흔히 초연함detachment이나 무집착nonattachment, 혹은 수용acceptance이라고 부를 수 있는 집착으로부터의 자유가 모든 덕행 중에서 가장 위대하다고 주장했다. 14세기 독일의 위대한 기독교 신비가인 에크하르트는 아래와 같이 썼다.


신에게 가까이 다가가고 신의 뜻에 적합하게 살기 위해 인간이 지녀야 할 가장 소중한 덕목이 무엇인지 찾으려고 (…) 나는 예언자와 이교도 스승들의 수많은 책을 읽어왔다. (…) 이렇게 수많은 책을 최고의 지성을 발휘해 탐구한 결과 모든 것으로부터 초연해지는 것만 한 덕행은 없다는 것을 발견했다.

집착의 끝이 어떻게 슬픔의 끝에 이르게 하는가? 불행이란 갈망하는 것과 소유하는 것 사이의 간격임을 기억하라. 우리가 소유하고 있는 것을 받아들임으로써 집착을 포기할 수만 있다면, 그 간격은 해소될 것이고 불행도 끝날 것이다. 이것이 바로 간디가 그의 인생철학에 대한 질문을 받았을 때 단지 세 음절만 필요했던 이유이다. "포기하면 향유할 것이다!" 에크하르트 역시 "위대한 포기를 한 자만큼 행복한 자는 없다"고 선언했다.

탐욕으로부터 자신을 해방시켜라. 탐욕은

―마호메트

빈곤일 뿐이다.

솔직해지자. 갈망을 줄이는 것은 그만한 대가를 가져다 주기는 하나 쉽지 않은 일이다. 우리는 자신에 대해 부드러워야 하고, 인내심을 가져야 하며, 집착을 버리는 것에 집착함으로써 우리의 문제를 가중시키지 않을 필요가 있다. 이는 특히 확실한 신체적 기저를 가지고 있으며 신체적·심리적·영적 치료를 병행했을 때 가장 큰 효과를 가져오는 술이나 담배 같은 심한 중독에는 더욱 그렇다.

집착을 줄이는 일은 오랜 시간이 걸리는 과정이며 보통 한 가지 이상의 연습을 요구한다. 그러나 지속적인 영적 수련과 함께 구체적인 연습을 실천하면 시간이 지남에 따라 집착은 점차 줄어들게 된다. 아래의 연습들은 자각 능력을 키우고 갈망에 대한 이해를 통해 그 과정을 시작할 수 있는 몇 가지 쉬운 방법들이다.


## | 연습1 고통을 피드백으로 인식하라 |

고통은 탐색을 요청하는 것이므로 모든 아픔은 세심하게 살펴볼 필요가 있다.

— 니사르가다타 마하라지

우리의 심리적·영적 슬픔이 집착에 뿌리를 두고 있음을 일단 인정하기만 하면 엄청난 기회가 열리게 된다. 정신적 고통은 신체적 고통과 동일하므로 슬픔이 중요한 피드백이 될 수 있다. 즉 그 피드백은 뭔가 문제가 있고, 우리가 어떤 것을 갈망하고 집착하고 있다는 사실을 알려주는 경고 신호다. 그러므로 위대한 종교는 우리가 집착을 알아차리고 그것으로부터 놓여날 수 있도록 가르친다.

이를 위해서 고통을 느끼는 어떤 상황을 생각해보거나 이후에라도 두려움과 분노, 혹은 그 어떤 정신적 고통을 느끼게 된다면 하고 있는 일을 멈추고 그 밑에 깔려 있는 집착을 찾아보라. 예를 들어 화가 난다면, 아마도 당신이 집착을 만족시키려는 것을 누군가 방해한다고 생각하는 때일 수 있다. 누군가 초콜릿을 못 먹게 해서 화가 난다면, 초콜릿을 좋아하는 것이 이제 집착이 되었다는 사실을 알아차릴 좋은 기회이다. 마찬가지로 당황하여 얼굴이 빨개졌다면, 사람들이 당신을 좋아해야만 한다는 집착에 빠져 있는 것이다. 누군가에게 질투를 느낀다면 다른 사람이 가진 것을 갈망하고 있다는 증거이다.

우리가 집착하는 대상 자체가 꼭 나쁜 것은 아니다. 좋은 직업과 좋은 명성 등을 어느 정도 원하는 것은 나쁘지 않다. 그러나 만일 소망이 갈망이 된다면 우리는 스스로 문제에 봉착하게 된다.

우리의 집착을 알아차리는 것만으로도 수많은 새로운 가능성들이 열린다. 집착으로 고통스럽다면 우리는 한 가지 선택을 해야 한다. 계속 그 집착에 매달리면서 고통을 받을 수도 있고 그 집착을 포기함으로써 고통을 멈출 수도 있다. 이 단계에서 결정적인 질문은 "이 집착을 포기하기 전에 이 고통을 얼마나 견딜 수 있는가?"이다. 그런데 놀랍게도 종종 "상당히 많이 견딜 수 있다"고 대답한다. 우리는 일생 동안 집착하고 갈망을 성취하는 것이 행복에 이르는 유일한 길이며, 집착은 항상 포기하기 어려운 것이라고 믿는다. 아래의 연습들은 집착을 포기하는 데 도움을 줄 것이다.

## | 연습 2 갈망의 경험을 살펴보라 |

우리의 경험과 행동을 보다 잘 알아차리는 것은 그것을 이해하고 변화시키는 데 있어 매우 중요하다. 따라서 나는 명료한 자각의 계발을 일곱 가지 수련 중 하나로 포함시켰다. 보통 우리는 집착에 사로잡혀 있을 때 갈망이라는 실제 경험보다는 그것을 얻으려고 하는 데만 온통 마음을 쓰게 된다.

영적인 전통은 갈망 자체가 주는 감각을 의도적으로 관찰해보라고 권한다. 당신이 갈망에 사로잡혔다는 것을 알아차리게 되면, 그 갈망을 주의 깊게 분석하고 그 경험을 구성하는 요소들이 무엇인지 확인해보기 바란다. 하던 일이 무엇이든 멈추라. 그리고 주의 깊게 그 경험을 탐색해보라. 당신의 경험 밑에 깔려 있는 정서와 신체 감각, 생각과 느낌, 그리고 긴장을 확인할 수 있는지 살펴보라.

대개 그러한 발견을 하게 되면 기분이 좋지 않다. 갈망은 마음의 긴장과 수축을 가져오고 신체 내부가 타는 듯한 감각을 동반할 수 있다. 불안이나 두려움 같은 고통스런 감정의 덩어리가 느껴질 수도 있다. 또 갈망하는 사람이나 대상에 대한 상상을 알아차릴 수도 있을 것이다. 마음이 초조해지고, 만일 이것을 얻지 못하면 절대 행복할 수 없을 거라는 자기파괴적인 생각들이 꼬리를 물고 떠오르기도 한다. 갈망의 경험을 탐색해보는 것은 갈망을 이해하고 갈망으로 인한 고통스런 결과를 인식하여 갈망을 저절로 포기하도록 자연스럽게 돕는다.

자각 그 자체가 치유이므로 명료한 자각을 계발하는 것은 일곱 가지 수련 중의 하나이다. 갈망을 잘 알아차리는 것만으로도 갈망은 약화되기 시작한다. 때론 마하라지가 지적한 대로 "작은 갈망은 단순히 성찰하고 명상하기만 해도 사라질 수 있다." 갈망을 관찰하는 것은 갈망을 이해하고 치유하는 데 있어 기본적인 첫걸음이다.

## | 연습 3 갈망의 대가를 반성하라 |

반성은 모든 위대한 종교의 기본적인 수련기술이다. 반성은 본질적으로 우리 자신을 보다 잘 이해하기 위해 어떤 주제나 경험에 대해 심사숙고하는 것을 말한다. 앞으로 설명하겠지만, 그것은 지혜를 계발하는 결정적인 도구이다. 이제 갈망의 대가를 인식하기 위해 반성이란 방법을 이용해보기로 하자.

먼저 방해받지 않고 몇 분 간 조용히 반성할 수 있는 장소와 시간을 마련하라. 당신 삶에 강력하게 영향력을 미치는 집착들 중 하나를 생각하면서 시작한다. 예를 들면 담배나 멋진 차가 될 수 있다. 그 다음엔 그것을 얻는 데 필요한 시간과 에너지를 반성해보라. 쏟는 노력과 돈에 대해서도 생각해보자. 그것에 수반되는 고통스런 감정들, 즉 방해하는 사람에 대한 분노, 갈망하는 것을 얻지 못했을 때 절망과 함께 찾아오는 우울, 성취한 것을 잃을지도 모른다는 걱정 등을 불러일으켜보자.

이러한 감정적 대가와 통찰이 자연스럽게 떠오르도록 내버려두라. 억지로 통찰하려고 애쓰거나 집착하는 자신을 판단하거나 비난할 필요는 전혀 없다. 자기비난과 자기공격은 결핍을 더욱 가중시키고 집착이 주는 환상적 위안에 더 얽매이게 할 뿐이다. 이러한 반성의 목적은 다른 모든 반성들과 마찬가지로, 비난하기 위해서가 아니라 이해하기 위함이다.


## | 연습 4 저변의 생각과 신념을 인식하라 |

중독에 따르는 정서와 감각의 밑바닥에는 파괴적인 생각과 신념이 숨어 있으며 이들을 확인하는 것은 큰 도움이 된다. 아마도 가장 공통된 신념은 "행복해지기 위해서 나는 무언가를 소유해야 한다"일 것이다. 이 무언가는 돈, 섹스, 권력, 새로운 배우자 등 우리가 갈망하는 모든 것이 될 수 있다. 그것과 밀접하게 연관된 신념은 '만일 ~하다면'이라는 게임의 기초가 된다. 예를 들어 만일 내가 빈 칸을 채우기만 한다면 나는 행복할 수 있을 텐데 같은 것이다.

이러한 신념은 생각과 마찬가지로 우리의 자각으로 떠오른다. 인식되지 않은 생각은 아주 강력하여 그것을 믿도록 최면을 건다. 붓다는 그 강한 생각의 힘을 다음과 같이 표현했다.

우리는 곧 우리가 생각하는 그것이다.

우리 존재의 모든 것은 생각과 함께 생겨난다.

이 생각으로 우리는 이 세계를 만든다.


다행히 이러한 생각을 인식하게 되면 우리를 움켜잡고 있던 생각은 힘을 잃기 시작한다. 그때 우리는 그것이 반드시 믿을 필요가 없는 생각에 불과하다는 사실을 알게 된다.

예를 들어 당신이 사람들에게 유능한 사람으로 평가받는 데 집착하고 있다면, 모두가 종종 그러하듯이 당신은 뭔가 바보 같은 행동을 하게 될 것이고 이에 당황해하며 몹시 괴로워한다. 당신의 마음에 줄기차게 떠오르는 생각을 탐색한다면, "이 사실을 누군가 알게 되면 죽고 싶을 거야" 혹은 "나는 세상에서 가장 한심한 인간이야" 같은 생각들을 발견하게 된다. 잠깐만 성찰해보면, 이러한 생각들이 전혀 믿을 필요 없는 별것 아니라는 사실을 알게 될 것이다. 즉 당신은 당황해서 죽을 지경도 아니고 이 세상에서 가장 어리석은 사람의 자리를 두고 벌이는 그 어마어마한 경쟁의 대열에 끼고 싶어하지도 않을 것이다. 이러한 생각의 비현실성을 인식하기만 하면 우리는 그 구속으로부터 자유로워지기 시작한다.

이 연습을 통해 그러한 생각을 인식하기 좋은 시점은 당신이 뭔가에 집착하여 정서적으로 혼란에 빠져 있을 때이다. 그럴 때는 마음이 초초해지고 연관된 생각들이 마음속을 치닫는다. 만일 생각을 멈추고 관찰할 시간을 갖지 않는다면 우리는 그것을 그저 믿을 수밖에 없다.

일단 어떤 집착에 사로잡혀 있다는 사실을 인식했다면, 첫 번째 중요한 단계는 당신이 하고 있는 모든 일을 멈추는 것이다. 이완하고 심호흡하는 시간을 가져라. 그리고는 몇 분 간 당신의 내면에서 그 집착에 대해 스스로 속삭이는 말을 경청하라. 예를 들어 "나는 반드시 이것을 가져야만 해" 혹은 "만일 누가 이것에 대해 알게 된다면 나는 죽고 말 거야" 같은 생각을 스스로 발견하면, 그것이 단지 생각에 불과하며 믿을 필요가 없는 사실임을 인식하게 된다.

일단 생각이 단지 생각에 불과하다는 것을 인식하게 되면 다음 단계가 가능해진다. 그 다음에는 보다 건강하고 현실적이며 수용할 만한 생각을 하게 된다. "좋아, 난 실수를 했어. 그러나 누구나 그 정도의 실수는 하지." "자, 사람들이 내가 유능하지 않다고 생각한들 그게 뭐 대수야." 이런 식으로 우리는 집착을 지속시키는 생각과 신념이 실제로는 어리석고 믿을 필요가 없으며, 복종할 필요도 없고, 다른 건강한 생각으로 대체될 수 있다는 사실을 인식하기 시작한다.

생각은 아주 미묘하고 순식간에 일어나며 유혹에도 매우 약하기 때문에, 우리는 생각을 진실이라고 믿는 착각에 쉽게 빠진다. 그러므로 생각을 확인하는 작업은 중요하면서도 만만치 않은 과정이다. 이 주제는 명료한 자각을 계발하는 수련에서 다시 언급할 예정이므로 여기서는 좀 더 쉽게 접근할 것이다. 집착에 연관된 몇 가지 생각이나 믿음만이라도 인식할 수 있다면 도움이 된다. 왜냐하면 인식은 집착에 사로잡히는 것을 줄여주기 때문이다.

나의 명상 스승 중 한 분은 영적 수행에 수년 간 전념했던 인도 남자였다. 그는 금욕적인 환경의 절에서 많은 경전을 공부했고, 장기간 집중 명상을 수련했다. 또한 매우 깊은 체험을 겪기도 했다. 그러나 이 모든 수련에도 불구하고 그에게는 여전히 해결하지 못한 문제가 하나 있었다. 그는 사탕에 매우 집착했다. 실제로 그는 그가 가진 매우 적은 돈 중에서 많은 금액을 사탕을 사는 데 썼다.

그러던 어느 날 그는 큰 상자를 들고 시장에 가서 사탕가게를 이곳저곳 돌아다니면서 돈이 다 떨어질 때까지 사탕을 사서 상자를 가득 채웠다. 집에 돌아와 그는 테이블 위에 사탕이 든 상자를 올려놓고 명상을 시작했다. 마음이 청정해진 후, 첫 번째 사탕을 입에 넣었다.

그는 자신의 자각을 집중하고 일어나는 모든 경험을 예의 주시했다. 첫 번째 사탕을 입에 넣으려고 할 때 일어나는 강렬한 기대감, 그 사탕이 입 안을 채웠을 때의 감각, 달콤한 첫맛, 그리고 그 즉시 마음속에서 일어나는 쾌락을 빠짐없이 관찰했다. 삼키고 또 하나를 집어 들 때의 감각 역시 관찰했다.

하나씩 하나씩 입에 넣으며 단맛을 느끼고 또 느끼면서, 그는 계속 사탕을 먹는 자신을 관찰했다. 잠시 후 그는 어떤 변화를 알아차렸다. 그 강렬한 단맛이 더 이상 자극적이지 않았고 싫증나기 시작했으며, 그렇게 짜릿했던 쾌락도 사라졌다.

그럼에도 그는 계속 먹고 관찰했다. 그러자 열렬한 기대는 싫증으로 변했다. 처음에 그를 그토록 흥분시켰던 강렬한 단맛은 이제 속을 울렁거리게 했고 남은 사탕들을 보자 그러한 느낌이 더 커졌다. 그는 사탕을 억지로 집어 들어야 할 때까지 계속 먹었다. 마침내 테이블에서 일어났을 때 그는 사탕에 대한 집착을 영원히 끊을 수 있었다.

물론 이렇게 갈망을 충족시키는 것이 치유를 보장하지는 않는다. 만일 그렇다면 알코올 중독자는 술을 마셔도 취하지 않고 의식이 깨어 있을 것이다. 그러나 영적 수련 중에 주의 깊은 자각과 함께 가끔, 그리고 기술적으로 활용한다면 탐닉은 매우 유익할 수 있다.

탐닉을 알아차리는 것이나 집착을 꺾는 것은 집착을 학습하는 기회를 제공한다. 우리는 종종 우리의 집착에 대해 심하게 죄책감을 느끼므로 그것을 충분히 즐기도록 스스로 허용하지 않는다. 또한 집착에 압도되어 집착 없는 삶이 어떤지를 알지 못한다. 그러므로 이 연습과 그 다음 연습은 양쪽을 모두 경험하는 기회를 준다.

하루 날을 잡아 당신이 집착하는 대상 하나를 선택하여 그것을 충분히 만끽해보라. 만일 초콜릿을 좋아한다면 나의 명상 스승처럼 해보라. 초콜릿을 잔뜩 사서 최대한 주의를 집중하여 초콜릿 먹는 과정을 관찰하라. 만일 텔레비전에 집착한다면 아무 방해 없이 계속 시청할 수 있는 시간을 잡아라. 텔레비전 앞에 눌러앉아 반드시 일어날 필요가 없는 한 일어나지 마라. 이 연습에서 한 가지 주의할 점은, 너무도 당연한 얘기지만 자신이나 남을 해칠 정도로 집착에 빠져서는 안 된다는 것이다.

다른 연습에서와 마찬가지로, 이 연습에서의 성공의 열쇠는 당신이 스스로의 경험을 최대한 알아차리는 것이다. 스무 개째 먹는 초콜릿 맛을 처음 먹는 초콜릿 맛에 비할 수 있겠는가? 다섯 시간째 보는 텔레비전이 처음 한 시간을 볼 때보다 더 재미있겠는가? 머리가 띵해져 의자에서 일어나기도 힘들 것이다. 이렇듯 집착에 대한 탐닉을 알아차리는 연습은 집착의 한계를 아주 명백하게 밝혀준다.

첫 집중 명상에서 나는 그것을 깨달았다. 나는 1년 이상 매일 명상을 하고, 다양한 기법을 실험해보면서 명상이 매우 매력적이고 도움이 된다는 사실을 알아가고 있었다. 그 다음 단계로, 나는 며칠 동안 방해 없이 수련할 수 있으며 명상 지도자의 안내도 받을 수 있는 명상 수련원을 찾게 되었다.

밤새 서른 번째 생일 파티를 치른 다음 날, 나는 피곤에 지친 몸으로 오리건행 비행기에 몸을 실었다. 몇 시간 후면 여름방학 중에는 명상 수련원으로 사용되는 외딴 시골의 빈 학교로 비틀거리며 들어가게 될 것이었다. 그곳에서 다른 50명의 사람들과 함께 열흘 간 명상 수련을 하기 위해 각오를 다졌다. 가능한 깊은 명상을 체험하기 위해 우리는 하루 종일 명상을 하고 다른 잡일은 최소화하라는 지시를 받았다.

그곳은 시끄러운 음악과 노래, 맛있는 음식과 샴페인이 있었던 그 전날과는 매우 대조적인 분위기였다. 우리가 하는 일은 좌선과 경행이 전부였다. 술이나 섹스가 없는 것은 물론이고, 대화도 음악도 없었다. 나는 썩 기분이 즐겁지는 않았다.

음식은 영양가는 있었으나 맛과는 거리가 멀었다. 나를 산만하게 만드는 것은 아무것도 없었지만 나는 점점 음식에 대한 환상에 빠져들고 있었다. 생일 케이크와 샴페인에 대한 기억이 내 마음속을 감칠맛 나게 돌아다녔으며 화려한 음식의 영상이 펼쳐졌다.

결국 나는 유혹을 못 이기고 수련원을 몰래 빠져나와 마을을 향해 5킬로미터를 걸어갔다. 맛있는 먹거리들을 잔뜩 사서 베갯잇에 가득 채웠다. 빵빵한 베갯잇을 어깨에 짊어지니 나 자신이 산타클로스같이 느껴졌으나 그 선물은 오직 나만을 위한 것이었다. 그리고 식당으로 가서 맛있는 음식을 주문했다.

그런데 이게 웬 실망인가! 몇 입 먹지도 않고 소중한 교훈을 얻을 수 있었다. 음식은 맛있었으나 그것을 먹는 기분은 환상 속에서 즐겁게 상상했던 것만큼 만족스럽지 않았다. 당시에는 몰랐지만 나는 수련원의 낯선 환경 때문에 두려움과 외로움에 빠져 있었고, 그래서 음식으로라도 위안을 받고 싶었던 것이다. 그러나 음식은 그 감정을 치유하지 못했다. 환상에서 깨어나 더 이상 먹고 싶지도 않은 음식이 잔뜩 든 무거운 베갯잇을 짊어지고 다시 5킬로미터를 무거운 발걸음으로 터벅터벅 걸어 돌아왔다.

이 경험은 그다지 재미있지 않았지만 가치 있는 교훈을 확실하게 안겨주었다. 갈망이 어떻게 마음을 환상으로 채우고, 올바른 판단을 방해하며, 엄청난 시간과 에너지를 소비시키는지를 내게 가르쳤다. 갈망을 탐닉하는 것 또한 우리가 상상하는 것만큼 만족스러운 것이 아니라는 결론에 이르게 되었다. 또한 그 갈망은 깊은 두려움과 소망을 숨기고 있는데, 그 감정은 우리가 속박으로부터 자유로워지고 행복해지려면 반드시 인식해야만 하는 것이었다.

집중 명상 자체는 처음엔 어려웠으나 결과적으로는 큰 도움이 되었다. 나의 명상은 극적으로 깊어졌고 그 후에는 더욱 깊어졌다. 나는 마음과 자신에 대해서 엄청나게 많은 것을 배울 수 있었다.

현재 나는 단순한 생활방식을 따르며, 침묵을 지키며 살고 있다. 처음에는 금욕적이고 힘들게 느껴졌으나 시간이 흐름에 따라 침묵이 주는 평화와 치유뿐 아니라 끊임없는 활동과 번잡함에서 벗어난 자유를 사랑하게 되었다. 결론적으로 나는 집중 명상을 규칙적이면서도 가치 있는 삶의 일부로서 지속하고 있다.


## |연습 6 좌절과 중독을 경험하라|

앞의 연습을 보완하는 연습은 의도적으로 중독을 좌절시키는 것이다. 이것은 세계적인 모든 종교에서 공통적으로 실천해온 연습이다. 모든 갈망을 완전히 금지하는 극단을 취하면 금욕주의가 된다. 그러나 이 또한 한 번에 하나의 집착을 선택하여 서서히 행할 수 있다.

자신이 집착하고 있는 어떤 것, 예를 들면 담배나 특정 음식 또는 텔레비전 등을 선택하고 그것 없이 하루 또는 특정 기간 동안 지낼 것을 결심하라. 이때는 반드시 합리적으로 성취할 수 있는 현실적인 목표를 선택해야 한다. 예를 들면 담배를 영원히 끊겠다고 마음먹었다가 실패하여 완전히 실망하는 것보다는 한나절 동안만이라도 담배를 피우지 않겠다고 결심하는 편이 훨씬 낫다. 물론 당신이 선택한 중독의 좌절이 자신이나 다른 사람에게 피해를 주지 않도록 주의해야 한다.

이 연습을 하는 동안 최대한 자신의 경험을 인식하도록 하라. 무엇을 하든 주기적으로 멈춰 당신의 경험을 보다 더 깊이 탐색하면 도움이 된다는 사실을 발견할 것이다. 갈망을 좌절시킬 때 일어나는 감각과 감정, 그리고 생각을 주의 깊게 관찰하라. 그리고 그것을 짧게나마 기록해보는 것도 도움이 된다. 저녁에는 하루 동안 일어난 일과 그로부터 느낀 바를 반성하는 시간을 갖도록 하라. 어떤 느낌이 일어났으며 어떤 두려움이 떠올랐는가? 어떤 새로운 통찰과 이해를 하게 되었으며 무엇 때문에 놀랐는가? 많은 사람들이 뭔가 박탈당했다는 두려운 마음으로 이 연습을 시작하지만, 곧 처음에 생각했던 것보다 자신을 잘 관리할 수 있다는 사실을 발견하고 놀라워하며 만족한다. 이 연습이 중독을 이해하고 약화시킬 뿐 아니라 의지력과 자기존중감을 강화시키는 이유가 여기에 있다.

이 연습은 잠재적인 능력을 강화시키는 방법으로도 사용될 수 있다. 예를 들어 일일 단식은 고대로부터 널리 사용되어온 기법이다. 만일 배고픈 느낌을 세계 곳곳에서 기아에 시달리는 사람들을 기억하는 데 활용한다면, 그 이점은 더 늘어날 것이다. 이런 식으로 배고픔의 고통은 갈망을 줄일 뿐 아니라 굶주린 사람들에 대한 관심과 자비를 불러일으킬 수 있다. 이 연습은 집착을 감소시키고 동기의 방향을 바꾸는데, 이는 동기를 변화시키는 수련의 두 가지 요소이기도 하다. 동기를 재정향함으로써 우리는 우리가 진정으로 원하는 것과 영혼의 바람에 초점을 맞출 수 있게 된다.

내
보물이
있는 곳에
내 마음 또한

— 예수

있을 것이다.

우리의 집착은 불필요한 심리적·영적 짐에 불과하다. 그럼에도 많은 사람들은 이 집착을 포기하면 무덤덤해지고 즐거움도 사라질 거라고 걱정한다. 이 말도 안 되는 우려는 우리가 스스로 동기를 부여하기 위해서는 집착이 필요하다고 전제하는 것이다. 예를 들면 돈에 집착해야 일을 할 수 있고 명성에 집착해야 운동이나 예술을 할 수 있다는 입장이다.

## 동기의 재정향

나 또한 한때 그것을 믿었다. 따라서 나의 첫 심리 치료는 충격적이었다. 정신과 의사가 되기 위한 수련을 시작했을 때, 나는 치료자의 상담실에 찾아가 의자에 앉으면서 내 마음과 나 자신에 대해 좀 더 알게 되기를 진지하게 기대하고 있었다. 처음 20분 동안은 내 삶의 패턴과 목표를 탐색하는 데 빠져들었고 흥분도 되었다. 그러나 탐색이 진행되어감에 따라 나는 차츰 불안해지기 시작했다. 무심결에 나는 "당신은 내가 별 볼일 없는 사람이라는 것을 알게 될 것이다"라고 말하고 스스로 깜짝 놀랐다.

그 순간은 악몽이었으나 한편으로는 자유의 시작이기도 했다. 나는 스스로 동기를 부여하고 북돋기 위해서는 두려움과 집착이 반드시 필요하며, 그것이 없다면 어떠한 중요한 일을 실행하지도 성취하지도 못하는 사람으로 전락할 거라고 굳게 믿고 있었다. 이후 집착을 놓아버리는 것이 죽음과 같은 무감동이 아니라 자유와 에너지를 가져온다는 사실을 깨닫고, 그 신념을 돌아보며 웃을 수 있었다. 그러나 당시에는 매우 심각했다.

위와 같은 형태의 신념은 소망과 집착을 혼동하는 데서 비롯된다. 소망은 반드시 필요하며 삶의 자연스러운 부분인 반면, 집착은 불필요한 고통의 원천이다. 즉 그 둘은 다른 성질의 것이므로, 집착을 놓아버리면 소망만 남아 삶을 잘 영위하도록 동기화될 수 있다. 우리는 더 이상 우리의 삶과 권위를 왜곡시키는 강박적 갈망의 줄 위에서 춤을 추는 무력한 장난감 인형이 아니므로 실제로 더 좋은 동기를 가질 수 있다. 우리는 집착을 포기함으로써 무감동해지는 것이 아니라 고요해지며, 시들해지는 것이 아니라 충족감을 느끼며, 타인에 대해 무관심해지는 것이 아니라 더 많은 관심과 배려를 갖게 된다. 2000년 전 요가의 고전을 쓴 파탄잘리Patañali[27]는 "우리가 집착에서 완전히 자유로워지면 존재의 본성과 목적을 이해하게 된다"고 했다.

위대한 성인들과 성자들을 살펴보자. 그들은 집착으로부터 벗어났으며 모든 사람, 더 나아가 모든 생명의 행복에 헌신했다. 네 가지의 물질적 요소를 끊임없이 추구하는 것에서 벗어나면 보다 높은 동기를 추구할 수 있다.

## |보다 높은 동기들|

마음이 뒤숭숭한 갈망으로 덜 어지럽다면, 우리의 일상을 지배하는 욕망보다 더 건강하고 더 세련되며 훨씬 더 충족감을 주는 보다 미묘하고 성숙한 동기를 조금씩 느끼게 된다. 보다 성숙한 동기는 진실과 정의, 친절과 이타주의, 아름다움과 성스러움을 포함한다. 또한 서양 철학의 아버지인 플라톤이 요약했던 유명한 진선미도 포함한다.

이러한 욕망은 '보다 높은 동기' 혹은 '상위 동기'로 불리며 위대한 종교는 이 욕망에 최상의 가치를 부여한다. 힌두교에서는 보다 상위의 차크라chakras[28]로, 유대교에서는 좋은 성향yezer tov[29]으로 서로 다르게 불리지만 모든 전통은 이 상위 동기를 인정하고 존중하며 계발한다. 이 동기를 계발시키는 것은 영적 수련의 핵심 목표이다.

### 신에 대한 향수를 치유하라

상위 동기들 중에서도 최상위 동기는 자기초월을 추구하는 것이다. 자기초월 동기는 일상의 왜곡되고 제한된 정체성을 초월하고, 존재의 충만함을 각성시키며, 참된 본성과 신성 간의 진정한 관계를 인식하려는 소망이다. 또는 우리가 진정 누구인지를 상기하고 우리 근원과의 합일을 파악하려는 거부할 수 없는 소명이다. 신을 향한 열망이나 목샤moksha 동기, 도와의 합일 등으로 다양하게 묘사되는 이 깨달음에 대한 열망은 최상의 동기이며 궁극적으로 진정한 만족과 희열을 줄 수 있는 유일한 것이라고 위대한 종교는 말한다. 그러므로 우리가 그 외의 어떤 욕망을 만족시켜도, 돈과 섹스와 권력을 아무리 많이 얻어도, 아무리 선한 일을 많이 해도, 깨달음을 향한 열망이 충족되지 않는다면 우리는 '신을 향한 향수divine homesickness'와 '신의 불만divine discount'으로 고통 받을 것이다. 가장 영향력 있는 기독교 신학자 중 한 사람인 성 아우구스티누스St. Augustine[30]는 이를 다음과 같이 표현했다. "신 안에서 휴식하기 전까지 우리의 마음은 휴식할 수 없다." 루미도 이와 비슷한 말을 했다. "단 하나의 진정한 휴식은 신과 함께 홀로 있을 때 찾아온다."

## 보다 높은 동기를 인식하지 못하는 대가

위대한 종교와는 대조적으로 서구 문화와 심리학은 돈과 섹스와 권력 같은 낮은 동기에 매여 있으며, 높은 동기에 대해서는 대체로 무지하다. 그것이 인간이 겪는 가장 큰 비극 중 하나이다. 상위 동기에 대한 무지는 더 나아가 대가를 치르게 한다. 상위 동기는 우리의 진정한 본성의 일부이다. 따라서 그 동기를 부인하면 인간 본성에 대한 미천하고 왜곡된 관점으로 고통 받을 수밖에 없다. 하버드대학의 심리학자였던 고든 올포트Gorden Allport[31]는 다음과 같이 썼다.

인간 본성에 대한 이론들은 (…) 동일한 본성을 격상시킬 수도 있고 격하시킬 수도 있는 힘을 가졌다. 격하시키는 가설은 인간 존재를 격하시키고, 반대로 존중하는 가설은 인간 존재를 고양시킨다.

상위 동기를 무시하는 것은 우리 자신이 존재에 필수적인 무엇인가에 굶주려 있음을 의미한다. 진정으로 성장하려면 우리에게는 진선미가 필요하다. 삶에서 의미를 찾으려면 우리는 평화와 정의를 위해 일해야 한다. 또한 우리가 충만하게 살고 사랑하려면 친절과 자비를 보여주어야 한다. 실제로 이 상위 동기를 존중하고 표현하지 않으면, 우리의 성장은 저해되며 '상위 병리metapathology'[32]로 고통 받게 된다. 그렇기 때문에 위대한 종교에서는 상위 동기를 중시하는 것이다.

특별히 성숙한 사람들에 대한 연구에 자신의 삶을 바친 에이브러햄 매슬로Abraham Maslow[33]를 포함한 많은 심리학자들 또한 이러한 입장에 동의한다. 매슬로는 종교와 심리학 문헌을 면밀히 조사하여 다양하고 구체적인 상위 병리들을 발견했다. 그 병리들은 삶에 대한 허무와 무의미, 냉소적인 태도, 타인에 대한 불신, 가치나 삶을 인도하는 원칙의 부재, 사회로부터의 소외, 미래에 대한 희망의 상실 등이다.

매슬로는 이 상위 동기들 중 상당수가 서구 사회에 만연해 있고, 우리 문화를 위협하는 주요 요소라는 점을 일찍부터 지적했다. 그것은 바로 우리 문화가 상위 동기를 무시하고 묵살해왔음을 의미한다. 상위 동기의 인식과 계발은 개인은 물론 문화나 문명을 위해서도 반드시 필요하다.

다행히 위대한 종교는 상위 동기에 대해 언급할 뿐만 아니라 그것을 계발하는 기법도 제시하고 있다.

## 상위 동기 계발하기

위대한 종교는 우리의 욕망을 재정향하여 성숙한 동기가 주는 보상을 향유하라고 요청하며, 우리 내면에서만 찾을 수 있는 만족을 외부에서 찾지 말라고 조언한다. 또한 물질적 향락이 아무리 즐겁더라도 그 한계를 깨닫고, 말로는 표현하기 힘든 정신적인 즐거움을 받아들이라고 촉구한다.

전통적으로 이러한 욕망의 재정향은 '정화'라고 표현되어왔다. 오늘날 우리는 이것을 동기의 성숙이라고 부른다. 뭐라 부르던 간에, 위대한 전통은 그 중요성을 이구동성으로 강조한다.

모든 시대를 통틀어 가장 위대한 영적 수행자 중 한 명이었던 19세기 인도의 성자 라마크리슈나Ramakrishna는 이러한 성숙에 대해 절묘하게 표현했다. 1836년에 태어난 그는 어려서부터 자연스럽게 영적인 경험을 했고, 20대 초기에 이미 힌두교의 한 분파를 이끌었다. 그는 이에 만족하지 않고 불교와 이슬람교, 그리고 기독교 등 다른 영역의 수행을 시작했다. 그는 곧 각 영역에서 깊은 각성을 경험했다. 그것은 각 전통의 진리가 줄 수 있는 직접적인 경험들이었다. 라마크리슈나는 그 경험을 통해 동기의 성숙에 대해서 다음과 같이 피력했다.

배고픔과 목마름이 자연스럽게 일어나듯이 신에 대한 갈망 또한 그렇다. 이는 단지 시간상의 문제이다. 신을 깨닫는 것에 대한 열망은 사회적 존재로서 갖는 욕구가 어느 정도 충족되거나 그 욕구의 정체를 충분히 깨닫고 자유로워지기 전에는 일어나지 않는다. 자기중심적인 쾌락을 끊임없이 추구하는 것은 무한한 기쁨의 자각인 당신의 생득권을 빼앗으며, 단순히 쾌락을 좇는 행위는 당신과 다른 사람 모두를 필연적으로 고통에 빠뜨린다. 철새가 매년 북쪽으로 이동하듯이, 진실한 인간은 진리라는 한 방향을 향해서 힘차게 나아간다.

처음에는 삶의 습관에 젖은 동기를 재정향하기 위해 작업하는데, 심지어 투쟁까지 해야 할 수도 있다. 그러나 연습을 통해 낡은 동기는 언젠가 약화되고 보다 높은 동기는 차츰 노력할 필요 없는 습관으로 자리 잡게 되어, 우리는 천천히 최고의 선으로 인도된다. 공자는 우리의 동기가 평생 계발되어야 성숙해질 수 있다는 것을 다음과 같은 훌륭한 예를 통해 보여주었다.

15세에는 학문에 뜻을 두었고,

30세에는 뜻이 확고하게 섰으며,

40세에는 더 이상 혼란으로 고통 받지 아니하였고,

50세에는 하늘의 명을 깨닫게 되었으며,

60세에는 어떠한 말을 들어도 이치를 깨달아 저절로 알아들었고,

70세에는 내 마음이 원하는 대로 따라갈 수 있었다. 왜냐하면 내가 원하는 바가 더 이상 타인의 권리의 경계를 넘어서지 않았기 때문이다.[34]

다음은 동기의 성숙에 관한 가장 훌륭한 설명들 중 하나이다.

· 공자는 배움에 전념하기 시작했다.
· 30세가 되어 그의 배움은 완숙해졌다.
· 40세에 집착으로 인한 갈등과 의심에서 자유로워졌다.
· 50세에 마음은 상위 동기의 요청을 인식할 정도로 고요하고 명료해
  졌다.
· 60세에 집요한 강박으로부터 벗어나 이러한 상위 동기를 따르는 데
  아무런 저항을 느끼지 않았다.
· 마지막으로 70세에는 가슴과 마음이 이미 완전히 바뀌어 오직 선만
  을 원하게 되었고, 걱정이나 주저함 없이 가슴의 욕망을 따를 수 있게
  되었다.


공자의 설명에는 잘 알려져 있지 않은 중요한 비밀이 숨어 있는
데, 그것은 영적 성장에 수반되는 동기의 성숙과 집착의 포기는
희생이 아니라는 것이다. 오히려 이는 덜 성숙하고 덜 만족스러운
쾌락에서 벗어났음을 의미한다. 인형과 장난감을 원하는 아동기
의 욕망이 성인의 즐거움을 알아가면서 자연스럽게 사라지는 것
처럼, 명성이나 인정 같은 일반적인 성인의 욕망은 보다 성숙한
동기가 주는 기쁨을 알게 되면서 점차 재미없고 시시하게 느껴지
게 된다.

일상적인 즐거움과 오락거리를 굳이 포기할 필요는 없다. 우리가
포기해야 할 것은 그것에 대한 집착이다. 갈망과 두려움으로부터

자유로워진다면, 우리는 일상적인 즐거움을 더 많이 누리게 될 것이다. 예수는 다음과 같이 말했다. "신의 나라를 먼저 구하라. 그러면 그 모든 것이 너희에게도 주어질 것이다."

외부의
쾌락을 좇는
산란한 마음
대신에 환희가

—오로빈도

자리 잡는다.

아니, 좀 더 정확히 말하면 환희는 신비한 연금술을 사용하여
모든 다른 종류의 기쁨을 집중시킴으로써
마음과 가슴의 느낌을 완전히 바꿔놓는다.

　어떻게 우리는 최고의 선을 우선적으로 추구할 수 있을까? 어떻게 일상의 사소한 일들을 접어두고 정말로 중요한 일에 우리의 삶을 헌신할 수 있을까? 어떻게 우리의 가슴과 마음을 진정 만족스러운 것으로 재정향할 수 있을까?

　유감스럽게도 그것은 한 번 마음먹는 것만으로는 가능하지 않다. 우리는 모두 신년 초의 결심이 얼마나 쉽게 허물어지는지에 대해서 알고 있다. 변화를 위한 결심은 필수적인 첫 번째 단계이지만 다른 단계들 또한 반드시 뒤따라야 한다. 즉 일생의 습관을 바꾸기 위한 반복적인 노력은 기술과 연습, 영감과 지지를 필요로 한다. 먼저 보다 넓은 관점에서 인생을 조망해보는 것이 유익할 것이다.

## | 연습 7 넓은 관점에서 생각하라 |

　일반적으로 우리는 매일 일어나는 사건들에 사로잡혀 큰 조망을 잃어버리고 살아간다. 위대한 종교는 우리의 삶과 우리가 직면하는 문제들을 보다 큰 관점에서 바라볼 것을 거듭 촉구한다. 그 조망은 실제로 엄청나게 클 수도 있다. 전통은 중요한 선택을 할 때 총체적인 삶과 피할 수 없는 죽음을 명심하라고 권한다. 불교와 힌두교는 수많은 전생에 대해 말하고 있으며, 기독교는 이 삶을 영원성이라는 관점에서 바라볼 것을 요구한다. 다음 연습은 그러한 점을 인식하게 해줄 것이다.

방해받지 않을 조용하고 편안한 장소를 찾아라. 안정을 취하게 되면 다음의 지시에 따라 이완하라.

몇 분 간 천천히, 그리고 깊이 호흡하면서 시작한다. 호흡을 할 때마다 점점 더 깊이 이완하도록 하라. 호흡을 통해 일어나는 특이한 변화에 주목하라. 숨을 내쉴 때는 아무런 노력도 할 필요가 없다. 숨을 들이쉬고 그것이 나가도록 내버려둔다. 이때 공기는 저절로 밖으로 나가고 가슴과 어깨 주변의 근육은 차츰 이완된다.

호흡할 때마다 이완감이 전신으로 퍼져 나가고 깊어지게 하라. 이완감이 목을 타고 올라오고 팔로 퍼져 나가며 배와 다리 밑으로 내려간다. 만일 특정 근육의 부위가 긴장되는 것이 느껴진다면 그것이 이완될 수 있는지 관찰한다. 이렇게 천천히, 그리고 깊이 호흡하는 연습을 지속하라. 이와 같은 이완 능력은 모든 종류의 스트레스와 긴장을 다루는 훌륭한 기술이다. 이완은 이 책의 많은 연습과 명상을 심화시켜줄 것이다. 마음이 차분해지면, 그 다음 해야 할 일을 알기 위해 연습의 나머지 부분을 주의 깊게 읽은 후 눈을 감는다.

처음엔 수십 년 정도의 기간을 생각한다. 그러다 더 긴 시간을 상상하라. 그 다음엔 더 긴 시간을 생각한다. 준비가 되었다면 그 두 배가 되는 시간을 생각하라. 또 그 두 배가 되는 시간을 생각한다. 이제 영원에 대해 생각한다.

이 모든 것을 망라하는 영원의 관점에서 당신의 삶을 조명하고 아래의 질문에 대해 숙고해본다. 답을 찾아내거나 분석하기 위해 노력할 필요는 없다. 그러기보다는 당신 내면의 직관적 지혜가 스스로 답을 알아차리게 하라.


· 당신의 삶에서 정말로 중요한 것은 무엇인가?
· 진짜 문제는 무엇인가?
· 당신이 보다 더 향상되기 위해 무엇을 좀 더 해야 하는가?
· 당신이 보다 더 향상되기 위해 무엇을 좀 덜 해야 하는가?


그리고 이 영원의 관점이 어떤 중요한 정보를 제시하는지 잠시 살펴본다.

끝마쳤다고 느끼면, 눈을 뜨고 주변으로 주의를 돌린다. 대부분의 다른 연습들과 마찬가지로 이 연습을 통해 얻은 통찰을 곧바로 일기에 기록하는 것은 유익하며, 몇 분 간 잠시 시간을 내어 그것을 성찰한다. 삶을 반성하면서 지혜와 우화로 유명한 18세기 유대의 성인 랍비 나흐만[Nachman][35]의 충고를 생각해보는 것도 좋다. "지금 하고 있는 일을 생각해보고 그 일이 당신의 삶을 바칠 만큼 가치가 있는지 숙고해보라."

영원의 빛 속에서는 우리의 삶에서 일어나는 많은 일들과 분주함이 별로 중요치 않은 것으로 여겨진다. 이러한 발견은 처음에는 어렵지만, 대단한 해방감을 안겨줄 수 있다. 그것은 우리가 무가치한 오락거리나 소유물에 매여 시간을 낭비하지 않고 정말로 중요한 일에 삶을 집중하도록 만든다.

영적 구도의 길을 가는 사람들의 선택은 매우 단순하다. 그들은 삶에서 영적 자질을 키워줄 수 있는 친구와 활동, 그리고 소유물을 즐겁게 선택한다. 영적 자질이란 사랑과 관대함, 기쁨과 지혜 같은 것이다. 동시에 그들은 이런 자질을 저해하고 목표 달성을 혼란시키는 모든 것을 포기한다. 이와 같이 그들의 삶은 점차 덜 산만하고 덜 광적이 되며, 더 단순해지고 더 평화로워진다.

## | 연습 8 보다 높은 목표에 헌신하라 |

티베트 불교에서는 모든 주요한 활동들(예를 들면 명상, 식사, 세탁 등)이 헌신으로 시작해서 헌신으로 끝맺는다. 명상을 시작하기 전에 수행자는 다음과 같은 말을 반복한다. "나는 모든 중생에게 봉사하고 모든 중생이 깨닫도록 하기 위해 이 수행을 나의 깨달음에 바칩니다." 명상 후에 수행자는 명상의 은덕을 다음과 같은 말로 다른 사람들에게 바치면서 끝맺는다. "나는 이 수련의 은덕을 모든 중생의 행복과 깨달음에 바칩니다." 이 헌신을 하는 데는 1분도 채 걸리지 않지만, 모든 활동의 동기와 경험을 심화시킬 수 있다.

이 티베트 수련은 헌신이 동기를 변화시키는 방법에 관해 아래와 같은 아름다운 예를 제공한다. 우리의 행위를 변화시키는 것도 영적 성장에 반드시 필요하지만, 내재된 동기를 변화시키는 것은 더욱 중요하다. 같은 행위가 완전히 다른 동기와 결과로 행해질 수 있다. 사람에게 칼을 대는 것은 증오로 자행되는 끔찍한 범죄행위일 수도 있지만 그것이 의사의 손에서 행해질 때는 생명을 구하는 수술이 될 수 있다. 다행히도 우리는 우리의 행위와 삶을 방향 짓는 동기를 선택할 수 있는 힘을 가지고 있다. 내가 일부 각색한 다음 일화는 이런 동기가 얼마나 다를 수 있는지를 여실히 보여준다.

몇 주 동안 이상한 소리가 주변 계곡으로부터 산등성이를 맴돌았다. 이 시끄러운 소리의 정체에 대해 마을 사람들 사이에 많은 소문들이 무성했으나, 이 소리의 정체를 아는 사람은 아무도 없었다. 마을의 노인들조차도 이와 같은 소리는 전혀 들어본 적이 없다고 했다. 무슨 일인지 알아보기 위해서 마침내 마을 젊은이들 가운데 한 사람이 산을 넘기로 결정했다.

이틀을 걸은 후에 젊은이는 산 정상에 올랐고, 저 멀리 아랫마을에서 많은 사람들이 쉴 새 없이 일하며 움직이는 것을 볼 수 있었다. 그들에게 가까이 다가가면 갈수록 그들이 줄지어 일하는 모습이 확실히 보였는데, 그들은 모두 자기 앞에 큰 바위를 놓고 망치와 끌을 가지고 작업을 하고 있었다.

그는 마침내 계곡 아래 평지에 이르러서 한 젊은 석공에게 다가가 물었다.

"무엇을 하고 계십니까?"

그러자 젊은 석공은 한숨을 내쉬며 푸념했다.

"이 작업이 끝날 때까지 허송세월을 보내고 있습니다."

산에 올랐던 젊은이는 혼란스러워하며 그 줄의 두 번째 사람에게 다가갔다. 그 사람은 젊은 여성이었다.

"실례합니다만, 무슨 일을 하고 계십니까?"

"가족을 먹여 살리기 위해 돈을 벌고 있습니다."

머리를 긁적거리며 그는 세 번째 사람에게 다가가서 똑같은 질문을 했다.

"무엇을 하시는 겁니까?"

"아름다운 조각을 만들고 있습니다."

다음 사람에게 다가가서 또 똑같은 질문을 반복했다.

"아름다운 성당을 짓는 일을 돕고 있습니다."

젊은이는 알겠다는 표정으로 말했다.

"이제야 이해할 수 있겠군."

그 뒤에 있는 여자 석공에게 다가가 또 물었다.

"당신은 무엇을 하고 있습니까?"

"나는 이 마을 사람들과 다음에 태어날 세대를 위해 성당 짓는 일을 돕고 있습니다."

"훌륭하군요."

젊은이는 그 옆에 있는 이렇게 말하고 그 옆의 남자에게 또 물었다.

"선생님께서는 무엇을 하시는 겁니까?"

"이 성당을 사용하는 사람들에게 봉사하고, 이 일을 통해 스스로 구원받기 위해 성당 짓는 일을 돕고 있습니다. 나는 다른 사람에게 봉사함으로써 나의 구원을 찾고 있습니다."

마지막으로 젊은이는 마지막 석공에게 물었다. 그 석공은 눈이 빛나는 활기찬 노인이었는데, 입가에 미소를 머금고 있었다.

"노인께서는 무엇을 하고 계십니까?"

노인이 껄껄 웃으며 말했다.

"내 자아는 오래전에 신에게로 사라져버렸다네. 신은 이 몸을 통해 모든 사람들을 돕고 깨닫게 하여 궁극적으로는 당신에게로 이끌기 위해 일하신다네."

일곱 사람 모두가 돌을 깎고 있었지만, 그들의 동기나 삶은 얼마나 다른가.

우리 또한 마찬가지로 넓은 범위의 동기 중에서 하나를 선택할 수 있다. 영적 수련과 심리학의 핵심 원리는 특정한 동기를 자주 선택할수록 그 동기가 더욱 강화된다는 것이다. 동기를 선택하기 전에 잠시 시간을 내면 그 활동과 자신을 완전히 바꿀 수 있다.

이것을 시작하기 위한 좋은 방법은 어떤 일을 할 때마다 헌신적으로 집중할 한 가지 활동을 선택하는 것이다. 예를 들면 나는 책을 쓰기 위해 앉을 때마다 이 책을 읽는 모든 사람들의 행복에 전념할 것을 기억하려고 노력한다. 이런 방식을 통해서 명성이나 인정을 얻으려는 욕망 같은 이기적인 동기들은 줄어들고, 타인에 대한 관심과 보살핌이 증가되기를 바란다.

주기적으로 하는 일 가운데 헌신적으로 하고 싶은 일을 선택하라. 그것은 명상에서부터 집안일, 또는 이 책을 읽는 것에 이르기까지 무엇이든 가능하다. 당신이 계발하고자 하는 동기에 대해 생각하면서 그 동기를 표현하고, 그 활동에 헌신할 자신만의 단어를 찾아보라.

당신은 그 활동을 자신의 배움이나 깨달음 또는 당신의 활동에 영향받을 모든 사람들의 행복에 헌신할 수 있다. 선택은 당신이 하는 것이다. 그리고 활동을 시작하거나 끝마칠 때마다 그 활동에 헌신하기 위해 잠시 쉬어라.

## |연습 9 미래의 자신을 발견하라|

이전의 연습에서 우리는 모든 사람에게 도움이 되는 원리와 기법을 탐구했다. 그러나 위대한 종교들이 우리 모두가 해야 하는 보편적인 연습을 제시한다 하더라도, 우리 각각은 개인으로서 자신의 고유한 길을 걷게 된다. 마호메트는 "신에게로 나아가는 방법은 창조된 영혼의 수만큼이나 많다"라고 했다. 한편 유대교의 지혜는 "모든 인간은 이 세상에서 그 누구도 대신할 수 없는, 저마다 성취해야 할 특정한 과제를 갖고 있다"라고 주장한다. 다행히 우리가 수행해야 할 과제는 우리 마음 깊은 곳에서 진정으로 하길 원하는 것이다.

이슬람의 위대한 신비가 중 한 명이며 가장 존경받는 시인인 루미는 이 점을 아름답게 묘사했다. 1207년 아프가니스탄에서 태어난 그는 아버지가 터키에서 신학대학 교수직을 얻기 전까지 10대 대부분의 기간을 가족과 함께 이란과 시리아에서 살았다. 아버지가 돌아가셨을 때 루미는 불과 스물세 살이었지만, 아버지의 뒤를 이어 14년 동안 종교를 가르치는 교사로서 관습적인 삶을 살았다.

그런데 서른일곱 살이 되자 모든 것이 변했다. 어떤 방랑하는 신비가가 그에게 다가와 질문을 던졌고, 루미는 그 답을 찾는 데 몰두했다. 그 질문이 무엇인지는 알려지지 않았으나, 그것이 미친 영향은 막대했다. 루미는 나락으로 떨어졌다. 이 종교학자는 그 질문과 질문을 던진 자의 영적인 깊이를 인식하고 문자 그대로 무너져버렸다.

그 질문을 던진 사람은 타브리즈의 '종교의 태양' 샴스 우딘Shams al-Din으로, 그는 루미에게 잠재된 영적 천재성을 알아보았다. 두 사람은 떨어질 수 없는 관계가 되어, 하루 종일 마시지도 먹지도 않고 무아지경의 대화와 신비로운 사랑에 빠졌다. 그 영향으로 루미의 영적인 성장이 촉진되었다. 그 결과 소원해진 그의 제자들이 샴스를 질투하고 모함하기 시작했다. 그것을 감지한 샴스는 모습을 감췄다.

루미는 완전히 다른 사람이 되어버렸다. 학자로서의 삶을 살던 그는 이제 음악을 듣고 노래하고 춤을 추며 시간을 보냈다. 그의 입술과 펜에서는 정교한 아름다움과 심오함을 담은 황홀한 시가 폭포수처럼 쏟아졌다.

그러던 어느 날 샴스가 갑자기 다시 나타났다. 루미의 아들에 의하면, 이 두 남자는 "누가 사랑하는 자이고 누가 사랑받는 자인지도 모르게 서로 깊이 빠져버렸다." 두 신비가는 다시 황홀경에 빠져서 시간을 보냈고, 루미의 제자들 사이에서 질투가 다시 분출되기 시작했다. 어느 날 저녁 두 사람이 대화를 나누고 있을 때 누군가 샴스를 불러냈다. 밖으로 나간 후 그를 다시는 볼 수 없었는데 살해된 것이 틀림없었다.

루미는 홀로 남겨졌다. 그는 집을 떠나 온 나라를 떠돌았다. 다마스쿠스에서 그는 마침내 영적으로 샴스를 찾아냈다. 그는 자신

의 본성과 샴스의 본성이 같다는 사실을 깨닫고 다음과 같이 노래
했다.

왜 내가 찾아 헤매야만 하는가? 나는 그와 같다.
그의 본질이 나를 통해 말을 한다.
나는 나 자신을 찾아다녔던 것이다.


신비로운 결합은 완벽했다. 샴스는 끊임없이 흘러나오는 시의 원
천이며 영감이었다. 루미는 그 위대한 작품집을 타브리즈의 샴스의
작품이라고 말했다. 700년이 지난 후에도 이 시를 비롯한 루미의
여러 시들은 이슬람의 위대한 문학적 유산으로 남아 있고, 1990년
대에는 북미의 베스트셀러 시인 중 한 사람이 되기도 했다.

루미는 우리 각자가 특별한 목적과 재능으로 저마다의 고유한 길
을 발견하도록 격려했다. 그는 다음과 같이 기록했다.

사람은 모두 어떤 특별한 과업을 위해 창조되었고, 그 과업을 향한 욕망
은 우리 가슴에 이미 새겨져 있다.


아래의 연습은 당신의 가슴이 어디에 이끌리는지를 알아보기 위
해 만들어졌다.

우리는 새로운 장신구나 새로운 차 등을 소유하고 싶은 욕망을
충족시켜야 한다는 환상에 빠져 많은 시간을 보낸다. 그러나 우리
자신이 진정으로 갖기 원하고 되기 원하는 것이 무엇인지 알기 위

해서는 시간을 내지 않는다. 이 연습은 보다 깊은 의미가 있으며, 궁극적으로는 더 많은 충족을 가져다 주는 욕망을 당신이 인식하도록 돕는다.

다른 연습과 비교하면, 이 연습은 더 많은 내용과 질문으로 구성된다. 이렇게 긴 유형의 연습을 수행하는 몇 가지 방법이 있다. 가장 단순한 방법은 그 내용을 다 읽고 기억에 되새기는 것인데, 필요하다면 가끔 책을 들춰봐도 좋을 것이다. 다른 방법으로는 누군가 천천히 지시를 읽거나 당신에게 질문을 던지며 진행할 수도 있고, 그것을 녹음하여 들으며 할 수도 있다.

먼저 스스로를 이완하면서 시작하라. 천천히, 그리고 깊이 숨을 들이쉬고 내쉬면서 가능한 한 근육의 긴장을 풀어주라.

준비가 되면 지금부터 몇 년 후에 당신이 가장 되고 싶은 자신의 모습을 상상한다. 그 이미지나 생각을 떠올리기 위해 애쓰거나 억지를 쓸 필요는 없다. 그것이 저절로 노력 없이 떠오르도록 두라. 이런 종류의 연습을 하게 되면, 어떤 사람은 명확한 이미지를 보고 어떤 사람은 희미한 감을 느끼는데 어느 쪽이든 좋다.

당신이 가장 살고 싶은 곳에서 살면서 가장 하고 싶은 일을 이뤘다고 상상해본다. 원하는 것을 이뤘고, 배우고 싶은 것을 배웠으며, 다른 사람들을 위해 큰 기여를 했고, 묵은 관계를 치유했으며, 만족스러운 새로운 인간관계를 형성한 자신을 떠올려본다.

미래의 자신을 시각화할 때, 당신이 어디에 있고 어떤 종류의 환경에 있는지 주의해서 바라본다. 당신의 미래 모습은 지금과 어떻게 다른가? 자세는 어떤가? 기분은 어떤가? 주로 어떤 정서를 갖고 있는가? 어떤 두려움이 사라졌는가? 어떤 힘이 분명한가? 어떤 새로운 능력이 보이는가?

이제 미래의 자신을 상상하면서 질문한다. "내가 해왔던 모든 것들 중에 나를 가장 행복하게 하는 것은 무엇인가?" 마음속의 지혜로부터 대답이 떠오르도록 잠시 기다린 후, 그 대답을 음미하고 반성하는 시간을 갖는다. 준비가 되면 아래의 질문들에 대해서도 각각 동일한 과정을 반복한다.

· 내가 해왔던 모든 것 가운데 나를 가장 만족시키는 것은 무엇인가?
· 내가 배운 것 중에서 가장 가치 있는 것은 무엇인가?
· 다른 사람을 돕기 위해 내가 행했던 가장 훌륭한 일은 무엇인가?
· 나를 가장 만족시키는 인간관계는 어떤 것인가?

위의 질문들에 대한 답이 주어지면 다음 질문들을 던진다.

· 그 목표를 성취하기 위해서 내 안의 어떤 힘과 능력을 인식해야 하는가?
· 그 목표를 성취하기 위해서 어떤 방법으로 자기비하를 그만두어야 하는가?
· 마지막으로 자문한다. 그 목표를 성취하기 위해서 지금 무엇을 시작할 수 있는가?

준비가 되면 눈을 뜨고 당신이 경험하고 학습한 것에 대해 성찰하는 시간을 갖는다. 어떤 통찰이 일어났다면 즉시 적어보는 것이 좋다. 그것은 미래의 모습에 대한 세부 사항들을 보다 생생하게 하고 그것을 실현 가능하게 만들 것이다.

하고 싶은 것이없으면 해야할 일도 없고,
필요를 느끼지않으면 끌리는 것도 없다.
그때 당신의 모든 일은 당신의 통제 아래 놓인다.

이제
당신은

—장자

자유인이다.

우리가 성장하고 변화함에 따라 쾌락과 쾌락의 원천도 성장하고 변화한다. 유아기에는 욕망이 대부분 신체에 의해 결정되고, 인습적인 성인기에는 사회에 의해 결정된다. 그러나 점차 성숙해짐에 따라 우리는 영혼에 자양분을 주는 사람이나 일을 찾게 된다. 나는 영혼이라는 용어를 특정한 신학적인 관점을 가리키는 데 사용하지 않는다. 나는 그것을 자기와 자기마음의 보다 깊은 측면을 가리키는 데 은유적으로 사용한다.

자아초월적 수준에서는 인습적인 규범과 지침이 별 도움이 되지 않는다. 영적 수련자들은 자신의 판단과 감각에 의존해 무엇이 적절하고 만족스러운지를 결정한다. 그들은 점차 자신의 느낌에 접촉하기 위해 주의를 내면으로 돌리며, 진정으로 원하는 것과 진정한 만족을 가져다 주는 것을 살펴보게 된다. 동기의 원천은 유아의 신체에서 성인의 사회로, 더 나아가 인습을 넘어선 개인의 내면세계로 옮겨간다.

이렇게 보다 깊은 욕구들을 추구해감에 따라 우리는 위대한 자유의 실현에 이르게 된다. 우리가 진정으로 원하는 것은 자신을 위해서도, 이 세상을 위해서도 최선이 된다. 우리의 가장 깊은 욕구는 건강하고 이타적이며 가장 큰 만족을 주는 일을 실천하는 것이 자신의 기쁨을 따르고 궁극적으로는 그 기쁨을 발견하는 것임을 알게 된다.

신화학자 조지프 캠벨Joseph Campbell[36]이 했던 유명한 말인 "희열을 좇아라"는 만일 제대로만 이해한다면 최상의 충고이다. 그것은 어떤 순간에 기분이 좋아지는 것을 무조건 행하라는 것도, 곧 사라질 쾌락과 감각을 단순히 좇으라는 것도, 타인이 겪을 대가를 고려하지 않고 원하는 것은 무엇이든 하라는 것도 아니다. 그러한 일들을 행하면 일시적 쾌락과 영원한 희열을 혼동하여 결과적으로는 자신을 해치고 타인까지 해치게 된다. 붓다가 다음과 같이 충고한 이유가 바로 그것이다.

쾌락이 있다. 그리고 희열이 있다.
후자를 얻기 위해서는 전자를 포기해야만 한다.

희열은 쾌락의 감정보다 무한히 큰 것이다. 희열은 우리의 영적 본성을 맛보는 것이다. 그러므로 희열을 추구하는 것은 우리를 가장 잘 표현하고, 우리의 본성과 그 근원에 스스로를 열리게 하는 것이다. 어떤 사람에게는 그것이 그림이나 시가 되고, 어떤 사람에게는 본성 속에 존재하는 것이 되며, 또 어떤 사람에게는 가난하거나 병든 사람을 돕는 것이 된다. 우리 모두는 가장 깊은 만족을 주는 것을 발견하고 그것을 우리 삶의 보다 중요한 부분으로 만드는 즐거운 도전에 직면해야 한다.

애착을 줄이고 동기를 재정향하는 일은 처음엔 투쟁이라 할 수 있다. 인생의 관성은 하루아침에 만들어진 것이 아니다. 동기의 재정향은 느리게 진행되지만 조금씩 축적되어간다. 점차 오래된 갈망들은 그 충동적인 힘을 잃고, 마음 깊숙이 숨어 있던 욕망들이 주도하면서 새로운 삶의 방향은 점차 자연스럽고 편안하게 느껴진다.

숙련된 수련자들에게는 갈등과 투쟁이 더 이상 존재하지 않는다. 삶과 성장은 점차 자발적이 되어가며, 불교에서는 이러한 상태를 '무공용성無功用性effortless effort'이라고 부른다. 그들은 명상과 기도, 봉사 같은 수련을 지속하는데, 이런 수련은 자연스럽고 자발적인 행위로 경험된다. 수련 결과, 마침내 각성이 움트기 시작하고 분리된 자아는 녹아들며 개인적인 갈망이나 행위는 사라진다. 구도자는 성인이 된다. 루미는 이 과정을 다음과 같은 시로 요약했다.

신에게 취한 자들 외에, 모든 인간은 어린아이라네.
자신의 의지로부터 자유롭지 않은 사람들 중에는 성숙한 자가 없다네.

성인은 끊임없이 활동하고 봉사하는데, 그러한 활동은 역설적으로 경험되는 것으로 모든 상황에 자발적이고 자연스럽게 반응하며 개인적인 요구나 동기로부터 자유롭다. 갈망과 갈등, 강박으로부터 자유로운 성인은 모든 상황에 적절하고 편안하게 반응한다. 그것은 '애쓰지 않는 존재effortless being'의 상태로, 에크하르트는 이를 '이유

없이 행동하기acting without why'라고 불렀고, 도교는 '무위無爲 nondoing'라고 일컬었다. 불교는 "행하지 않는 것이야말로 위대한 행위의 정점이다"라고 주장한다. 도덕경에는 다음과 같이 씌어 있다.

당신은 억지로 무엇을 할 필요를 점점 느끼지 않게 되며,
마침내 무위에 이르게 될 것이다.
아무것도 행해지지 않는 곳에 행해지지 않은 채로 있는 것은 아무것도 없도다.
성인은 아무것도 하지 않으나 이루어지지 않는 것이 없도다.

우리 모두는 기뻐 춤추며 그 기쁨을 다른 사람들과 나누었던 때를 기억한다. 우리는 행복을 얻기 위하여 춤을 춘 것도 나누어 준 것도 아니다. 단지 행복을 표현하기 위해서 춤을 춘 것이다. 요가의 고전인 요가경의 번역자는 그 차이를 다음과 같이 설명하고 있다.

모든 욕망은 결핍감으로부터 비롯되나,
무한한 마음은 아무런 부족함이 없다.
요가 수련이 성숙해짐에 따라,
욕망은 더 이상 요구의 표현이길 멈추고
그 대신 자발적인 사랑으로 전개된다.

진정한 본성의 기쁨에 빠져 있는 성인들은 더 이상 행복이나 성스러움을 발견하기 위해 행동하지 않는다. 오히려 그들의 행위는

힌두교에서 리라<sup>lila</sup>, 즉 성스러운 유희라고 부르는 것의 부분이 된다. 라마크리슈나가 노래했듯이, 성인들은 이제 "모든 활동과 모든 지각을 통해 신성한 희열을 경험할" 수 있다. 즉 "희열을 따르라"는 "희열을 표현하라"가 되는 것이다.

갈망을 줄이고 영혼의 소망을 발견함으로써 동기를 변화시키는 것은 영적 수련에 반드시 필요하다. 그것은 두려움과 분노를 줄여주고, 사랑과 자비심 같은 긍정적인 정서를 길러준다. 세계 종교의 일곱 가지 공통적인 수련 중 두 번째인 이 수련은 정서를 완전히 변화시키고 가슴의 상처를 치유하기 위한 기초를 마련해준다.

## 정서적 지혜 일깨우기

# 가슴을 치유하고
# 사랑하는 법을 배우라

모든 사람을 사랑하고 인성을 가까이 하라.

— 공자

# 영혼의 정서는 몸과 건강에 지대하고 광범위한 변화를 가져온다.

−마이모니데스Maimonides[37]

우리는 영혼의 정서를 주시하고 정기적으로 탐색하며
균형을 잘 잡아야 한다.

정서가 삶을 지배한다. 반복적으로 마음속에서 일어나는 감정들이 궁극적으로 마음을 결정하고 지배한다. 즉 정서가 지각에 영향을 주고, 동기를 형성하며, 삶의 방향을 결정짓는다. 우리 내부에서 느끼는 것은 우리 삶에 그대로 반영된다. 화가 나 있으면 세상을 적대적으로 보게 되고, 두려움을 느끼면 도처에서 위협적인 것을 발견하게 된다. 그러나 사랑이 우리의 마음을 채우면, 우리는 사랑하고 사랑받기를 갈구하는 세상을 만나게 된다.

그러므로 우리의 정서를 변형시키는 것은 대단히 중요한 연습이므로, 위대한 종교들은 다음의 세 가지 핵심적인 접근법을 제안한다.

· 두려움이나 분노 같은 고통스러운 감정 줄이기.
· 감사나 관용 같은 다른 사람을 돕는 태도 갖기.
· 사랑이나 자비심 같은 긍정적인 정서 계발하기.

이 장은 이 세 가지 정서를 계발하는 데 필요한 연습을 제공한다. 연습을 시작하기 전에 우선 사랑의 본질을 이해해야 한다.

## |사랑의 본질|

불안과 분노, 질투와 기쁨, 사랑과 자비 같은 수많은 정서들이 매일 우리의 마음을 통과해 지나간다. 위대한 종교들은 그중 한 가지 정서에 대해 오랫동안 최고의 찬사를 보내왔다. 바로 사랑이다.

### 사랑의 추구

사랑을 경험하고 표현하는 것은 인류가 추구해온 것 중에서 가장 위대한 것이다. 사랑은 수많은 신화와 시의 주제였으며, 철학자와 심리학자, 그리고 성인들의 연구 대상이었다. 사랑은 수많은 사람들이 살아가는 의미이고, 삶과 죽음의 목적이며, 국가나 문화를 형성하는 힘이다. 이 세계의 많은 사회와 종교를 조사한 후 《종교백과사전*The Encyclopedia of Religion*》은 다음과 같은 결론을 내렸다.

사랑의 개념은 문명 발달의 모든 측면에서 그 어떤 사상보다 크고 넓으며 지울 수 없는 인상을 남겼다. 참으로 많은 위대한 사상가들이 (…) 사랑이야말로 우주의 유일하고 강력한 힘이며, 모든 생명을 창조하고 유지하며 움직이고, 이 생명들에게 적합한 목적을 부여하는 우주적인 원동력이라고 논의해왔다.

그러나 사랑을 추구해온 것에 비하면 우리는 사랑을 제대로 이해하지 못하고 있다. 누구나 사랑을 원하지만 거의 성취되지 않는다. 대부분의 사람들은 자신이 사랑에 있어서 무력한 희생자라고 느낀다. 사랑은 간질처럼 우리를 압도하다가 혼란에 빠뜨리고, 버림받은 느낌을 갖게 한 뒤 사라져버린다.

어디서 어떻게 사랑을 찾는단 말인가? 대부분의 사람들은 사랑을 자기 외에 몇몇 특별한 사람들한테서 구하는 것이라고 생각한다. 평생 자신이 갈망하는 사랑을 줄 것이라고 생각되는 완벽한 사람이나 관계 혹은 조직을 필사적으로 갈구한 나머지 스스로 상처받는다.

## 잘못된 사랑이 주는 고통

그러나 사랑을 이렇게 필사적으로 추구하는 것에는 비극적인 실수가 전제되어 있는데, 그것은 모든 갈망이 공통적으로 갖는 것이다. 그것은 확인되지 않은 이질감과 결핍감, 그리고 두려움에 의해 발생한다. 이러한 오류는 내면에 부족한 것을 보상하기 위해 자기 외부에 있는 사람이나 물건을 공허하게 찾아 나서게 한다.

이것이 재앙을 불러일으키는 방식이다. 다른 연인, 새로운 배우자, 자신을 환호하는 군중은 일시적인 만족밖에 주지 못한다. 내면의 두려움과 불안전함이 치유되지 않으면, 외적인 보상은 일시적인 위안밖에 주지 못한다.

뭔가 결핍되어 있기 때문에 사랑을 갈망하는 것은 더 많은 문제를 가져온다. 개인의 행복을 타인의 승인이나 사랑에 의존하면, 개인은 자연히 타인에게 종속되거나 중독된다. 그들에게 전적인 관심을 요구하고, 그들이 원하는 대로 해주면 사랑하고 그렇지 않으면 사랑하지 않는 방식으로 조건적인 사랑을 하게 된다.

서구 사회 어디에서나 라디오를 켜면 언제든 '사랑 노래'를 들을 수 있다. 그것은 쾌락과 고통, 비극과 정신병리에 대한 더없이 좋은 예이다. 가수들은 다음과 같은 가사를 읊으면서 울부짖는다. "난 당신 없인 못살아." "당신에 대한 생각을 멈출 수 없어." "당신 생각밖에 없어."

의사들에게는 그런 절규가 고통스러울 정도로 익숙하다. 그것은 바로 헤로인 중독 증상과 같다. 우리 시대의 가장 큰 비극 중 하나는 우리 문화가 사랑을 중독과 혼동하고 있다는 것이다. 물론 성숙한 사랑도 있고, 그것에 기초한 건강한 인간관계와 가족이 있는 것도 사실이다. 성숙한 사랑은 결핍감이나 두려움보다는 충족감과 건강함에 기초해 있다. 그러나 두려움에서 비롯된 애정에 열중하고 갈망하는 것이 대중매체를 가득 채우고 너무나 쉽게 접할 수 있기 때문에 우리는 흔히 그것을 사랑으로 착각한다.

### 진정한 사랑의 희열

위대한 종교들은 이런 입장에 동의하지 않는다. 낭만적인 사랑을 찬미하고 많은 경우에 그것을 신의 선물로 간주하기도 하지만, 그 사랑이 보다 심화되고 한참 더 성숙해져야 한다고 본다. 사랑의 대중적인 모습은 무한히 위대하고 순수하며 심오한 사랑의 미숙한 반영에 불과하다고 보는 것이다. 물론 세부적인 점에선 차이가 있다. 예를 들어 이슬람교와 기독교는 사랑을 구원의 핵심으로 보는 반면 불교는 지혜에 더 큰 가치를 둔다. 세계 종교들은 이 위대한 사랑을 수천 년 동안 찬미하고 추구해왔다.

유대교 전통의 심장부에는 다음과 같은 두 개의 계명이 있다. "온 마음과 영혼과 힘을 다해 신을 사랑하라." "네 이웃을 너와 같이 사랑하라." 예수는 "이보다 위대한 계명은 없다"면서 "내가 너희를 사랑한 것과 같이 너희도 네 이웃을 사랑하라"고 간청했다. 예수에게 있어 진정한 사랑은 누구도 배제하지 않으며 심지어 우리의 적마저도 사랑하는 것이다.

예수만큼 자신이 한 말을 그대로 실천하며 살아낸 사람은 없다. 놀랄 것도 없이 인습을 초월하는 예수의 심오한 가르침은 큰 오해를 샀고, 그 시대 인습의 노예가 되어 있던 통치자들에게 큰 위협으로 느껴졌다. 종교 지도자들은 "아버지와 나는 하나다"라는 말을 불경한 것으로 받아들였고, 예수가 분명히 "나의 왕국은 이 세계가 아니다"라고 했음에도 불구하고 로마인들은 '왕국'이란 표현을 위협적인 반란으로 간주했다. 결국 예수는 십자가에 못 박혀 처참하게 죽는 선고를 받고 말았다. 십자가에 매달려 박해자들에게 조롱받고 성난 대중에게 야유를 받으며 비통하게 죽어가면서도 예수는 그들을 위해 기도했다. "아버지시여 이들을 용서하소서. 이들은 저희가 무엇을 하는지 모르나이다."

힌두교와 불교를 낳은 인도 전통은 모든 것을 감싸 안는 사랑의 정신을 잘 반영하고 있다. 그들은 사랑이 포용할 수 있는 한계를 확대하여 사람은 물론 모든 창조물까지 포함시켰다. 간디는 "네 이웃을 네 몸과 같이 사랑하라"는 계명에 "모든 살아 있는 존재는 너의 이웃이다"라고 덧붙였다. 마찬가지로 붓다는 다음과 같은 게송을 읊었다.

엄마가 위험을 무릅쓰고

자신의 하나뿐인 아이를 보호하려고 하듯이,

가없는 가슴으로 모든 살아 있는 존재를 가슴에 품어서

온 세상을 막힘없는 자비로 가득 채워야 한다.

서거나 걷거나, 앉거나 눕거나

깨어 있는 모든 시간에

가슴이 사랑으로 깨어 있으니

이와 같이 사는 것이 세상에서 최상의 길이니라.


만일 위대한 종교가 사랑의 찬가를 드높이 불렀다면, 사랑은 우리가 일반적으로 보는 애정 중독과 매우 다른 심오하고 강력하고 무량하며 이로운 어떤 것이 되었을 것이다. 정말 그렇다. 위대한 종교가 제시하는 사랑, 즉 기독교의 아가페agape, 불교의 자비metta, 그리고 힌두교의 신에 대한 사랑bhakti은 유행가에서 떠들어대는 일시적인 열광보다 훨씬 더 지고한 것이다.

중독적인 사랑은 결핍과 요구라는 고통스런 감각에 기초하는 반면, 위대한 사랑은 넘쳐흐르는 충만함과 기쁨에 기초한다. 진정한 영적인 사랑은 받으려고 하기보다는 주려고 하는 욕망을, 다른 사람을 깨우치려는 목적을, 그리고 그것을 함께 나누려는 요구를 갖는다. 무조건적인 상태에서는 주저하거나 실패하지 않으며, 스스로 한계가 없으며, 모든 사람을 포용한다.

무한한 사랑은 두려움과 분노 같은 사소한 장애들 뒤에 숨어 있지만, 그 사랑은 우리의 가슴을 채우고자 하고, 말로 다 할 수 없는 기쁨으로 넘쳐나려고 하며, 우리의 삶과 관계를 풍요롭게 하고 싶어한다. 무엇보다도 이 사랑이 이미 우리 내면에 있음을 아는 것이 제일 중요하다고 여러 종교는 말한다. 수많은 성인들이 사랑을 인간의 가장 중요한 능력으로 찬양한 것은 당연하다. 사도 바울은 성경에서 아주 시적으로 사랑을 찬미했다.

만일 내가 인간과 천사의 입으로 말한다 할지라도,

사랑이 없다면

울리는 징이나 시끄러운 꽹과리와 같도다.

만일 내가 예언자의 능력을 갖고 있고

모든 신비와 모든 지식을 이해하며

산을 옮길 만큼 굳건한 신앙을 갖고 있다 할지라도,

내게 사랑이 없다면 나는 아무것도 아니다.

사랑은 오래 참고, 사랑은 온유하며,

시기하거나 자랑하거나 교만하지 않도다.

사랑은 자신의 이익만을 고집하지 아니하며,

급하거나 성내지 아니하며,

불의를 기뻐하지 아니하고,

진리를 기뻐한다.

사랑은 모든 것을 참고 모든 것을 믿으며,

모든 것을 소망하고, 모든 것을 인내한다.

사랑은 결코 끝나는 법이 없도다.

그러나 사랑은 우리를 깨어나게 하는 힘을 가지고 있기 때문에 이보다 훨씬 위대한 일을 할 수 있다. 라마크리슈나는 다음과 같이 말했다. "신성한 존재에 전적으로 몰입하는 삼매의 숭고하고 형언하기 어려운 상태는 무아적인 사랑을 통해 가장 직접적이고 자연스럽게 도달된다." 또한 왕양명은 다음과 같이 말했다.

통치자, 성직자, 남편, 아내, 그리고 친구들로부터 산, 강, 영적인 존재, 새, 동물, 그리고 식물에 이르기까지 모든 것은 이들과 한 몸을 이루는 나의 인성을 실현하기 위해서 정말로 사랑받아야만 한다. 그때 비로소 나의 명료한 품성이 완전히 드러나고 진정으로 하늘과 땅, 그리고 삼라만상과 내가 한 몸이 될 것이다.

결코
태양이
질 때까지
분노를 품고
—바울
있지 마라.

분노와 두려움, 질투와 절망 같은 정서에 도전하는 것은 모든 경험 중에서 가장 힘들 뿐 아니라 흔히 파괴적이기도 하다. 누구도 그것을 피할 수 없다. 어떤 사람은 그런 정서와 함께 사는 법을 배우고 그것을 통해 성장한다. 그러나 어떤 사람은 그것을 자극하고 그것 속에 빠져 살며 그것 때문에 죽거나 죽이기도 한다. 고통스런 정서에 슬기롭게 반응하는 법을 배우는 것은 인생의 가장 중요한 도전들 중 하나다.

그 첫 단계는 고통스러운 정서를 삶의 자연스런 부분으로 인식하는 것이다. 즉 나쁘고 악한 것이라는 타성에 젖어 비난하지 않는 것이다. 어떤 고통은 현실에 대한 적절한 반응이며, 지금은 아니더라도 삶의 초기에는 최소한 적절한 것이었고 생존에 필수적인 것이었을 수도 있다. 위협적인 상황에서 나타나는 즉각적인 생리적 반응이나 결정적으로 중요한 주제에 유전적으로 관심을 갖도록 이미 조건 형성이 되어 있는 것들이 그렇다.

## | 슬기롭지 못한 반응 |

우리가 고통스러운 정서에 슬기롭게 반응하지 못하면, 그것은 너무나 쉽게 우리 자신과 우리 주변의 것들을 괴롭히고 황폐화시킨다. 이로 인한 위험은 대단히 크다. 이 정서들과 효율적으로 공생하는 방법을 아는 사람들과 정서적 지혜의 스승이 너무나 적다는 것은 비극이다.

우리는 다음 세 가지 중요한 실수로부터 고통 받고 있다.


1_ 고통스러운 정서를 나쁘다고 판단하고 비난한다.

2_ 고통스러운 정서를 자각하지 않으려고 무시하거나 방어적으로 억제한다.

3_ 이 정서에 탐닉하거나 불을 붙인다. 예를 들면 우리를 해치려는 사람에 대해 분노의 감정을 키우거나 원한을 품고 복수를 꿈꾼다.


이 경우에 우리는 셰익스피어가 멋지게 표현한 '열정의 노예'가 된다.

고통스런 감정과 그 감정을 지니고 있는 자신을 나무라면, 우리는 결코 승리할 수 없는 내면의 전쟁에 사로잡히게 된다. 인생이 피할 수 없는 도전을 낳을 때마다 이런 정서는 계속 일어나는데, 그때마다 자신을 나무라면 불필요하고 고통스런 짐을 추가하는 꼴이 된다. 우리는 고통스런 감정이 일어나서 화가 나고 그것에 압도되는 것을 두려워하며, 또다시 그것과 싸워야 하기 때문에 우울해진다. 그 싸움은 결코 이길 수 없지만, 고통스런 감정을 인생의 자연스럽고 정상적인 부분으로 수용하고 휴전을 선언함으로써 멈출 수는 있다.

고통스러운 정서를 무시하거나 억압하면 우리는 더욱 미묘하게 고통 받는다. 그 정서는 계속 남아서 마음 깊숙한 곳에 숨게 되는

데, 거기서 은밀하게 증상과 방어로 표출될 기회를 찾는다. 예를 들어 우리가 분노를 억압하면 그것은 알아차리지 못하는 상태에서 다른 사람들에게 방어적으로 투사된다. 그런 사람들은 "나는 안 그런데 내 주변 사람들은 화가 나 있다"고 말하며 뚜렷한 이유 없이 불안감을 느낀다.

그러한 경우에 우리는 정서와 접촉하지 않는 감정인식부전증dyslexathymia상태가 되며, 그 결과 유용한 정보와 생동감을 주는 결정적인 원천으로부터 분리된다.

세 번째 실수는 고통스러운 정서를 의도적으로 탐닉하고 그 정서에 불을 붙이는 것이다. 탐닉도 억압도 아닌 적절한 균형과 평정이 우리의 이상이다. 대니얼 골맨Daniel Goleman[39]은 《감성지능Emotional Intelligence》에서 균형과 중도라는 이상에 대해 다음과 같이 요약했다.

목표는 정서적 억제가 아니라 균형이다. 모든 감정은 그 자체로 가치와 중요성을 갖는다. 열정이 없는 삶은 생명의 풍요로움으로부터 분리되고 소외된 중성적이고 무감동한 황무지이다. 그러므로 아리스토텔레스가 잘 관찰한 것처럼 우리에게 필요한 것은 적절한 정서이다.

위대한 종교들은 평정equanimity을 대단히 강조한다. 평정이란 거친 정서적 동요에 함몰되지 않으면서 피할 수 없는 인생의 굴곡을 경험해내는 능력을 말한다. 초기 기독교인들은 신성한 초연함apatheia과 절제temperantia, 즉 정서적 방만으로부터의 자유를 논했다. 유대인들이 고요함에 대해 논했다면, 도교도들은 '사물의 대등성

원리'에 대해 논했고, 힌두교도들은 냉정vairaga에 대해 논했다.

고통스러운 정서에 어떻게 대응하고 그것을 어떻게 다룰 것인가? 도전은 억제하거나 탐닉하는 것이 아니라 탐색하고 배우는 것이다. 그런 방식으로 우리는 우리의 정서를 이해하고, 해방시키며, 그것을 적절하게 사용하는 방법을 배우게 된다. 이것이 정서적 지혜의 기본이다.

모든 정서 중에서 가장 강력하고 어려운 두 가지 정서는 바로 두려움과 분노이다.


## | 두려움이라는 환상 |


우리는 두려움을 표시하는 감각들을 알고 있다. 가슴의 압박, 목마름, 빨라진 심장박동 등이 그것이다. 그것은 위험을 경고하는 중요한 역할을 하며, 자연스럽고 가치 있는 것들이다. 문제는 우리가 그다지 위험하지 않은 많은 것들을 두려워하며, 심지어 두려움 자체를 두려워한다는 것이다. 두려움이 너무 커서 모든 것을 희생하는 한이 있어도 그것을 피할 수 있다면 어떤 것이든 하려고 한다. 삶의 상당 부분이 두려움을 회피하고 그 회피한 대가를 치르기 위해 낭비된다. 우리가 기꺼이 경험하지 않으려고 하는 것이 우리를 삶에서 도망치게 만든다. 비행기를 두려워하면 하늘을 날 수 없게 된다. 실수를 두려워하면 위험을 감수하지 않게 된다. 사랑을 두려워하면 사랑 없이 살게 된다. 삶은 우리가 기꺼이 직면하지 않으려고 하는 두려움에 의해 제한된다.

루스벨트 대통령은 "우리가 두려워할 유일한 것이 있다면 그것은 두려움 자체이다"라고 말했다. 그러나 우리가 정말로 두려움을 두려워해야만 할까? 단지 우리가 우리 자신에게 행하는 속임수가 아닐까? 우리가 정말로 두려워하는 것은 무엇일까?

자신이 두려워하는 것들을 잠시 생각해보라. 아마도 자동차 사고, 사랑하는 사람의 죽음, 실직 등이 떠오를 것이다. 이제 그것을 하나씩 돌이켜보자. 당신을 끔찍하게 만드는 것이 실제 충돌 사고, 실제 죽음, 실제 실직인가 아니면 당신이 상상하는 것이 실제로 일어난 결과를 두려워하는 것인가? 예를 들어 실제 충돌의 순간이 두려운가 아니면 그 뒤에 따라오는 고통과 부상에 대한 환상이 두려운가?

지금 일어나는 일을 두려워하지는 않는다는 사실에 주목하라. 오히려 우리는 미래에 일어날지도 모르는 일에 대한 생각과 환상을 두려워한다. 두려움은 항상 미래에 관한 것이다. 그러나 미래는 실제가 아니라 환상 속에서만 존재한다. 단지 이 순간만이 존재하는 것이다. 다른 모든 것은 우리의 상상이다. 마크 트웨인Mark Twain[40]도 이 점을 지적했다. "내 인생은 많은 불행한 일들로 가득 찬 것 같았지만 그 대부분은 실제로 일어나지 않았다."

이는 다음과 같은 놀라운 결론을 낳는다. 우리는 대개 실제로 일어난 현실을 두려워하지 않고 일어날지도 모르는 미래에 대한 생각과 환상을 두려워한다. 우리는 우리 마음 안에서 일어나고 있는 일을 두려워한다. 랍비 나흐만은 "인간이 두려워하는 것은 자신 안에 있으며 그가 갈망하는 것도 자신 안에 있다"고 했다. 일단 이것을 제대로 이해하면, 두려움이나 갈망 앞에서 무력함을 느낄 필요가 없다는 것도 이해하게 된다. 이것이 두려움이 '실제처럼 보이는 잘못된 경험'으로 묘사되는 이유이다.

물론 삶에는 두려움이나 공포를 유발하는 것들이 있다. 그러므로 일상에서 일어나는 수많은 두려움과 걱정의 허구성을 인식하는 것이 그것으로부터 해방되는 첫 단계가 된다.


| 분노의 고통 |


분노는 거대한 힘을 가진 정서다. 그간의 연구에 따르면 대부분의 사람들이 모든 정서 중에서 분노를 가장 극복하기 어려운 것으로 꼽았으며, 영적인 전통에서도 통제할 수 없는 분노를 고통의 가장 큰 원인이자 깨달음을 막는 장애로 간주했다. 물론 분노는 자연스러운 것이고 때로 그것을 좋게 사용할 수도 있다. 그러나 실제로는 분노가 우리를 더 많이 사용한다. 일단 분노가 일어나면 최상의 동기마저 압도되며 이는 명료한 사고를 방해한다. 이것이 심리학자들이 '인지적 불능' 상태라고 부르는 것이다.

분노가 하나의 생활방식이 되어버리면 마음뿐 아니라 몸까지 황폐화된다. 분노는 죽음에 이르는 질병들 중에서 심장병과 암을 유발하는 데 치명적인 역할을 한다. 끊임없이 바쁘고 초조하게 생활하여 녹초가 된 사람은 심장발작에 취약하고, 엄청난 분노를 안고 있지만 그것을 꽉 틀어막고 사는 사람은 암에 걸릴 위험이 크다. 심장발작을 앓다가 이완, 용서, 개방된 의사소통 훈련 같은 스트레스 관리 프로그램에 참가한 사람들이 예전의 공격적인 방식으로 계속 허우적대며 사는 사람들보다 심장발작 재발률이 낮다는 것은 그리 놀랄 일이 아니다. 분노를 감소시키는 것은 문자 그대로 생명을 구하는 일이다.

분노를 키우고 복수를 꿈꾸며, 심지어 분노에 차서 욕설을 퍼붓고 고의로 타인을 해치는 것이 일시적으로 사람을 기분 좋게 만들 수도 있다는 것은 인정한다. 그러나 장기적으로 볼 때 그 대가는 심각하다. 아주 드물게는 틀린 것을 바로잡거나 남에게 해를 끼치는 것을 멈추게 하기 위해 분노를 표현해야 할 경우도 있다. 그러나 위대한 종교들은 대개 용서를 권유하는데, 심리학자들은 그 이유를 밝혀냈다. 연구에 연구를 거듭한 결과 분노의 표출과 복수는 더 큰 분노를 남길 뿐이라는 사실을 도출해낸 것이다.

위대한 종교는 통제되지 않은 분노의 위험성을 재차 경고한다. 유대 성인들은 분노가 "깨달음을 막는다"고 경고했고, 기독교인들은 분노를 일곱 가지 죄악 중 하나로 간주한다. 불교도들은 분노를 마음속에 불이 나 좋은 것을 모두 태워버리는, 숲을 태우는 불에 비유한 바 있다. 다음의 유명한 선禪 일화가 그 요점을 극적으로 보여준다.

일본의 한 무사가 자신을 오랫동안 괴롭히던 질문의 답을 구하기 위해 선사를 찾아갔다.

"무엇을 알고 싶은가?"

선사가 물었다.

"선생님, 천국과 지옥이 있는지 알려주십시오."

선사는 반은 웃고 반은 비꼬면서 콧방귀를 뀌었다.

"당신이 그것을 이해할 수 있을 것이라고 생각하오? 당신은 무식하고 야만적인 무사에 불과하오. 어리석은 질문으로 내 시간을 뺏지 마시오."

잠시 무사는 충격으로 얼어붙었다. 그 누구도 감히 자신에게 그와 같이 말한적이 없었다. 그것은 죽음을 의미하기 때문이었다.

선사가 다시 고함을 쳤다.

"당신은 내가 말한 것을 이해하지 못할 정도로 무식한가? 내 시간을 빼앗지 말고 그만 사라지시오."

무사의 분노가 폭발했다. 그의 손이 번개같이 칼을 뽑아 선사를 죽이려고 높이 쳐들었다. 그러나 칼이 선사의 머리를 후려치기 직전에 무사는 선사가 다음과 같이 말하는 것을 들었다.

"이것이 바로 지옥으로 가는 문이다."

무사는 놀라서 얼어붙었다. 선사가 자신의 분노를 공격하자 분노가 자신을 지옥으로 몰아갔다. 선사는 그 사실을 극명하게 보여주기 위해서 자신의 목숨을 걸었던 것이다. 깊이 숨을 쉰 무사는 천천히 자신의 칼을 내려놓고 존경과 경외의 마음으로 공손히 절을 했다.

선사는 웃으며 말했다.

"그리고 이것이 바로 천국으로 가는 문이요."

어떻게 우리는 정서적 지옥에서 해방되어 두려움과 분노의 굴레를 벗어나 천국의 문을 열 수 있는가? 위대한 종교들은 다음 세 가지 방법을 제시한다.

1_ 고통스러운 정서들, 특히 두려움과 분노를 다루고 감소시켜라.
2_ 사랑을 키워주는 감사나 관용 같은 태도를 계발하라.
3_ 사랑 자체를 계발하라.

미움 같은 사슬도 없다.
형제의 잘못에 집착하면 자신의 잘못만 더하게 된다.

# 여행의 끝은 아직 멀었다.

−붓다

두려움과 분노는 위협에 대한 반응으로, 하나는 수동적인 위축이고 다른 하나는 적극적인 폭발이다. 이 둘은 밀접하게 연결되어 있어서, 하나를 줄이는 것은 다른 하나를 줄이도록 도우며 아래의 연습은 둘 다를 다룰 수 있도록 돕는다. 그러나 이러한 두 가지 특정한 감정을 다루기 전에 정서를 변화시키는 우리의 능력을 인식하는 것이 중요하다.

## 연습1 희생자에서 창조자로

대부분의 사람들은 자신이 무기력한 정서적 희생자라는 신념에 얽매여 살아간다. 정서를 변화시키려면, 먼저 정서를 창조하는 우리의 능력을 인식할 필요가 있다. 이 연습은 그러한 가능성을 즉시 맛볼 수 있게 해준다.

당신이 어떻게 느끼는가를 알아차릴 수 있는 시간을 마련하여 당신이 경험하고 있는 감정에 주목하라. 다음에는 당신이 좋아하는 사람을 생각하거나 시각화하라. 일어나는 모든 감정에 주목하라. 이제 당신이 싫어하는 사람을 생각하거나 시각화한 다음에 서로 대비되는 감정들 간의 놀이를 지켜보도록 한다.

당신은 그저 입가를 끌어올리거나 얼굴에 미소를 짓기만 하면 된다. 부드러운 행복의 물결이 즉시 뒤따르는 것을 관찰하라. 이 연습은 단 몇 초밖에 걸리지 않지만 그 몇 초는 당신의 힘을 맛보기에 충분한 시간이다.


## | 고통스러운 감정 치유하기 |


나는 모든 정서를 즉시 혹은 노력 없이 바꿀 수 있다고 말하지는 않는다. 오랜 시간에 걸쳐 형성된 만성적인 감정적 습관은 엄청난 정신적 타성을 발달시켜왔다. 그러나 지속적인 영적 수련을 통해 삶과 사랑을 보다 굳건히 하는 방식으로 정서적 반응을 변형하는 것이 가능하다.

이는 하룻밤 사이에 이루어지지 않는다. 분노나 두려움 같은 고통스러운 감정은 수련을 통해 줄일 수 있지만, 그 감정들이 사라지는 것은 매우 고차원적인 영적 성숙에 도달할 때만이 가능하다. 삶을 올바르고 충만하게 살아가는 동안 심리적·영적 성장에 있어 중대한 도전 중의 하나는 괴로운 감정을 의식적으로 경험하는 것을 배우는 것이다. 두려움을 뿌리째 뽑을 필요는 없다. 두려움에도 불구하고 적절하게 대처하는 것을 배울 필요가 있을 뿐이다. 도교와 유교에서는 성인은 "감정이 있으나 함정에 빠지는 일은 없고, 사물에 반응하나 함정에 빠지지는 않는다"라고 지적한다. 이는 '대인은 만물에 능통한 사람이고 소인은 만물의 노예'라는 일반적 원리에 대한 구체적인 예라고 할 수 있다.

**144**

두려움과 분노를 능숙하게 다루는 것에 대해 상상할 때, 우리는 흔히 그것과 싸우거나 억지로 항복을 받아내는 상황을 떠올리게 된다. 이 또한 가끔은 가치가 있으나 그와 동시에 간사한 면이 있다. 예를 들어 화가 난다는 이유로 화와 자신을 공격하게 되면, 화 위에 더 많은 화를 쌓게 된다. 붓다는 이를 보다 분명히 지적했다.

미움은 미움을 결코 없앤 적이 없다.
오직 사랑만이 미움을 없앤다.
이것이 법이다.
오래되고 다함없는.

대부분의 영적 전통들은 보다 부드러운 접근을 권한다. 괴로운 정서를 주의 깊게 경험하고 탐구하거나 친절과 관용으로 중화함으로써 이해를 바탕으로 서서히 파고들 것을 제안한다.

## | 연습 2 두려움을 탐구하라 |

두려움을 의식적으로 탐구하고 그것으로부터 배운다는 것은 어떤 것일까? 그것은 우리가 상상하는 것보다 덜 고통스럽고 더 가치 있다. 두려움은 어둠 속에서나 무지 속에서는 무성해지지만, 자각의 빛을 비추면 움츠러들고 변형된다. 넘어져 마비상태가 될 수도 있었던 두 살짜리 딸 에스더를 둔 한 여인의 감동적인 이야기에서

이 점이 잘 드러난다.

나 자신이 저항할 수 없는 두려움에 사로잡혀 있음을 발견했다. 이렇듯 강렬한 감정은 우리로 하여금 방심이나 위안, 망각을 구하게 만든다. 하지만 나의 경우, 순수한 감정의 힘이 그것을 무색하게 한 것 같다. 나는 두려움을 마주 보고 그것을 대상으로 명상하리라 결심했다.

밤새도록 나는 사지를 마비시키는 냉기와 장의 뒤틀림, 가슴으로부터 퍼져 나가는 얼얼함 등을 동시에 경험하면서 깬 채로 누워 있었다. 나는 마음이 에스더와 온 가족에 대한 일련의 비극을 말하는 것을 지켜보았다. 나는 세 아이를 출산했을 때 효과를 본 방법으로 이러한 경험에 접근을 시도했다. 즉 고통으로부터 멀리 달아나려고 하는 대신에 나 자신을 열고 고통이 나를 관통하도록 했다. 끝이 없어 보이는 시련 후에, 나는 일종의 전환을 알아차렸다. 그것은 더 이상 나의 두려움으로 느껴지지 않았다. 그것은 그냥 두려움이었다. 새벽 4시경, 그 두려움은 일종의 열병처럼 부서져버렸다. 갑자기 나는 설명할 수 없는 황홀경에 빠져들었고 내 얼굴은 감사의 눈물로 범벅이 되었다. 에너지가 내 손 안에서 저절로 움직이고 모이더니 흘러 지나갔다. 나는 내면의 목소리가 다음과 같이 말하는 것을 들었다. "네 아이에게로 가라." 나는 에스더의 방으로 가서 침대 곁에 섰다. 그리고 본능적으로 자는 아이에게 팔을 뻗었다. 따뜻한 에너지가 나의 손으로부터 나와 아이의 몸으로 흘러 들어가는 것을 느꼈다. 얼마의 시간이 흐른 후 나를 인도하는 목소리가 들렸다. "아이는 괜찮다." 나는 내 침대로 돌아와서 조용히 잠이 들었다. 잠시 후 잠에서 깼을 때는 안정감과 평온함을 느낄 수 있었다. 월요일에 우리는 정형외과 의사에게 다시 갔는데, 그는 혼란스러워하는 기색이 역력한 채로 CT검사 결과가 정상이라고 말했다. 에스더의 신체적 치유는 우연히 일어난 샤머니즘적인 마술이었는가 아니면 단순히 의사의 오진이었는가? 어떤 경우이든 간에 나는 두려움을 직면하는 데서 치유를 발견했다.

두려움을 직면하고 탐구하는 것은 강력한 치유수단이다. 그것은 이 연습을 통해 시험할 수 있다. 편안하게 앉아 시작하라. 얼마 동안은 편안하게 이완하도록 한다. 매 호흡마다 이완하면서 천천히, 그리고 깊게 호흡하는 것을 기억하라. 평온하고 편안하다고 느끼게 되면 당신을 두렵게 만드는 그 어떤 것을 떠올리도록 한다. 이 연습을 위해서는 괴롭기는 하지만 압도적이지는 않은 두려움을 선택하는 것이 가장 좋다. 예를 들어 거미에 대한 가벼운 두려움이 압도적인 고소공포보다 나을 것이다.

자신이 두려움을 느끼도록 허용한 다음 그것을 탐구하기 시작하라. 두려움의 실제 감각이 당신 몸 어딘가에 위치해 있다고 인식하라. 두려움이 어디에 있는가? 얼마나 큰가? 어떠한 모양을 가지고 있는가? 어떤 느낌인가? 따끔거리거나 떨리는 감각인가 아니면 딱딱한 고체덩어리 같은가?

이제 주의를 경험의 다른 측면으로 돌려라. 두려움과 결합된 어떤 이미지가 있는가? 그렇다면 그것은 무엇인가? 신체 자세는 어떠하며 특별히 긴장되는 근육이 있는가? 천천히, 그리고 깊게 호흡을 계속할 때 긴장된 근육 일부가 이완될 수 있는가? 마음속에 어떤 생각이 지나가고 있는가?

더 깊고 느린 호흡을 몇 번 반복하라. 그런 다음 두려움의 경험을 다시 탐구하라. 지금 바로 그 위치를 확인하라. 그것은 어떤 크기와 모양을 가지고 있는가? 느낌은 어떠한가? 이 두 번째 탐구는 신중하게 해야 한다. 모든 다른 경험처럼 두려움에 대한 경험도 지속적으로 변하기 때문이다. 아마 몇 분 전에 경험한 것과는 다른 크기와 모양과 느낌을 가지고 있을 것이다.

신체 자세와 근육의 긴장은 어떠한가? 그리고 생각과 이미지는 어떠한가? 그것들 역시 다른가?

이제 두려움에 대한 경험 중에서 뭔가 매혹적이고 자유로운 것에 주목하도록 한다. 보다 자세히 바라보면 감각과 생각과 이미지 그 자체는 끔찍할 정도로 고통스럽지 않다. 근육이 긴장되거나 어떤 특정 이미지가 다소 불편할 수 있다. 그러나 그것을 실제로 경험하면, 두려움은 우리가 대개 그럴 거라고 상상하는 것만큼 완전히 파괴적이지 않다. 오히려 그것은 검토되지 않은 신념과 환상이다. 그것을 탐구하지 않은 데 대한 반작용으로 우리는 자동적인 위축과 회피를 경험하게 되고, 고통스럽고 무의식적인 순환 속에 스스로를 가두게 된다.

그 밖의 것들에 주목해보라. 천천히 의식적으로 호흡할 때 몸과 마음이 이완되며, 몸과 마음이 이완됨에 따라 두려움은 감소되기 시작한다. 당신은 수세기 전의 명상 수행자들과 현대 심리학자들이 찾아낸 중요한 치유 원리를 발견했다. 그것은 이완과 두려움을 동시에 느낄 수는 없다는 것이다. 호흡이나 요가 혹은 다른 어떤 방법을 통해서든 이완된 정도만큼 두려움이 해소된다.

이제 등과 어깨를 똑바로 펴고 곧은 자세로 앉아라. 두려움에 어떤 변화가 생겼는가? 마음과 몸은 아주 밀접하게 연결되어 있어서 그중 하나가 변하면 다른 하나도 변하게 된다. 반듯하고 곧게 앉는 이 자세는 힘과 용기 같은 감정을 이끌어내고 두려운 감정을 사라지게 만든다.(명상에서 똑바로 앉는 자세를 권하는 이유가 바로 그것이다.)

마찬가지로 두려움은 계속 탐구할수록 줄어드는 경향이 있다는 점에 주목하라. 이것은 매우 중요한 정신적·영적 원리이다. 단순히 의식적으로 자각하는 것만으로도 마음의 어두움이 치유된다. 의식적인 마음은 자기치유적인 마음이다. 자각한 상태에서 고통을 경험하고 탐구하면 마음은 휴식을 취할 것이다. 자각 혹은 마음챙김mindfulness[41]은 붓다가 말했듯이 그 자체로서 치유다. 붓다는 마음챙김이 항상 도움이 된다고 주장했으며, 2500년이 지난 후에 심리학자들 또한 '자각 그 자체가 치료'가 될 수 있다고 인식하게 되었다. 그렇기 때문에 자각의 계발과 훈련이라 할 수 있는 명상이 영적인 삶에 있어 그토록 중요한 역할을 차지하는 것이다.

두려움과 관련된 검토되지 않은 경험과 환상은 우리를 위축과 회피의 고통스러운 악순환 속에 가둔다. 명상가들은 그런 상황을 호랑이 그림을 그린 다음 그것이 무서워서 달아난 화가에 비유하기도 한다. 우리는 고통과 재앙에 대한 생각과 환상을 그린 다음 공포 속에서 뒷걸음질 친다. 그러나 그것을 주의 깊게 바라보면 머릿속 호랑이나 재앙이 실재가 아님을 인식하게 되고, 그러한 인식 속에서 우리는 자유로워진다.


## |연습 3 두려움 안에 머물러라|


두려움을 의식적으로 경험하고 탐구하는 것이 얼마나 우리를 자유롭게 하는지를 일단 이해하고 나면, 보다 심화된 연습이 가능해진다. 이 방법은 붓다가 추천했던 것으로서, 이를 통해 붓다는 두려움뿐 아니라 그 어떤 것에도 굴복하지 않았다. 두려움을 극복하기로 결심하고 나서 그는 두려움이 밀려올 때마다 언제나 주의 깊게 관찰하고, 그것이 지나갈 때까지 철저하게 부동의 상태를 유지하고자 했다. 붓다는 다음과 같이 말했다. "앉아 있는 동안 두려움과 걱정이 몰려왔다. 나는 그 두려움과 걱정을 극복하기 전까지는 걷지도 서지도 눕지도 않았다." "서 있는 동안 두려움과 걱정이 몰려왔다. 나는 그 두려움과 걱정을 극복하기 전까지는 걷지도 앉지도 눕지도 않았다."

이 연습은 이전의 연습과 마찬가지로 두려움에 대한 탐구를 포함한다. 이제 두려움을 서서히 불러일으키는 대신에 일상 속에서 두려움이 자연스럽게 올라올 때까지 기다려라. 그런 다음 그것이 가라앉을 때까지 탐구하면서 같은 자세를 유지하라. 길을 건너고 있을 때 큰 버스가 당신을 향해 달려오는 것을 보는 것과 같이 분명히 이 연습을 하는 것이 적절치 않을 때가 있다. 방해받지 않을 수 있는 때를 선택하는 것이 바람직하다.

이 연습을 하라고 하면, 어떤 사람들은 두려움이 가라앉을 때까지 탐구하려면 여생을 조각상같이 굳은 채 지내야 하는 것이 아닌가 하고 염려하기도 한다. 그러나 두려움을 탐구하는 이점 중 하나는 자각이 두려움의 소멸을 가속화시킨다는 점이다.

## | 연습 4 두려운 일을 실행하라 |

우리는 우리가 두려워하는 사람과 장소를 피하는 데 엄청난 에너지를 쏟아 붓는다. 불행하게도 두려워하는 것을 회피할 때 두려움은 더 커지는 경향이 있다. 흔한 속설 중에 "두려워하는 것을 하면 두려움은 사라질 것이다"라는 말이 있다.

이 연습은 두려워하는 무언가를 선택하고 실행하는 것이다. 다룰 수 있는 두려움을 선택하는 것이 가장 바람직하다는 점을 다시 한번 강조한다. 아마 당신은 한밤중에 무덤이나 정글에서 혼자 명상하라는 붓다의 제안을 따르고 싶지는 않을 것이다. 그보다는 모임에서 목소리를 높이는 것을 선택하거나 하기 싫은 일을 요구하는 자에게 '싫어요'라고 말하는 것부터 시작하는 것이 더 낫다.

이 연습은 아주 간단하다. 먼저 당신이 하고 싶지만 조금은 두려운 어떤 것을 택하라. 그런 다음 하루 또는 1주일 등 특정 기간 동안 실행할 계획을 세워라. 일기를 쓰거나 사전에 친구에게 계획을 말하고 진행과정을 보고하는 것은 용기를 모으는 데 도움이 된다.

## 적개심의 치유와 화 놓아버리기



분노를 놓아버리는 것은 사랑을 키우는 데 있어서 결정적이지만 도전적인 부분이다. 용서하고 잊어버리라는 말은 그것을 경험하기 전까지는 아주 쉽게 들린다. 그러나 곧 우리는 다듬어지지 않은 분노의 힘과 복수와 폭력을 향한 만족할 줄 모르는 갈증과 마주하게 된다. 그러한 이유에서 마호메트는 그의 추종자들에게 다음과 같이 말했다.

너는 누가 강해지거나 권능을 지니게 될 거라고 상상하느냐?
바로 화가 났을 때 자신을 다스리는 자이다.

눈에는 눈, 이에는 이라는 것은 분노의 불 같은 논리다. 분노의 악순환에서 벗어나기 위해서는 다른 종류의 논리와 다양한 경험이 필요하다.

첫 번째 단계는 자신과 주위 사람들에게 가해지는 분노의 엄청난 대가를 인식하는 것이다. 이 연습은 매우 간단하다.

분노로 인해 머리털이 곤두서는 경험을 할 때 방해받지 않을 수 있는 장소를 찾아라. 그런 다음 경험을 탐구할 시간을 갖도록 한다.

우선 당신의 몸으로 주의를 돌려서 분노를 일으키는 감각을 관찰하라. 얼굴 전체에 불타는 듯한 감각이 느껴지지 않는가? 위장이 수축되지 않았는가? 몸을 조이는 듯한 긴장을 검토해보라. 이런 방식으로 분노를 만들어내는 신체 경험의 범위를 확인할 수 있다.

그런 다음 마음으로 주의를 돌려라. 무엇이 진행되고 있는가? 마음이 복수심으로 치닫고 있지는 않은가? 폭력에 대한 환상으로 내달리고 있지는 않은가?

이런 방법으로 주의 깊게 분노를 관찰하면, 분노의 대가가 고통스러울 정도로 분명해진다. 그것이 얼마나 압도적이며 어떻게 긍정적인 감정을 말살하는지와 마음이 복수심으로 소모되는 과정을 볼 수 있다. 신체적으로는 공격을 준비하면서 몸이 어떻게 과열되는지를 관찰할 수 있다. 혈압이 오르고 심장박동이 빨라진다. 그것은 결코 아름다운 모습이 아니다. 그것을 분명하게 볼수록 분노를 잡고 있는 것에 대한 매력이 반감된다.

| 연습 6 분노를 주제로 대화하라 |

분노를 버리는 두 번째 단계는 분노에 대해 누군가와 이야기하는 것이다. 분노에 대해 말하는 것이 불평이나 공격할 의도가 아니라 용서하고 보내기 위한 의도일 때는 놀라울 정도로 도움이 된다. 기독교의 고해와 현대의 심리 치료의 이점 중 많은 부분이 그것과 직접적인 관련성을 갖는다. 당신은 또한 믿을 만한 친구와 대화할 수 있다. 당신에게 고통을 준 사람을 공격하지 않을 수 있다면 그와 직접적인 소통을 시도할 수도 있다.

또 하나의 접근법은 공격 대상에게 편지를 쓰는 것이다. 편지를 쓸 때는 가능한 한 정직하고 담담하게 화나게 만든 상황에 대해 묘사한다. 대부분 단순히 편지를 쓰는 것만으로도 충분하므로 굳이 그 편지를 보낼 필요는 없다.

| 연습 7 자신의 실수를 회상하라 |

자신의 잘못보다 남의 잘못을 인식하는 것이 훨씬 더 쉽다. 예수는 놀랄 만큼 생생한 묘사를 통해서 그 사실을 고통스러울 정도로 분명히 보여주었다.

어찌하여 형제의 눈 속에 있는 티는 보면서
네 눈 속에 있는 들보는 깨닫지 못하느냐.

보라. 네 눈 속에 들보가 있는데 어찌하여 형제에게 말하기를
나로 하여 네 눈 속에 있는 티를 빼내라 하겠느냐.
위선자여 먼저 네 눈 속의 들보를 빼내라.
그 후에야 밝게 보고 형제의 눈 속에서 티를 빼내라.

타인의 잘못에 초점을 맞추고 자신의 잘못을 간과하면 타인에게
분노를 느끼게 된다. 분노에 유용한 해독제는 자신의 잘못, 특히 우
리에게 상처를 준 사람이 한 것과 비슷한 잘못을 회상하는 것이다.
이를 위해 우선 화났던 어떤 상황을 회상하라. 그 다음 당신이 상
처받은 상황을 곰곰이 돌아보라. 아마도 그 누군가는 당신이 준 선
물에 대한 감사인사를 잊었거나 당신의 실수에 대해 심하게 대했을
것이다. 공격적인 행동이 분명해지면, 당신이 그와 비슷한 잘못을
저질렀을 때를 회상해보라. 우리 모두는 수없이 어리석은 일들을
말하고 행동했으며, 우리에게 상처를 준 사람과 똑같이 어리석게
행동했던 경우가 여러 번 있었음을 회상해낼 수 있다.

## |연습 8 선행을 회상하라|

자신의 잘못을 발견하거나 분노를 줄이는 또 다른 방법이 있다. 이
연습에는 사람들의 선한 행동을 회상하거나 배우는 것이 포함된다.
스스로 화나 있음을 발견하면 하던 일을 멈춰라. 그런 다음 당신
에게 상처를 준 사람에 대해 생각해보라. 그들의 어떤 선한 행실,

특히 당신에게 이익이 되었던 일에 대해 회상해보라. 인생을 살아 가다 보면 어느 정도는 선한 행동을 하게 되므로, 이러한 경험은 가 능한 많은 선한 행동을 마음에 불러일으킨다. 그것들이 특별히 극 적일 필요는 없으며, 그중 몇 가지는 한 번의 미소처럼 단순할 수도 있다. 사람들의 선한 행위를 회상하는 것, 특히 당신에게 이로웠던 일을 회상하는 것만으로도 감사가 솟아나며 감사는 분노를 가라앉 힌다.

## | 연습 9 사랑하는 사람들을 생각하라 |

사랑하는 사람들, 인정 많은 사람들을 생각하는 것만으로도 분노 의 지배가 느슨해지기 시작할 수 있다. 나쁜 기분이 불꽃같이 치밀 어 오를 때, 사랑하는 친구나 친절한 영적 스승의 이미지를 마음속 에 떠올리면 그들의 사랑과 친절이 당신의 분노를 부분적으로 대신 할 것이다. 가끔은 위대한 종교적 스승을 활용할 수도 있다. 예를 들어 화가 난 불교도는 붓다와 모든 사람에 대한 붓다의 확고한 자 비를 생각할 수 있다. 기독교인은 그리스도의 사랑을 회상할 수 있 다. 어떤 때는 개인적으로 사랑하는 사람이 더 도움이 된다. 사랑하 는 사람을 마음속에 떠올리거나 그가 어떻게 반응할지를 상상하는 것은 특히 가치가 있다.

4세기 무렵 팔레스타인의 사막과 이집트, 그리고 아라비아는 자연 환경과 기후 조건으로 인해 오랫동안 사람들이 회피하던 곳이었다. 그 후 그곳은 새로운 유형의 사람들이 거주하는 장소가 되었는데, 그들은 바로 일편단심으로 구원을 추구하기 위해 전통적인 사회의 안전과 안락을 떠난 사막의 교부들Desert Fathers[42]이었다. 그들은 매우 단순하고 고독하게 스파르타식으로 살아가면서 그들과 다른 모든 것들 사이의 장벽을 제거하고, 하나님의 사랑과 인간애를 절박하게 추구하면서 기도와 명상과 단식에 헌신했다. 그들은 목표를 이루기 위해 노력했던 시간에 관해 짧고 핵심적인 이야기를 남겼다. 그중 하나는 다음과 같다.

어떤 장로는 가까이 사는 누군가가 그를 헐뜯으면 그 헐뜯는 이에게 선물을 주기 위해 직접 찾아가곤 했다. 만약 그가 멀리 살 경우에는 다른 사람 편에 선물을 보내곤 했다.

이는 용서를 위한 우아한 기법으로서 몇몇 종교에서 추천하는 방법이다. 만약 누군가를 용서하기 어렵다면 그에게 선물을 보내라. 그 선물이 크거나 비쌀 필요는 없다. 중요한 것은 당신이 분노를 놓기를 원한다는 것이고 선물은 그렇게 할 수 있도록 돕는 역할을 한다. 선물을 보낸 이에게 화난 감정을 느끼기는 어렵다. 마찬가지로 선물을 받은 이 또한 당신에게 화난 채 남아 있기 어렵다.

잭 콘필드Jack Kornfield[43]는 잘 알려진 불교 명상 지도자이자 심리학자이다. 그는 다음과 같이 말한다.

대부분의 사람들에게 용서는 하나의 과정이다. 깊이 상처를 받으면 용서를 하는 데 몇 년이 걸릴 수도 있다. 비탄과 분노, 슬픔과 두려움, 혼란 같은 여러 단계를 거치며 종국에 가서 당신이 짊어진 고통을 스스로 느끼게 된다면, 그것은 가슴을 해방시키는 하나의 안식이 될 것이다. 용서란 근본적으로는 자신을 위한 것이며 더 이상 과거의 고통을 짊어지지 않기 위한 방법이란 것을 알게 될 것이다. 당신을 해친 사람의 운명은 그들이 살아 있든 죽었든 간에, 당신이 그들을 가슴에 지니고 있는 것만큼 중요하지 않다. 용서가 자신을 위한 것인 한, 그 용서가 자신이나 자신의 죄를 위한 것이든 자신이나 다른 사람에게 끼친 해에 대한 것이든 그 과정은 동일하다. 당신은 그것을 더 이상 지닐 수 없다는 것을 깨닫게 될 것이다.

용서는 다음의 세 가지 방향으로 확장될 때 가장 강력하고 포용력을 갖는다.

1_ 당신이 상처를 준 사람들에게 부탁하는 용서.
2_ 당신 자신을 위한 용서.
3_ 당신에게 상처를 준 사람들에 대한 용서.

편안하게 앉아서 천천히 호흡하라. 몸과 마음을 이완하라. 가슴의 중심을 통해서 숨이 들어오고 나가는 것을 상상할 수도 있다.

살아오면서 용서하지 못했거나 용서받지 못했던 기억들의 언저리로 주의를 돌려라. 그와 연관된 감정과 용서를 가로막는 장애, 과거의 고통이나 분노에 매어 있는 것이 있다면 알아차려라. 그 경험들에 대해 판단하지 말고 단지 자각만 하라. 준비가 되면 아래와 같이 용서의 과정을 시작하라.


## | 타인으로부터의 용서 |


다른 사람들에게 상처 준 사실을 인정하라. 타인에게 상처를 주었을 때의 이미지와 기억을 최대한 자각하도록 허용하라. 그 시기에 당신은 자주 두려웠고, 방어적이었으며, 혼란스러웠다는 사실에 주목하라. 자신의 실수를 비난할 필요는 없다. 그렇게 하는 것은 더 깊은 두려움과 방어를 가중시킬 뿐이다. 지금 당신이 느끼는 후회뿐만 아니라 죄책감과 고통도 떨쳐버릴 수 있는 가능성에 개방적이 되라. 천천히 부드럽게 다음의 말을 몇 번 반복하라. "나는 용서를 구합니다. 나는 용서를 구합니다."

## | 자신을 위한 용서 |

우리 모두는 자신에게 수많은 방식으로 상처와 창피를 주었고, 자신을 과소평가했으며, 아직도 그로 인한 고통을 상당히 많이 지니고 있다. 이제 당신은 그것을 놓아버리기 시작할 수 있다.

자신에게 상처를 주었을 때의 기억이 자각으로 올라오도록 하라. 기억이 올라올 때마다 그것과 자신에 대해 살펴보면서 부드럽고 사랑스럽게 "나는 내 자신을 용서합니다"라고 수차례 반복하라.


## | 타인을 위한 용서 |

우리 모두는 크든 작든 다른 사람으로부터 많은 상처를 받아왔다. 더욱이 우리 모두는 적개심을 붙잡고 마음을 닫고 복수를 꾀함으로써 상처를 악화시킨다. 이제 당신은 이런 오래된 상처들과 스스로 부과한 고통을 버리기 시작할 수 있다.

계속해서 천천히, 그리고 깊게 호흡하라. 상처받았던 모든 기억들이 자각으로 올라오도록 허용하라. 좀 더 작고, 보다 잘 다룰 수 있는 고통으로부터 시작할 수도 있다. 당신에게 고통을 주는 행동을 하여 상처를 입힌 사람에 대한 두려움과 방어 혹은 혼란을 알아차릴 수 있는지 살펴보라. 그런 다음 "나는 당신을 용서합니다"라고 몇 번 반복하라.

이러한 용서 명상을 하게 되면 오래된 상처도 어떤 경우에는 빨리 나을 수 있다. 그러나 대개 오래된 상처들은 천천히 낫기 때문에 연습을 수차례 반복해야 한다. 자신에게 부드럽고 인내심 있게 대하라. 인내심이 없어지고 성급해지기 시작하는 자신을 발견한다면 그 또한 용서하라. 용서는 강요될 수 없다. 다만 연습될 수 있을 뿐이다.

## 인내의 가치

> 여정의 끝은 자유다.
> 그전까지는, 인내다.
> — 붓다

때로 용서는 우리 자신과 우리가 용서하는 대상 둘 다를 치유한다. 어떤 경우에는 용서의 대상이 변화되지 않은 것처럼 보일 수도 있다. 우리는 다른 사람이 변화하도록 강요할 수 없다. 우리의 과제는 단지 할 수 있는 한 충분히 용서하는 것이다.

용서의 이점이 충분히 명확해지기까지는 수년이 걸릴 수도 있다. 나는 본가를 방문했을 때 이러한 경험을 한 적이 있다. 아버지와 나는 수년 간 상습적으로 화와 분노를 표현해왔으며 그로 인해 틀어지고 어려운 관계에 있었다. 자신을 좀 더 잘 이해하게 되자 내가 여러 가지 면에서 아버지와 비슷하다는 사실을 깨닫고, 아버지의 분노 이면에 있는 고통을 이해하기 시작했다. 프랑스인들은 이렇게 말하곤 한다. "이해하는 것이 용서하는 것이다." 아버지와 나 자신을 좀 더 잘 이해하기 시작하면서 화가 녹고 아버지에 대한 사랑이 나타났다.

나는 의대 교육비를 마련하는 데 필요한 운전을 가르쳐준 것부터 아버지가 내게 해준 많은 것들에 대해 감사하는 편지를 쓰기 시작했다. 몇 년 동안 정기적으로 편지를 썼지만 답장은 한 통도 받지 못했다. 그러나 몇 년 후 집에 돌아왔을 때 우연히 아버지의 책상 서랍을 열었는데, 거기서 나는 여러 번 읽은 것이 분명한 내 편지들이 조심스럽게 접혀 있는 것을 발견했다.

## 보다 높은 차원의 용서

오직 적에게 길[道]을 보여주는 것만을 추구하라.

— 노자

화와 적개심을 줄이는 것은 무언가를 성취하는 것은 아니지만, 성숙한 용서는 우리에게 상처 준 이들을 돕고 심지어는 사랑하는 데까지 나아가게 한다. 넓은 관점에서 보면 복수는 파괴적인 죽음으로 끝날 뿐이다. 상처를 준 사람들에게 가져야 하는 유일하고 진실한 동기는 그들을 돕고 가르치겠다는 것이다. 사막의 교부들은 다음과 같이 권유했다.

악의는 결코 악의를 물리치지 못할 것이다.

그러므로 누군가 당신에게 악을 행하면,

그에게 선한 일을 행해야 한다.

그렇게 함으로써 당신의 선이 그의 악의를 파괴할 것이다.


마호메트 또한 아래와 같이 강조했다.


당신에게 잘못한 사람들을 용서하라.

의절한 사람과 함께 하며

악을 행한 사람들에게 선을 행하라.


여기서 기억해야 할 중요한 점은 용서가 해로운 행동을 용납하는 게 아니라는 것이다. 용서는 분노를 포기하는 것이지, 윤리를 포기하는 것이 아니다. 성숙한 영적 수행자는 자신에게 해를 끼친 사람을 용서하고 사랑하는 동시에 더 이상 해로운 행동을 하지 말라고 요구할 수 있다.

세계의 성인들은 용서가 뛰어난 힘과 이로움의 도구라는 데 입을 모은다. 용서의 이러한 이점은 심오한 기독교 교재인 《기적수업 A Course in Miracles》[44]에 기막히게 묘사되어 있다.


당신이 원하는 어떤 것이든

용서가 줄 수 없는 것이 있는가?

평화를 원하는가? 용서가 그것을 준다.

행복을, 고요한 마음을, 분명한 목표를,

세상을 초월한 가치와 아름다움에 대한 감각을 원하는가?

보살핌과 안전, 그리고
확실한 보호의 따뜻함을 늘 원하는가?
방해할 수 없는 평온,
결코 손상될 수 없는 온화함,
깊고 영속적인 위안, 그리고 결코
뒤엎을 수 없을 만큼 완벽한 휴식을 원하는가?
그 모든 것, 그리고 그 이상을 용서가 준다.


정서적 지혜에 능통한 사람들은 분노의 가면 뒤에 숨어서 그 동력으로 작용하는 두려움과 불안전감을 간파할 수 있으므로 용서가 가능하다. 그렇기 때문에 덜 방어적으로 반응하게 되며 도움이 되는 치유적인 방식으로 반응할 수 있다. 합기도를 배우는 한 학생의 이야기가 그 한 예이다.


열차는 덜커덕거리며 나른한 봄날 오후 도쿄 교외를 운행하고 있었다. 한 역에서 문이 열리자 갑작스럽게 한 남자의 폭력적이고 이해할 수 없는 고함 소리로 오후의 고요함이 산산이 부서졌다. 그 남자는 비틀거리면서 우리 열차 칸으로 들어섰다. 남자는 작업복을 입었고 덩치가 컸으며, 술에 취했고 더러웠다. 그는 소리를 지르며 아기를 안고 있던 여인을 향해 팔을 휘둘렀다. 그 바람에 여인은 나이 많은 부부의 무릎 위에 넘어졌다. 아기가 무사한 것은 기적이었다.
공포에 질린 부부는 급히 일어나 열차 칸의 다른 쪽으로 갔다. 그 노동자는 도망가는 노부인의 등을 발로 차려 했으나 그녀가 허둥지둥 달아

나는 바람에 실패했다. 이것이 그 술 취한 이를 몹시 화나게 했는지 그는 열차 칸 중앙에 있는 철제 기둥을 움켜쥐고 그것을 바닥에서부터 비틀어 뽑으려 했다. 나는 그의 한쪽 손에 상처가 나서 피가 흐르는 것을 봤다. 열차가 갑자기 앞으로 기울어졌고, 승객들은 두려움으로 얼어붙었다. 나는 일어섰다.

한 20년쯤 전에 나는 젊었고 체격이 아주 좋았다. 그때 나는 3년 간 거의 매일 여덟 시간씩 빡빡한 합기도 훈련을 받고 있었다. 나는 타격을 가하는 것과 격투하는 것을 좋아했고 스스로 강인하다고 생각했다. 문제는 내 무술이 실전을 거치지 않았다는 것이었다. 합기도를 배우는 학생들에게는 싸움이 허락되지 않았다.

나의 스승은 반복해서 말했다.

"합기도는 조화의 기술입니다. 누구든 싸우려는 마음을 가진 사람은 우주와의 연결을 깨뜨린 것입니다. 사람들을 지배하고자 한다면 이미 당신은 패배한 것입니다. 우리는 투쟁을 시작하는 법이 아니라 투쟁을 해소하는 법을 공부합니다."

나는 스승의 말을 경청했으며 열심히 노력했다. 심지어는 역 주변을 어슬렁거리는 핀볼 게임 양아치 웨이터를 피하기 위해 멀리 길을 돌아가기도 했다. 인내심은 나를 높여주었다. 나는 강인함과 성스러움을 동시에 느꼈다. 그러나 내 가슴속에서는 범죄자를 물리치고 무고한 사람을 구할 수 있는 완전히 합법적인 기회를 원하고 있었다. 나는 일어서면서 혼잣말로 중얼거렸다.

"이게 바로 그 기회야. 사람들이 위험에 빠져 있어. 내가 재빨리 행동하지 않으면 누군가가 다칠지도 몰라."

내가 일어선 것을 보고 그 술 취한 남자는 자신의 분노를 표출할 수 있는 기회가 왔다는 것을 알아차렸다.

"아하, 외국인이로구먼! 일본식으로 수업 좀 받을 필요가 있겠어!"

그가 으르렁거렸다.

나는 머리 위의 손잡이를 가볍게 잡고 그에게 혐오를 담아 물러나라는 눈짓을 보냈다. 나는 이 쓸모없는 사내를 옆쪽으로 데려가려고 계획했는데 그러자면 그가 먼저 걸음을 떼어야만 했다. 나는 그의 약을 올리려고 입술을 오므려 무례한 키스를 보내는 시늉을 했다.

"좋아! 어디 수업 좀 받아보시지."

그는 고함을 지르며 내게 돌진하려는 태세를 갖췄다.

그가 움직이기 전, 그 1초도 안 되는 짧은 순간에 누군가가 "이보게!" 하고 소리쳤다. 귀청이 찢어지는 듯했다. 마치 당신과 친구가 열심히 찾고 구하던 뭔가를 그가 우연히 발견한 것 같은 소리였다. 나는 그 이상하게도 즐겁고 경쾌한 소리의 질을 기억한다.

"이보게!"

나는 왼쪽으로 돌았고, 취한 사내는 오른쪽으로 휙 돌아섰다. 우린 둘 다 작고 늙은 일본 남자를 내려다보게 되었다. 일흔 남짓 되어 보이는 작은 신사는 깨끗한 기모노를 입고 앉아 있었다. 그는 나에게는 시선을 주지 않고 그 남자에게만 가장 중요하고 가장 반가운 어떤 비밀을 나누듯이 환하게 미소를 보내고 있었다.

"나 좀 보시오. 나랑 얘기 좀 해요."

그 노인은 술 취한 이를 손짓해 부르며 말했다.

덩치 큰 남자는 마치 조종을 받듯이 그 말을 따랐다. 그는 노인 앞에 호전적으로 버티고 서서 덜컹거리는 바퀴 소리에 아랑곳하지 않고 고함을 쳤다.

"제기랄, 왜 내가 당신과 얘기해야 하지?"

술 취한 이는 이제 내게 등을 보였다. 만약 그의 팔꿈치가 1밀리미터만 움직였어도 나는 그를 넘어뜨렸을 것이다. 노인은 계속해서 그 남자에게 환한 얼굴을 보였다.

"무슨 술을 마셨수?"

흥미롭게 반짝이는 눈으로 노인이 물었다.

"정종을 마셨수. 그런데 그게 당신하고 무슨 상관이야!"

남자가 고함치자 노인에게 그의 침이 튀었다.

"아, 그거 좋지. 정말 좋아. 나도 정종을 좋아한다우. 내 아내는 일흔여섯인데, 매일 밤 나와 아내는 작은 정종 한 병을 데워서 정원에 가지고 나와 낡은 나무 벤치에 앉곤 해요. 우리는 해가 지는 것을 바라보고 우리 감나무를 살피지요. 내 증조부께서 그 나무를 심었는데 작년 겨울 진눈깨비를 맞은 후에 영 못쓰게 되어서 잘 회복할 수 있을지 걱정이 되거든요. 우리 나무는 생각보다는 잘 자라고 있지만 토양이 좋은지 특히 잘 살펴야 해요. 정종 한 병을 가지고 나와서 저녁을 즐기며 바라볼 수 있는 건 참 고마운 일이에요. 비가 오는 날조차도요."

노인은 눈을 반짝이면서 그 남자를 올려다보았다. 노인의 말을 들으려고 애쓰면서 술 취한 이의 얼굴은 부드러워지기 시작했다. 그는 주먹을 천천히 풀었다.

"그래요. 나도 감나무를 좋아해요."

그의 목소리가 서서히 작아졌다. 노인이 미소를 지었다.

"그래요. 그리고 틀림없이 당신한테도 좋은 아내가 있을 거예요."

"아니, 내 아내는 죽었어요."

아주 부드럽게 열차의 움직임에 따라 흔들리면서 그 큰 사내는 흐느껴 울기 시작했다.

"나는 아내도 없고, 집도 없고, 일자리도 없어요. 내 자신이 너무 창피해요."

눈물이 그의 뺨에 흘러내렸고 절망의 경련이 그의 몸에 잔물결을 일으키며 퍼졌다.

이제 내 차례였다. 잘 닦인 순수함과 세계에 민주주의를 구현하겠다는 정의감으로 그곳에 서 있는 내가 갑자기 그보다 더 불결하게 느껴졌다. 그때 열차가 내가 내려야 할 역에 도착했다. 문이 열릴 때, 나는 노인이 공감하며 혀를 차는 소리를 들었다.

"저런, 저런. 그것 참 어려운 상황이네요. 여기 앉아서 나한테 그 일에 대해서 얘기 좀 해봐요."

나는 고개를 돌려서 마지막으로 그쪽을 보았다. 남자는 몸을 펴고 거의 눕듯이 해서 노인의 무릎에 머리를 묻고 있었다. 노인은 더럽고 헝클어진 머리를 부드럽게 쓰다듬어주었다.

열차가 떠나고 나서 나는 벤치에 앉았다. 내가 근육으로 하고자 했던 것을 부드러운 말이 대신 성취했다. 나는 합기도가 실전에서 사용되는 것을 그때 막 보았으며 그 핵심은 사랑이었다.


사랑은 정서적 지혜의 핵심이기도 하다.

어디에 있든 어떤 상황에 있든,

# 언제나 사랑하는 사람이 되도록 노력하라.

—루미

사랑은 공허 속에서는 꽃피지 않는다. 오히려 관대함이나 감사 같은 우호적 태도에 의해 성장한다. 관대함은 사랑뿐 아니라 모든 영적 삶에 있어 매우 중요한 요소이므로 이 책의 일곱 가지 수련 중 하나로서 별도로 논의하고자 한다. 여기서는 감사의 마음에 대해 살펴볼 것이다.

## 감사는 사랑으로 가는 문이다

용서는 가슴에 맺힌 지난날의 상처를 치유하고 감사는 가슴을 열어 현재의 사랑을 받아들이게 한다. 감사는 많은 이점을 가져다 준다. 그것은 부정적 감정을 해소시키고, 분노와 질투심을 녹이고, 두려움과 방어를 줄이며, 사랑을 가로막는 장벽을 낮춘다.

감사는 또한 행복감을 만들어내는데 행복감은 그 자체로 매우 치유적이고 도움이 되는 감정이다. 위대한 도가 사상가인 장자는 심지어 "우리가 행복에 도달할 때 우리는 완벽에 가까워진다"라고 말했다. 자신이 행복하면 다른 사람들도 행복하게 만들고 싶어지는 이는 친절함과 관대함을 이끌어낸다.

감사는 모두에게 하나의 선물이다. 사도 바울이 우리에게 "항상 기뻐하고 범사에 감사하라"고 이야기한 것은 특별한 일이 아니다.

여느 태도와 마찬가지로 감사 또한 계발될 수 있다. 감사하는 마음을 느끼기 위해 동화 속의 대모가 우리에게 선물을 잔뜩 가져다주기를 기다릴 필요는 없다. 우리가 이미 가지고 있는 선물을 돌아봄으로써 감사하는 마음을 키워 나갈 수 있다. 이러한 성찰은 1분, 하루 혹은 평생에 걸쳐 이루어질 수 있다. 대부분의 사람들은 자신의 생일과 공휴일을 기념한다. 하지만 감사하는 마음을 계발하는 사람은 매일 매일을 기념한다. 우리는 행복하기 때문에 감사할 수 있지만, 또한 감사하기 때문에 행복할 수 있다.

## 연습 12 은총에 감사하라

오랜 시간에 걸쳐 검증된 방법은 식사하기 전에 감사 기도를 하는 것이다. 모든 다른 기법과 마찬가지로, 여기서도 그것을 행하는 마음이 매우 중요하다. 만약 감사 기도가 단지 생각 없이 행하는, 음식을 먹기 전에 으레 거쳐야 하는 절차에 불과하다면 별 도움이 되지 않을 것이다. 하지만 1분이나 2분 정도의 감사 기도를 통해 우리에게 주어진 선물에 대해 성찰하는 시간을 갖는다면 매우 효과적으로 감사하는 마음을 우러나게 할 수 있다.

감사 기도는 또한 다른 사람 및 세상과 우리와의 관계를 생각해보는 기회를 주기도 한다. 예를 들어 채소가 어떻게 우리 식탁에 놓이게 되었는가를 생각해보면 농부들, 수확하는 사람들, 트럭 기사들, 출납원들, 그리고 그 밖에 많은 사람들이 우리가 이 음식을 먹을 수 있게 하기 위해 일했다는 사실을 깨닫게 된다. 이것이 바로 선 수행자들이 음식을 먹기 전에 다음과 같은 말을 암송하는 이유이다.

셀 수 없이 많은 일꾼들이 우리에게 이 음식을 가져다 주었습니다.
우리는 이것이 어떻게 우리에게 오게 되었는지를 생각해야 합니다.

채소는 지구의 토양에서 생겨났고 여름 비로 물을 얻었으며, 태양의 따뜻함을 간직하고 벌을 통해 널리 씨앗을 퍼뜨렸다. 자연의 기적과 많은 사람들의 노동이 없었다면 우리는 굶주리게 되었을 것이다. 채소 하나가 세상과 그 선물을 보여준다. 그리고 이러한 선물을 되돌아보는 것은 감사하는 마음을 갖게 하는 훌륭한 방법이다.

## | 연습 13 도와준 사람들을 떠올려라 |

부모가 우리에게 보여준 자비심을 떠올려,

우리 또한 그러한 자비심을

지구의 모든 존재들을 향해 바칠 수 있도록 해주시옵소서.

— 유대교의 기도

우리가 다른 사람들로부터 받은 도움, 그중에서도 특히 부모님으로부터 받은 도움을 떠올리는 것은 많은 종교에서 자주 활용하는 훈련이다. 이것을 특별히 연습하기 위해서 먼저 편안하고 이완된 상태가 되도록 한다.

준비가 되면 당신에게 특히 도움을 주었던 두세 명의 사람들을 떠올려보라. 그들이 도움을 주었던 몇 가지 방식에 대해 회상해보라. 아마도 그들은 당신이 곤경에 처했을 때 구원의 손길을 뻗어주었거나 당신에게 새로운 친구를 소개시켜주었을 것이다. 크든 작든, 단순하든 복잡하든 문제가 되지 않는다. 중요한 것은 당신이 몇 분 동안 그들의 친절함을 떠올리면서 감사하는 마음을 느끼는 것이다.


## | 연습 14 감사의 날을 정하라 |


이 연습을 확장할 준비가 되면 좀 더 길게, 즉 한 시간이나 아침 내내 혹은 하루 종일 하도록 노력하라. 이 연습에는 두 가지 단계가 있다.

1_ 그 시간 동안 당신이 만날 사람들을 생각해보라. 그들 중에는 당신을 사랑하는 가족 구성원이나 친구, 당신을 직장으로 출퇴근시키는 버스 기사, 당신의 사무실을 청소해주는 관리인 등이 포함될 것이다. 당신이 만나는 모든 사람들에게 감사를 느낄 이유를 찾을 수 있는지 살펴보라.

2_ 감사에 대한 회상을 하루 종일 지속하라. 당신이 만나는 모든 사람들에게 감사를 느끼는 이유를 마음속에 떠올리려고 노력하라.

이것은 그리 오래 걸리지 않는다. 당신이 감사해하는 그들의 특징이나 재능을 떠올리는 데는 몇 초 정도면 충분할 것이다. 이런 식으로 사람들에게 좋은 감정을 갖게 되면 모든 이들과의 만남이 감사하는 마음을 갖게 해줄 것이다.

연습을 마치면서 당신이 만난 사람들과 그들에 대한 감정을 되돌아보는 시간을 갖도록 하라. 이렇게 하루를 보내고 나면, 당신은 왜 감사하는 마음이 사랑의 본질인가를 이해하게 될 것이다.

## |사랑의 직접적 계발|

> 번지樊遲[45]가 자비에 대해 묻자 공자가 말했다.
> "너의 동료들을 사랑하라."

사랑을 가로막는 장벽을 낮추고 사랑을 지속시키는 태도를 계발하면 우리의 가슴은 보다 쉽게 열린다. 다음 단계는 아래의 연습들을 통해 사랑을 직접적으로 계발하는 것이다.

## |연습 15 사랑하는 사람들을 떠올려라|

방해 없이 몇 분 동안 조용히 앉아 있을 수 있는 곳에서 자신을 편안하게 하라. 이완하는 시간을 가지고 천천히, 그리고 깊이 호흡하라. 가슴 중앙을 통해 숨을 들이쉬고 내쉬는 상상을 할 수도 있는데, 그것은 따뜻함과 사랑의 감정이 생겨나도록 도와준다.

그런 다음에는 당신이 아는 사람들, 특히 사랑하는 사람들을 마음속에 떠올려보라. 가족이나 친구, 당신이 만난 지혜로운 사람이나 당신이 알고 있는 성자나 성인이 생각날 것이다. 잠시 동안 그들을 떠올려보라. 그들이 당신에게 준 선물을 마음속에 떠올려보라. 그들의 성격과 행동에 대해 생각해보라. 어떤 점이 그들을 그토록 친절하고 애정 있는 사람들로 느끼게 하는가?

이러한 사람들을 떠올릴 때의 마음상태에 주목하라. 그러면 아마도 감사하는 마음과 충만한 애정을 느끼는 당신을 발견하게 될 것인데, 그것은 우리가 특정한 사람들에게 주의를 기울이는 것만으로도 그들이 보이는 특징을 느끼기 때문이다. 이것은 중요한 교훈이다. 우리가 주의를 기울이는 사람들은 우리에게 강한 영향력을 지니고 있다. 화난 사람을 연상하면 우리 안에서 분노가 일어나고 애정 어린 사람들을 떠올리면 우리 안에서 사랑이 생겨난다. 붓다는 다음과 같이 말했다.


나쁜 친구를 찾지 말고
사려 깊지 않은 사람과 함께 살지 마라.
진리를 사랑하는 친구들을 찾으라.

## 주는 것은 받는 것이다

우리는 마음을 지배하는 법칙과 물질을 지배하는 법칙이 얼마나 다른가를 흔히 잊곤 한다. 물질세계에서는, 다른 사람에게 물질적인 것을 줄 때 그것이 장난감이든 다이아몬드이든 그것을 잃는다. 그러나 마음은 그와 반대다. 우리는 내면에서 다른 사람을 향한 의도를 경험하며, 우리가 주는 것을 얻고 그것은 우리 마음 안에서 꽃을 피운다.

만약 누군가에게 증오심을 갖고 있다면, 그 증오는 부메랑이 되어 돌아와서 자신의 마음을 불태운다. 반면에 누군가에게 사랑을 주면 그 사랑은 먼저 자신의 마음을 채우고 치유한다. 일단 이것이 이해되면 미워하고 상처 주고자 하는 욕망은 사라지기 시작하고 사랑하고 도우려는 마음이 생겨난다. "주는 대로 받게 될 것이다"라는 말은 우리의 마음이 작용하는 방식에 대한 의미심장한 진술이다. 그것은 기독교 성자들 중 가장 사랑받는 성 프란체스코St. Francesco[46]의 기도에서도 기본이 되는 것이다.

사랑함에 있어 사랑받기를
갈구하지 않게 해주시옵소서.
받는 것은 주는 것 안에 있으므로.

이 중대한 심리학적 사실은 다음 두 가지 연습의 기본이 된다.

## |연습 16 주는 것을 받게 된다고 여겨라|

방해받지 않는 조용하고 편안한 장소를 찾아 이완의 시간을 갖도록 하라. 고요함을 느낄 때까지 천천히, 그리고 깊이 호흡하라. 그러고는 당신 자신에게 말하라.

줄 때 나는 받을 것이다.
나는 지금 내가 주는 것을 받게 될 것이다.

이제 다른 사람들에게 주고 싶고 자신도 즐기고 싶은 마음의 경험과 특징을 생각해보라. 예를 들면 사랑을 주고받기를 원할 수도 있고 행복과 치유, 평화와 휴식 등을 주고받기를 소망할 수도 있다. 이를 위해 다음과 같은 문장을 자신에게 조용히 말하라.

나는 모든 이에게 사랑을 드립니다.
나는 모든 이에게 행복을 드립니다.
나는 모든 이에게 평화를 드립니다.
나는 모든 이에게 치유를 드립니다.
나는 모든 이에게 휴식을 드립니다.

그 의미를 탐색하고 느끼면서 각 문장을 천천히, 그리고 부드럽게 말하도록 한다. 또한 이러한 선물을 받고 즐거워하는 사람들을 상상할 수도 있다. 상상하면서 문장들을 지속적으로 반복하라. 만약 마음이 이리저리 떠돌거나 공상 속에서 길을 잃는다면 그 문장들로 되돌아와서 다시 반복하면 된다. 몇 분 혹은 원한다면 그 이상 지속하라. 당신이 준 선물은 당신의 마음 안에서 자동적으로 생겨나기 시작할 것이므로 그것들이 생겨나도록 억지로 애쓸 필요는 없다. 다른 연습과 마찬가지로 이 연습도 훈련을 통해 효과가 점점 뚜렷해지므로 규칙적인 반복은 매우 가치 있는 일이다.

이 연습은 하루 중의 다른 일과로 쉽게 확장될 수 있으며, 심지어 정원 관리나 설거지 같은 단순 반복적인 일을 하느라 바쁠 때에도 가능하다. 그저 잠시 멈추어서 천천히 이완시키는 호흡을 몇 번 하라. 그리고 당신이 원하는 만큼 그 문장들을 반복하라. 그것은 스트레스나 다른 불유쾌한 감정을 경감시키는 매우 훌륭한 방법이다. 예를 들어 극도의 긴장과 흥분이 감도는 모임에 참가했다고 상상해보자. 방 안의 모든 사람들에게 행복과 평화가 깃들기를 소망하면서 이 문장들을 조용히 암송하면 감정이 변하고, 다른 사람들에게 고요하고 치유적인 영향을 줄 수 있다.

## | 연습 17 대자대비한 사랑으로 대하라 |

모든 장애를 걷어내고 사랑으로 가득 찬 마음이 전 세계에 널리 퍼지게 하라.

상하좌우 모든 곳이 하나 되어 풍부하고 지고한,

측량할 수 없는 사랑 가득한 생각으로 채워지도록.

— 붓다

다음에 제시되는 명상은 간단하지만 보다 많은 사람을 사랑할 수 있도록 사랑의 범위를 확장시키는 아주 효과적인 방법이다. 명상의 이러한 요소는 몇몇 전통에서 발견된다. 유대교의 "네 이웃을 네 몸처럼 사랑하라"와 같은 계율은 실질적으로 이러한 명상을 요구하는 것이다.

대부분의 명상과 마찬가지로, 편안히 앉아서 등을 바로 세우는 것이 가장 좋다. 이완의 시간을 가져라. 천천히 깊게 호흡하라. 가슴의 중앙을 통해 숨이 나가고 들어오는 것을 상상하는 것도 도움이 된다. 이렇게 하면서 가슴에 일어나는 따뜻한 감각과 느낌에 주목하라.

준비가 되었다고 느껴지면, 진정으로 사랑하는 사람을 떠올려보라. 가능하다면 마음의 눈으로 그 사람을 가능한 구체적으로 그려보라. 그 사람을 바라보면서 생겨나는 따뜻함과 사랑의 감정을 느껴보라.

따뜻한 느낌을 갖게 되면, 그 느낌을 주위 사람들에게로 확장해보라. 만약 당신이 건물 안에 있다면 가까운 방의 사람들을 떠올릴 수도 있다. 사랑과 따뜻함의 감정이 그들을 감싸 안을 수 있도록 하라. 계속해서 천천히, 그리고 깊이 호흡하라.

준비가 되면, 당신의 느낌이 보다 멀리 있는 사람들을 감싸 안도록 확장시켜보라. 이제 건물 안에 있는 모든 사람들 혹은 옆 건물의 사람들도 포함한다. 그들을 사랑의 느낌 안에 담도록 하라.

만약 어떤 단계에서든 사랑의 감정이 사라지는 것이 느껴지면, 당신이 처음에 시작했던 깊이 사랑하는 사람에게 다시 주의를 기울여라. 사랑의 감정이 생겨나면 사람들을 감싸 안기 위한 확장을 다시 시도하라.

이제 사랑의 느낌을 이웃과 도시를 향해 더욱 확장시켜라. 그 모든 사람들이 당신의 사랑을 받을 가치가 있다고 여기면서 관심 안에 그들을 담아두라. 천천히, 그리고 깊이 호흡하는 것을 잊지 마라.

이제 사랑의 범위를 훨씬 더 멀리 확장시켜 온 나라를 감싸 안아라. 그리고 준비가 되었다고 여겨지면 사랑의 느낌을 전 세계로 확장시켜라. 나이나 인종, 국가에 예외나 제한을 두지 말고 모든 사람들을 사랑으로 대하라.

마지막 단계로, 경계 없는 사랑 안에 모든 생명체가 들어오도록 하라. 사랑에 한계나 경계를 두지 않고 모든 사람과 생명체를 감싸 안아라. 가능한 한 오래 이런 경험 안에서 휴식을 취하고 난 후, 천천히 주의를 당신 주변으로 가져오라.


## | 연습 18 | 자비 명상을 수행하라 |

2500년 전, 한 무리의 불교 승려들이 깊고 어두운 인도 정글로 들어갔다. 그들은 그곳에서 고독하게 살며 집중적으로 명상을 수련하려는 계획을 세웠다. 정글에는 호랑이를 비롯한 온갖 위험이 도사리고 있었기 때문에 그것은 결코 쉬운 일이 아니었다. 결국 얼마 되지 않아 그들은 모두 도망쳤다. 그러고는 붓다에게 달려가 주체할 수 없는 공포를 호소하면서 도움을 갈구했다. 붓다는 그들에게 공포를 없애는 가장 좋은 방법을 가르쳐주겠다고 약속했다.

붓다와 그 제자들은 절대 남을 해치지 않는다는 신조를 가졌으므로 검술이나 다른 어떤 무술을 가르친 적이 없다. 또한 붓다는 제자들에게 이를 악물고 공포와 싸우라고 가르친 적도 없다.

오히려 붓다는 승려들에게 사랑과 자비의 감정을 계발하는 명상을 가르쳤다. 훌륭한 심리학자였던 붓다는 공포와 사랑은 서로 치환되므로 마음이 사랑으로 가득 차면 공포는 사라져버린다는 것을 알고 있었다. 우리 모두는 고통스러운 개인적 경험을 통해 공포가 사랑을 압도한다는 사실을 잘 알고 있다. 하지만 사랑이 훈련되고 강화되면 공포를 압도할 수 있다는 사실은 잘 모른다. 기독교 성경에서는 말한다. "완전한 사랑은 공포를 사라지게 한다."

붓다가 가르친 온화하지만 강력한 자비 명상은 2500년 간 전해져 온 것으로 수많은 사람들에게 도움이 되었다. 다른 심오한 기법들과 마찬가지로, 이 또한 믿을 수 없을 정도로 단순하다. 이 방법은 행복과 평화, 온화함과 사랑 같은 정서적 특성이 촉진되도록 고안된 짧은 문구들의 반복으로 구성된다.

그런데 유의할 점이 하나 있다. 나는 세 가지 명상법을 제외하고는 이 책에 포함된 모든 연습이 비교적 쉽고 뚜렷한 효과를 빨리 가져오기 때문에 선택했다고 이미 말한 바 있다.

처음 시작할 때부터 도움이 되는 경우도 있으나 일반적으로 자비 명상은 상당한 훈련을 필요로 한다.

많은 사람들이 자비 명상을 시작하면서 먼저 자신을 향한 사랑의 감정을 계발하는 것에 대해 의아해한다. 그러나 이것은 이기심을 조장하는 것이 아니라 오히려 이기심을 없애는 것이다. 자아나 이기심은 두려움을 통해 생겨나고 사랑 안에서는 녹아버리기 때문이다. 또한 자비 명상은 점차 그 범위를 친구, 낯선 사람, 적, 그리고 궁극적으로는 모든 사람과 모든 생명으로 확장시킨다.

어떤 사람들은 자신을 대상으로 시작하는 것을 불편하게 느끼면서 도움을 주었거나 친절을 베풀었던 누군가에 대한 집중부터 시작하는 것을 선호하기도 한다. 그것도 좋은 방법이다. 하지만 중요한 점은 어떤 단계든 반드시 자기 자신을 포함해야 한다는 것이다.

경구는 매우 간단하며 전통적인 네 가지 소망을 담고 있다. 그것은 다음과 같다. "내가 행복하기를, 친절하기를, 사랑을 주기를, 평화롭기를." "내가 즐겁기를, 부드럽기를, 고요하기를, 사랑을 주기를." 자비 명상이 진행됨에 따라 이 경구들은 수정된다. 예를 들면 "당신이 행복하기를, 친절하기를, 사랑을 주기를, 평화롭기를" 혹은 "모든 사람들이 행복하기를, 친절하기를, 사랑을 주기를, 평화롭기를" 등으로 수정되는 것이다. 명상이 모든 것을 감싸 안게 되는 마지막 단계에 가면 그 구절은 "모든 존재가 행복하기를, 친절하기를, 사랑을 주기를, 평화롭기를"로 바뀐다.

자비 명상을 시작하기 전에 먼저 얼마나 오랫동안 할 것인지를 결정하라. 아마 처음에는 10분에서 20분 정도가 좋을 것이다. 방해받지 않고 편안하게 있을 수 있는 곳을 찾아서 등을 곧게 펴고 앉아 몸을 편하게 이완시킨다. 몇 번의 느리고 긴 호흡을 통해 이완하면서 몸과 마음을 정돈하라. 눈은 감아도 되고 뜨고 있어도 된다.

"내가 행복하기를, 즐겁기를, 사랑을 주기를, 평화롭기를" 같은 경구를 반복하기 시작하라. 그 구절을 천천히, 그리고 부드럽게 자신에게 반복하라. 원한다면 처음에는 그 단어들을 소리 내어 말할 수도 있다. 점차 그 말들이 부드러워지면서 마음속으로 되뇌어질 때까지 놔두면 된다. 정서가 일도록 노력하거나 힘쓰지 마라. 그저 그 말들이 마음 안으로 녹아들도록 하라. 당신이 할 일은 편안함을 느끼면서 경구를 반복하고, 그 속에서 일어나는 감정과 경험에 대해 섬세하게 느끼는 것이다. 상관없는 생각이나 공상 속에서 헤매게 될 때에는 천천히 마음을 다시 경구로 가져온다.

이 명상을 하다 보면 기대했던 것과는 전혀 다른 분노나 질투에 사로잡혀 있는 자신을 발견하고 깜짝 놀랄 수도 있다. 그러나 놀랄 필요 없다. 그런 감정의 출현은 자연스러운 것이고 과정상 도움이 되는 부분이다. 사랑의 경험을 가로막는 장애물이므로, 사랑을 계발하고자 하면 자연스럽게 드러나는 감정들인 것이다. 이런 감정을 가지고 있다고 해서 자신이나 그 감정을 비난할 필요는 없다. 그 감정에 대항해 싸우거나 저항할 필요도 없다. 자각이 가진 치유력을 기억하면서 비난하거나 대항해 싸우지 않고 그저 그 감정을 바라본다면, 그것은 점차 약해지고 스스로 풀어질 것이다. 이는 명상이 마음을 치료하고 가슴을 열어주는 방식 중의 하나이다.

처음에 앉아서 명상을 하는 동안에는 자비심이 지속적으로 자신을 향하도록 해야 한다. 그러나 곧 그 다음 좌선을 하는 동안, 좋은 소망들을 소중한 친구나 당신을 도와준 사람을 향해 빌고 싶어질 것이다. 그런 경우 경구를 "당신이 행복하기를, 즐겁기를, 사랑을 주기를, 평화롭기를"로 바꾼다. 원하는 사람의 사진을 바라보거나 그 모습을 구체적으로 떠올리는 것도 좋은 방법이다.

일반적으로 성적인 매력을 느끼는 누군가를 선택하는 것은 피하는 것이 좋다. 그 경우 친절과 사랑의 마음이 성적인 감정으로 물들게 될 수도 있는데, 그것은 모든 사람을 동등하게 감싸 안는 대자대비한 사랑을 계발하는 것을 목표로 하는 자비 명상의 범위를 제한할 수 있다.

좌선을 지속하면서 점차 사랑의 범위를 확장할 수 있다. 처음에는 자신을 위해서 좌선하고, 그 다음에 친구를 위한 생각을 하는 것이 도움이 된다는 것을 알게 될 것이다. 사랑과 행복의 감정은 자비 명상을 확장시킬 준비가 되었다는 것을 알려주는 좋은 신호이다. 이런 마음이 찾아들면 여러 명을 마음속에 그려본 후, 사랑의 생각이 그들 모두를 향하도록 하라. 항상 그렇듯 마음이 생각이나 공상 속에서 방황하고 길을 잃게 된다고 해서 후회하거나 죄의식을 가질 필요는 없다. 길을 잃고 헤매는 것은 누구에게나 생길 수 있는 일이다. 그런 경우에는 그저 경구를 다시 반복하면 된다.

수련의 단계가 좀 더 진행되면, 모든 사람을 포함하는 쪽으로 자신의 명상을 확장하고 싶어질 것이다. 그런 경우 적절한 경구는 "모든 사람이 행복하기를, 즐겁기를, 사랑을 주기를, 평화롭기를"이 될 것이다. 어쩌면 지구를 떠올리면서 모든 장소의 모든 사람들이 당신의 사랑을 받는 모습을 상상하고 싶어질지도 모른다.

수련과정의 마지막 단계는 모든 사람뿐만 아니라 모든 존재를 감싸 안도록 자신의 사랑을 보다 확장시키는 것이다. 이 단계에서 유용한 경구는 "모든 존재가 행복하기를, 즐겁기를, 사랑을 주기를,

평화롭기를"이 될 것이다. 이제 당신은 모든 생명을 위한, 예외나 조건 없는 사랑과 자비의 감정을 계발하고 있는 것이다.

원하는 만큼 명상을 계속하라. 명상을 끝마칠 때는 고요함과 당신이 계발시킨 감정이 흐트러지지 않도록 천천히 일어나라.

자비 명상에는 유익하긴 하지만 처음에는 아주 어려운 한 차원 높은 단계가 있다. 싫어하거나 심지어 증오하는 사람을 향한 긍정적인 감정을 계발하는 것이 그것이다. 심지어 모든 감정 중에서 가장 거센 감정인 분노마저도 성숙한 사랑으로 감싸 안아서 녹일 수 있다. 그것은 어떤 사람이 타인에게 해가 되는 행동을 하는 경우에 그것을 수용한다는 의미가 아니다. 그것은 통제할 수 없는 분노처럼 스스로 만들어낸 고문으로부터 자신을 자유롭게 하라는 의미이다.

증오의 감정을 치유하는 것은, 먼저 자신과 자신이 사랑하는 누군가를 향한 사랑과 자비의 감정을 이끌어내는 것으로부터 시작한다. 긍정적 감정이 강해지면 싫어하는 사람을 사랑의 감정 속으로 가져온 다음 마음속에서 그 사람과 함께 경구를 반복하라. 분노에 압도당하는 것이 느껴지기 시작하면 그것을 멈추고 좀 더 진행하기 쉬운 사람들을 떠올려라. 사랑의 감정이 다시 강해지면, 싫어하는 사람을 향해 주의를 기울일 수 있을 것이다.

만약 그 사람이 불러일으키는 부정적 감정이 너무 강해서 성공적으로 진행할 수 없을 때에는 그만두는 것이 좋다. 긴장하거나 애쓰지 마라. 아직 준비되지 않은 것들을 느끼려고 억지로 노력하지 마라. 자비 명상 속에는 자신과 마음을 있는 그대로 정확하게 받아들이고 사랑하는 것도 포함되어 있음을 기억하라. 당신을 화나게 하는 사람을 향한 훈련은 그리 오래지 않아 언제든 다시 할 수 있다.

때때로 이 명상을 시작하고 나서 실망하는 사람들이 있는데, 그 이유는 사랑의 바다에 금방 빠져들기를 기대하기 때문이다. 그러나 당신이 이미 그런 상태라면 명상을 할 필요가 없는 것이다. 자비 명상은 훈련이며, 다른 훈련과 마찬가지로 꽃을 피우기까지는 시간이 걸린다는 사실을 명심하라. 처음에는 그 효과가 매우 미미하여 느끼기 어려울 것이다. 하지만 시간이 지남에 따라 그 효과는 축적되고 성장한다.

자비 명상의 장점은 언제 어디서나 행할 수 있다는 것이다. 회의 중에 지루함을 느끼는가? 회의실 안에 있는 사람들을 둘러보고 그들을 향해 사랑의 경구를 암송하라. 오랜 운전으로 피곤함을 느끼는가? 지나치는 모든 사람들을 향해 사랑과 행복을 소망하라. 그러면 당신의 감정과 상황이 극적으로 바뀔 것이다. 어떤 사람들은 이런 식의 명상을 혼자 눈을 감고 앉아서 하는 명상보다 수월하게 여긴다. 그러므로 두 가지 방식을 모두 시도해보는 것이 좋다.

자비 명상이 얼마나 극적으로 상황을 바꿀 수 있는지를 내가 처음으로 알게 된 것은 캘리포니아 연안의 작은 도시에서 열린 회의에 참석하러 갔을 때였다. 작은 공항에 도착해 비행기에서 내린 후에도 나는 60킬로미터나 더 가야만 했다. 때는 아름다운 봄날이었고, 해변을 따라 드라이브를 하면 멋진 풍광을 볼 수 있을 것 같았다. 그러나 다섯 시간이 지나도록 버스가 오지 않았기 때문에 나는 히치하이크를 하기로 결정했다. 거기서는 차를 얻어 타는 것이 그리 어렵지 않을 거라고 생각했던 것이다. 하지만 그 생각은 틀렸다.

차들은 속도를 잠깐 늦추려 하지도 않고 요란한 소리를 내며 지나쳤고, 나는 점점 분노하기 시작했다.

결국 나는 자비 명상을 떠올렸다. 차를 탄 사람들이 휙 지나쳐갈 때, 투덜대고 불평하는 대신에 그들의 행복과 즐거움과 평화를 기원했다. 그 효과는 대단했다. 차들이 하나하나 지나칠 때마다 나는 점점 더 행복해졌다. 그것이 내가 차를 얻어 탈 기회를 주었다고 생각하지는 않지만, 나의 오후를 변화시킨 것은 분명하다! 또한 그 경험은 모든 태도와 관계를 사랑의 손길로 완전히 변화시킬 때까지 생활 속에서 명상을 더 가까이 하는 것이 바로 자비 명상의 목적임을 다시 한 번 상기시켜주었다.

삶의
가장 지고한
목적과 목표는
사랑을

−라마크리슈나

키우는 것이다.

사랑의 빛을 발하는 사람은 비범한 힘을 가진 영향력 있는 존재가 된다. 평생 동안 가난한 사람들을 위해 헌신하여 20세기의 위대한 성자 중 하나로 존경받는 테레사 수녀는 수천 명의 생명을 구했고, 노벨상을 받았으며, 수백만 명의 사람들에게 영향을 미쳤다. 1948년에 테레사 수녀는 가장 가난한 사람들을 위해 봉사하라는 소명을 느끼고, 안전한 수녀원을 떠나 캘커타 빈민굴에 살면서 일했다. 그곳에서 그녀는 아픈 사람들을 돌보고, 굶주린 사람들에게 먹을 것을 주었으며, 죽어가는 이들을 보살폈다. 사랑으로 가득 찬 바쁜 삶 속에서 휴식은 고작 기도할 때와 잠자는 시간 세 시간뿐이었다.

1997년 숨을 거둘 때까지 그녀는 병든 이들과 죽어가는 이들, 정신적으로 장애를 지닌 이들과 나병 환자들, 그리고 버려진 아이들을 위해 일했으며 캘커타에 그들을 위한 센터를 설립했다. 현재는 전 세계적으로 수천 명의 지지자들이 운영하는 수백 개의 센터들이 있다. 그녀는 이러한 일들의 의미가 음식과 약을 제공하는 데 있는 것이 아니라 사랑을 주는 데 있다고 강조했다. 테레사 수녀는 "신은 우리를 통해 세상을 사랑하십니다"라고 힘주어 말했고, 스스로를 '세상을 향해 사랑의 편지를 쓰는 하나님의 손에 들린 펜'이라고 여겼다.

때로 그녀는 자신의 역할을 문자 그대로 '사랑을 글로 쓰는 사

람'으로 여겼다. 비행기를 탈 때면 언제나 세계 곳곳에서 받은 수
천 통의 편지 중 일부가 담긴 가방을 가지고 갔다. 그러고는 자리에
앉아 가방을 열어 편지를 꺼낸 다음 모든 사람들에게 똑같은 사랑
과 존중을 담아 편지를 썼다.

친애하는 조니, 편지 고맙게 잘 받았습니다. 당신과 당신의 학교 친구들
을 위해 기도합니다.

친애하는 스미스 여사께, 당신의 편지와 성금에 대해 감사를 전합니다.
당신과 당신의 가족을 위해 기도합니다.

친애하는 엘리자베스 여왕님께, 편지 고맙게 잘 받았습니다. 당신과 당
신의 가족을 위해 기도합니다.

비행기가 도착할 때까지 그녀는 계속 편지를 썼다. 그러고는 그
가방을 다른 수녀에게 건네주고 자신이 쓴 사랑의 편지를 세계 곳
곳에 부치게 한 후, 또 다른 과업을 향해 달려갔다.
그녀의 편지 쓰기는 그녀가 유엔 40주년 기념행사에 초청되어 그
곳으로 향하는 비행기 안에서도 이어졌다. 테레사 수녀는 유엔 총
회에서 연설을 하게 되어 있었는데, 당시 유엔 회의에서는 어떤 기
도도 하면 안 된다는 규칙이 있었다. 그러나 그런 규칙으로 테레사
수녀를 막을 수는 없었다. 그녀는 당당하게 연단으로 걸어 나가 기
도를 했고, 그곳에 모인 세계의 지도자들에게 다음과 같은 사랑의

편지를 전달했다.

당신과 나는 반드시 앞서 나아가 사랑의 기쁨을 나누어야 합니다.
하지만 우리가 가지고 있지 않은 것을 줄 수는 없습니다.
그것이 바로 우리가 기도를 해야 하는 이유입니다.
기도는 우리에게 맑은 마음을 주며,
맑은 마음은 서로의 내면에 있는 신을 볼 수 있게 해줍니다.
우리가 서로 안에 있는 신을 볼 수 있다면
우리는 평화 속에 살 수 있게 될 것입니다.

이는 테레사 수녀의 사랑 가득한 행보를 함축적으로 보여주는 아름다운 일화다. 그녀의 삶은 사랑에 헌신한 삶이 어떤 영향을 미치는지를 잘 보여준다.

## |개인적이고 초개인적인 사랑|

영적인 수련은 사랑을 확장하고 심화시켜 더 강렬한 사랑이 자주 생겨나도록 할 수 있다. 잘 훈련된 수행자들에게 있어 이러한 강렬한 사랑은 심리학자들이 말하는 일시적 '절정 체험peak experience'[47]에서 보다 오래 지속되는 '고원 체험plateau experience'[48]으로 성숙될 수 있다. 즉 사랑은 보다 지속적이고 활발한 활동과 함께 관계를 아름답게 가꾸도록 이끌어 그 향기가 모든 삶에 스며들게 한다.

그러나 이런 단계에서조차 우리는 사랑을 그저 자신의 마음에서 생겨난, 마음 안에 한정된 것으로 여긴다. 그런데 많은 위대한 종교들은 사랑에 대해 전혀 다르게 묘사한다. 가장 깊은 곳에서 생겨나는 사랑은 매우 심오하고 경이로워서 사람과 마찬가지로 신성하게 보이기 때문이다. 이런 사랑은 개인적인 것이 아니라 초개인적인 것이고, 우리 마음의 한 부분일 뿐만 아니라 우주의 한 부분이기도 하며, 개인의 마음에 한정된 것이 아니라 우주적 마음이자 영성이며 신의 일부분이다. 사실 사랑은 실존적 본질의 기본 측면일 수 있다. 혹은 《종교백과사전》에 요약된 것처럼 "우주에서 유일한 가장 강력한 힘으로서 모든 살아 있는 존재를 창조하고, 유지하고, 지휘하며, 채워주고, 그 적합한 목적을 알려주는 보편적인 욕구"라고 볼 수도 있다.

이러한 견해에는 두 가지 주요 예외가 있는데, 유대교와 도교는 궁극적 실재에 대해 전혀 언급하지 않는다. '비아 네가티바via negativa' [49]라 불리는 이러한 접근에서는 궁극은 언어로 설명될 수 없다고 본다. 유대교에서는 "너희 주 하나님을 온 마음으로 사랑해야 한다"고 말하지만 하나님의 본질적 속성은 불가사의한 것으로 여긴다. 마찬가지로 도교는 "도는 말로 표현할 수 없으며 말로 표현될 수 있는 도는 영원한 도가 아니다"라고 강조한다.

다른 전통들은 좀 더 직설적으로 말하기도 한다. 힌두교의 가장 위대한 두 성자인 라마나 마하르쉬Ramana Maharshi와 라마크리슈나는 모두 "신은 사랑이다"라고 말했는데, 이는 기독교 성경 말씀과 일치한다. 이슬람교에서 알라는 '자비로 가득 차고 측은지심으로 가득 찬' 존재이고, 신유교에서는 사랑을 '모든 존재의 기본적 원리로부터 형성되고 또한 그 속에서 발생하는' 것이라고 보았으며, 불교에서는 궁극적 실재는 사랑의 이웃사촌인 자비심과 밀접한 관계가 있다고 했다.

이러한 전통에 따르면, 우리는 이미 사랑을 함께 나누고 있으며 사랑은 우리의 한 부분이고 우리 또한 사랑의 한 부분임을 알 수 있다. 라마크리슈나는 "순수한 사랑에는 그 어떤 경계도 없다. 그것은 인간성과 신성을 모두 포함한다"라고 외쳤다. 마하르쉬는 "사랑은 진아와 다르지 않다. 진아는 사랑이다"라고 주장했다.

수피들은 충분한 사랑을 통해서 자아를 녹이고자 한다. 그렇게 되면 오직 '위대한 사랑'과 신성한 '사랑받는 대상'만이 남는다. 따라서 다음과 같은 명백한 역설적 주장이 가능해진다.

사랑하는 사람이 사랑 안에서 완전히 소멸될 때
그의 사랑은 사랑받는 사람의 사랑과 하나가 된다.

이와 비슷하게 기독교인들은 "우리가 서로 사랑할 때 하나님은 우리 안에 살게 되시며, 그의 사랑은 우리 안에서 완벽해진다"고 믿는다.

수세기에 걸쳐 성인들은 한결같이 사랑을 찬미해왔다. 그러나 그들은 자신들이 표현하는 사랑이란 기껏해야 사랑이 지닌 끝없는 축복과 가슴을 녹이는 따뜻함, 그리고 모든 존재에 대한 경계 없는 관심을 그저 최소한으로 암시하는 것에 불과하다고 고백해왔다. 루미는 아래와 같이 노래한다.

황홀한 사랑은 하나의 바다이며
은하수는 그 바다에 떠다니는
하나의 물거품이다.


라마크리슈나는 우리에게 "성적인 경험보다 1000만 배 이상의 즐거움을 주는 신 의식God-consciousness을 깨달을 수 있도록 사랑에 미쳐보라"고 간청한다. 그는 이 말을 통해서 사랑이 우리를 치유하고 기쁨을 줄 뿐만 아니라 신성을 일깨우고 하나로 만들어준다는 것을 가르친다. 또한 "하나님은 사랑이고, 사랑 안에 사는 자는 하나님 안에서 사는 것이며, 하나님이 그들 안에 계신다"라고 성경은 말한다.

사랑은 경계가 없기 때문에 자연스레 타인에 대한 보살핌과 관심으로 흘러넘치게 된다. 이 보살핌은 타인을 해치는 행동을 피하게 하므로, 타인의 안녕을 추구하는 윤리적 삶의 방식으로 표현되며 더 나아가 윤리적 삶의 방식은 사랑을 표현하고 가다듬어준다.

## 윤리적 삶

# 선을 행하고
# 좋은 기분을 느껴라

이웃의 이익을 자신의 이익으로,

이웃의 손실을 자신의 손실로 여겨라.

— 도교

# 지혜로운 사람은 선한 사람에게

─장자

# 선하게 대한다.

또한 선하지 않은 사람에게도 선하게 대한다.
이것이 진정한 선이다.

우리는 윤리의 실천을 심각할 정도로 잘못 이해하고 있다. 이러한 오해에 따른 피해는 아주 크다. 진실로 모든 종교적 실천에 있어 윤리적 삶은 가장 중요하지만 가장 잘못 이해되고 있는 것 중의 하나다. 공자는 "선행을 이해하는 사람이 매우 드물다"라고 한탄했다.

많은 사람들은 위대한 종교의 윤리적 지침을 그저 부주의하게 무시하거나 맹목적으로 따라야만 하는 짐스러운 규칙이라고 여긴다. 불행히도 윤리에 대한 피상적 이해는 윤리가 지닌 뛰어난 영적 잠재력을 철저히 간과한다. 올바르게 이해하거나 실천할 경우 윤리적 삶은, 즉 친절하고 측은지심을 가지며 진실하게 사는 것은 모두에게 하나의 선물이 되고, 깨달음을 향한 필수적인 수단이 된다. 모든 위대한 종교에서 윤리가 그토록 높이 추앙받는 이유는 바로 그 때문이다.

그 주요 메시지는 아주 간단하다. 그것은 '기독교의 제1원칙(금율the Golden Rule)'에도 나타나 있다. "사람들이 너를 대하길 바라는 대로 사람들을 대하라." 이에 상응하는 제2원칙(은률the Silver rule)은 유교의 전통에서도 나타난다. "남들이 해주기를 원치 않는 일을 남에게 행하지 마라"는 것이다. 그러나 어떻게 표현하든 간에, 그 근본적인 도덕적 메시지는 네가 대접받기를 원하는 대로 남을 대하라는 것이다. 한 유대 성자는 유대교의 핵심에 대해 설명해보라는 요구를 받자 즉시 이렇게 말했다. "당신에게 해로운 일을 이웃에게 행하지 마시오. 그것이 교리의 전부요."

　모두 좋은 말들이다. 하지만 여전히 '왜 성가시게 그래야만 하는가?'라는 의문이 든다. 불행히도 몇 가지 전통적 대답은 윤리적 삶이 주는 이점에 대한 깊은 이해보다 공포나 죄의식 쪽에 더 치우쳐 있다. 선하지 않은 사람을 불에 구워버리는 무시무시한 악마나 불을 내뿜는 신들에 대한 이야기는 윤리적으로 사는 주된 이유가 그저 처벌을 피하기 위한 것이라는 암시를 준다. 마찬가지로 타인을 사랑하고 친절을 베푸는 이유가 실수에 대한 처벌을 피하거나 죄의식에서 벗어나기 위함이라면 그 이유는 그다지 와 닿지 않는다. 윤리적으로 사는 데에는 죄의식이나 지옥불에서 도망치는 것보다는 좀 더 나은 이유가 있어야 할 것이다. 다행히 그런 이유는 존재한다.


## | 선행의 이점 |


　위대한 종교들의 영적 심장부에는 도덕에 대한 훨씬 깊고 후인습적인 이해가 포함되어 있다. 이러한 견해는 공포보다는 사랑에, 죄의식보다는 친절함에 뿌리내리고 있다. 그 중심에는 우리의 마음이 작용하는 방식에 대한 심오한 이해가 자리 잡고 있는데, 이는 윤리적 삶은 행복과 깨달음을 가져다 주는 반면, 비윤리적 삶은 자신과 타인 모두에게 파괴적이라는 것을 명확히 보여준다.

## 비윤리적 삶의 대가

비윤리적 행동은 즉각적이면서도 오랫동안 지속되는 대가를 초래한다. 의도적으로 거짓말을 하거나 물건을 훔치거나 심지어 우리 자신을 해칠 때, 우리 마음은 분노와 두려움과 질투 같은 고통스러운 정서로 흔들린다. 이러한 정서는 타인에게는 파괴적일 수 있고 우리 자신에겐 고통스러운 상처가 될 수 있다. 끓어오르는 분노 때문에 누군가를 공격한다면, 그 분노의 불길 속에서 타버리는 것은 결국 우리 자신이다. 이렇게 비윤리적인 행동은 즉각적인 정서적 피해를 가져온다.

또한 장기적인 손실도 있다. 고대 성자들과 현대 심리학자들은 비도덕적 행동이 자기영속적이라고 말한다. 그 까닭은 비윤리적 행동이 파괴적인 마음상태에서 생겨날 뿐 아니라 그러한 마음상태를 강화시키기 때문이다.

분노 속에서 공격하거나 두려움으로 인해 거짓말을 할 때, 우리는 이러한 정서들을 마음 깊은 곳으로 몰아넣고 그 흔적을 뇌 속에 각인시킨다. 심리학에서는 이를 "마음을 조건화시킨다"고 표현하고, 동양의 전통에서는 "파괴적인 업karma의 습관을 영혼 안에 새겨 넣는다"고 말한다. 우리가 행하는 대로 우리는 되어간다.

권력에 미쳐 나라를 전쟁으로 몰아넣는 지도자 같은 극단적인 경우에는 사람들이 입는 무시무시한 피해를 살펴보기 쉽다. 그러나 우리 모두가 저지르는 비교적 사소한 침해, 즉 의도적으로 누군가의 감정을 상하게 하거나 한편으로는 약간의 거짓말을 하고 다른 한편으로는 정당한 몫 이상의 것을 챙기는 것 같은 행동이 낳은 손실을 평가하기란 그리 쉽지 않다.

앞 장에서도 언급했듯이, 내가 처음으로 명상 수련원에 갔을 때 하게 된 경험은 이러한 대가를 고통스러울 만큼 명확하게 보여주었다. 나는 평화와 통찰을 원했고, 실제로 그것들은 결국 생겨났다. 처음으로 침묵과 명상의 절차를 따를 때에는 단지 평화만을 경험했다. 매일 계속되는 몇 시간에 걸친 침묵과 반성에 익숙하지 않아서 그 경험이 아주 어렵게 느껴졌다. 내 마음은 의도적으로 뭔가 다른 것을 찾고 있었지만, 고요하고 외딴 수련원에서 찾아볼 것이라곤 아무것도 없었다.

마침내 나는 샤워를 하는 것이 자기자각을 피하는 기막힌 방법이 될 수 있음을 발견했다. 떨어지는 따뜻한 물 아래서 행복한 백일몽에 빠져들면 오리건으로 800킬로미터를 달려와서 배우고자 했던 자기관찰과 반성을 잊어버릴 수 있었다.

그러나 내 해결책에는 문제점이 있었다. 명상실이 샤워실 바로 아래에 있었던 것이다. 따라서 샤워를 하게 되면 나도 하고 있어야 할 그 명상에 참가한 사람들을 방해하는 격이 되었다. 그런 이유로 우리는 명상을 쉬는 시간에만 샤워를 하라고 요구받았다.

그것은 정당한 요구였지만 내 탐욕과는 맞지 않았다. 나는 명상을 하는 시간에도 하고 싶으면 언제든 오랫동안 샤워를 했다. 그러나 며칠이 지나자 샤워 중에 느끼던 기쁨이 점차 사라졌다. 수련을 지속하면서 마음이 점점 민감해져서 내가 타인들에게 끼치는 불편을 자각하지 않을 수 없었기 때문이다.

나는 내 행동을 정당화하기 위해 정신을 파괴하고 있다는 것을 깨달았다. 처음에는 내가 다른 사람들에게 불러일으킨 짜증에 대한 자각을 의도적으로 억압했다. 더 나쁘게는 내가 그들보다 더 중요한 사람이고, 내 편안함이 그들의 편안함보다 더 중요하다는 사실을 나 자신에게 확신시키고자 애썼다. 나는 나 자신의 가치를 과장하고 다른 사람들의 가치는 과소평가했으며, 그로 인해 나 자신을 모든 사람들로부터 소외시키고 있었다. 규정 외의 샤워에 대한 비용으로서는 너무나 값비싼 대가였다.

그것은 고통스러웠지만 내 삶을 변화시키는 교훈이 되었다. 가장 중요한 점은 주의 깊게 살펴보기 전에는 비윤리적 행동이 일으키는 심각한 피해에 대해 알지 못한다는 것이다. 나 또한 비윤리적 행위가 어떻게 자각을 가로막고, 마음을 흐려놓으며, 관계를 해치는지에 대해 알지 못했다.

비윤리적 행위에 의해 생겨나는 분노와 죄의식, 그리고 두려움 같은 정서가 마음에만 해로운 영향을 주는 것은 아니다. 정신신체의학에서는 정신적 고통이 신체적 고통을 야기할 수 있다고 주장하는데, 비윤리적 행위로 인한 고통 역시 마찬가지다.

심장병을 앓던 한 여인이 잦은 가슴의 통증으로 고통 받고 있었다. 수년 동안 음식을 조절하고 명상법을 배우면서 그녀는 대부분의 고통을 다스리는 데 성공했다. 하지만 어떤 고통은 그런 노력에도 불구하고 사라지지 않았다. 이 점을 매우 주의 깊게 살펴보다가 그녀는 자신과 통합하지 못할 때, 즉 자신의 윤리적 가치관과 일치하지 않는 행동을 하거나 말을 하려고 할 때 통증이 온다는 사실을 알고 충격을 받았다. 그것은 대개 사소한 것들이었다. 예를 들어 남편이 듣기 싫어하는 것처럼 보이면 말하지 않는다거나 다른 사람들과 잘 지내기 위해 자신의 신조를 조금 유연하게 바꾼다거나 진정한 자신을 드러내지 않는 경우들이었다. 훨씬 더 놀라운 것은 어떤 경우에는 그러한 사실을 먼저 알아채기도 하지만, 어떤 때는 가슴의 통증이 먼저 오기도 한다는 것이었다. 그러면 그 통증을 만들어낸 상황을 잘 살펴보고 나서 자신을 속이고 있다는 것을 깨닫곤 했다. (…) 스트레스는 외적인 시간적 압박과 실패에 대한 두려움에서 비롯되기도 하지만 그 못지않게 자신의 가치관을 수정해야 하는 상황에서도 생겨날 수 있다.

불친절하고 비윤리적인 행동의 해로운 대가에 대해 깨닫고 나면 삶은 이전과 완전히 달라지게 된다. 자기가 하는 일이 결국 자신을 해치는 일이라는 것을 정확히 깨닫고 나서도 그 일을 계속할 사람이 어디 있겠는가? 수천 년에 걸쳐 위대한 종교들은 비윤리적 삶의 대가에 대해 경고해왔으며, 이제 우리는 그 대가가 영적인 부분에서뿐만 아니라 심리적이고 신체적인 부분에서도 나타나며 심지어 생명을 위협할 수도 있다는 것을 안다.

### 윤리적 삶의 이점

우리가 자신을 포함한 모든 사람들의 행복을 위해 노력하면 윤리적 행동은 생각보다 훨씬 더 우리 자신과 타인에게 도움이 된다. 우리가 윤리적으로 행동하면, 즉 복수하기보다는 용서하고, 공격하기보다는 도움을 주면 우리는 고통 대신 치유력을 갖게 된다.

윤리적 삶은 마음을 치유한다. 용서와 도움은 주체할 수 없는 분노나 질투 같은 감정과 양립할 수 없다. 따라서 그러한 감정은 점차 충동적 힘을 잃어가게 된다. 또한 윤리적 행동은 사랑이나 관대함 같은 특성을 촉진시켜 활짝 피어나게 한다. 예를 들어 누군가에게 사랑을 줄 때, 그 사랑은 먼저 우리 마음 안에서 꽃핀 후 우리 모두에게 치유의 흔적을 남기면서 다른 사람들을 향해 흘러넘친다. 이는 앞서 언급한, 타인이 사랑과 행복의 감정을 갖도록 기원함으로써 자기 안의 사랑과 행복의 감정을 계발하는 자비 명상의 원리이다.

이러한 보편적인 심리적·영적 원리, 즉 타인을 향해 의도하는 것이 자신의 내부에서 만들어진다는 사실은 모든 영적 원리 중에서 가장 강력하고 중요한 것이다. 그러나 슬프게도 가장 잘 이해되지 못하고 가장 잘못 평가된 것이기도 하다. 일단 이 점을 이해하게 되면, 모든 관계의 토대가 변화하게 된다. 붓다는 윤리의 위대한 비밀에 대해 다음과 같이 지적했다. "네가 무엇을 하든, 그것은 자신에게 하는 것이다."

윤리적 삶은 보다 높은 영적 수련에 있어 절대적으로 중요한 것이며, 그것 없이는 앞으로 더 나아가기 어렵다. 비윤리적 행동은 깊은 두려움과 죄의식, 편집증과 방어를 심어놓는다. 비록 방어로 인해 의식적으로 자각하지는 못하더라도, 그것들은 우리의 마음을 흔들어놓고 어둡게 하여, 고요하고 맑은 상태를 얻기 힘들게 한다. 콘필드가 말했듯이 "거짓말하고, 속이고, 사람들에게 상처를 주고 난 후에 앉아서 명상을 하기란 어렵다."

모든 위대한 종교들은 윤리적 삶이 다른 모든 실천의 토대가 되
는 기본적 실천이라고 여긴다. 모든 위대한 종교의 창시자들은 완
벽한 윤리적 삶을 찬양하고 실천했다. 그래서 문화와 세기가 이어
오는 동안 꺼지지 않고 세상을 비추는 도덕적 횃불을 우리에게 주
었다. 《세계의 종교 *The World's Religion*》의 저자이자 위대한 종교학자
인 휴스턴 스미스Huston Smith[50]는 윤리적 삶의 영향을 다음과 같이
요약했다.

결과적으로 분석해볼 때, 선은 힘이나 법이 아닌 훌륭한 인품으로부터
받은 감명을 통해 사회 속에 점차 자리 잡는다.

종교 창시자들 중에서 윤리에 가장 초점을 맞춘 이는 아마도 공
자일 것이다. 역사상 가장 영향력 있는 사람들 중 한 명인 공자는
중국 문화권에서 2500년 동안이나 그 영향력을 행사했다. 그는 보
잘것없는 집안에서 태어났으나 학문하기를 즐겨 모든 시간과 만남
을 학문에 바쳤다. 늘 겸손했고 자신을 향한 어떠한 특별한 칭송도
좋아하지 않았지만 공자는 다음과 같은 말을 남기기도 했다.

타인을 위해 최선을 다하고, 자신이 한 말에 책임을 지는 데 있어 나와
견줄 만한 사람들은 많이 있다. 하지만 그들은 배움에 있어서는 나처럼
열정적이지 않다. (…) 굳이 나에 대해 말하자면 나는 학문함에 있어 열
정이 식지 않으며, 가르침에 있어 지치지 않는다.

한 중앙 관료가 공자가 어떤 사람인지를 물어보자, 공자의 제자 중 한 명이 당황해서 할 말을 찾지 못했다. 그러자 공자가 말했다.

간단히 이렇게 말하지 그랬느냐? 그는 자신의 마음을 어지럽힌 문제를 풀려고 노력할 때는 밥 먹는 것을 잊고, 너무 즐거워서 자신의 근심을 잊고, 나이 들어가는 것에 신경 쓰지 않는 사람입니다.

공자는 당대의 가장 학식 있는 사람이 되었고 독자적인 학파를 세웠다. 그러나 그는 그런 것보다는 배움에 관심이 더 많았다.

인식하든 못하든 간에, 우리 모두는 삶을 에워싸는 핵심적인 신성한 물음을 하나씩은 가지고 있다. 그것은 진리란 무엇인가 혹은 지혜란 무엇인가와 같이 매우 추상적일 수도 있고, 어떻게 하면 사랑하는 법을 배울 수 있을까, 어떻게 하면 타인을 가장 잘 도울 수 있을까, 세상에 대해 내가 줄 수 있는 선물은 무엇일까와 같이 실제적일 수도 있다. 그 질문이 무엇이든 간에 우리가 얼마나 열정적으로 그것을 추구하고 그렇게 살아가느냐가 얼마나 충만하게 온 가슴으로 삶을 살 것인지와 얼마나 평화롭고 만족스럽게 죽음을 맞이할 것인가를 결정한다.

공자의 신성한 질문은 "어떻게 지혜롭고 평안하게 살아갈 수 있는가?"였다. 그는 인류 역사 속에서 찾아보기 힘들 정도의 열정으로 그 답을 찾고자 혼신의 노력을 기울였다. 사람들의 삶을 메우고 잠식해버리는 무의미한 유흥이나 취미는 그의 흥미를 끌지 못했다. 자신의 가슴이 원하는 것을 따름으로써 그는 겉으로 보기에는 단순해 보이는 삶 속에서 깊은 즐거움을 느꼈다.

거친 밥을 먹거나 물을 마시는 것, 팔꿈치를 베개 삼는 것 속에서도 기쁨을 발견할 수 있다. 부도덕한 수단을 통해 부와 높은 지위를 얻는 것이 내게는 구름 속을 지나가는 것과 같다.

공자에게는 배움과 인격적 통합, 그리고 타인을 돕는 것 등이 중요 관심사였고, 그러한 목표를 실천하고 가르치는 데 그의 삶을 바쳤다. 그는 항상 겸손했고, 결코 목표를 달성한 척하는 적이 없었다. 공자는 말했다. "내가 어찌 감히 성인이나 인자한 사람이라고 주장할 수 있겠는가?" 그러나 공자는 노년에 도덕적 삶이 자신에게는 아주 자연스럽다는 것을 인정했다.

70세에 나는 내 마음 가는 대로 살 수 있었다. 내가 원하는 것이 더 이상 올바른 것을 넘어서지 않았기 때문이다.

공자가 살던 시대의 중국은 갈등과 탄압으로 신음하고 있었는데, 공자의 학문인 유교가 공식적 지위를 얻게 되면서 공자는 많은 도움과 구제를 펼칠 수 있었다. 공자는 그러한 지위를 약속받기 전까지는 이곳저곳을 떠돌아다녔다. 그러나 권모술수와 중상모략이 난무하는 정치생활을 오래 버티기에 공자는 너무나도 비타협적인 도덕군자였다. 한 세기가 지난 후에야 관직을 얻은 위대한 그리스 철학자 플라톤과 마찬가지로 공자도 곧 혐오를 느끼면서 그 자리에서

물러났다.

　정치적으로 성공하지 못했다는 이유로 그 시대 사람들은 종종 공자를 실패한 사람으로 여겼다. 그러나 공자는 단념하지 않고 지위와 재산에 따른 차별 없이 주변에서 학생들을 모았으며, 최초로 상류층에서 태어나지 않은 사람도 학문을 할 수 있게 만들었다. 그의 지혜는 매우 깊었고, 삶은 매우 모범적이었으며, 제자들에게 그가 미친 영향은 매우 컸다. 제자들 역시 다른 사람들에게 그 같은 영향을 미쳤기 때문에 그의 정치적 실패는 중국 문화권에 2500년 간이나 영향을 주었고, 공자는 동아시아에서 가장 위대한 도덕적 스승으로 추앙받게 되었다. 그러나 그가 제시한 길은 완전한 영적인 길은 아니었다. 무엇보다 집중 수련이 빠져 있었다. 그럼에도 불구하고 그것은 신유교학파의 전통을 꽃피우고 수백만 명의 삶을 변화시킬 수 있는 기본적 토대를 제공해주었다.

　공자는 "어떻게 지혜롭고 평안하게 살아갈 수 있는가?"라는 신성한 질문을 평생에 걸쳐 숙고한 후에 모든 중요한 요소들 중 "가장 최상의 것은 도덕성이다"라고 결론지었다. 그는 "만약 나의 모든 가르침을 한 문장으로 말해야 한다면, 나는 '생각 속에 악함이 없도록 하라'고 말할 것이다"라고 했다.

　모든 위대한 종교와 마찬가지로, 유교는 점차 윤리적으로 성숙해가는 사람은 가슴과 마음과 영혼 깊은 곳에서 삶을 변화시키는 선물로 가득 찬 귀중한 집을 발견하게 된다는 사실을 잘 알고 있었다. 위대한 종교들에 따르면, 이러한 선물에는 다음과 같은 것들이 포함되어 있다.

· 불안과 죄의식, 그리고 두려움이 줄어든다.

· 근심과 방어, 그리고 부정denial을 만들어내는 것들이 줄어든다.

· 자기의심과 우울, 그리고 절망을 느끼는 기간이 줄어든다.

· 자신감과 용기, 그리고 강인함이 증가한다.

· 보다 깊어진 이완과 고요, 그리고 평화를 느낀다.

· 보다 넓어진 개방성과 정직함, 그리고 친밀감에 대한 능력이 커진다.

· 통합과 믿음, 그리고 전일성wholeness의 느낌을 갖는다.

· 친밀하고, 배려하고, 돌봐주는 관계를 형성한다.

· 행복과 즐거움, 그리고 기쁨의 정서를 갖게 된다.

· 좀 더 개방적이고, 친절하고, 사랑하는 가슴을 갖게 된다.

· 좀 더 개방적이고, 섬세하고, 깨어 있는 마음을 갖게 된다.


붓다의 말을 빌리면 다음과 같다.


순수한 마음으로 말하고 행동하라.

그러면 행복이 따를 것이다.

그림자처럼 흔들림 없이

가슴이 선한 일을 하도록 하라.

계속해서 쉬지 않고 하라.

그러면 기쁨으로 충만할 것이다.

# 우리는 이 행성에 온 방문객이다.

— 달라이 라마

우리는 이곳에 길어야 90년에서 100년 동안 산다.
그 기간 동안 우리는 삶을 통해 뭔가 선한 일,
뭔가 유용한 일을 하도록 노력해야 한다.
스스로 평화로워지도록 노력하라.
그리고 그 평화를 다른 사람들과 나눌 수 있도록 도우라.
다른 사람들의 행복에 기여할 때
진정한 목표, 즉 삶의 의미를 찾게 될 것이다.

윤리적으로 산다는 것은 무엇을 의미하는가? 보다 의식적이고 친절하게 살고자 한다면, 우리가 관심을 기울여야 할 삶의 세 가지 측면이 있다. 앞의 두 가지 측면은 말과 행동이고, 세 번째 측면은 과거의 비윤리적 행동에 의해 남겨진 정서적 잔재들이다.


## 바른 말과 바른 행동

### 바른 말

3000년 된 힌두 경전에는 신성한 말이 가장 중요한 창조적 힘이라고 묘사되어 있으며, 요한복음서는 "태초에 ·말씀이 있었다"로 시작된다. 말의 힘이 대단하다는 것을 암시하고 있는 것이다. 그것은 사실이다. 정직한 말은 수년에 걸친 오해를 풀 수 있고, 한마디의 사과는 아픔을 치유할 수 있으며, 몇 마디의 친절한 말은 평생 기억되는 가슴 따뜻한 추억을 남겨줄 수 있다. 어느 젊은 교사의 이야기는 이런 사실을 잘 보여준다.

사이가 별로 좋지 않은 학생들로 구성된 어려운 반을 맡게 되자 여교사는 학생들에게 다른 학생들의 이름을 종이에 쓰게 한 후 각각의 학생에 대해 자신이 말할 수 있는 가장 좋은 점을 쓰게 했다. 그녀는 그 목록을 집으로 가져가서 학생들의 이름을 각각 다른 종이에 적은 후 다른 학생들이 적은 내용들을 옮겨 적었다. 다음 날 아침, 그녀는 학생들에게 그것을 나누어주었다. 곧 모든 학생들이 웃음을 지었고 다음과 같은 속삭임이 들렸다. "정말?" "누가 날 그렇게 좋아하는지 몰랐어." "그게 누군가에게 그렇게 의미 있는지 전혀 몰랐어."

이 일은 몇 년 후 그 학생들 중 한 명이었던 마크가 베트남전에서 전사하기 전까지 다시 언급된 적이 없었다. 장례식이 끝난 후, 그녀와 마크의 학급 친구들 중 몇몇이 마크네 집으로 초대되었다. 마크의 부모는 그 여교사에게 다가와서 이렇게 말했다.

"당신에게 보여주고 싶은 게 있답니다. 마크가 죽을 때 이것을 지니고 있었어요."

마크의 아버지가 지갑에서 꺼낸 것은 마크의 장점들이 적혀 있는 종이였다. 마크의 어머니가 말했다.

"이런 일을 해주셔서 정말 고맙습니다. 보시다시피 마크는 그것을 소중하게 여겼답니다."

그 대화를 들은 마크의 친구들 중 한 명이 수줍게 웃으면서 말했다.

"나도 아직 그 목록을 가지고 있어. 책상 맨 윗서랍에 있지."

다른 친구가 말했다.

"나도 가지고 있어. 일기장에 끼워두었지."

세 번째 친구가 말했다.

"난 그거 내 결혼식 앨범에 넣어두었는데."

네 번째 친구가 말했다.

"난 그걸 항상 가지고 다녀. 아마도 우리 모두가 자기 것을 보관하고 있을 거야."

여교사는 마침내 주저앉아 울음을 터뜨렸다. 그날 옛 학생들이 그녀에게 가르쳐준 교훈은 그 후 모든 교실에서 기준이 되었다.

단지 몇 마디의 따뜻한 말이었지만 그 영향은 평생 지속되었다. 그것은 "좋은 말의 가치는 매우 소중하지만 비용은 거의 들지 않는다"라는 격언이 사실임을 잘 보여준다.

따뜻한 말은 치유적인 반면, 비윤리적인 말은 파괴적일 수 있다. 날카로운 말은 상처를 줄 수 있다. 특히 힘을 가진 누군가의 거짓말은 엄청난 고통을 만들어낼 수 있다. 성경은 다음과 같이 조언한다.

소문과 거짓말을 경계하라.
그것은 많은 이들의 평화를 파괴한다.
많은 이들이 칼날에 의해 쓰러져왔으나
혀에 의해 쓰러진 이들만큼 많지는 않다.

말이라는 것은 순식간에 변하고 실체가 없는 것이므로 말을 바꾸는 것은 쉬운 일이라고 생각할 수도 있다. 그러나 실제로 그것은 아주 어렵다. 우리는 대체로 우리의 말에 별다른 관심을 두지 않고 성장해왔다. 즉 우리는 진실보다는 사람들이 듣고 싶어하는 말을 하고, 자아를 보호하기 위해 사소한 거짓말을 하며, 그것을 감추기 위해 더 큰 거짓말을 한다. 이 모든 것은 너무나도 빠르게 악순환의 고리가 된다.

이런 견지에서 보면 위대한 종교들이 "배려와 자비심 속에서 단어를 선택하고, 진실하고 유익할 때만 말하라"고 강조하는 것은 지극히 당연한 일이다. 불교도들은 그것을 바른 말, 즉 정어正語라고 부른다. 정어는 타인과 우리 자신의 동기와 정서에 대한 민감성을 필요로 한다. 그래야만 우리의 경험에 비추어 무엇이 진실이고, 무엇이 도움이 될 수 있는지를 알 수 있다. 무엇이 가장 도움이 될 것인가에 대해 완전히 확신할 수는 없다. 그러나 단어 선택에 있어 좀 더 섬세해질수록, 상처보다는 도움을 줄 수 있는 기회가 더 많아질 것이다.

바른 말은 수련을 통해 더 잘할 수 있게 된다. 수련을 하면 할수록 점점 더 노력 없이도 바른 말을 할 수 있게 되고 평온함이 증가한다. 그리고 예수의 "진리가 너희를 자유롭게 하리라" 같은 주장이 과장이 아니었음을 깨닫게 된다. 붓다에 따르면 정어를 습득한 사람은 다음과 같아진다고 한다.


그 누구의 마음도 상하게 하지 않는다.
그러면서도 진실을 이야기한다.
그들의 말은 명확하지만
결코 가혹하지 않다.
기분 상하지도 않고
또한 기분 상하게 하지도 않는다.

## 바른 행동

바른 말과 마찬가지로 바른 행동도 자신을 포함한 모두에게 유익한 행동을 하는 데에 초점을 맞춘다. 여기서는 자신 역시 전체의 일부임을 아는 것이 중요하다. 그렇지 않으면 바른 행동을 희생으로 여기는 고통스러운 덫에 빠지기 쉽다. 사실 지혜롭게 실천한다면, 바른 행동은 결코 희생이 아니다.

다른 일곱 가지 수련과 마찬가지로 바른 행동은 일종의 깨어난 이기심self-interest이다. 다시 말해 바른 말은 우리의 행복과 이기심을 채워주고, 다른 사람들의 행복과 이기심 또한 채워준다. 바른 행동을 통해 우리는 타인을 위함으로써 우리 자신을 위한다. 그 결과로 모두가 이득을 얻는 것이다.

## 의식적 관행의 함정

성숙한 윤리적 말과 행동에 대한 강조는 '할 것'과 '하지 말 것' 혹은 모든 상황에서 옳고 그름에 대한 법을 정해놓는 규칙이나 규정 같은 복잡한 규범에 관한 것이 아니다. 엄격한 규범은 쉽게 강박적인 의식적 관행으로 변질된다. 물론 의식ritual은 훌륭하고, 진심 어린 영적 기법이 될 수 있다. 그러나 또한 아무 생각 없이 그저 반복적으로 행하는 의무로 변질될 수도 있다. 그렇게 되면 사람들은 자신의 행동의 동기나 자신의 행동이 타인에게 미치는 영향을 살펴보기보다는 특정한 날에 특정한 음식을 먹지 않는 것과 같은 표면적 항목에 집착하게 된다. 이 단계에서 사람들은 가슴보다는 규칙을 따르고, 보다 깊은 동기보다는 표면적으로 드러나는 것에 더 관심을 기울인다. 도덕경은 그로 인한 결과와 해소책에 대해 가르침을 준다.

선이 사라지면 도덕이 생겨나고,
도덕이 사라지면 의식이 생겨난다.
의식은 진실한 믿음의 껍질에 불과하다.
그래서 성인은 표면이 아닌
자신의 마음 깊은 곳을 살핀다.

이러한 종교의 의식화ritualization는 모든 전통에서 매우 치명적인 문제다. 어떤 위대한 종교도 그것을 벗어나지 못했다. 모든 종교가 부패하는 과정은 동일하다. 종교 창시자들은 신선하고 황홀한 깨달음을 얻은 후 다른 사람들 또한 그것을 얻을 수 있도록 깨달음과 수행법을 설파하면서 엄청난 변화의 힘을 가진 영적 에너지를 쏟아낸다. 그러나 이러한 수행법을 습득하는 데 실패하고 자신을 변화시키지 못한 추종자들은 스승의 가르침 속에 들어 있는 보다 깊은 지혜를 이해하고 간직하지 못한다. 예수는 "귀를 가진 자로 하여금 듣게 하라!"라고 외쳤다.

그 결과 '진실의 부패truth decay' 가 일어나고, 효과적인 영적 수련법은 단지 의식적 관행일 뿐인 비효과적인 의식으로 퇴색해버린다.

이와 마찬가지로 직접적인 경험의 묘사는 이론적 교리로 굳어지고, 점차 엄격한 도그마로 경직된다. 측은지심의 도덕은 인습적 도덕주의로 퇴화하고, 이내 형식적 율법주의로 굳어지게 된다. 이러한 결과물은 우리를 생기 있게 하지도, 깨닫게 하지도 못하는 낡은 유물의 집합이다. 즉 생각 없고 죽어 있는 형식적 규칙과 의식들이다.

어떻게 하면 그저 의식적인 활동들을 진정한 변화가 창출되는 수련으로 바꾸고, 까다로운 율법적 태도를 진정한 측은지심의 도덕으로 바꿀 수 있는가는 모든 종교와 세대가 반복해서 직면하는 가장 힘든 도전이다. 수많은 종교적 부흥과 신흥 종교가 이런 고민 속에서 생겨났다. 진심 어린 윤리적 행동에 대한 요구와 굳어진 의식적 절차에 대한 비판은 유대교의 예언적 전통이 보여주는 특징이다.

나는 싫어한다. 나는 당신들의 제전을 경멸한다.
당신들의 진지한 회합에서 나는 어떤 기쁨도 느끼지 못한다.
당신이 번제와 곡식의 제물을 준다 해도
나는 그것들을 받지 않을 것이다.
다만 정의가 물처럼,
공정함이 영원히 흐르는 시냇물처럼 흐르게 하라.

공자는 내적 진실성과 자비심 없이 단지 외적인 경건함만으로 충분하다고 믿었던 중국 상류층을 꾸짖었다. "자비심이 없는 자가 의식으로 할 수 있는 것이 무엇이란 말인가?" 수세기가 지난 후에 유교가 세세한 형식들에 치우치며 경직되어가자, 도교에서 이와 비슷한 비판을 하곤 했다. 마찬가지로 붓다는 힌두교의 제례적 희생을 거부했고, 형식적인 의식은 깨달음을 가로막는 족쇄 중의 하나라고 보았다. 예수는 바리사이파 사람들의 까다로운 율법주의를 비판했다. 수세기 후, 가톨릭의 의전주의sacramentalism[51]에서 정통 의식이 구원에 필수적이라고 강조하자, 신교도들이 이에 반발하고 폭동을 일으키면서 기독교가 분리되었다. 이러한 저항의 핵심은 동일하다. 그것은 생각 없고 외양에 치우친 절차로부터 벗어나 효과적인 수행과 진심으로 영적 진실성을 느끼는 내적 상태로 우리의 주의를 되돌리는 것이다.

이와 비슷한 과정이 우리 시대에도 일어나고 있다. 서구에서는 전통적 종교의 많은 부분에서 영성이 사라져왔다는 인식이 증가하고 있다. 대다수의 전통적 교회와 유대 교회는 사회적 지지를 받고 있고 사람들에게 수백 년 된 의식이 주는 편안함을 제공하지만, 그들을 진실로 깨닫게 해주고 진정한 변화를 만들어내는 수련법에 대해서는 오랫동안 관심을 갖지 않았다.

이러한 인식은 몇 가지 반향을 일으켰다. 부흥운동은 사람들에게 새로운 열정을 불러일으키고자 노력해왔다. 비록 그들의 내적 성장을 반드시 이끌어내지는 않더라도 실제로 많은 경우에서 강렬한 정서적 경험을 만들어낸다. 어쩌면 이 책을 읽는 독자들의 특징일 수도 있는 또 다른 반향은 실제적인 영적 성장과 깨달음을 촉진할 수 있는 진정한 수련법을 찾는 것이다. 윤리적 행동은 이러한 수련에 있어서 중심이 된다.

## 윤리적 동기

영적 삶과 도덕적 행동에 있어 그 이면의 동기는 매우 중요하다. 그래서 마호메트는 "모든 행동은 그것을 일으킨 동기에 의해 평가

된다"고 말했다. 성숙한 윤리의 기저에 놓인 중심 동기는 친절함인데, 이것은 '해를 주지 않는' 과 '도움이 되는' 이라는 두 가지 목표를 가지고 있다.

## 해를 입히지 마라

2400년이나 된 의사들의 맹세 "우선 해를 입히지 마라"와 마찬가지로 많은 종교는 사람뿐만 아니라 의식을 가진 어떤 생명체에게도 피해나 고통을 주지 말라고 강조한다. 자이나교 승려들은 실수로 생명체에게 해를 입히는 것을 피하기 위해 걸을 때는 앞에 있는 땅을 청소하고, 물을 마시기 전에는 잘 걸러내는 등 극단적인 행동양식에 따라 살아간다. 아마도 근대에서 가장 위대하고 귀감이 되는 '해치지 않음' 의 예는 인도의 독립을 이끈 마하트마(Mahatma, '위대한 영혼' 이라는 뜻) 간디일 것이다.

처음에 간디는 소심하고 그다지 유능하지 못한 변호사였다. 부끄러움을 너무 많이 타서 법정에서 자신의 주장을 고수하기조차 힘들었다. 그러나 남아프리카에서 일하면서 끔찍한 인종차별을 겪은 후 모든 것이 변하기 시작했다. 한번은 백인만 이용할 수 있는 객차에 앉으려고 했다가 거칠게 기차 밖으로 내쫓긴 적도 있었다. 간디는 자신의 평생 과업이 된 사회개혁을 처음에는 남아프리카에서, 그 다음에는 자신의 조국 인도에서 펼쳤다.

간디는 쉽게 화내고 격분하는 사람이나 폭력의 주동자가 될 수도 있었다. 그러나 그는 평화의 주창자가 되었고 사회적 행동과 영적 가치를 조합한 새로운 혁명운동을 만들어 나갔다. 자신을 반대하는 이들을 비인간적인 적으로 보지 않고 잠재적인 친구로 보았으며, 그들을 비방하기보다는 사티아그라하satyagraha[52]를 믿었고, 그들을 물리적으로 파괴하기보다는 도덕적으로 고양시키고자 애썼다. 이러한 윤리적 무기들을 통해 간디는 수백만의 인도인들이 윤리적 힘을 지닌 사회운동에 참여하게 했고, 대영제국을 흔들어 인도의 독립을 가져왔으며, 전 세계의 유사한 지도자와 사회운동을 고무시켰다. 그에게 영향을 받은 많은 사람들 중 한 명인 마틴 루터 킹Martin Luther King은 다음과 같이 썼다.

비폭력운동은 압제자의 가슴을 즉각 바꾸어놓지는 못한다. 그것은 먼저 그것을 따르는 사람들의 가슴과 영혼을 바꾸어놓는다. 그들에게 새로운 자기존중감을 주고, 자신이 지니고 있다는 걸 몰랐던 강인함과 용기를 일깨운다. 마침내 그것은 반대자들에게 다가가 그들 안의 양심을 심하게 흔들어서 화해를 일구어낸다.

'해를 입히지 않는 것'에 매진하는 것은 다른 사람들에 대한 선물이며 그것을 실천하는 사람에게는 강력하고 정화적인 원리가 된다. 해를 주지 않으려고 노력하다 보면 다른 사람들의 감정에 좀 더 민감해지고, 분노나 두려움 같은 자신의 정서에 보다 예민해지며, 행동이 조심스러워지고, 좀 더 기꺼이 이기적 동기를 버리게 된다. 다른 윤리적 훈련과 마찬가지로 '해를 입히지 않는 것'은 자기자각과 자기치유, 그리고 정화에 있어 매우 뛰어난 방법이다. 마하라지는 그것을 다음과 같이 표현했다.

‘해를 입히지 않음’은 요가의 가장 강력한 형태이며, 원하는 목표에 빠르게 도달하게 해준다. 이것이 내가 자연 요가<sup>the Natural yoga</sup>라고 부르는 것이다. 그것은 평화와 조화, 우정과 사랑 안에서 삶을 영위하는 예술이다.

물론 위대한 종교들은 해를 입히지 않는 것뿐만 아니라 도움을 주는 것에 대해서도 이야기한다. 궁극적 목표는 티베트인들이 ‘대자비심<sup>all-encompassing kindness</sup>’이라 부르는 것으로, 모든 사람에 대해 관심을 기울이는 것이다. 실제로 깨달음을 얻은 성인들은 마지막 단계에서 모든 존재의 안녕을 위한 한결같은 헌신을 보여준다. 그러나 ‘대자비심’을 계발하기 전에 우리는 과거의 상처를 치유하는 작업을 먼저 시작해야 한다.

## |과거의 치유|

> 잘못했을 때 그 잘못을 고치지 않는 것이 진정 잘못을 범하는 것이다.
> —공자

성찰을 하거나 명상을 하려고 앉아 있을 때, 우리는 곧 수많은 것들로 마음이 혼란스럽다는 것을 알게 된다. 생각과 공상, 기억과 정서가 끊임없이 소용돌이치며 서로 싸운다. 가장 장애가 되는 정서와 주의를 잡아끄는 공상의 대부분은 공통적인 주제를 되풀이한다.

그것은 비윤리적 행동과 타인에게 상처를 주거나 받았을 때의 불편하고 고통스러운 기억들로부터 생겨난다. 이러한 기억들은 몇 년 혹은 몇십 년이 지난 것일 수도 있다. 하지만 여전히 우리의 마음을 감옥에 가두어둔다. 이렇게 과거에 사로잡혀 있는 것을 인도 종교에서는 '업'이라고 부르는데, 그것은 과거의 행위가 남긴 심리적·영적 잔재들이다.

이따금 우리는 마음이 과거로부터 영원히 풀려나지 못할 거라고 느끼기도 한다. 그러나 위대한 종교들은 우리의 마음이 풀려나는 것이 가능할 뿐만 아니라 반드시 필요한 것이라고 강조한다. 과거로부터 자유로워질 때 비로소 우리는 온전히 현실에 충실할 수 있다.

과거로부터 자신을 자유롭게 하는 방법은 그것을 해결하거나 완결 짓는 것이다. 마음속에서 떠나지 않는 사건들은 해결되지 않았거나 치유되지 않은 것들이기 때문이다. 당신은 누군가 오래전에 당신에게 준 상처로 인해 여전히 분노하고 있을 수도 있고, 거짓말을 하거나 뭔가를 훔친 후 양심의 가책으로 인해 고통 받고 있을 수도 있다. 또한 부모님이 돌아가시기 전에 사랑한다는 말을 한 번도 하지 않았다는 것에 대해 후회하고 있을지도 모른다. 어떤 것이든 그것이 당신에게 계속 상처가 된다면, 그것은 불완전하거나 치유되지 않은 채 남아 있는 것이다.

어떻게 우리는 스스로를 치유할 수 있는가? 방법은 문제가 지닌 고유한 속성에 따라 다르지만, 위대한 종교들은 유용한 일반적 지침을 우리에게 제시하고 있다.

## 과거를 치유하는 방법들

**모든 상처를 해소하라.** 고통이나 피해를 주었다면, 어떤 상황이든 가능한 한 그것을 푸는 것이 현명하다. 예를 들어 만약 누군가의 감정을 상하게 했다면, 그것에 대해 사과하라. 만약 뭔가를 훔쳤다면, 다른 것을 대신 주거나 보상해주는 것이 적절한 치유책이다.

**모두에게 이득이 되는 해결책을 찾아라.** 이상적인 해결책은 관련된 모든 사람들이 그 과정에서 이득을 얻고 배우는 것이다. 예를 들어 누군가 당신에게 상처를 주었다면, 그 행동이 상처가 되었다는 것을 부드럽게 설명하는 것이 그를 공격하는 것보다 훨씬 낫다. 그러한 상호작용에 의해 당신과 그 사람 둘 다 배우고 치유될 것이다.

**공격을 피하라.** 누군가 당신에게 상처를 주었을 때 복수하고 싶은 마음을 뿌리치기란 쉽지 않다. 그러나 복수의 결과는 계속 커져가는 분노와 공격, 그리고 반격의 어지러운 소용돌이뿐이다. 붓다는 한탄했다.

타인을 향해 주먹을 치켜드는 이여

참으로 가엾도다.

그 주먹을 되돌려주는 이여

그대는 더욱 가엾도다!

**대화하라.** 당신의 고통에 대해 누군가에게 솔직하게 이야기하는 것만으로도 상당한 치유효과가 있다. 당신의 고통은 당신이 저지른 비윤리적 행위에 대한 죄의식이나 당황스러움일 수도 있고, 누군가의 비도덕적 행위에 대한 분노일 수도 있다. 그러한 대화는 매우 효과적이어서 종교적 고백과 심리 치료, 그리고 익명의 알코올 중독자들Alcoholics Anonymous[53] 같은 자조집단self-help group에서 기본적으로 실행하는 치료법이기도 하다.

**배우라.** 언제나 그렇듯이 당신의 경험으로부터 가능한 한 많이 배우라. 예를 들어 어떤 딜레마를 해결했다면, 무엇이 도움이 되었고 무엇이 도움이 되지 않았는지를 살펴봄으로써 다음에는 좀 더 효과적으로 해결할 수 있도록 한다.

## 과거를 치유한 사례

보험회사는 난해한 규칙과 조항들로 이루어진 악몽 같은 곳이 될 수 있다. 그들과 협상하는 것은 인내심을 시험하는 것이고, 그 시험에서 나는 실패했다. 나는 진단이 내려지지 않는 원인 모를 위장병으로 고통 받고 있었다. 별 도움이 되지 않은 수많은 검사와 전문가 상담 후에, 내 보험회사는 갑자기 보험금을 지불할 수 없다고 통고했다. 나는 수백 달러를 지불해야만 하는 처지에 놓였다. 나는 분노로 이를 악물고 항의하기 위해 보험회사에 전화를 했다. 이 직원 저 직원 교환해가며, 마침내 내 파일을 가지고 있는 직원을 찾아냈다. 그 직원이 기괴하고 복잡한 회사 규칙에 대해 설명하면 할수록, 내 분노는 유독성 폐기물 연기처럼 우리 둘에게 넘쳐흐르기 시작했다. 그것은 우리 중 누구에게도 결코 유쾌한 상호작용이 아니었다.

그 일이 있은 후에 나는 심하게 투덜대면서 다시 내 일을 하고자 애썼다. 하지만 기분 나쁜 대화의 기억들이 내 안에서 사라지지 않았다. 그러다가 나는 눈부신 통찰 하나를 분명히 얻게 되었다. 그 직원은 보험회사의 규칙에 대해 책임이 없으며, 내가 그녀를 비난한 것은 타당하지 않았다는 사실이었다. 잠시 주저하다가 나는 전화기를 들고 다시 전화를 걸어 그 직원에게 사과했다. 그것은 우리 둘의 마음을 금세 편안하게 해주었다. 그녀는 기분이 좋아졌고, 나는 분노에서 벗어났다. 나는 내가 준 피해를 되돌리고 솔직하게 대화했으며, 그 경험을 통해 배웠다. 이 모든 일이 일어나는 데는 5분도 채 걸리지 않았다.

불평들이 오랫동안 끓어올라 커지게 되면 더 많은 시간과 노력이 필요해진다. 그러나 치유는 여전히 가능하다. 내 친구 중의 하나가 그 예를 잘 보여준다.

빌은 동부 해안 지역의 한 대학에서 일하는 성공적인 심리학자였다. 많은 다른 유망한 대학과 마찬가지로 그가 속한 곳도 교수들이 제한된 지원금을 놓고 서로 다투는 매우 경쟁적인 곳이었다. 빌과 그의 동료 피터는 이러한 추잡한 세력 다툼에 연루되어 점차 지독한 경쟁자가 되어 급기야 서로 대화하기를 거부했고 심지어 서로를 쳐다보지도 않았다.

그들의 경쟁이 시작된 지 3년 정도가 지난 후, 빌은 자신이 점점 영적인 수련에 빠져들고 있다는 것을 알게 되었다. 수련이 깊어질수록 자신이 가진 피터에 대한 증오가 얼마나 파괴적이었는지를 깨닫게 되었고, 다시금 관계를 회복시켜야 할 필요성을 절실히 느끼게 되었다. 하지만 수년에 걸쳐 서로를 경멸해왔기 때문에 결코 쉬운 일이 아니었다.

어느 날 아침 빌은 커피숍에서 피터가 커피를 마시러 올 때까지 기다리는 것으로부터 시작했다. 피터가 걸어 들어올 때, 빌은 그냥 미소를 지었다. 며칠이 지난 후 빌은 커피 주전자를 들고 있다가 피터가 다가오는 것을 보고는 "피터, 커피 한 잔 따라줄까?" 하고 활짝 웃으면서 물었다. 피터는 못마땅한 듯했지만, 빌이 커피 주전자를 들고 있고 자신은 커피를 마시고 싶었기 때문에 그 호의를 받아들였다. 다음 날 아침 빌은 또다시 그곳에 가서 손에 커피 주전자를 들고 얼굴에 웃음을 띠면서 "안녕, 피터. 커피 좀 따라줄까?"라고 말했다. 며칠이 지난 후에 빌은 피터의 연구와 관련 있는 기사를 가지고 커피숍에서 기다리고 있다가 이렇게 말했다.

"안녕, 피터. 만나서 반갑네. 아마 이 기사가 자네한테는 흥미로울 거야."

매일 웃음을 지으며 당신을 위해 뭔가를 해주는 사람에게 계속해서 화를 내기란 어렵다. 점차로 피터의 반감이 녹기 시작했다. 물론 빌에게는 인내심을 요하는 노력이 수개월에 걸쳐 요구되었지만, 결국 둘의 관계는 치유되었다. 게다가 얼마 지나지 않아 그들은 가까운 친구가 되었다.

과거의 문제를 해결하고 관계를 치료하는 것이 절대적으로 중요하다는 사실은 다음과 같은 예수의 말을 통해서도 알 수 있다.

그러므로 네가 선물을 제단에 바치려고 할 때

만약 형제자매들이 네게 가진 원한이 생각난다면,

선물을 제단 앞에 놓아두고 돌아가거라.

먼저 너의 형제자매와 화해를 하고,

그 후에 다시 와서 선물을 바치도록 하라.


많은 사람들에게 있어 윤리를 슬그머니 외면하고 싶게 만드는 것 중 하나가 세금이다. 불행히도 나 역시 예외가 아니다. 그렇다고 내가 문서를 위조하거나 돈을 훔쳤다는 것은 아니다. 하지만 수년 동안 나는 애매한 부분이 가져다 주는 이득을 얻고 있었다. 회계감사를 받게 되었을 때, 세무 공무원들은 몇몇 의심스러운 공제 부분을 발견하고는 즐거워하면서 내게 벌금을 부과했다.

이런 일이 생기자 처음에는 매우 분개했다. 하지만 곧 나는 또 다른 눈부신 통찰을 발견했다. 세무 공무원들은 나의 윤리에 피드백을 준 것이었다. 나는 의심스런 공제 부분을 만들어내고 있었고, 장부를 제대로 기록하지 않았다. 그럼에도 불구하고 나는 책임을 지려하기보다는 세금체계에 대한 비난만 했다. 기독교 서적에 있는 교훈을 제대로 깨닫지 못하고 있었던 것이다.


시험은 당신이 배우는 데 실패한 것들을

다시 한 번 제시하는 수업일 뿐이다.

그러므로 이전에 잘못된 선택을 했던 자리에서

이제 더 나은 선택을 할 수 있다.


이제 보다 나은 선택을 할 때가 왔다. 나는 마지못한 필요에 의해 세금 계산서를 작성하던 습관을 버리고, 그것을 도덕적 훈련을 위한 흥미로운 연습으로 여기며 노력하기로 결심했다. 처음에 나는 세금 항목을 하나에서 열까지 모두 적어 내려갔다(연습 3). 그러고는 가능한 한 깨어 있으려고 노력했고(연습 5), 어떤 부분에서 내가 속이고자 하는 유혹을 느끼는가를 살펴보았다. 유혹을 느낄 때마다 어떤 동기와 정서(예를 들면 탐욕이나 두려움 같은 것)가 나를 이끌어가는지를 살펴보았고 그것들을 변화시키고자 했다(연습 1과 2).

나는 많은 것을 배웠고 몇 가지 보상을 받았다. 세금과의 싸움은 시험이라기보다는 수업이 되었고, 일이 이상하게 엮이면서 세무 공무원들이 나의 선생이 되어 내가 부주의하게 지나쳤거나 자각하지 못했던 부분, 비윤리적이었던 부분을 내게 알려주었다. 그것은 의식적으로 노력한다면 누구라도 우리의 스승이 될 수 있다는 원칙을 보여주는 한 예이다. 그 결과 나는 더 이상 세금을 계산할 때 불안을 느끼지 않게 되었으며, 이제는 세무서에서 편지가 도착해도 움찔하지 않는다. 그리고 지난 두 번의 세무감사에서 내가 제기한 개인적 이의는 모두 인정되었다.

이 이야기는 몇 가지 사실을 알려준다. 과거의 잘못을 치유하고 그 잘못으로부터 배우는 방법에 대해 알려주며, 그에 따르는 이익이 무엇인지를 보여준다. 또한 이 이야기는 하나의 중요한 차이점을 보여준다. 그것은 성숙한 도덕과 미성숙한 죄의식의 차이점이다.

죄의식에 이끌리는 사람들은 자신의 잘못을 용서받지 못할 죄로 여기면서 스스로에게 무자비한 벌을 가한다. 그들은 과거로부터 치유되지도 배우지도 못한다. 오히려 과거에 대해 자신에게 계속 벌을 주며, 그로 인해 과거에서 벗어나지 못한 채 남아 있게 된다.

반면에 윤리적인 사람들은 자신의 잘못을 그저 잘못으로 인식한다. 그들은 자신의 잘못을 바로잡고 스스로를 용서하며, 그 과정에서 가능한 많은 것을 배움으로써 과거와 자기 자신을 치유한다. 이런 식으로 점차 과거로부터 자유로워지고, 마음이 고통스러운 기억과 죄스러운 비밀의 쓰레기통이 되는 것을 멈추게 되며, 새로운 경험의 매 순간마다 신선하고 청정한 상태로 있을 수 있게 된다.

# 도덕적 선과 악은 특정한 도덕적 습관과 관련된 행동을

—마이모니데스

오랫동안 자주 반복하여 점점 익숙해짐에 따라
우리 영혼 속에 습득되고 굳게 자리 잡는다.

윤리적으로 생활하는 것은 영적 삶에 있어 매우 중요하다. 그러나 우리 모두가 잘 알고 있듯이, 그것은 결코 쉬운 일이 아니다. 그것이 쉬운 일이라면 세상은 전쟁이나 무기, 경찰이나 교도소가 없는 지금과는 다른 곳이 될 것이다. 우리가 영원히 친절하고 정직하겠다고 간단히 결심할 수 있다면 정말 멋질 것이다. 하지만 한 번 혹은 그 이상으로 우리는 모두 사도 바울의 탄식을 느껴보았을 것이다.

나는 무엇이 옳은지를 추구할 수는 있지만 그것을 할 수는 없다.
나는 내가 원하는 선을 행하지 않고
원하지 않는 악을 행하기 때문이다.

확실히 도덕적 변화는 어려운 과정이다. 낡은 습관, 유혹적인 갈망, 그리고 강력한 두려움은 깊이 뿌리박혀 있어서 그것들을 바꾸기 위해서는 시간과 기술이 필요하다. 따라서 실천을 위한 특정한 연습을 배우는 것은 큰 도움이 된다.

## |연습1 자신의 선한 행위를 되돌아보라|

고급 단계 수행자들이 수행상의 진전을 이루지 못하거나 자신에 대해 의기소침해지면, 그들의 스승은 스스로 행한 선한 행위를 되돌아보라고 권유한다. 고급 단계 수행자들은 굳건한 윤리적 기반을 가지고 있기 때문에, 자신이 행한 선행을 돌아보는 것을 통해 행복감과 의욕이 고양되기 때문이다. 고급 단계 수행자는 아니더라도 우리 또한 뭔가 좋은 일을 했던 경험을 돌아봄으로써 이득을 얻을 수 있다. 흔히 우리는 자신이 기여한 일에 대해 과소평가하기 쉬운데 붓다는 다음과 같이 조언한다.

"그건 아무것도 아니에요"라고 말하며
자신의 선행을 과소평가하지 마라.
지혜로운 사람이 선행으로 가득 채워지게 되는 것은
한 방울 한 방울의 물이 모여 항아리를 채우는 것과 같다.

이완하면서 이 연습을 시작해보라. 준비가 되면 당신이 기분 좋게 느끼는, 당신이 행한 도움이나 일을 세 가지만 회상해보라. 그 기억을 자각하게 되면 각각을 음미하고 돌아보라. 그 기억이 만들어내는 감정에 주목하라.

많은 사람들이 떠오르는 기억을 보고 놀란다. 사람들은 극적인 사건을 기대하지만, 종종 떠오르는 기억은 지극히 단순하고 별것 아닌 것들이다. 슬픔에 잠긴 친구와 함께 있어준 시간이나 회의에서 아무도 말하려고 하지 않을 때 진실을 이야기한 것, 혹은 길 잃은 아이의 부모를 찾아준 것 같은 일이 떠오를 것이다. 이러한 것들은 할리우드 영화의 소재는 아니지만, 타인에게 도움이 되고 우리의 마음속에도 지속적인 행복감을 남기는 행위들이다.


## | **연습 2** 하루 동안 진실을 말하라 |

> 진실은 너무나 소중하므로, 인간은 자연히 그것을 경제적으로 사용한다.
>
> — 마크 트웨인

위대한 종교들은 모두 진실을 말하는 것이 중요하다고 강조한다. 그러나 대부분의 사람들은 진실을 말하는 것을 불편해한다. 그들은 진실이라는 것이 가장 깊고 어두운 비밀을 낯선 이에게 강박적으로 털어놓거나, 상처가 될지라도 사실이라면 무엇이든 이야기하는 것이라고 믿고 있다. 하지만 진실을 말한다는 것은 우리 마음에 떠오르는 모든 것을 말해야 하는 것도 아니고, 사람들의 감정에 신경 쓰지 않는 것을 의미하는 것도 아니다.

오히려 진실을 말한다는 것은 우리 경험 안에서 진정으로 느끼는 것을 자각하는 것과 가능한 한 타인에게도 도움이 되는 것을 말하기 위해 조심스레 각 상황을 살펴보는 것을 의미한다. 어떤 상황에서는 진실이 무엇인지 모른다. 그런 경우에는 모른다고 하는 것이 진실한 것이다.

기간을 정해서 이 연습을 시작하라. 처음엔 하루 정도가 좋다. 기간이 정해지면, 그 기간 동안 오직 진실하고 가능한 한 도움이 되는 것만 이야기할 것을 맹세하라. 가능한 한 진실하고 친절하게 이야기한다는 두 가지 목표가 있음을 기억하라.

대부분의 연습과 마찬가지로 일기를 쓰거나 휴대하기 편한 노트를 지니고 다니는 것이 유용하다. 만약 거짓말을 하거나 혹은 거짓말하고 싶은 유혹을 느낀 경우를 알아차린다면, 그것을 유발시킨 상황이나 두려움, 애착, 그리고 그 경험으로부터 당신이 배운 것을 기록하라.

하루를 마칠 무렵, 몇 분 간 하루를 돌아보고 당신이 기록한 아무 내용이나 읽어보라. 얼마나 자주 거짓말을 하고 싶은 유혹을 느꼈으며, 얼마나 자주 그에 굴복했는가? 거짓말을 하도록 유혹한 것은 무엇이었는가? 진실을 말함으로써 얻은 것은 무엇인가? 덜어진 죄책감? 아니면 내면의 힘과 통합의 느낌? 진실을 말하는 연습은 하루 동안 겨우 몇 분 정도밖에 안 걸리지만, 수년 동안 지속되는 통찰을 가져다 준다.


## 연습 3 남 이야기를 그만하라

혀와 감각에 재갈을 물려라.

그러면 말썽을 피할 수 있다.

그것들을 풀어놓으면

우리는 다른 사람에 대해 말하는 것을 좋아한다. 가끔은 그것이 도움이 될 수도 있지만 대체로는 그저 하나의 가십거리일 뿐이며, 자리에 없어서 자신을 변호할 수 없는 누군가에 관한 이야기를 하는 묘한 기쁨 속에서 집단을 하나로 엮는 방식에 지나지 않는다. 이러한 이야기들이 사실이거나 유익한 경우는 거의 없다. 가십을 피하는 것은 '진실 말하기'를 돕는 또 하나의 훌륭한 연습이다.

우선 하루나 1주일 정도의 기간을 정하라. 그리고 그 기간 동안에는 당신이 직접적으로 이미 말한 것이거나 기꺼이 말하고자 하는 것이 아니라면, 사람들에 관해 어떤 것도 이야기하지 않도록 노력하라. 남에 대해 이야기하고 싶은 마음이 생겨날 때마다 그 기저에 놓인 동기를 자각하도록 노력하라.

가십에 빠지지 않는 것은 어려운 일이지만, 보상을 가져다 준다. 우선 적대감보다는 조화로움을 불러일으키게 되고, 당신이 헐뜯은 사람이 그 사실을 알게 될까 봐 걱정할 필요가 없다. 그것 못지않게 중요한 것이 내적 보상이다. 강인한 내적 통합감은 진실을 고수하고, 사람들을 존중하며, 해로운 대화에 빠져드는 것을 거부함으로써 생겨난다. "평화를 가져오는 한 마디 말이 무의미한 천 마디 말보다 낫다"라고 붓다는 말했다.

## | 연습 4 해를 입히지 마라 |

해를 입히지 않는 것은 멋진 선물이다. 그것은 우리가 내면의 분노에 의해 행동하지 않게 하므로 분노를 더 이상 강화하지 않으며, 사람들이 우리 곁에서 안전하다는 것을 의미한다. 이는 사람들에게 자신의 보호막을 내려놓고 방어와 가식을 치워버린 채 평화를 느끼도록 해준다.

이런 선물을 주기 위하여 하루 정도 기간을 정하고 어느 누구에게도 해를 입히지 않도록 최대한 노력을 기울여라. 물론 여기에는 물리적 피해를 입히지 말라는 의미도 있지만, 사람들의 감정이나 자기존중감을 해치지 않도록 바른 말을 사용하는 것 같은 섬세한 의미도 들어 있다. 대부분의 연습과 마찬가지로 당신의 경험과 통찰을 적어놓았다가 하루가 끝날 무렵 그것을 다시 보는 것이 도움이 된다.

만약 이 연습을 더 확장시키고 싶다면, 의식 있는 어떤 생명체에게도 해를 입히지 않도록 노력하라. 당연히 여기에는 곤충도 포함된다. 모기가 당신을 문다면, 달라이 라마가 하는 것처럼 하라. 즉 부드럽게 그 모기를 불어버려라. 너무 극단적으로 보일지 모르겠지만 실제로 매우 가치 있는 연습이다. 나의 명상 스승 중 한 분이 가르쳐주었듯이, 그리고 내가 스스로 배웠듯이 작은 곤충 하나를 죽이는 것도 명백한 대가를 치르게 한다. (곤충은 말할 것도 없고) 모기를 내리치는 순간 내 마음이 그 모기를 향한 분노와 혐오로 가득 차 있다는 것을 알게 된다. 그러면 나는 일시적으로 신성한 생명에 대한 측은지심이나 배려하는 마음을 잃어버리게 된다. 이것은 내가 만들어 내고 싶은 마음상태가 아니므로, 의식 있는 어떤 생명체에게도 해를 입히지 않는 것은 점점 더 의미 있는 일이 된다.

## | 연습 5 치유하는 대화를 하라 |

바른 말은 큰 치유력을 지닌다. 고통스러운 경험을 나누는 것에는 그 고통을 경감시키고 고통에 대해 새로운 통찰과 견해를 갖게 하는 뭔가가 있다. 비윤리적인 행동으로 생겨난 고통인 경우에는 더욱 그러하다.

물론 대화는 치유의 의도를 가지고 시도할 필요가 있다. 듣는 이들도 같이 화가 나게 하려는 목적으로 사람들에게 분노를 쏟아놓으면 그 누구도 치유할 수 없다. 그러나 분노를 해소하기 위해서 분노에 대해 이야기하는 것은 전혀 다른 것이며 유쾌한 일이다.

이 연습을 하려면 여전히 자신을 괴롭히는 것 중에 자신이나 다른 누군가의 비도덕적 행동 하나를 선택하라. 해결하고 싶고 이야기하고 싶은 것이어야 한다. 그런 후에 이야기를 나누고 싶은 믿을 만한 사람을 한 명 선택하라. 주의 깊게 듣고 공감할 줄 알며, 비밀을 지켜줄 수 있는 지혜로운 사람이라면 이상적이다. 그 사람이 전문 상담가이거나 목사가 될 수도 있지만, 복잡하고 심각한 심리적 · 영적 문제가 아니라면 그냥 친구라도 상관없다. 방해받지 않을 시간과 장소를 택하는 것도 필요하다.

236

당신이 할 일은 가능한 한 개방적이고 솔직하게 자신의 고통에 대해 이야기하는 것이다. 장황한 설명이나 이론적 해석, 평가 등은 하지 않는 것이 바람직하다. 그저 개인적 경험, 특히 자신의 감정에 대해 이야기하라. '내가 느끼기에'라고 말을 시작하는 것도 좋은 방법이다. 듣는 사람은 해답을 주거나 문제를 풀어줄 필요가 없다. 상대의 역할은 그저 듣는 것이다. 뭔가 끝이 났다고 느껴질 때까지 계속 이야기하라. 그런 느낌이 들면, 친구에게 이제 됐다고 말하라. 그런 후에 친구와 둘이 함께 그 경험을 통해 무엇을 배웠는지에 대해 살펴보는 것이 좋다.

## | 연습 6 잘못을 바로잡아라 |

비윤리적 행동은 머릿속에서 맴돌며 때로는 미세하게 때로는 확연하게 즐거움과 활기를 빼앗아가는 죄의식의 먹구름과 불편함을 만들어낸다. 이것을 치유하는 가장 확실한 방법은 우리의 행동이 만들어낸 모든 피해를 되돌려놓고자 노력하는 것이다. 거기에는 상처를 준 말에 대해 사과를 하거나 훔친 물건을 다른 것으로 대신 주는 것, 사람들의 피해에 대해 보상해주는 것, 당신이 할 수 있는 최선의 방법으로 수리해주는 것 등이 포함될 수 있을 것이다.

이 연습을 위해서 먼저 자신이 저지른 비윤리적인 행동들 중 해결되지 않은 채 남아 있는 것을 돌아보라. 해결하고 싶은 것을 하나 선택한 후, 어떻게 해결할 것인지를 결정하라. 그 일을 완수할 시간을 정해놓는 것이 좋다. 죄의식은 우리로 하여금 능장 부리다가 결국 잊어버리게 만드는 비상한 재주가 있기 때문이다. 붓다는 윤리적 행위에 대해 다음과 같이 경고한다.

선한 일을 할 때는 서둘러 하라.
만약 능장을 부린다면,
마음이 악의 속에 즐거워하며
당신을 따라잡을 것이다.

자신을 위해
소망하는
것은 무엇이든
다른 사람을

—마호메트

위해 소망하라.

윤리의 실천이 깊어짐에 따라 그 이점은 점점 더 많은 삶의 측면으로 넘쳐흐르게 된다. 오랜 고통을 사라지게 만들고, 두려움과 분노를 해소시키고, 상처 입은 관계를 치유하여 우리를 과거로부터 자유롭게 만들어준다. 심지어 삶에서 가장 신비하면서도 고통의 근원이 되는 죽음이 가져다 주는 공포도 어느 정도 사라지기 시작한다. 이러한 변화는 중세 도덕극 중에서 가장 인기 있는《에브리맨Everyman》[54]에 아주 절묘하게 묘사되어 있다.

'에브리맨'에게 환영받지 못하는 방문객인 '죽음의 천사'가 찾아와 죽음의 시간이 다가왔음을 알려준다. 말할 것도 없이 '에브리맨'은 불안해졌다. 그는 좀 더 시간을 달라고 간청하면서 뇌물을 주려고도 했지만 아무 소용이 없었다. 그러자 '에브리맨'은 '아름다움', '지식', '우정', '세속적 소유물' 같은 다양한 상징적 인물들에게 같이 갈 것을 간청했지만, 그들 중 어느 누구도 같이 가려 하지 않았다. 마침내 '에브리맨'은 오직 하나의 인물만이 자신의 마지막 여행에 동참하고자 한다는 것을 알게 된다. 그 인물은 '선행'이었다. 이 도덕극은 선행이나 윤리적 삶이 삶과 죽음 둘 다를 편하게 해준다는 점을 우리에게 말하고 있다.

윤리적 생활이 삶의 깊고 자연스러운 방식이 되어감에 따라, 그것은 점차 소중한 선물을 우리에게 안겨준다. 비윤리적 행동이 만들어낸 마음의 안개가 걷히고 우리 자신을 좀 더 명확하게 볼 수 있게 되면서, 우리 자신이 스스로 자신이라 여겼던 것과 다르다는 것을 깨닫게 된다. 진정한 우리 자신은 방어를 필요로 하지 않으므로 그 많은 두려움과 방어가 얼마나 불필요한 허상이었는지를 알아차리게 된다. 우리가 거짓말로 보호하려 했고, 도둑질을 해서라도 만족시키고자 했던 자신의 이미지는 그저 허상이었으며, 겁에 질린 마음의 한 조각에 지나지 않았다는 것을 이해하게 된다.

윤리적 삶은 이러한 허상 너머를 볼 수 있게 해주고, 우리의 진정한 자기를 인식하게 해주며, 진정한 자기를 넘어 자신의 근원을 볼 수 있게 해준다. 이것이 윤리의 궁극적 선물이다. 즉 우리 자신의 황홀경 속에서 "마음이 청결한 자는 복이 있나니, 저희가 하나님을 볼 것이요"라는 예수의 말을 깨닫게 해주는 것이다.

우리가 자신의 진아를 깨닫게 되면 또한 다른 사람들 안에서도 똑같은 진아를 깨닫게 된다. 그러면 세상을 마주 보게 되고 모든 사람들 안에서 진아를 보게 된다. 거기에는 거짓말하거나 속이거나 함부로 대할 '다른 사람'이 존재하지 않는다. 붓다는 다음과 같이 말했다.

다른 사람들 속에서 자신을 보라.
그렇게 할 때 해칠 수 있는 사람이 어디 있겠는가?
어떤 해를 끼칠 수 있겠는가?

이 단계에 이르면 윤리적 삶을 위해 더 이상 고군분투하지 않아도 된다. 그것은 본성이자 진정한 우리의 내면이 표현하는, 노력이

필요 없는 자연스럽고 황홀한 경험이다. 콘필드는 윤리적 성장에
대해 다음과 같이 요약했다.

처음에 계율(윤리)은 하나의 수행이었다가 점차 필요성이 되어가며 마
침내 즐거움이 된다. 우리의 가슴이 깨어 있을 때, 윤리는 우리가 세상
에서 살아야 할 방식을 자연스럽게 비추어준다. 그것은 '빛나는 도덕
Shining virtue' 이라고 불린다. 진실을 말하는 사람, 아주 어려운 상황에서
조차 모든 이들에 대한 자비심으로 꾸준히 행동하는 사람을 둘러싸는
빛은 그 주변의 모든 사람들이 볼 수 있다.

윤리적 삶은 그 외에도 또 다른 이점을 가져다 준다. 죄의식이나
분노 같은 고통스러운 감정의 속박에서 벗어나게 해주고, 마음의
혼란이나 동요에 휘말리지 않게 해준다. 이는 마음을 집중하고 고
요하게 하는 데 도움이 된다.

처음에 영적 수련자는 마음이 폭포와 같은 것이라고 느낀다. 그것은 바
위에서 바위로 튕겨 우르르 쾅쾅거리고 소란스러우며, 다스리거나 통제
할 수 없다. 중반쯤에는 거대한 강과 같다. 평온하고 잔잔하며, 넓으면
서도 깊다. 마지막에는 대양으로 흘러 들어가는데 그 경계는 시야와 깊
이를 넘어 그 한계를 헤아릴 수 없는 수준이 되며, 그 자체가 목표이자
원천이 된다.

집중된 마음은 차분하고 넓을 뿐 아니라 명료하다. 고요한 수면

은 맑고 거울과 같으며 아주 평온하고 맑은 마음은 이 세계를 정확하게 반영한다. 장자는 다음과 같이 기술했다.

물이 잔잔할 때 그것은 거울과 같다.
물이 그런 잔잔함으로부터 맑음을 파생시킨다면,
하물며 마음의 능력은 얼마나 더할 것인가?
평정한 상태에 있는 성인의 마음은 우주의 거울이 된다.

평온한 마음은 맑은 거울이 되어 세상과 우리 자신 안에 있는 것들을 볼 수 있게 한다. 강박적인 욕구에 덜 얽매이고, 고통스러운 감정에 덜 괴로워하고, 윤리적인 잘못에 덜 방해받고, 방황하는 집중력에 덜 시달리며 이제 우리는 성스러운 비전을 깨우기 시작한다.

## 마음의 집중과 평온

# 마음을 집중하고
# 평온하게 하라

마음을 통제하라.

한 점에 집중하라.

그러면 하늘의 조화가 내려와 당신 안에 자리 잡을 것이다.

당신은 삶과 더불어 빛날 것이다.

당신은 도 안에서 휴식할 것이다.

—장자

당신은 마음을 집중하는 힘을 계발할 수 있다.

# 누구든지 마음이 집중되면 진실에 기초해

－붓다

# 진실을 본다.

우리의 마음은 잠시도 쉬지 않는 생명체이다. 그것은 항상 움직이고 끊임없이 방황하며 과거의 기억과 미래의 환상 사이를 순식간에 오간다. 또한 끊임없이 머리를 굴리고 계획을 세우며 쾌락을 추구하기도 하고 공포로부터 도망치려고도 한다. 운전하는 동안 우리는 하루의 계획을 세우면서 어제의 논쟁에 대해 곱씹으며 흥분하기도 하고, 재무상태에 대해 걱정하면서도 라디오를 듣는다.

너무나 많은 사람들이 종일 시달리다가 하루가 끝날 무렵에는 완전히 녹초가 되어버리는 상황은 새삼스럽지 않다. 많은 사람들이 텔레비전과 술, 마약 등에 빠져 마음을 닫고 지내는 것 또한 특별한 일이 아니다. 그러나 끊임없는 마음의 동요보다 더 충격적인 사실은 우리가 이러한 혼돈을 극히 일부만 인식한다는 점이다. 이 점을 깨닫는 것이 그다지 어렵지 않음에도 말이다. 아래와 같은 간단한 실험을 해보면 단 몇 분 내에 확인해볼 수 있다.

다음의 설명을 읽어보라. 설명이 확실히 이해되면 이 책을 내려놓고 눈을 감아라.

까만 배경 한가운데 하얀 점을 떠올려보라. 주의를 고요히 하고 그 이미지에 집중하도록 노력하라. 그리고 1~2분 동안 그것을 분명하고도 지속적으로 당신 마음에 머물게 하라. 자, 이제 상상해보라.

그 이미지를 계속 붙잡으려고 아무리 노력해도 그것이 얼마나 드라마틱하게 움직이고 바뀌는지를 발견하면 당신은 놀라게 될 것이다. 이미지만 바뀌는 것이 아니라 마음 또한 생각과 환상을 오가며 방황한다.

이렇게 흔들리는 마음과 약한 집중력을 잠시나마 체험하는 것만으로도 대부분의 사람들은 충격을 받게 된다. 마음은 제멋대로의 마음을 가지고 있다.

## | 당신은 마음을 다스릴 수 있는가 |

마음이 얼마나 어이없을 정도로 통제하기 어려운지 깨닫는 것, 그 자체가 내 인생의 가장 큰 충격 중 하나였다. 의학과 신경과학, 심리학 등은 그 사실에 대해 작은 힌트도 주지 못했다. 첫 번째 집중 수련에서 나는 내 마음이 얼마나 방황하는지 깨닫고 완전히 무방비상태가 되어버렸다.

매시간 나는 깨어 있고 자각된 상태로 앉아 호흡 감각에 집중하려고 굳게 마음을 먹었다. 그러나 불과 몇 초도 되지 않아 나의 주의는 즐거운 기억이나 두려운 상상으로 흩어져갔고 호흡에 대한 모든 생각, 심지어 내가 그것에 집중하고 있다는 사실조차 완전히 잊어버렸다. 시간이 흐르면서 나는 환상에서 깨어나 이번에는 진짜로 호흡에 집중하겠다고 결심했다. 그러나 또 몇 초 후에 호흡과 그 결심이 사라졌다. 그것은 자존심 상하는 경험이었으며, 후에 나는 이 일을 다음과 같이 기록했다.

계획이나 문제 해결에 사로잡혀서 이성적인 마음이라고 믿어왔던 것이 실제로는 거칠고, 자기중심적이고, 혼란스럽고, 종종 맥이 끊기는 생각과 환상에 미쳐 날뛰는 혼돈으로 구성되어 있다는 사실을 깨닫게 되었다. 내가 감정이나 생각을 스스로 통제할 수 있는 수준은 아주 미약한 정도의 알아차림 이상이 아니었음이 분명해졌다.

## 심리학이 방치해온 문제

정신분석학의 아버지인 프로이트는 이 문제에 대해 어느 정도 감을 잡았다. 그는 서구 사회를 비판하면서 흔히 생각되는 것처럼 우리가 완전히 의식적이고 이성적인 주체가 아니라는 점을 지적했다. 반대로 우리는 내부에 깊이 잠재된 강력한 무의식에 의해 조종당하고 있다고 했다. 프로이트는 이 딜레마를 "사람은 자기의 집, 자기의 마음에 대해서조차 주인이 아니다"라는 유명한 말로 씁쓸히 요약했다.

미국의 위대한 심리학자인 제임스는 일찍이 1899년에 이와 비슷한 통찰에 이르렀다. 제임스는 마음을 통제하지 못한다는 것의 처참한 의미를 깨달았으며, 지속적인 주의 집중력을 계발하는 교육은 '위대함을 뛰어넘는 교육'이라고 결론 내렸다. 불행히도 제임스 자신은 그런 교육방법을 발견하지 못했고, 결국 "주의 집중은 지속적으로 유지될 수 있는 것이 아니다"라고 체념했다. 20세기 서구 심리학은 대부분 제임스의 이런 우울한 결론을 잘못 받아들여 우리의 능력을 심하게 과소평가해왔다.

## 위대한 종교가 해결한 문제

비록 자신들은 깨닫지 못했겠지만, 프로이트나 제임스는 지난 수 세기에 걸쳐 자신의 주의가 산만하게 흩어지는 것을 발견했던 초보 명상가들의 어려움을 반향하고 있었던 것이다. 오래전부터 불자들은 이 생각 저 생각으로 왔다 갔다 하는 마음을 이 나뭇가지에서 저 나뭇가지로 정신없이 옮겨 다니는 미친 원숭이에 비유해왔다. 마찬가지로 2000년 전 힌두교 경전인 바가바드 기타는 다음과 같이 탄식했다.

쉴 새 없는 마음이여.
진실로 나는 생각하느니
바람도 그보다 더 사납지 않다.

서구 심리학이 이 문제를 간과해온 반면, 위대한 종교들은 이것을 해결했다. 서구 심리학자들은 주의력이 지속될 수 없다고 주장하지만 위대한 종교들은 그것이 지속될 수 있으며 또한 지속되어야만 한다고 말한다. 20세기의 가장 뛰어난 힌두교 현인 중 한 사람인 마하르쉬는 다음과 같이 강조했다. "모든 경전은 예외 없이 구원을 얻고자 하는 마음은 해결되어야 한다고 주장한다." 한 제자가 "무엇이 나 스스로를 혹은 신을 알고자 하는 것을 방해합니까?" 하고 묻자 마하르쉬는 "너의 방황하는 마음이다"라고 일침을 가했다. 이 문제의 중요성은 다음과 같은 한 선승의 이야기에 생생하게 묘사되어 있다.

> 선을 공부하는 한 제자가 경전을 한 권 구입했다. 제자는 경전을 절로 가져와 스승에게 영감을 주는 말씀 한 구절을 책에 써주실 수 있냐고 물었다.
>
> 스승은 "물론이다" 라고 말하고 바로 책에 글을 써서 돌려주었다. 제자는 단 한 단어를 볼 수 있었다.
>
> "집중."
>
> 실망한 제자는 "좀 더 적어주실 수 없습니까?" 하고 간청하면서 다시 한 번 책을 내밀었다.
>
> 스승은 "좋다" 하고 말한 다음 이번에는 몇 자를 더 적었다. 책을 펴자 제자는 세 단어를 발견했다.
>
> "집중! 집중! 집중!"

일부 수행자들은 어느 정도 높은 수준의 집중상태에 들어가는 것이 가능하다. 왕양명은 깨달음을 위한 수행 중에 친구 창과 함께 대나무의 신성한 원리를 파악할 수 있을 때까지 자신들의 깨달음을 연마하기 위해 대나무 조각 하나에 모든 주의를 집중하기로 결심했다. 왕양명은 다음과 같이 썼다.

> 창은 밤낮으로 대나무의 원리를 꼼꼼히 탐구했다. 그는 3일 동안 마음을 혹사시키는 바람에 결국은 심적 에너지를 과도하게 사용하여 몸져눕

게 되었다. 처음에 나는 그가 정신력이 부족해서 그렇다고 말했다. 나는 직접 그 작업을 시도해보기로 하고 아침저녁으로 대나무를 살펴보았으나 그 원리를 파악할 수 없었다. 1주일이 지난 후 나 역시 마음을 탕진하여 몸져누웠다. 그래서 우리는 함께 탄식하며 말했다. "우리가 성인이나 가치 있는 인간이 되지 못하는 이유는 위대한 정신력이 부족하기 때문이다."

다행히도 왕양명은 마침내 두 가지 깨달음을 얻었다.

1_ 그러한 심리적 고군분투가 꼭 필요한 것은 아니다.
2_ 자신이 추구했던 신성한 원리는 자신의 마음 안에서 찾을 수 있다.

이것을 자각함으로써 그는 마침내 깨달음을 얻게 되었으며 중국의 가장 위대한 철학자이자 정치가 중 한 사람이 되었다.

## 왜 집중해야 하는가

주의 집중을 훈련하는 것이 왜 그렇게 중요한가? 왜 고통스럽게 집중하는 법을 배우고자 하는가? 그 이유는 훈련되지 않은 우리의 마음은 심리적·영적 행복에 엄청난 대가를 치르게 하며, 일단 길들여지고 집중된 마음은 그만큼 큰 이익을 가져다 주기 때문이다. 달라이 라마는 다음과 같이 주장한다. "종교는 당신의 마음을 다스리는 데 도움을 주는 최선의 도구이다." 붓다는 다음과 같이 설법했다.

당신을 싫어하는 자보다도,

당신의 모든 적보다도,

다스려지지 않은 마음이 더 큰 해를 끼친다.

당신의 어머니보다도,

당신의 아버지보다도,

당신의 모든 가족보다도,

잘 훈련된 마음이 당신을 행복하게 한다.


### 미약한 집중력의 대가

우리의 마음을 통제할 수 없다면 우리의 삶을 통제하는 것 또한 불가능하다. 우리 문제의 근원은 스스로 마음의 주인이 되기보다는 노예가 되는 것을 허용했다는 것이다. 람 다스는 우리의 딜레마를 다음과 같이 요약했다.

우리 모두는 마음의 죄수이다. 이러한 깨우침은 자유로 가는 여정의 첫 번째 단계이다.

한 수피 스승은 "구속은 마음 안에 있다"고 명쾌하게 설명하기도 했다. 주의 집중을 할 수 없으면 우리는 한 가지 일에서 다른 일로 뛰어다니며 안절부절못하고 산만해질 수밖에 없다. 그것이 얼마나 비싼 대가를 치르는지는 다음의 극단적인 사례를 통해 명확해진다.

일곱 살인 마크는 번잡스러운 소년이었다. 그애가 우리 소아과 병동의

회의실로 달려오는 순간부터 아무것도 그애를 멈추게 할 수 없었다. 마크는 이쪽에서 저쪽으로 돌진했으며 의자 위로 기어올라가 복도의 장난감을 발견하고 곧장 뛰어내리기도 했다. 장난감이 그의 주의를 끌지 않을 때에는 몇 초 내에 또 다른 것을 탐험하러 돌아다녔다. 엄마가 아무리 달래도 그애를 진정시킬 수 없었다. 담당 소아과 의사는 그애와 대화를 시도했으나 마크는 건성으로 듣고 거칠게 달려들어 의사의 가방을 뒤졌다. 벽돌 퍼즐을 풀라고 요구하자 마크는 활기에 넘쳐 시작했다. 그러나 반도 풀지 못한 상태에서 흥미를 잃었다. 엄마는 마저 끝내라고 달랬지만 결과적으로 그애의 거친 성질만 돋우고 말았다. 당연히 마크는 친구가 거의 없었고 학교생활에도 문제가 있었다. 그것은 마크의 부모를 미치게 만들었다.

마크는 주의력결핍장애를 앓고 있었는데, 이는 수백만 명의 아이들과 성인들의 삶을 황폐하게 만드는 질병이다. 한시도 주의를 기울이지 못하는 상태가 되기 때문에, 그들은 충동적이고 참을성 없으며 안절부절못하고 지속적으로 산만한 상태에서 삶을 영위한다. 결과적으로 그들은 어떤 것에도 집중할 수 없으며 읽기나 쓰기 같은 기본적인 능력을 익히는 데도 어려움을 겪는다. 학교나 직장에서 잘 지내지 못하고 해야 할 일들을 잊어버린다.

주의력결핍장애를 앓는 사람들은 관계 형성이 어렵다. 어린아이든 어른이든 사회적 기술을 습득하고 친밀한 관계를 형성하는 데 큰 어려움을 겪게 된다. 관계를 형성하는 기술의 상당 부분은 정서적 표현과 표정 같은 작은 단서에 세심하게 주의를 기울이는 것에 있다. 주의력이 약한 사람은 이러한 단서들을 놓치기 쉽고, 둔감하며, 적절치 못한 행동을 하게 되어 사회적으로 부적응자가 된다. 또한 일이나 사회적 실패가 쌓이면 짜증과 당황, 자기비하를 초래한다.

정신과 의사들은 주의력결핍장애를 최근에서야 밝혀냈다. 이제는 그것이 흔한 장애이며, 약 3퍼센트의 어린아이와 일부 성인들이 발광적이고 시간에 쫓기는 요점 위주의 문화로 인해 악영향을 받아 엄청난 사회적·개인적 비용을 초래하고 있다는 것이 명백해졌다.

2000년 이전부터 세계의 위대한 종교들은 이와 유사하면서도 보다 심오한 진단을 해왔다. 명상이라는 마음의 현미경의 도움으로 위대한 종교들은 마음과 방황하는 주의력을 아주 세밀하게 관찰할 수 있었다. 그들의 설득력 있는 결론에 의하면, 우리 모두는 주의력결핍장애로 고통 받고 있다는 것이다. 즉 병적으로 심각한 장애를 가진 사람들만큼 극적인 수준은 아니라 해도 과도한 주의 산만으로 고통 받고 있으며, 하나의 대상에서 다른 대상으로 주의가 무절제하게 움직인다는 것이다. 위대한 종교들이 언급한 바와 같이 우리 모두는 심각한 심리적·관계적·영적 비용을 지불하고 있다.

위대한 종교의 전통은 진단뿐 아니라 치료 프로그램도 제시한다. 그 프로그램은 주의력의 방황을 억제하는 처방이나 보상하는 치료에 의존하는 서구의 정신의학과는 구별된다. 종교 전통은 주의력을 훈련하고 다스리는 방법을 발견했으며, 그 방법이 얼마나 유용한지를 습득해왔다.

## 집중된 마음의 이점

마음은 거울과 같이 탁월한 반사 능력을 갖고 있으며 우리가 마음을 쓰는 것이면 무엇이든 그것에 스스로 자질을 드러낸다. 만약 화난 사람의 말을 듣거나 폭력적인 장면을 보게 되면 우리 마음은 화로 들끓기 시작한다. 사랑하는 사람에게 집중하면 우리 마음은 사랑으로 가득 차게 된다.

이 점을 깨달으면 다음 두 가지 사실이 곧 명백해진다.

1_ 주의력을 통제할 수 있으면 우리는 사랑과 기쁨같이 바람직한 자질을 일깨울 수 있는 특정한 사람이나 기억에 마음을 집중할 수 있게 된다.

2_ 우리가 마음에 무엇을 넣느냐 하는 것은 우리가 입에 무엇을 넣느냐, 즉 무엇을 먹느냐 만큼이나 중요하다. 마음의 양식은 마음의 건강에 영향을 미친다. 만약 우리가 불교도들이 말하는 '지혜롭지 않은 주의력unwise attention'을 발휘하여 폭력과 탐욕, 공포 등이 담긴 텔레비전 프로그램의 내용으로 우리의 마음을 채운다면 이러한 자질은 계속 자라나 우리 안에서 곪아 터지게 될 것이다. 심리학 연구는 고통스럽게도 그것이 명백한 사실임을 밝혀냈다. 폭력적인 사람들이 텔레비젼을 보면(폭력이 없는 텔레비전 프로그램을 찾는 것은 매우 어려운 일이다) 더욱 공격적이 되는 경향이 있다.

반면 우리가 '지혜로운 주의력wise attention'을 수련하면서 텔레비전 프로그램과 책, 친구 등을 보다 건강한 절제를 통해 주의 깊게 택하게 되면 우리는 마음이 건강한 상태를 계발하게 된다. 훌륭한

종교인일 뿐 아니라 훌륭한 심리학자이기도 했던 사도 바울은 다음
과 같이 충고했다.

무엇이 진실이고 무엇이 훌륭하든,
무엇이 정당하고 무엇이 순수하든,
무엇이 기쁨을 주고 무엇이 칭찬할 만하든,
칭찬할 가치가 있는 어떤 것이 있다면,
그것에 대해 생각해보라.[55]

우리는 스스로가 집중의 대상이 되고, 주의력을 통제할 수만 있
으면 우리가 원하는 어떤 것에든 집중할 수 있다. 그것은 엄청난 가
능성을 여는 것이다.

우리의
본성은 대개
마음의 활동에

- 파탄잘리

가려져 있다.

마음이 안정될 때,
우리는 구속되지 않은 의식인 본성 속에 자리 잡는다.

평온하고 집중된 마음의 계발은 보상도 크지만 그만큼 힘든 일이다. 사나운 원숭이 같은 마음을 길들이는 것은 야생에 익숙한 맹수를 길들이는 것만큼이나 어려운 일이다.

전 시대를 통털어 가장 위대한 영적 천재 중의 한 사람이자 힌두의 가장 영향력 있는 사상가인 샹카라는 스승을 찾아 집을 떠날 때 이미 천재였다. 그는 몇 년 동안 고행과 집중 명상, 그리고 철학 공부를 통해 마음을 다스렸으며 10대 때 이미 상당한 깨달음을 얻은 상태였다. 서른두 살에 죽을 때까지 그는 인도의 가장 영향력 있는 종교와 철학 경전을 저술했으며, 승려의 질서를 확립했고, 인도의 가장 위대한 부파를 만들었다.

역사상 샹카라와 같이 지적이고 영적인 천재는 극히 드물다고 할 수 있으며 또 극소수 사람들만이 마음 훈련의 권위자라고 할 수 있을 것이다. "무엇이 가장 힘든 문제입니까?"라고 묻자 그는 "마음을 지속적으로 통제하는 것입니다"라고 대답했다.

성자들조차도 이러한 난제에 대해서는 겸허한 태도를 보여왔다. 가장 존경받는 가톨릭 성자들 중의 한 사람인 아빌라의 테레사Teresa of Avila는 절망으로 탄식하기도 했다. "이 지성의 방황을 치유할 수 없을 때는 가끔 죽고 싶다." 마음과 주의를 훈련하는 작업은 좋은 의미에서 예술 중의 예술, 과학 중의 과학이라고 불리기도 한다.

주의력을 터득하는 데 따르는 어려움은 고통스러운 과정 자체보다 그 진행이 매우 느리다는 데 있다. 이 훈련은 긴 시간과 함께 명상, 사색, 요가, 묵상, 찬송, 꾸준한 기도 같은 구체적인 수행법이 필요하다.

## | 명상은 가장 보편적인 수련방법이다 |



많은 사람들은 명상과 사색이 영적 성장의 강화를 위해 단순히 주의력을 훈련시키는 수행이며 동양 종교의 독특한 기법이라고 생각한다. 몇몇 보수적인 유대교인과 기독교인들은 "게으른 마음은 악마의 작업실이다" 또는 "나태함은 영혼의 적이다"라는 속담을 인용하면서 그들 종교에서는 명상이 제대로 된 지위를 차지하지 않는다고 주장해왔다. 그러나 진지하게 명상을 한 경험이 있는 사람이라면 나태한 게으름과 심오한 평온 간에는 엄청난 차이가 있음을 알게 된다. 명상은 유대교와 기독교 전통에서도 수천 년 동안 활용되어왔다.

명상은 역사상 중요한 위치를 차지하고 있으며, 모든 위대한 전통의 핵심이 되는 전 세계적인 수행방법이다. 수피들은 "명상은 신비주의자들의 주된 비법이다"라고 말하기도 한다. 또한 모든 전통

종교의 성인들은 그 가치를 알고 있었으며 랍비 나흐만의 경구에
동의한다.

명상을 하지 않는 사람은 지혜를 가질 수 없다. 명상을 하지 않는 사람
은 일시적으로 집중하는 것은 가능하나 긴 시간 동안 집중하지 못한다.
집중력이 약해서 계속 집중할 수 없는 것이다.

### 공통적인 요소

명상을 비롯하여 집중력을 강화시키는 여타 기법들은 공통적으
로 두 가지 중요한 요소로 구성되어 있다. 첫째 주의를 집중하기 위
해 초점을 선택한다. 호흡이나 이미지, 화두, 염불 등이 그런 초점
이 될 수 있다. 둘째 주의를 벗어나 방황할 때 다시 그 초점으로 반
복해서 돌아간다. 이렇듯 마음이 방황할 때마다 집중상태로 돌아가
는 것이 바로 명상기법의 핵심이라고 할 수 있다. 차츰 마음이 떠돌
지 않게 되고 주의력은 선택된 대상에 초점을 둔 상태로 유지된다.

그러나 이런 작업은 시간이 걸린다. 우리의 마음은 평생 동안 그
변덕스러운 방황 속에 빠져 살아왔다. 그 일생의 습관을 단 몇 분이
나 몇 시간 만에 해결하려고 하면 매우 큰 실망을 맛볼 것이다.

## |일상적 삶의 번잡함을 변화시켜라|

집중력을 위한 몇몇 기법은 특정 시간에 최고의 효과를 가져오기도 한다. 예를 들어 아침 명상이나 염불이 그렇다. 그러나 다른 기법들은 일상의 번잡함 속에서도 실행이 가능하며 우리는 이제 그 기법들에서부터 시작할 것이다.


## |연습 1 한 시점에 한 가지만 하라|

일상에 적응하려 하면 할수록 우리의 날뛰는 마음은 더욱더 우리의 널뛰는 일상을 반영하게 된다. 우리는 동시에 두 가지 혹은 그 이상의 일을 계속한다. 라디오를 들으며 옷을 입고, 하루를 계획하며 음식을 준비한다. 또한 신문이나 텔레비전을 보면서 식사를 한다. 운전을 하며 라디오를 듣고, 직장에서는 보고서를 준비하며 통화를 한다. 우리의 삶은 파편화되어 있으며, 우리의 마음은 안절부절못하고, 혈압은 올라가며, 주의를 집중하는 시간은 점점 단축된다. 20세기 가장 위대한 기독교인 중 한 사람인 토머스 머튼Thomas Merton[56]은 이 딜레마를 다음과 같이 요약했다.

현대적 삶의 급박함과 압박은 하나의 생활양식인데 아마도 폭력이 내재된 가장 일반적인 양식일 것이다. 자신을 수많은 갈등에 휩싸이도록 내버려두는 것, 너무 많은 요구에 부응해야 하는 것, 너무 많은 작업을 떠

맡아야 하는 것, 모든 일에서 모든 사람을 도와주려는 것은 폭력에 압도
되는 것이다. 이런 흥분상태는 마음의 평화를 원하는 사람들을 무력화
시킨다.

그러나 우리는 격분과 분열 대신 평온과 집중을 강화시키는 방식
으로 삶을 영위해 나갈 수 있다. 그것을 시작하는 가장 효과적인 방
법 중 하나는 어느 한 시점에는 단 한 가지 일만 하는 훈련을 하는
것으로, 무엇을 하든 그 한 가지 일에만 완전히 주의를 집중하는 것
이다. 이것은 매우 단순한 연습이긴 하지만 획기적인 효과를 볼 수
있다. 지난 몇 년을 정신없이 바쁘게 보낸 한 의사는 이 연습이 가
져온 변화에 너무 놀라면서 그동안 시도했던 그 어떤 방법보다 도
움이 되었다고 말했다.

이 연습을 시작하려면 한 번에 한 가지 일만 할 특정한 시간을 정
해야 한다. 아마도 하루 날을 잡는 것이 좋을 것이다. 하루 동안 당
신은 각각의 활동에 집중해야 한다. 많은 일들을 해내기는 어렵겠
지만 만약 제대로 끝내지 못한 것이 있다면 그것은 그리 중요한 일
이 아닐 것이고, 제대로 끝낸 일은 훨씬 효과적으로 즐겁게 해냈을
것이다.

그 하루에는 다음과 같은 변화가 일어나게 된다. 아침에 잠이 깨
면 완전한 주의력을 준비하기 전까지 라디오나 텔레비전을 켜지 말
아야 한다. 샤워할 때도 물이 당신의 몸을 어루만지는 감각을 즐기
는 데 집중하라. 몸을 말릴 때는 타월의 북실북실한 감촉에 집중하
라. 어느 정도 집중하는지에 따라 샤워는 의미 없는 작업이 될 수도

262

있고, 감각적인 쾌락이 될 수도 있다.

아침을 준비할 때도 준비에만 집중하고, 아침을 먹을 때도 먹는 데만 주의를 집중해라. 라디오와 텔레비전을 끄고 신문은 옆에 둔다. 음식의 냄새와 맛과 씹히는 느낌을 즐겨라. 반드시 식사를 끝낸 후에 신문을 읽는다.

전화를 할 때는 상대방에게 당신의 주의력을 선물하라. 누군가 당신에게 말을 걸면 텔레비전을 끄거나 책을 내려놓고 열심히 경청해라. 식당에 가면 잘 경청할 수 있고 음식을 맛있게 먹을 수 있는 차분한 자리를 선택하라. 그리고 만약 누군가와 함께 있다면 진정한 대화를 시도하라.

그 하루가 끝날 무렵까지 당신은 라디오를 덜 들을 것이며 텔레비전도 덜 보게 될 것이다. 아마도 한두 번 적은 수의 통화를 할 수도 있다. 그러나 보상은 그러한 사소한 손실보다 훨씬 더 크다. 각 활동에 진정으로 깨어 있다면 당신은 덜 안절부절못하고, 덜 분열될 것이며, 일상이 훨씬 즐겁고 의미가 있다고 느끼게 될 것이다.

이러한 이점을 발견하게 되면 당신은 이 연습을 삶의 더 많은 부분으로 확장하기를 원할 수 있으며, 보다 의미 있고 중요한 일에 집중하기 위해 피상적인 잡일을 줄일 수도 있다. 이것은 '자발적인 단순함'의 기초이고, 과도한 활동과 소유로부터 다소나마 해방된 생활양식이며, 겉으로는 단순해 보여도 내면적으로는 풍요로운 삶이다. 현대적 삶의 파편적인 유혹에 저항하려면 수련이 필요하나 그에 따른 보상은 훨씬 큰 가치가 있다.

한 번에 한 가지 일만 하는 노력에 더해 문을 열거나 전화를 받거나 차를 운전하는 것 같은 어떤 특정한 활동에 특별한 주의를 기울이는 것도 가능하다. 영적 각성을 위해 이러한 일상적인 활동을 활용하고자 마음먹으면 언뜻 중요하지 않은 일상적인 일들이 평온과 집중력을 계발하기 위해 몰입하는 신성한 의식이 될 수도 있다.

이 연습을 시작하기 위해서는 문 여는 것 같은 구체적인 활동을 선택하고 얼마 동안, 예를 들어 하루 동안은 가능한 깨어 있는 마음으로 그것을 하겠다고 결심하라. 그러면 그 하루 동안 문을 확 열어젖히거나 아무 생각 없이 박차고 들어가지 않을 것이다. 대신 매번 깊은 호흡을 들이쉴 동안만큼 멈추게 된다. 조심스럽게 문의 손잡이를 잡고 당신 손의 감촉을 느끼며 문을 가만히 열게 될 것이다. 그리고 들어가 조용히 문을 닫는다. 이 몇 초 간의 작은 노력을 하는 동안 당신은 스스로를 진정시키고, 주의력을 현재 순간에 가져오며, 무심한 일상을 충만하고 성스러운 의식으로 완전히 바꾸게 된다.

운전할 때도 마찬가지다. 차에 털썩 타서 라디오를 소란스럽게 켜는 대신에 다음과 같이 하라. 서둘러야 한다는 느낌이 없을 만큼 몇 분 일찍 나서라. 운전석에 앉아 세 번 느리게 깊은 호흡을 내쉰다. 그리고 당신이 운전을 영적 수련의 일부로 활용하고자 한다는 것을 스스로 재확인하라. 고요함과 운전이 당신의 깨어 있음에 기여한다는 사실을 즐기며 평온하고 주의 깊게 운전한다. 많은 사람들의 보고에 따르면, 이러한 실천을 하면 운전이 더 안정적이고, 즐겁고, 안전해진다고 한다.

이와 같은 연습을 통해 곧 일상의 모든 활동이 신성한 의식과 각성의 순간으로 변형될 수 있음이 명백해진다. 한 유대교의 현자는 "모든 일상적 활동에 헌신하면 신에게 이르게 된다"고 강조했다.

자신의 활동을 현재 순간의 깨어 있음에 바치는 이들은 17세기 프랑스 수도사인 로렌스 평수사Brother Lawrence가 갔던 길을 따라가는 것이다. 그는 일상의 활동을 영적 수련으로 활용하는 방법에 대해서 저술했는데, 그것은 수백만의 독자를 감동시켰다. 몇 년 간 보병으로 생활하다가 수도원에 들어갔다는 것 외에는 그에 대해 별로 알려진 사실이 없다. 그는 자신을 '모든 것에 실패한 서투른 놈팡이'라고 표현했으며 이에 대해 그의 상관들도 동의했다고 한다. 서투르고 겉으로 보기엔 별 재주가 없어 보이는 그는 수도원의 주방으로 쫓겨나 설거지를 담당하게 되었다.

그러나 로렌스 평수사는 그 일을 영적인 삶과 별개의 것이라고 생각하거나 또는 빨리 마쳐야 하는 일로 여기지 않았으므로 기도를 계속할 수 있었다. 그는 설거지를 비롯한 다른 일상적인 활동을 신을 찾고 주의를 지속적으로 끌어들이는 기회로 삼았다.

나는 신의 사랑을 위해 그 외의 모든 것을 포기했다. 신의 신성한 임재臨齋 속에 마음을 유지하는 것, 내가 신으로부터 떨어져 있다는 것을 발견할 때마다 다시 상기하는 것, (…) 수행을 하면서 발견되는 모든 어려움에도 불구하고 나는 지속했다. 무의식적으로 산만해질 때에도 고통스럽거나 걱정되지 않았다. 나는 기도를 위한 별도의 시간 외에도 이 수행을 일과 중에 지속했다.

몇 년이 지난 후, 그 수행의 결과는 아주 분명하게 나타났는데 심지어 수도원장도 그에게 조언을 구하기 위해 찾아갈 정도였다. 로렌스 평수사는 다음과 같은 훌륭한 말을 남겼다.

나에게 있어서는 일하는 시간과 기도하는 시간이 다르지 않다.
몇 사람이 각자 다른 작업을 하기 위해 같이 있는 부엌의 소음과 번잡함 속에서도 나는 마치 성찬식의 축복 앞에 무릎을 꿇고 있는 것처럼 아주 고요한 가운데 신과 함께 있었다.

## |연습 3 방해를 자명종으로 바꿔라|

우리 일상은 수많은 방해 요소들과 자잘한 짜증들로 가득 차 있다. 전화벨이 울릴 때 대화를 하고, 아이가 울때 책을 보고, 보스가 참견할 때 프로젝트에 몰두한다. 종종 우리는 반의식적으로, 자동적으로 반응하며 불쾌감과 울분으로 날카로워져 그러한 방해를 단순히 주의를 산만하게 하는 요소로 받아들인다.

그러나 방해는 자명종으로 활용될 수도 있다. 아이가 울기 시작할 때 잠시 이완할 시간을 가지고 짜증을 누그러뜨리는 것은 당신을 평온하고 편안하게 만들 수 있다. 크게 숨을 들이쉬고 전화벨이 좀 더 울리게 내버려두면 전화 대화에 완전히 몰입할 수 있다.

베트남의 고승인 틱낫한은 위대한 활동을 펼쳐 노벨 평화상 후보로 선정되기도 했다. 프랑스에 있는 그의 수련원에서는 스태프들이 전화를 들기 전에 호흡을 두 번 정도 한다. 그 수련원에 전화를 하면 잠시의 침묵 후에 완전한 주의와 평온함, 명료한 자각을 느끼게 만드는 누군가와 대화를 할 수 있다.

이 연습을 하는 동안에는 한두 가지 일상적인 방해 상황을 선택하여 하루나 한 주 동안 그것을 자명종으로 활용하라. 또 그 자명종에 어떻게 반응할지 결정하라. 전화를 영적인 알람으로 활용하기로 결정하면 당신은 틱낫한 센터에 있는 사람들처럼 전화를 받기 전에 호흡을 하게 될 것이다. 나는 전화기에 그 내용을 적은 메모지를 붙여놓는 것이 유용하다는 사실을 발견했다. 물론 아무 생각 없이 전화를 받은 적도 여전히 여러 번 있다. 그러나 가끔은 그 메모를 보고 우선 평온을 위한 시간을 가질 것을 상기한다. 얼마 동안 특정한 자명종을 사용하고 나면 당신은 또 다른 것, 더 나은 것으로 옮겨가기를 원할 것이다.

### 호흡을 위해 멈추라

수많은 전통은 호흡이 우리의 정신 및 생명력과 긴밀한 연관관계가 있다고 말한다. 호흡에 집중하는 것은 아마도 세계적으로 가장 일반적인 명상 수련이며 요가의 핵심적 요소이다. 이러한 명상 중 몇 가지는 아주 즐거울 정도로 단순하고 쉽기 때문에 대부분 일상에서도 할 수 있다.

지금 당장 당신의 주의를 호흡으로 돌려라. 길고 느리게 세 번 호흡하라. 천천히, 그리고 깊이 호흡한 다음 이완하며 공기가 빠져나가듯 내쉬어라. 기분이 나아졌는가? 아마도 그럴 것이다!

아래 틱낫한의 가르침과 유사한 방법으로 몇 번 단순한 말을 하는 것은 이 경험을 보다 편하고 즐겁게 만들 수 있다. 지금 당장 숨을 몇 번 쉬면서 호흡을 할 때마다 이렇게 생각하라.

들이쉴 때 나는 미소 짓고,
내쉴 때 나는 이완한다.
이 얼마나 멋진 순간인가.

호흡을 할 때마다 약간의 변화를 원할 수도 있으므로 다음 문구를 선택해서 호흡할 때마다 반복해보라.

들어오고, 나가고,
느리게, 깊게,
미소 지으며 풀어주라.

물론 당신은 다른 말을 더 좋아할 수도 있다. 당신이 어떤 말을 가장 좋아하는지를 찾아내는 실험은 이와 같은 간단한 명상에서 찾을 수 있는 즐거움 중 하나이다. 심지어 수련을 몇 년 간 한 후에도 나는 이와 같은 의식적인 호흡이 얼마나 도움이 되는지를 새삼 깨닫고 신기해하곤 했다.

## |연습5 정기적인 호흡 명상을 수행하라|

간단한 호흡 명상을 하루 일과에 넣으면 하루를 완전히 바꿀 수 있다. 주기적으로 할 수도 있고, 이동할 때나 곤란한 상황에서 할 수도 있다. 아이가 학교에서 돌아오기 전이나 직장 상사와의 면담 전에 주의를 기울여 짧은 호흡을 하면 제정신을 찾을 수 있다. 그 1~2분 동안 이전 시간까지 누적된 긴장을 풀 수도 있고, 다가올 시간에 대해 명료하고 신선한 마음을 가질 수도 있다. 내 경우는 매시간마다 약 2분 간 호흡 명상을 함으로써 일상생활의 질이 엄청나게 향상됐다.

## |연습6 호흡에 지속적으로 집중하라|

내적 요인에 대해 말한다면 적절한 주의 집중보다 더 도움이 되는 그 어떤 다른 요인을 생각해낼 수 없다.

—붓다

앞의 두 연습은 몇 초 내에 기분을 전환하고 스트레스를 해소시킬 수 있는 간단한 명상이다. 그러나 보다 지속적인 수련과 그에 따른 연습은 가장 보편적인 명상 중 하나로서 이를 통해 얻는 집중력은 그 연습을 보다 확장시킨다. 그것은 내가 언급한 세 가지 연습 중 하나로 대개 1주일 정도의 집중적인 수련이 요구되며, 눈에 띄게 진보하기 위해서는 더 많은 시간이 필요할 수도 있다. 그러나 단 한 번이라도 이러한 명상을 시도하는 것은 누구에게나 도움이 된다.

방해 없이 앉아 있을 아주 조용하고 편안한 자리를 찾아 시작하라. 이때 얼마 동안 앉아 있을지 미리 결정하는 것이 좋다. 처음에는 10~20분이 현실적인 목표이다.

당신의 몸과 자세에 주의를 기울여라. 등을 꼿꼿이 세우고 머리는 똑바로 들어라. 만약 의자에 앉아 있다면 등 아래쪽에 베개를 받치는 것이 도움이 될 것이다. 그것은 근육의 긴장을 풀어주고 자세를 똑바르게 유지시킨다. 등을 꼿꼿이 하고 몸의 나머지 부분에 주의를 기울인다. 가능한 최대로 편하게 이완하라.

이완과정을 촉진하기 위해 느리고 깊은 숨을 몇 번 내쉬어라. 숨을 들이쉴 때는 한껏 공기를 채워 넣고 숨을 내쉴 때는 공기가 빠지는 것같이 호흡해라. 당신이 해야 할 일은 이완이 전부이다. 호흡할 때마다 긴장을 풀어주고 점점 이완하는 것이다.

이제 호흡의 실질적인 경험에 당신의 주의를 돌려라. 가장 중요한 두 가지 감각은 아마도 공기가 들어오고 나오는 콧구멍과 팽창했다 수축됐다 하는 복부 쪽임을 느낄 수 있을 것이다. 그중 한 곳을 선택하고 완전한 주의를 기울인다. 공기가 들어오고 나갈 때의 움직임과 변화하는 호흡의 감각을 관찰하라. 그리고 다음 사이클이 시작되기 전에 잠시 멈춰 간단한 휴식을 취하라.

당신은 곧 생각과 환상 속에 빠져 호흡이나 명상을 하고 있다는 것 자체도 알아차리지 못했다는 사실에 약간 놀라면서 갑자기 그것을 각성할 것이다. 이는 자연스러운 과정이다. 우리의 훈련되지 않은 마음이 얼마나 자주 현실로부터 도피하는지를 상기시키는 하나의 단서일 뿐이다. 이럴 때 대응방식은 아주 단순하다. 주의력을 다시 돌려 천천히, 그리고 정성 들여 호흡의 감각을 살피는 것이다. 당신은 이런 환상에 100번쯤 빠질 것이다. 이 작업의 의미는 101번째에서 그것을 다시 깨우치는 데 있다.

이것이 연습의 핵심이다. 마음이 무의식적으로 방황하면 당신이 의식적으로 그 마음을 다시 돌리면 된다. 그 방황하는 방식에 대해 자신이나 마음을 판단하지 마라. 차라리 그것과 당신 스스로를 따뜻한 사랑과 존경으로 대하고 지속적으로 주의를 호흡에 두라.

이것이 주지해야 할 전부이다. 당신은 마음과 고군분투할 필요가 없다. 또 얼마나 잘하고 있는지에 대해 걱정할 필요도 없다. 오직 이완하고 호흡의 감각에 머무르기 위해 주의를 기울이면 된다. 주의가 다른 곳으로 흩어졌을 때는 다시 돌아오면 된다. 명상은 마음과 친숙해지기 위한 하나의 과정이다. 오로빈도에 따르면 그 비결은 다음과 같다.

계속 반복하라, 참을성 있게, 꾸준하게,
그리고 무엇보다도 마음과 투쟁하는 실수를 허용하지 마라.

명상이 끝날 시점에는 눈을 가만히 뜨고 주변을 돌아보라. 아마도 당신의 비전이 보다 명료하고 더 밝은 색채를 띠고 있음을 확인하게 될 것이다. 바로 의자에서 일어나서 일상적인 분주함 속으로 황급히 돌아가지 않도록 주의하라. 천천히 일어나 당신이 발견한 명료함과 평온함을 당신의 활동과 관계 속에 어떻게 접목시킬 수 있는지를 살펴보라.


## | 연습 7 첫 호흡과 마지막 호흡을 연습하라 |

몇 번 지속적인 호흡 명상을 수련한 후에는 다음과 같은 몇 가지 흥미로운 변화를 발견할 수 있을 것이다.

당신이 지금 막 이 세상에 태어났다고 상상해보라. 자궁에서 빠져나와 막 첫 호흡을 하는 것이다. 호흡은 새롭고 생명력을 주는 경험이다. 체험할 시간을 가지고 그것을 만끽하라.

이제 삶의 마지막 순간이다. 당신은 죽어가고 있으며 이 호흡이 마지막이 될 수 있다. 완전한 주의력을 기울여 이완하고 공포와 집착, 걱정거리를 풀어내라. 내쉬는 호흡을 그냥 놓아버려라.

이것은 훌륭한 연습이며 또한 죽음을 위한 훌륭한 수련이다. 언젠가 당신은 마지막 숨을 내쉴 날이 올 것이며, 명상을 통해 계발한 이 같은 마음의 평화와 안정은 우리가 얼마나 평화롭게 죽을 수 있는지를 결정하는 하나의 요인이 될 것이다.

신성한 소리에 대한 명상은 세계적으로 아주 대중적이다. 유대교나 기독교, 힌두교의 전통에서는 그 소리가 성가나 신의 이름일 것이며, 명상은 그러한 방식으로 기도와 하나가 된다. 곧 분명히 알게 되겠지만 신의 이름은 상당히 환기적이면서도 강력한 것일 수 있다.

## | 연습 8 신의 이름을 반복해서 말하라 |

> 신의 이름을 반복하지 않는 호흡은 헛된 호흡이다.
>
> —카비르Kabir[57]

시작하기 전에 시간을 먼저 정하라. 처음에는 10~15분이 적당할 것이다. 며칠 혹은 몇 주 동안 이 명상을 지속하면, 편안하게 느껴지면서 앉아 있는 시간을 차츰 늘릴 수 있다. 어떤 사람들은 알람을 맞추어놓는다. 또 어떤 사람들은 눈을 뜰 때 볼 수 있도록 시계를 앞에 두기도 한다.

등을 꼿꼿이 펴고 편안하게 앉아 지속적인 호흡 명상에서 했던 것처럼 시작하라. 몸의 나머지 부분도 이완하라. 그리고 신이나 하나님, 알라, 아버지, 성모, 시바 등 당신이 가장 좋아하는 신의 이름을 가만히 반복하라. 처음에는 속삭이는 정도일 수도 있으나 곧 그것을 소리 내지 않고 반복하고 싶어질 것이다.

긴장할 필요도 없고, 어떤 일이 일어나도록 노력할 필요도 없다. 당신이 해야 할 일은 그 이름을 천천히 부드럽게 반복하는 것으로, 어떤 효과가 나타나든지 내버려두면 된다. 얼마 지나면 당신은 신의 이름은 반응 없이는 들을 수 없다는 사실과 당신을 상기시키는 마음속의 메아리 없이는 말할 수 없다는 사실을 스스로 발견할 것이다. 라마크리슈나는 몇몇 종교 수련을 거친 그의 직접 경험에 근거하여 "하나의 실재에 대해 밝혀진 모든 명칭은 거역할 수 없는 신성한 힘을 갖는다"고 주장했다.

근대 기독교의 가르침에서 명상의 이러한 형태와 관련된 아름다운 묘사를 찾아볼 수 있다.

신의 이름을 천천히 다시 또다시 반복하라. 그 이름 외에 다른 이름은 모두 무시하라. 다른 것은 듣지 마라. 당신의 모든 생각을 이것에만 집중하라. 그러고 나면 신의 이름은 우리의 단 하나의 생각, 단 하나의 말, 우리의 마음을 지배하는 단 하나의 사물, 우리가 갖는 단 하나의 소망, 어떤 의미를 가지는 단 하나의 소리, 우리가 보기 원하는 모든 것에 대한 단 하나의 명칭이 된다. 조용히 앉아 그의 이름이 당신을 완전히 사로잡는, 만물을 포용하는 관념이 되도록 하라. 그 외의 모든 생각은 정지하도록 하라. 당신의 해방을 위해 신의 이름으로 돌아오라. 그것이 당신에게 주어진 것이다.

우리는 보통 기도를 신과의 대화 혹은 소원所願으로 생각한다. 그러나 정관적 기도는 다른 형식을 갖는다. 여기에서 초점은 영적으로 중요한 낱말, 구, 문장 등을 반복하는 것에 있다. 거의 모든 문구는 영적인 의미를 지니는데 그것이 당신의 가슴과 정신에 긍정적인 느낌을 불러일으킨다면 활용될 수 있다. 어떤 사람들은 사랑, 평화, 은총 같은 낱말을 선호한다. 또 다른 사람들은 성경에서 한 구절을 선택한다. 기독교의 역사에서 가장 대중적인 것은 예수 기도였다. "주 예수 그리스도여, 저희에게 은총을 베푸소서."

이 기법은 신의 이름을 부르는 명상과 거의 동일한 방식으로 진행된다. 일정한 시간 동안 계속 한 구절을 부드럽고 조용하게 반복하라. 혹은 조용히 입으로 속삭이거나 마음을 평온하게 하라. 다른 명상과 마찬가지로 긴장하거나 애를 쓸 필요가 없다. 그 구절로 다시 돌아가도록 지속적으로 노력하고, 기도가 당신의 마음에 영향을 미치도록 하면 된다.

모든 다른 명상과 마찬가지로 그 경험은 매우 다양하게 나타날 수 있다. 한 극단에서는 해결되지 않은 감정과 고통스러운 기억이 솟구칠 수도 있다. 다른 극단에서는 아주 깊은 침묵과 평온의 시간이 찾아올 수 있다.

두 가지 경험 모두 가치가 있다. 어두움 속에 간직해왔던 무의식으로부터 오래된 갈등을 풀어버리는 것은 자각이라는 치유의 빛을 가져다 준다. 갈등에 사로잡히거나 우려하지 않고 신성한 소리를 지속적으로 반복하면 그것을 치유할 수 있는 최적의 환경이 찾아온다.

때로 마음은 아주 평온하고 정지된 상태가 될 수도 있다. 성스러운 소리까지 포함해서 모든 생각이 끊어질 정도로 고요해진다. 이때 당신은 한 가지 선택을 할 수 있다. 즉 약간의 의지력을 발휘해서 가만히 그 소리를 다시 내기 시작하여 수련 기간 동안 그것이 끊임없이 지속될 수 있도록 하는 것이다. 이것이 만트라 명상과 예수 기도의 방법이다. 다른 방법으로는 초월 명상Transcendental Meditation이나 기독교의 집중 기도Centering Prayer가 있는데 그것들은 어떤 노력도 하지 않고 단순히 침묵 속에 머무는 것이다. 이러한 마음의 평온은 신성의 심오한 체험을 드러내며 생각과 이미지, 경험을 뛰어넘는 것이다. 초월 명상은 '초월적 의식transcendental consciousness', 집중 기도는 '신의 임재'라고 한다.

## | 일상화하기 |

명상이나 기도를 위해 매일 별도의 시간을 내는 것은 매우 귀중한 가치가 있다. 산만함과 일상적인 요구에서 해방되어 마음을 쉴 수 있으면 사소한 욕심에서 점차 벗어나 무엇이 진정으로 의미가 있는지에 대해 완전한 주의를 기울이게 된다.

### 얼마나 많이, 얼마나 자주 해야 하는가

얼마나 많이, 얼마나 자주 이런 정관적 시간을 가져야 하는가?

일반적으로 많이 할수록 더 좋다. 그러나 좀 지나면 곧 흐지부지되어버릴 어마어마한 계획보다는 실현 가능한 목표를 세우고 시작하는 것이 더 낫다. 주 5일 동안 10~20분 정도로 시작하면 실현 가능한 목표가 될 것이다. 시간이 흐르면서 그 양은 점차 당신이 원하는 만큼 늘어날 수 있다. 가장 중요한 점은 그 시간을 일상 속의 한 부분으로 계획하는 것이다. 어떤 사람들은 새벽이 특히 좋은 시간이라는 사실을 발견하기도 한다. 그때는 마음이 고요하고, 수용적인 상태가 되며, 명상이나 기도는 하루의 분위기를 조성하게 된다.

가장 중요한 점은 당신을 위한 최선의 작업이 무엇이며, 그것에 어떻게 익숙해지는가를 발견하는 것이다. 모든 연습과 마찬가지로 당신의 마음속 여정이 깊어지면 그 경험을 지혜로운 친구나 스승과 나누는 것이 도움이 될 것이다.


## 여정의 진보

정관과 명상은 기술이다. 그러므로 그것을 습득하는 데는 시간이 필요하다. 대부분의 사람들에게 그 이점은 천천히 계발되며 시간을 두고 얻어진다. 수련의 첫 며칠, 몇 주는 전혀 깊어지지도 않고 별 차이가 없다고 느껴질 수 있다. 따라서 시작할 때는 특정 기간, 예를 들어 한 달 정도는 지속하겠다는 결심을 하는 것이 좋다. 이것은 명상이 작용할 수 있는 시간과 스스로 그 이점 중 몇 가지를 체험할 수 있는 시간을 벌어준다.

그것은 악기를 연주하는 방법을 배우는 것과 같다. 처음에는 악보를 읽는 법을 익혀야 하는데 그것은 별로 즐겁지 않은 일이다. 몇 주는 지나야 들을 만하거나 일부라도 들을 만한 음악으로 연결되기 시작한다. 그러나 시간이 지남에 따라 그 멜로디는 더 조화를 이루고 악기를 연주하는 것이 당신에게 하나의 기쁨이 된다. 그리고 당신의 연주를 듣는 사람들에게 기쁨을 줄 수 있다.

정관의 시간이 흐름에 따라 그것이 명상이든 기도이든 정관의 즐거움은 당신과 당신이 접촉하는 사람들에게 기쁨의 원천이 될 때까지 증대된다.

# 요가 수행으로 마음의 그 쉴 새 없는 움직임을

−바가바드 기타

# 멈추라.

그러면 우리는 아트만(진아)을 깨닫게 된다.
그것은 우리를 완전히 만족시킨다.
우리는 청정해진 마음에 의해 실현되는 무한한 행복감을 알게 된다.
그러나 그것은 감각으로는 잡히지 않는 것이다.

영적 수련이 깊어질수록 집중력과 평온이 증가한다. 붓다가 행복의 최상위 상태라 일컬었던, 흔들리지 않으면서도 심오한 평화 속에 있게 된다. 기독교인들은 그것을 '모든 이해를 뛰어넘는 신의 평화'라고 설명한다. 이러한 평화는 신성으로 향하는 출발점이다. 마음이 집중되고 흔들리지 않을 때 노력 없이도 그 원천에 열려 있는 것이다.

그것은 인류의 가장 첫 번째 발견이자 가장 중요한 영적 발견 중 하나이다. 고요하고 집중된 마음은 각성을 위해 준비된 마음이다. 모든 인도의 종교 경전 중 가장 고대의 것인 리그베다Rigveda는 3000년 전에 씌어졌는데, 그 수천 편의 시구 가운데 가장 존경받는 것 중 하나는 다음과 같이 단순하게 말하고 있다.

우리의 마음이 성스러운 진실의 영광 속에서 쉬게 하소서.

우리의 마음을 쉬게 하는 것은 요가의 본질이다. 요가는 인도 전통의 핵심적인 훈련이며 윤리와 명상을 몸, 호흡, 그리고 마음의 통제로 통합하는 것이다. 전통적 요가 경전의 도입부는 다음과 같이 주장한다. "요가는 마음을 고요함 속에 두는 것이다." 이와 마찬가지로 바가바드 기타는 노래한다.

영적 훈련이라는 수행을 통해 평온을 얻은 사람들은 신을 그들의 의식 속에 간직하게 된다.

서구의 종교도 이와 유사한 사실을 발견했다. 유대교 토라는 "마음을 고요히 하면 내가 신이라는 사실을 알 수 있다"고 강조했다. 한편 기독교의 묵상은 "천국으로 향하는 길은 완전한 평화이다"라고 주장한다.

## 지속적인 집중

집중력이 강해지면 매 순간 관심과 주의를 기울이는 능력이 점점 안정적이고 연속적이 된다. 궁극적으로는 지속적이고 흐트러지지 않는 수련을 통해 정점을 이루게 되는데, 이때 모든 순간과 모든 활동은 각성의 수단이 된다. 이러한 중단 없는 수련은 위대한 종교의 가장 높은 목표 중 하나이다. 코란은 "기도 속에 머물러라"라고 했으며, 사도 바울과 라마크리슈나는 둘 다 '중단 없는 기도'를 우리에게 권유한다. 라마크리슈나는 다음과 같이 적었다.

필요한 것은 중단 없이 기도하는 것, 신성한 메시지가 존재하는 상태에 도달하는 것이며 (…) 그것은 매 호흡, 매 생각, 매 지각과 깊이 동화되어간다.

각 단계에서 집중적 주의가 지속되면 수련은 더 이상 특정한 시간대에 이루어져야 할 특별한 활동이 아니며 그때부터는 모든 활동과 모든 순간이 수련이 된다. 오로빈도는 그것을 "삶의 모든 행위를 중단 없는 요가로 변형시키는 예술이다"라고 말한다. 유대교에 따르면 그 결과 매 순간이 "신을 알아차리는 것으로 충만해진다."

지속적인 명상의 힘과 관련된 훌륭한 예로 19세기 중반에 살았던 한 소박한 러시아 농부를 들 수 있다. 그는 신앙심이 깊은 사람으로서 목사가 사도 바울의 '중단 없는 기도'를 인용했을 때 깜짝 놀랐다는 사실 외에는 별로 알려진 바가 없다. 심지어 그의 이름조차 알려져 있지 않다. 몇 년 동안 그는 어떻게 그것이 가능할지에 대해서 고민했는데, 부인이 죽자 그는 집을 떠나 스승을 찾아 방랑하는 순례자가 되었다. 몇 달 동안 별 성과 없이 찾아다니던 중에 마침내 그에게 예수 그리스도 안에 있으라고 가르친 수도자를 만나게 되었다. 이후 그는 여생을 '중단 없는 기도'에 헌신했다. 몇 년 동안 그는 러시아의 시골을 방랑하며 깨어 있는 순간에는 항상 예수 기도라는 말을 반복했고, 꿈속에서조차 그랬다. 지속적인 수행의 결과는 너무나도 강력하여, 그의 이야기를 읽은 사람들에게 사랑이 흘러넘치는 샘이자 영감의 원천이 되었다.


나는 다시 예수 기도라고 계속 기도하기 시작했는데, 내게는 그것이 세상의 어떠한 것보다도 더 소중하고 달콤한 것이었다. 80킬로미터 이상을 걸었던 며칠 동안 나는 걷고 있다는 것조차도 의식하지 못했다. 기도는 나의 의식을 완전히 채웠다. 매우 추운 날에는 더 간절하게 기도했는데 그러고 나면 따뜻해지는 것을 느꼈다. 굶주림이 엄습할 때는 예수 기도라고 더 힘차고 생생하게 외쳤으며, 그러면 곧 배고픔이 잊혀졌다. 몸이 아프거나 등과 다리에 통증을 느낄 때는 스스로를 기도에 맡겼으며 곧 고통에 둔감해졌다. 누군가 나를 위협할 때도 예수 기도의 달콤함을 기억했고, 그러면 모든 상처와 분노가 사라졌다. 나는 아주 평화로운 상태였으며 자주 이 기도를 되뇌는 꿈을 꾸었다. 나는 신에게 감사했다! 지금 나는 '중단 없는 기도'라는 말이 의미하는 바를 완전히 이해한다.

위의 예는 집중 수련의 정점이라고 할 수 있는데, 이런 수련을 통해 사나운 원숭이 같은 마음은 차츰 훈련되고 다스려져서 더욱 집중되고 평온하며 명료한 마음으로 변형된다. 인도에서는 집중력의 계발과 마음이 평온해지는 효과를 강의 흐름에 비유하여 묘사해왔다.

처음에 영적 수련자는 마음이 폭포와 같은 것이라고 느낀다. 그것은 바위에서 바위로 튕겨 우르르쾅쾅거리고 소란스러우며, 다스리거나 통제할 수 없다. 중반쯤에는 거대한 강과 같다. 평온하고 잔잔하며, 넓으면서도 깊다. 마지막에는 대양으로 흘러들어가는데 그 경계는 시야와 깊이를 넘어 깊이를 헤아릴 수 없는 수준이 되며, 그 자체가 목표이자 원천이 된다.

집중된 마음은 차분하고 넓을 뿐 아니라 명료하다. 고요한 수면은 맑고 거울과 같으며 아주 평온하고 맑은 마음은 이 세계를 정확하게 반영한다. 장자는 다음과 같이 기술하였다.

물이 잔잔할 때 그것은 거울과 같은 것이다.
그렇게 물이 잔잔함으로부터 맑음을 파생시킨다면,
하물며 마음의 능력은 얼마나 더할 것인가?
평정한 상태에 있는 성인의 마음은 우주의 거울이 된다.

평온한 마음은 맑은 거울이 되어 세상과 우리 자신 안에 있는 것들을 볼 수 있게 해준다. 강박적인 욕구에 덜 얽매이고 고통스러운 감정에 덜 괴로워하며, 윤리적인 잘못에 덜 방해받으며, 방황하는 집중력에 덜 시달리며, 이제 우리는 성스러운 비전을 깨우기 시작한다.

## 영적 비전의 각성

# 명확히 보고
# 모든 것 속에서 신성을 깨달아라

당신이 향하는 곳 어디에나

신의 얼굴이 있다.

— 코란

# 진실한 사람은 눈이 보는 것만을 보고,

—장자

거기에 없는 어떤 것을 덧붙이지 않는다.

유대교 탈무드에서 관찰한 바와 같이, 우리는 사물을 있는 그대로 단순하게 보지 못할 뿐 아니라 우리 자신 또한 있는 그대로 보지 못한다. 우리가 경험하는 모든 것은 마음에 의해 본떠진 채 우리에게 자각된다. 길들여지지 않은 마음은 그 자체의 관점을 가지고 있다. 우리가 지각하는 것은 욕망에 의해 선택되고, 정서에 의해 채색되며, 방황하는 주의에 의해 산산조각 난다. 외부를 보는 시각은 우리 내면을 반영한다. 그 결과 우리는 자신이나 세계를 명료하고 정확하게 보지 못한다.

성인, 철학자, 그리고 시인들은 이러한 주제를 수천 년 간 반복적으로 다루어왔고, 최근 들어 심리학자들도 이 주제에 관심을 가지게 되었다. 붓다는 우리의 문제를 '방일放逸mindlessness'[58]이라고 진단했는데, 이는 우리의 자각이 흐려져 있고 영적 비전은 잠들어 있어서 반의식적으로semiconsciously 살아간다는 것을 의미한다. 심리학자들은 "사람들이 실제 느끼는 것보다 더 많은 상황에서 부주의mindlessness가 일어나고 더 널리 퍼져 있다"고 이구동성으로 말한다.


## | 의식하지 않음의 대가 |


영적 비전이 없고 깨어 있지 않은 삶으로 인해 우리는 엄청난 대가를 치르게 된다. 우리가 매 순간 얻는 것은 매 순간 얼마나 주의를 기울이는가에 달려 있으며 경험의 질은 자각의 질을 반영한다.

대체로 우리는 현재의 경험을 충분히 자각하지 못한다. 우리는 과거의 기억에서 길을 잃고 헤매며, 미래에 대한 공상에 최면이 걸린 채 일생 동안 몽유병 환자처럼 살아간다. 그 대가는 방심, 소외감, 타성, 그리고 망상 등으로 나타난다.

### 방심

존재하는 시간은 이 순간뿐이다. 익명의 시인은 다음과 같이 썼다.

과거는 역사이고,
미래는 신비이며,
이 순간은 하나의 선물이로다.
그것이 바로 우리가 '현재Present' 라고 부르는 이유라네.

우리가 현 순간에 열려 있지 않다는 것은 얼마나 슬픈 사실인가. 때로 그것은 열쇠를 어딘가에 잘못 두는 것만큼 단순하다. 하루 종일 비틀거리며 부주의하게 걸으면서 최악의 경우에 우리는 삶의 많은 부분을 놓치게 된다.

그러한 증상을 우리 모두 알고 있다. 책을 읽는 동안 문득 조금 전에 읽은 페이지에 무슨 내용이 있었는지 그 실마리를 놓치기도 한다. 차에서 내린 후 차 안에 열쇠를 두고 내렸다는 사실을 깨닫기도 한다. 누군가와 어떤 얘기를 한 후 남겨진 기억이라고는 고작 백일몽 같은 흐릿한 회상뿐이기도 하다. 사회적 상호작용에서도 마찬가지인데, 대인관계에 있어 극히 중요한 요소라고 할 수 있는 미묘하고 정서적이며 사회적인 단서들뿐 아니라 대화 내용까지도 우리는 흔히 놓치곤 한다. 단지 집중하지 않아서만은 아니다. 그 잃어버린 시간 동안 너무나 부주의한 상태라서 현 순간을 전혀 자각하지 못하는 것이다.

## 자기소외



사회적·경제적 소외에 관해서는 많은 논의들이 있어왔다. 사실 그것은 심각한 문젯거리다. 그러나 더 심각하게 만연된 문제는 자기소외다. 우리는 스스로에게 이방인이다. 우리는 자신의 마음과 내면의 깊이를 모르며, 우리가 진정으로 누구이고 무엇인지도 모른다. 그 결과로 우리는 외적이고 피상적인 측면, 특히 몸과 동일시하게 된다. 즉 자신이 피부에 감싸인 자아egos wrapped in skin라고 믿는다. 불교에서는 이 잘못된 정체성을 '사견邪見'이라고 부르고, 요가에서는 그것을 감각과의 동일시라고 묘사한다. 기독교에서는 우리의 참본성이 하나님의 형상imago dei이라는 사실을 망각하고 있음을 한탄한다. 심리학자들 또한 우리가 자신과 멀어져 있다는 데 고통스럽게 동의한다. 나 자신의 치료자인 제임스 부겐탈James Bugental은 다음과 같이 썼다.

> 너무나 많은 사람들이 경험하는 엄청난 양의 고통은 우리 자신이 대부분 주관적 경험의 내적 세계로부터 추방된 자로 살아간다는 것에서 비롯된다. (…) 우리의 고국은 내면에 있고, 그곳에서 우리는 통치자이다. 그 오래된 사실을 새롭게 발견하고 우리 각자를 한 개인으로서 고유하게 발견하기 전까지, 우리는 도저히 발견할 수 없는 위안처를 밖에서 구하며 방황하도록 운명 지어졌다.

## 타성

위대한 종교에 따르면, 우리는 수십 년 간 반半의식적 상태의 삶에 의해 조건화되어 그런 불행한 습관이 몸에 깊이 배어 있다. 우리는 기계적으로 두서없이 말하고, 생활 속에서 판에 박힌 일을 반의식적으로 해내는 일종의 자동기계다. 불교도이면서 경제학자인 에른스트 슈마허Ernst Schumacher[59]는 우리의 딜레마를 다음과 같이 요약했다.

> 면밀한 관찰을 통해 보면 우리들 다수가 대부분의 시간 동안 마치 기계처럼 행동하며, 그 시간 또한 기계적으로 보낸다는 사실을 알 수 있다. 특히 인간이 자기를 자각하는 힘은 잠들어 있으며, 다소 지적이기는 하나 동물과 마찬가지로 다양한 영향들에 반응한다. 인간은 오직 자각의

힘을 활용할 때만 인간 본연의 모습과 자유의 수준에 도달하게 된다. 그때 그는 살아지는 것이 아니라 살아가는 것이다.

부주의는 자동적 조건화뿐만 아니라 불건강한 조건화에도 특별한 영향을 미친다. 피곤하고 자각이 약해질 때 흔히 최악의 상태가 된다는 사실을 우리는 모두 알고 있다. 그때 우리는 특히 대상에 대해 두려움과 분노를 드러내고 유치한 행동 패턴으로 퇴행한다. 건강하지 않은 동기와 정서는 대개 부주의한 순간에 분출된다. 불교심리학에서는 건강하지 않은 힘이 일어나는 때는 오직 부주의한 순간뿐이라고 주장한다.

### 환각 속의 삶

이러한 왜곡의 효과로 우리는 손상되고 고통스러운 의식상태에서 살아가게 된다. 위대한 종교들은 이러한 상태를 꿈이나 환상 혹은 환영이라고 지칭하며, 기독교와 이슬람교는 우리의 마음이 가려져 있다고 표현한다. 사도 바울은 "그들의 마음은 베일에 싸여 있다"라고 말했으며, 이슬람교에서는 이를 다시 7만 개의 베일로 늘려 비유하기도 한다.

철학자와 시인, 그리고 심리학자들한테서도 이와 비슷한 생각을 찾아볼 수 있다. 서구에서는 플라톤이 우리가 그림자를 실재로 착각하면서 동굴 속에서 살고 있다고 했고, 윌리엄 블레이크William Blake[60]는 인간이 '자기 동굴의 좁은 틈'을 통해서 현상을 보고 있다고 했다. 이와 마찬가지로 찰스 타트Charles Tart[61] 같은 심리학자는

우리가 '합의된 혼미상태consensus trance'에서 살아가고 있으며, 그것
은 "보통의 최면보다 훨씬 더 범위가 넓고, 강력하며, 부자연스럽
고, 지나치게 열중하는 상태다"라고 했다. 비유는 각기 다르지만,
전하고자 하는 메시지는 동일하다.


## | 깨어 있는 삶의 이점 |

당신이 행하고 생각하는 것에 대해 늘 깨어 있으라. 그렇게 함으로써 일상의
흘러가는 사건들 속에 불멸의 발자국을 당신의 흔적으로 남길 수 있을지도 모른다.
—압둘 칼리크 기즈데와니Abd' l-Khaliq Ghijdewani


우리가 원하기만 하면 어떤 경험에든 직접적인 주의를 기울일 수
있는 것이 집중이라면, 그것을 민감하게 탐구할 수 있게 해주는 것
은 마음챙김이다. 마음을 챙기면서 사는 것은 매 순간에 좀 더 머
물면서, 너무나 빈번히 알아차리지 못한 채 지나가버리는 미묘한
경험을 놓치지 않도록 매 활동마다 큰 자각을 가져오는 것을 의미
한다. 마음챙김은 다섯 가지 이점을 지닌다. 관계에 대해서, 우리
를 둘러싼 세계에 대해서, 그리고 우리 안의 세계에 대해서 자각을
증진시킨다. 또한 우리를 타성으로부터 벗어나게 하며 마음을 치유
한다.

## 1_ 대인관계상의 민감성

마음챙김을 통해 만나는 사람과 좀 더 현재에 머물 수 있게 되면, 우리는 타인의 감정과 미묘한 신체 동작 및 목소리 톤에 실린 다양한 메시지를 잘 알아차릴 수 있게 된다. 또한 타인의 동기와 정서에 우리를 더 잘 조율할 수 있게 되고, 그들의 감정에 보다 깊이 공감할 수 있게 된다. 이는 필수적인 사회적 기술로서 훌륭한 관계를 즐기기 원하는 누구에게나 아주 중요하다. 공감은 특히 핵심적인 기술로서, 명상이 공감 능력을 증진시킬 수 있다는 연구 결과는 널리 알려져 있다.

## 2_ 감각의 정제

영적 집단들은 감각적 즐거움을 포기하는 것에 관해서 많이 논의해왔는데, 대부분의 논의가 피상적이고 잘못된 이해를 바탕으로 진행되어왔다. 그보다는 다음의 두 가지가 정말로 필요한 것들이다.

첫째, 감각적 즐거움에 대한 집착 포기하기.
둘째, 감각 정제하기.

감각적 즐거움을 포기할 필요는 없지만 그것에 대한 우리의 집착을 포기할 필요는 있다. 모든 집착은 곧 고통을 일으키며, 특히 감각적 집착에는 예외가 없다. 집착을 놓아버림으로써 우리는 두려움이나 걱정 없이 쾌감을 즐길 수 있게 된다. 우리는 또한 각 경험에 경의를 표하고, 그 경험을 꿰뚫는 주의 깊고 차분한 자각이나 마음챙김을 통해 감각을 정제할 필요가 있다. 기독교인들은 이러한 수련을 '현재 순간의 성사the sacrament of the present moment'라고 말하고, 어떤 수피들은 '최고의 경배는 순간에 대한 주의 깊음'이라고 주장한다. 마음챙김은 우리로 하여금 음식의 미묘한 맛과 향취, 음악의 배경이 되는 리듬, 자연스런 배경에 위치한 벽걸이 융단 빛깔 같은 감각의 뉘앙스를 인식하고 이해하도록 해준다.

마음챙김은 방심에 대한 탁월한 해독제로, 차를 어디에 주차했는지를 잊어버리는 것 같은 일상적 실수들을 줄여준다. 마음챙김의 명상을 수련한 이들에 대한 연구를 통해, 그들이 외적인 자극을 보다 신속하고 민감하게 인식한다는 것이 밝혀졌다. 수련자들은 또한 그들의 내적 세계 및 마음작용에 대한 자각이 상당히 고양되어 있다고 말한다. 파탄잘리는 다음과 같이 기록했다.

이 명상을 통해 직관적 명료함, 그리고 최상의 청각, 최상의 촉각, 최상의 시각, 최상의 미각과 최상의 후각이 살아난다.

잘 정제된 감각은 세 가지 주요한 선물을 제공한다. 첫째, 매 순간에 대한 인식과 즐거움을 높인다. 둘째, 각 경험이 보다 풍요롭고 만족할 만하게 되면서 좀 더 경험하기를 바라는 집착이 줄어들게 된다. 양에 대한 거친 목마름이 질에 대한 음미로 대체되는 것이다. 즉 대식가에서 미식가로 변한다. 셋째, 집중이나 평온 같은 이로운 자질을 촉진시킬 수 있다. 보다 정제된 수준의 감각 경험은 안정된 마음을 확고하게 한다.

# 3 _ 자신의 마음 알기



자각이 깊어짐에 따라 외적인 세계뿐만 아니라 내적인 세계에 대해서도 보다 정밀한 관찰이 가능해진다. 즉 이전에는 의식하지 못했던 많은 것들을 의식할 수 있게 된다. 무의식의 의식화는 프로이트 이래로 심층심리학의 핵심이었으며, 수천 년 간 여러 명상들의 핵심이기도 했다. 또한 명상적 자각은 심리 치료에 의해 닿을 수 있는 심층보다 훨씬 더 깊은 수준을 꿰뚫을 수 있다.

명상은 때로 두 가지 유형으로 나눠질 수 있다. 첫째는 앞 장에서 다루었던 집중 명상이다. 집중 명상은 주의를 호흡이나 진언(만트라)같은 하나의 대상에 집중시킴으로써 마음을 고요하게 한다. 둘째는 자각 명상으로 주의를 한 대상에서 다른 대상으로 옮기는 것을 허용하면서 정밀한 주의를 통해 모든 경험을 탐구한다. 집중 명상은 자각 명상의 기초를 제공한다. 이 둘은 함께 영적 비전의 각성에 중요한 역할을 하며 마음의 깊이와 작용을 이해하는 데 큰 도움을 준다.

자각 훈련을 하지 않으면 우리는 스스로에 대해 이방인으로 살아가게 된다. 우리는 무의식적 동기에 의해 움직이고, 인식되지 않은 사고와 신념에 좌우되며, 의식되지 않는 심리적 역동의 포로로 남게된다. 명상을 통해 정신을 세밀하게 들여다보면 우리의 삶을 통치하

고 우리를 반半의식적인 기계 수준으로 격하시킬 뻔했던 무의식적
역동을 알아차리게 되고, 그것으로부터 자유로워질 수 있게 된다.
명상의 목적에 대해 묻자 마하라지는 다음과 같이 대답했다.

우리는 감각과 행위로 이루어진 외적 세계에 대해서는 잘 알지만 사고
와 감정으로 이루어진 내적 세계에 대해서는 거의 알지 못한다. 명상의
최우선적인 목표는 우리의 내적 삶에 대해 의식하게 되고 익숙해지는
것이다. 궁극적 목표는 삶과 의식의 근원에 가 닿는 것이다.

### 4_ 타성으로부터의 자유

2500년 전의 어느 날 오후, 훗날 붓다가 될 한 남자는 깨달음을
향한 마지막 각고의 노력을 위한 준비를 하고 있었다. 그는 한마음
으로 쉼 없이 탐구하는 힘든 6년을 보내왔다. 그는 철학을 공부했
고, 요가를 수련했으며, 마음을 고요하게 집중시키고, 생명을 잃을
뻔할 정도로 엄격한 고행에 임했다. 그러나 그것들은 그가 추구하
던 구원을 가져다 주지 못했다. 이제 그는 마지막 남은 단 하나의
방법을 시도할 준비가 되었다.

그는 한 농부에게서 약간의 목초를 구해 그것을 근처의 나무 그
늘로 가지고 가서 자리를 마련했다. 자리에 앉은 그는 설사 죽게 되
더라도 깨달음에 이를 때까지 일어나지 않겠다고 맹세했다.

우선 그는 집중 명상을 행한 후 선정禪定으로 들어갔는데, 선정은
보다 진전된 집중 상태로서 그 상태에서는 레이저처럼 원하는 대상
에 흔들리지 않는 주의의 초점을 맞출 수 있다. 이러한 금강석 같은

자각을 활용하여 그는 마음의 본질을 탐구하고, 우리를 얽매고 눈멀게 하는 타성적 반응의 끊임없는 굴레로부터 벗어나고자 했다.

그러한 연쇄를 쫓으면서 그는 모든 감각적 경험 뒤에 타성적이고 즉각적으로 감정이 뒤따른다는 것을 알아차렸다. 우리는 어떠한 경험을 좋아하면 즐거움을 느끼고, 싫어하면 불쾌를 느끼며, 우리에게 가치가 없으면 중립적이 된다. 이러한 감정은 번갈아가면서 즉각적인 반응들을 유도해낸다. 즉 유쾌한 경험에는 갈망을, 불유쾌한 경험에는 혐오를, 그리고 중립적인 경험에는 무관심을 이끌어낸다.

그 다음 순간에 이러한 반응들은 또 다른 반응을 유발한다. 예를 들어 갈망은 어떤 경험에 대해 더 강렬한 집착을 굳힌다. 계속해서 붓다가 '연기緣起의 사슬the chain of dependent origination' 이라고 부른 자극과 반응 간의 연쇄가 진행된다. 각 반응은 다음 반응의 자극이 되고 결국 갈망은 우리로 하여금 애초의 자극을 다시 추구하도록 이끈다. 연쇄는 순환이 되고, 각 순환은 마음에 영원히 깊은 조건화와 갈망, 그리고 업을 남긴다.

그에게는 희망이 없어 보였다. 그의 추구는 헛된 것처럼 느껴졌다. 아마도 인간이란 영원히 자신의 조건화에 의해 갇힌 기계로 살 운명인지도 몰랐다. 그런데 그때 그는 보다 자세히 살펴보면서 그 연쇄의 약한 연결고리를 감지했다. 그는 현미경 같은 정확함으로 하나의 자극 뒤에 즉각적으로 따르는 감정들이 오직 부주의한 순간에만 자동적인 갈망이나 혐오를 초래하는 것을 보았다. 명료한 자각의 순간에는 자동적 반응이 억제되고, 어떻게 반응할지에 대한 선택권을 자신이 가질 수 있었다.

하나의 감정이 일어난 직후에 자각은 연기의 사슬을 깰 수 있다. 자각은 조건을 해제하고 갈망과 혐오의 습관을 약화시켜, 우리 자신의 조건화로부터 스스로를 자유롭게 한다. 이것을 보면서 붓다는 탈출구가 있음을 알았다. 해탈은 가능했다. 그는 크게 기뻐했다.

그것이 이제 내가 도달한 깨달음의 길이다. 나의 마음은 이제 틀이 없음 (열반)을 성취했고 모든 종류의 갈망의 끝에 도달했도다. 그것이 통찰이고 앎이며, 이해이고 비전이며, 내 안에서 일어난 빛이다.

붓다는 심리학자들이 오늘날 탈자동화<sup>deautomatization</sup>[62]라고 부르는 것의 핵심적인 예를 인식했다. 그것은 자각함으로써 타성적 습관을 깰 수 있는 가능성이다. 매 순간의 마음챙김은 조건화의 사슬을 약화시키고 우리를 해탈에 더욱 가깝게 데려다 준다.

### 5 _ 자각의 치유력

마음챙김은 치유적이다. 우리가 행하는 자기 파괴적인 일들은 타성적이고 무의식적인 반응으로부터 생겨난다. 불안하게 느낀 후 담배 피우고 있는 자신을 발견하고, 외로움을 느끼며 문득 초콜릿 한 상자를 다 먹어치운 것을 알아차리며, 무심한 의견에 상처받고 자동적으로 되받아 비난함으로써 우정을 손상시키기도 한다. 이러한 반응은 부주의의 소산이므로 마음챙김에 의해 막을 수 있다. 마음챙김은 기독교인들이 "마음을 수호한다"라고 말하는 것을 수련할 수 있게 한다. 깨어 있으면서 마음을 수호한다는 것은 담배나 초콜 릿에 손이 가 닿을 때 혹은 거친 말을 하려 할 때, 우리가 그것을 자각할 수 있고 그래서 계속할지 아니면 다른 반응을 보일지 여부를 선택할 수 있게 되는 것을 의미한다.

마음챙김이 깊어짐에 따라 우리는 점차 파괴적인 행동뿐만 아니라 분노, 외로움 혹은 그것들에 힘을 실어주는 두려움 같은 고통스러운 정서 또한 알아차리게 된다. 이러한 정서들은 인식되지 않은 무의식의 어둠 속에 머물 때는 무성해지고 부풀어 오르지만 자각의 빛 안에서는 움츠러든다.

불교 심리학은 마음챙김이 세 가지 이로운 효과를 지닌다고 말한다.

첫째, 탐욕이나 분노 같은 건강하지 않은 정신적 자질을 억제한다.
둘째, 기쁨이나 사랑 같은 건강한 자질을 계발하고 강화한다.
셋째, 건강한 자질의 최적의 균형을 증진시킨다.

심리 치료자들은 자각이 매우 치유적일 수 있다고 말한다. 융학파의 한 정신과 의사는 "치료의 진행과정은 자각에 달려 있다. 사실상 보다 의식적이 되려는 시도 자체가 치료이다"라고 주장했고, 게슈탈트 치료의 창시자인 프리츠 펄스Fritz Perls[63]는 "자각 그 자체가 치료적이다"라고 주장했다. 가장 영향력 있는 심리학자 중의 한 명인 칼 로저스Carl Rogers[64]에게 있어서 자각은 심리적 건강과 동의어였다.

충분히 기능하는 사람fully functioning people[65]은 그 어떤 감정도 두려워하지 않고 자각이 자유롭게 흘러들어와 경험을 통과하도록 허용하면서 자신의 모든 감정을 경험할 수 있다.

이러한 주장은 실험적 연구로 뒷받침된다. 다수의 연구에서 우리는 명상적 자각이 심리적 장애와 심신성Psychosomatic 장애 둘 다를 경감시킬 수 있음을 알 수 있다. 명상은 불안, 스트레스, 불면증, 중독, 그리고 우울증에 도움이 된다. 또한 고혈압이나 근육 긴장, 천식, 만성 통증 같은 심신성 증상에도 유용하다. 물론 명상은 질병을 치유하는 것 이상의 의미를 갖는다. 수많은 연구는 명상이 심리 기능과 행복감을 증진시킨다는 사실을 보여주었다. 명상 수련자들은 특히 성숙, 창조성, 자기조절, 결혼에 대한 만족감, 그리고 심리적 잠재력의 실현이 증진됨을 보여주었다.

마음챙김은 모든 면에서 유익하다.

― 붓다

자각을 높이기 위해 우리는 무엇을 할 수 있을까? 만약 여기까지 읽고 앞 장의 연습들을 실행했다면, 이미 당신은 상당히 많은 것을 한 것이다. 변덕스러운 정서와 집착, 그리고 비윤리적 행동의 왜곡 효과를 줄이고, 주의의 어지러운 방황을 감소시켰다. 이제 마음이 안정되고 정화되기 시작했다. 이는 크게 유용하며 일곱 가지 수련이 어떻게 서로 영향을 미치고 지지하는지를 보여준다. 이제 마음 챙김을 특별히 촉진하는 방법을 생각해보자.


## 연습1 깨어 있는 마음으로 먹어라

우리는 정신없이 바쁜 삶의 대가를 비싸게 치른다. 그 대가 중 하나는 먹는 것과 같은 일상의 기쁨을 진정으로 즐길 수 있는 시간을 거의 갖지 못한다는 것이다. 우리는 훌륭한 음식을 먹으면서 대화를 하거나 텔레비전을 보거나 신문을 읽는다. 그런 다음 접시가 비어 있다는 것을 알게 된다. 안타깝게도 우리는 음식을 맛보지 못한 것이다! 2000년 전과 크게 달라진 것은 없다. 공자의 손자는 "사람들 중에 먹고 마시지 않는 사람은 아무도 없지만 그 맛을 제대로 음미하는 사람이 없다"는 사실을 관찰했다. 제대로 맛을 즐기지 않기 때문에 우리는 만족을 느끼지 못하게 되고 곧 이어 간식에 손을 뻗는 자신을 발견하게 된다. 그래서 먹는 동안 주의를 기울이고 음식을 정말로 즐기는 것은 성공적인 다이어트 비결 중 하나가 될 수 있다.

그러나 깨어 있는 상태에서 음식을 먹는 것의 이점은 다이어트 효과보다 훨씬 크다. 식사 중에 충분히 자각하게 되면 우리는 주의를 집중하게 되고 깨어 있게 된다. 따라서 음식을 더욱 즐기는 동시에 이러한 능력들을 강화하게 되므로 확실한 윈윈 상황이다. 사실상 유대인의 금언에 분명히 언급되어 있듯이 먹는 것은 깊은 영적 경험일 수 있다.

심지어 가장 세속적인 행위조차도 신성의 친숙한 경험이 될 수 있다. 이러한 개념은 먹는 것에 대한 유대교의 가르침에서 보다 명백하게 드러난다. 음식을 먹을 때는 음식과 그것을 먹는 경험에만 완전히 집중해야 하고 다른 모든 생각을 마음에서 비워야 한다고 가르친다. 음식의 맛을 새기는 것은 음식 속의 신성에 대한 표현이며, 음식을 먹음으로써 신성의 불꽃을 몸과 통합시키는 것이다. 또한 음식으로부터 얻은 에너지를 신께 봉사하는 데 바치겠다는 마음 또한 새길 수 있다. 이것을 행하면 사람이 먹는 음식은 예루살렘의 대제단에 바치는 제물로 간주된다고 가르친다.

이 연습을 하려면 조용히 먹을 수 있는 시간에 좋은 음식을 자신에게 대접하라. 그것은 혼자 먹거나 그렇지 않으면 이 연습을 함께 할 수 있는 사람과 식사한다는 것을 의미한다.

자리에 앉아서 이완할 수 있는 시간을 갖도록 한다. 음식을 보고 냄새 맡는 것을 즐기는 것으로 시작하라. 얼마나 많은 빛깔이 있는가? 얼마나 다양한 향기를 맡을 수 있는가?

첫 한 입을 먹은 후에 스푼이나 포크를 놓으라. 모든 감각에 세밀한 주의를 기울여라. 첫맛은 어떠하며 씹으면서 그 맛이 어떻게 변하는가? 주된 맛은 무엇인가? 당신이 발견할 수 있는 미묘한 뒷맛은 무엇인가? 음식의 온도는 어떠하며 씹히는 느낌은 어떤가? 그것들이 어떻게 변하는가?

씹고자 하는 욕망과 좀 더 먹기 위해 급히 삼키려는 마음을 알아차리도록 한다. 서두를 필요는 없다. 이것은 당신이 충분히 즐길 수 있는 식사이다. 음식을 삼킬 때는 모든 감각을 알아차리고 얼마나 빨리 음식을 더 먹고자 하는지를 자각하라. 계속해서 한 입 한 입 가능한 한 주의 깊게 의식적으로 즐기면서 먹도록 한다.

그러다 보면 당신은 주기적으로 생각이나 공상에 빠져서 몇 입을 먹었는지 알아차리지 못하고 지나쳤다는 것을 문득 깨닫게 될 것이다. 그것이 보통 우리가 먹는 방식이다. 그럴 때는 그저 먹는 것을 충분히 자각하면서 다시 식사를 즐기기 시작하라.

식사 말미에는 만족감을 경험할 수 있는 잠깐의 시간을 가지도록 한다. 당신의 인생에서 진짜로 음식을 맛보고 즐긴 몇 번 안 되는 시간이었다고 인식하는 기회가 될 것이다.

명상적 식사는 규칙적으로 연습할 만한 가치가 있다. 1주일에 한 번 혹은 하루에 한 번까지도 깨어 있는 식사 스케줄을 짤 수 있을 것이다. 그렇게 함으로써 당신의 하루에 평화의 섬 하나를 끼워 넣고, 그 안에서 마음을 고요히 하고, 감각을 깊이 경험하면서 식사를 좀 더 즐기는 것이다.


## |연습 2 깨어 있는 마음으로 음악을 감상하라|


정서를 일깨우고 영혼을 뒤흔드는 그 뛰어난 힘 덕분에 음악은 전 세계적으로 오랫동안 종교적 영감의 원천이 되어왔다. 성경은 이미 2000년 이전에 이에 대해 말했다. 유대교 선지자 엘리사는 성령의 감응을 받고 나서 다음과 같이 부르짖었다. "음악가를 데려다 주오. 그러면 음악가가 연주하는 동안 주의 힘이 그에게 임하시리라."

불행히도 우리는 음악의 이점이 충분히 제공되는 기회를 거의 갖지 못하고 있다. 운전하고, 먹고, 말하고, 주의 산만하게 분산시키면서 반만 음악을 듣는다. 음악의 기쁨과 이점은 깨어 있는 음악감상에 의해서 강화될 수 있다.

이 연습을 하려면 좋아하는 음악 중에서 부드럽고 편안한 종류의 음악을 선택한다. 만약 당신에게 영적인 의미가 있는 음반이 있다면 훨씬 더 좋다. 편안하게 앉거나 누워서 이완하는 시간을 잠시 갖도록 한다. 그런 다음 가능한 한 충분히 듣고 즐겨라. 주기적으로 마음이 공상 속을 떠돌아 지난 몇 분 간이 전혀 감지되지 않았다는 사실을 발견하게 될 것이다. 그럴 때는 앞에서의 명상과 마찬가지로 그저 주의를 차분히 하면서 이번에는 호흡 대신 음악에 집중하면 된다.

이 연습을 통해 당신은 집중뿐 아니라 훨씬 더 큰 자각의 민감성과 명료함까지도 계발하고 싶어질지도 모른다. 가능한 한 주의 깊게 들으라. 예전에는 놓쳤을지도 모르는 미묘함을 잡아보라. 섬세한 음조, 배경이 되는 리듬, 그리고 그것들이 당신 안에서 일으키는 정서들을 느껴라. 이런 방식으로 음악을 듣는 것은 마음을 집중하고 민감하게 하는 동시에 영혼을 뒤흔들어 깨울 수 있다.

## |연습 3 훌륭한 청취자가 되라 |

누군가가 말을 할 때 주의 깊게 듣는 것은 일종의 선물이다. 만약 그것이 의심된다면, 누군가에게 말을 걸었는데 상대가 당신을 쳐다보지도 않고 계속해서 신문이나 책을 읽을 때 어떤 감정이 생기는지 주목해보라. 이렇듯 주의 부족은 아주 기분 상하는 일일 수 있다.

주의 깊게 듣는 것은 주의에 초점을 맞추고 자각을 정제한다. 우리는 사람들이 미묘한 동작이나 말투를 통해서 전달하는 엄청난 양의 정보를 보다 잘 알아차릴 수 있다. 또한 주목받지 못한 채 무의식적 반응을 지시했을 정서반응에 대해서도 알아차릴 수 있다.

20세기의 가장 뛰어난 심리 치료자 중 한 명인 밀턴 에릭슨Milton Erickson[66]은 환자들의 미묘한 단서를 잘 파악하기로 유명했는데, 그 능력은 그로 하여금 다른 치료자들이 할 수 없었던 효과적 치료를 할 수 있게 했다. 이런 섬세한 자각은 타고난 것이라기보다는 발달시킨 것이다.

에릭슨은 어린 시절에 소아마비에 걸려서 수개월 동안 침대에 누워 지내야 했다. 그는 무료함을 달래기 위해 게임을 하나 고안했는데, 계단을 올라오는 발자국 소리만 듣고 누가 그의 방으로 오는지를 알아맞히는 것이었다. 이 게임에 숙달되자 그 사람의 기분까지도 맞히기 시작했다. 이런 방식으로 그는 우리들 대부분이 놓치는 미묘한 단서를 잡아내는 방법을 학습했으며, 많은 환자들을 위해서 그 기술을 활용했다.

마지못해 듣는 것보다 충분히 집중해서 듣는 데 시간이 더 많이 걸리는 것은 아니다. 별도의 노력 없이도 타인은 당신의 충분한 주의를 즐길 수 있고, 당신은 그들에 대해 더 자세히 알 수 있을 뿐 아니라 주의를 훈련하고 자각을 민감하게 할 수 있다.

## | 연습 4 이 순간의 아름다움을 발견하라 |

즐길 수 있는 자각연습 중 하나는 잠깐 시간을 내서 하루에 두세 번 주위를 둘러보고 뭔가 아름다운 것을 발견하는 것이다. 그 어떤 것이라도 좋다. 놀고 있는 아이, 물에 달빛이 희미하게 반짝이는 것, 바람에 흔들리는 나무 한 그루, 심지어 햇빛에 춤추는 작은 먼지일 수도 있다.

무엇이든 간에 그것에 충분한 주의를 기울이고 가능한 한 깊은 민감성으로 탐구하라. 만약 그것이 한 그루의 나무라면 서로 다른 빛깔, 가지의 흔들림, 잎의 움직임에 주목하라. 그와 동시에 당신의

내적 세계와 기쁨이나 감사 같은 아름다움이 일으키는 감정을 알아
차리도록 한다. 그러면 당신은 이러한 감정을 일상적인 활동에서도
느낄 수 있다.


## |연습 5 신체에 대한 자각을 높여라|

신체에 대한 태도는 아주 다양하다. 그 한쪽 극단은 가능한 감각
적 즐거움을 모두 쫓는 쾌락주의자들이다. 다른 한쪽 극단은 신체
를 단련해서 그 욕망을 굴복시키는 고행주의자들이다. 목표 달성을
위해 그들은 육체적 쾌락을 단념하고, 엄격한 수행을 통해 신체를
단련하며, 심지어 뜨거운 열이나 추위나 굶주림으로 자신을 고문하
기도 한다.

보다 균형 잡힌 접근은 신체를 존중하지만 숭배하지는 않는 중도
를 받아들이는 것이다. 만약 자신의 몸을 영혼의 사원으로 여긴다
면 몸을 조심스럽게 보살피고, 적절한 식이요법과 운동과 의학적
관리를 통해 건강을 유지할 수 있다. 마호메트는 그것을 전사와 말
에 비유했다. 전사가 자신의 말을 보살피지 않는다면 전투에서 패
할 것이며, 어쩌면 목숨을 대가로 치러야 할지도 모른다. 또 단지
말을 돌보고 위하려고만 해도 그는 결코 전투에서 승리하지 못할
것이다.

샹카라에 의하면 "몸은 인간 영혼의 경험을 위한 하나의 탈 것이
다." 우리 대부분은 자신의 몸과 접촉하지 못하고 있으며, 자각을

계발하거나 병에 걸리기 전까지는 대개 이 사실을 알아차리지 못한 채 살아간다.

몸과 마음은 서로 매우 밀접하게 연결되어 있다. 몸은 수많은 정신적인 외상의 결과를 축적하면서 괴로워하는데, 정신적 외상은 근육의 마비나 긴장 같은 형태로 몸에 축적되지만 흔히 심리적 방어에 의해 의식되지 못한다. 따라서 신체에 대한 자각을 높이는 것은 의심할 여지없이 가치 있는 일이다. 신체를 자각하는 훈련은 과거의 고통과 방어를 붙들고 있는 정신적 외상에 빛을 가져와 치유를 시작한다.

신체를 자각하는 연습은 종교 전통에서 찾아볼 수 있는데, 특히 힌두교와 도교, 요가에서 광범위한 연습을 볼 수 있다. 가장 단순한 신체 명상 중의 하나는 불교의 훑어내리기 명상sweeping meditation[67]이다. 머리부터 발끝까지 자각을 통해 체계적으로 훑어서, 우리의 신체적 생명을 구성하는 무수한 감각들을 주의 깊게 느끼는 것이다.

이 연습을 시작하려면 먼저 편안한 명상 자세를 취하라. 잠시 동안 호흡하고 이완하면서 마음을 가라앉히도록 한다. 당신의 자각이 선명해지면, 주의를 정수리 부분으로 돌려서 그곳의 경험을 탐구하라. 그런 다음 점차 당신의 자각을 이마, 머리 옆면, 그리고 뒤통수 부분으로 내려오게 하라. 가능한 한 주의 깊게 각 영역의 감각을 탐구하라.

천천히 자각을 얼굴 아래와 머리의 나머지 부분으로 훑어내리고 목과 어깨로 옮겨가라. 압박이나 긴장 혹은 불편한 부분을 발견하면 그것을 느끼고 그것이 사라지는지를 보라. 또한 감각이 마비된

듯한 부분도 찾아보라. 그 증상과 연관된 정서나 기억, 이미지가 떠오를 수 있다. 만약 떠오른다면 조종하거나 바꾸려고 하지 말고 그저 그것에 주목하라.

계속해서 자각을 팔, 손, 그리고 손가락 끝까지 천천히 훑어내려라. 그런 다음 가슴과 등도 자각으로 훑어내려라. 계속해서 배로 내린 다음 골반과 성기까지 내려라. 다시금 어떤 증상이 있는 부분과 그와 연결된 마음의 반응에 밀접한 주의를 기울이도록 한다.

이제 자각을 허벅지와 종아리, 그리고 발로 내리도록 한다. 발에 닿는 바닥의 압력을 느끼고 자각을 발끝까지 확장하라. 끝으로 자각을 온몸과 다양한 감각에 열고 당신이 원하는 만큼의 시간 동안 이러한 전체적인 신체적 경험 속에서 휴식하라.


## | 연습 6 마음챙김 명상을 수행하라 |

자각을 증진시킬 수 있도록 특별히 고안된 명상이 마음챙김 혹은 통찰 명상insight meditation이다. 이 명상은 2500년 전에 붓다가 처음 소개한 이후 수많은 불교도들에 의해 수련되어왔고, 그들은 이 명상을 가장 가치 있는 수련 중 하나로 소중히 여겨왔다. 이 명상은 세계적으로 퍼져 나가 다양한 종교적 배경을 지닌 이들에 의해 수행되어왔으며, 수행자들은 예리한 자각 자체가 그들 자신 안에 내재된 힘을 발달시키고 증진시킨다는 사실을 발견했다. 불교의 영향을 받은 도교의 '내적 관찰법'은 통찰 명상과 매우 유사하다.

통찰 명상은 20장에서 기술한 호흡 명상을 토대로 한다. 호흡 명상의 목표는 주의를 오로지 호흡에만 두고 집중을 계발하는 것이었다. 그러나 마음챙김 명상에서는 집중보다는 명료한 자각을 강조한다. 호흡으로 시작하지만 여타의 경험으로 나아간다. 당신의 목표는 전 범위의 정신적·신체적 경험을 탐구하는 것이다.

호흡 명상에서처럼 편안히 앉아서 등을 곧게 펴고 몸을 이완한 채 시작하라. 우선 호흡에 집중하여 배가 나왔다가 들어가는 것이나 숨이 들어오고 나갈 때 콧구멍의 감각에 초점을 맞춘다. 매 호흡의 경험을 이루며 계속해서 변하는 감각의 흐름에 주목하라. 보다 선명하고 민감한 자각이 일깨워질수록, 단 한 번의 호흡을 통해서 보다 많은 감각을 지켜볼 수 있을 것이다.

오래 지나지 않아 또 다른 경험이 주의를 끌 것이다. 그것은 주위의 잡음이나 몸의 간지러움일 수도 있고, 마음의 어떤 생각이나 이미지일 수도 있다. 그것이 무엇이든 간에 만약 마음이 그쪽으로 향하면 주의가 그 경험으로 옮겨가도록 허용하고 그것을 주의 깊게 탐구하라. 만약 그것이 소리라면 그 진동을 들으려고 시도하라. 만약 몸의 통증이라면 우리가 그냥 통증이라고 해석하는 것을 따끔거림이나 압박과 같이 개별적인 감각으로 식별할 수 있을 정도로 깊은 탐구를 시도하라.

마음속에서 당신의 인생에 영향을 미친 모든 힘 중에서 신비하고 강력한 힘을 볼 수 있을 것이다. 그것은 자신의 경험을 형성한 정신적 이미지, 공상, 정서, 그리고 사고 등이다. 어떤 이미지나 공상이 별안간 나타나고 그것이 너무나 실제적이라 한순간 그 속에 빠져서 그것을 실제처럼 여기게 되는 과정을 주목해보라. 분노와 두려움, 기쁨 같은 정서가 당신의 자각을 관통하여 나열되는데, 각 정서는 그것만의 고유한 경험의 세계를 가져올 것이다. 각각의 느낌이 어떠하고, 그것을 관찰함에 따라 어떻게 변화하며, 어떤 신체 감각이 수반되는가?

마지막으로 마음의 모든 창조물 중에서 가장 미묘하면서도 덧없고 가장 강력한 것을 파악하려 시도해보라. 바로 당신의 생각이다. 생각은 마음속에서 말처럼 경험되지만, 그것은 스텔스 폭격기처럼 너무나 빠르고 조용하게 지나가므로 처음에는 감지하기 어렵다. 그러나 인식되지 않은 생각은 행동과 경험에 막강한 영향력을 행사하므로, 노력할 만한 가치가 있다. 그 영향력이 그렇듯 대단하므로 붓다는 그의 가르침을 다음과 같은 말로 시작했다.

우리는 우리가 생각하는 그것이다.

우리가 그것인 모든 것은 생각과 함께 일어난다.

생각으로 우리는 세계를 만든다.

그것을 통제하는 것이 좋으며,

그것에 능통하는 것은 행복을 가져올 것이다.

그러나 그것은 얼마나 교묘하며

잡기 어려운가!

우리의 과업은 그것을 조용하게 하고,

그것을 지배하여 행복을 발견하는 것이다.

생각, 정서, 이미지, 그리고 공상은 모두 마음 안에서 나타났다가 잠시 머물고는 사라진다. 많은 사람들의 믿음과는 반대로 명상의 과제는 그것들을 진압하는 것도 아니고, 그것들과 싸우는 것도 아니다. 오히려 단순히 관찰하고 연구하면 그것들은 변화되면서 스스로 지나가버린다. 그럴 때는 그저 주의를 다시 호흡으로 돌리고 호흡을 탐구하기 시작하라.

통찰 명상은 리듬감 있는 자각의 춤이라고 할 수 있다. 호흡을 탐구하는 것에서 시작하여 주의를 끄는 것이면 무엇이든 탐구하고, 그런 다음 호흡으로 돌아온다. 전 과정은 매우 부드럽고 열려 있다. 마음과 맞붙어 싸우거나 어떤 방식으로든 강요할 필요가 없다. 특정한 경험을 만들거나 멈추려고 할 필요도 없다. 가능한 한 매 순간을 알아차리라는 것 외에는 아무것도 요구하는 것이 없다. 잡음이나 가려움 같은 '주의 산만'은 그저 탐구해야 할 심화된 경험일 뿐이므로 걱정해야 할 잡념이 없다. 경험을 좋거나 나쁘다고 판단할 필요도 없다. 그저 경험을 탐구하고 그것으로부터 배우면 된다. 그렇게 하면서 당신은 자각을 정제하고, 마음을 정화하며, 모든 것으로부터 배울 수 있다.

마음챙김 명상은 최상의 일상 수련이다. 매일 20분 내지 30분 정도 행한다면 시간이 지날수록 점차 깊어질 것이다. 그런 다음 당신은 각 경험을 주의 깊고 치유적인 자각으로 품고, 점점 더 많은 순간을 명료한 자각으로 빛내면서 기독교인들이 현재 순간의 성사라고 부르는 것을 수련하게 된다. 이 순간 바로 지금이 선물이다. 그것을 즐겨라!

그러한 선물을 충분히 음미하는 데는 시간과 연습이 필요하다. 일생 동한 둔해진 자각이 하루아침에 예리해지지는 않으며 몇 주나 몇 달 이상이 걸린다. 마음챙김 명상은 호흡 명상이나 자비 명상과 함께 이 책에서 언급한 세 가지 연습 중 하나로서, 주된 이점을 얻기 위해서는 정기적인 연습이 필요하다.

명상 수련원에서 집중적으로 수련하게 되면, 이 명상은 아주 강력하고 치유적일 수 있다. 1주일 간 마음챙김 명상을 수행한 베트남전 참전 군인의 경우는 특별히 극적인 예를 보여준다.

내가 집중 명상에 처음으로 참여한 건 8년이었다. 그동안 적어도 1주일에 두 번 정도는 많은 베트남전 참전 군인들이 공통적으로 겪는 악몽에 시달리곤 했다. 베트남으로 돌아가 당시와 같은 위험에 직면하고, 똑같은 고통을 겪는 꿈을 꾸다가 땀에 젖고 겁에 질려 깨어나는 것이다. 명상 수련원에서 잠자는 동안에는 악몽을 꾸지 않았으나 낮에 좌선할 때나 걷기 명상을 할 때, 그리고 식사할 때는 악몽이 마음의 눈을 사로잡았다. 수련원의 조용한 삼나무숲 위로 소름 끼치는 전쟁터의 장면들이 겹쳐 떠올랐다. 숙소에서 졸고 있는 학생들은 잘린 신체 부위와 겹쳐 보였다. 서른다섯 살의 영적 구도자로서 이러한 기억들을 되살리면서, 스물다섯 살의 의사 시절에는 견뎌내지 못했던 정서적 충격을 나는 처음으로 완전히 견뎌낼 수 있었다.

너무나 무서운 나머지 삶을 부정하고 영적으로 위축되어가면서 내 마음은 점차 그 기억에 굴복했고, 여전히 그것들은 내 안에 있지만 알아차리는 것을 의식적으로 피해왔다는 것을 인식하기 시작했다. 내가 가장 두려워하던 것, 그래서 가장 강하게 억압했던 것들에 대해 개방적으로 직면함으로써 나는 심오한 카타르시스를 경험했다.

그러자 이번에는 내가 가진 현재의 두려움이 나를 괴롭히기 시작했다. 통제 불능이던 내면의 전쟁 귀신은 떨쳐냈지만 현재의 두려움이 낮을 지배했다. 그것은 과거의 두려움과는 완전히 다른 것이었다.

명상 수련원에서 처음으로 떠오른 것 하나는 과거와 현재의 나 자신에 대한 깊은 연민이었다. 인류가 저지른 만행을 목격하도록 강요당했던 이상주의자이자 내과 의사가 되려던 젊은이에 대한, 그리고 그 기억을 지니고 있는지도 모르면서 기억을 보내지도 못하는 망령에 사로잡힌 퇴역 군인에 대한 연민이었다.

첫 번째 집중 명상 이후로 그 연민은 나와 함께 머물렀다. 수련과 계속되는 내적 이완을 통해서 그것은 때때로 나를 감싸 안을 수 있을 정도로 자랐는데, 그렇다고 지나치게 자기의식적이 되지는 않았다. 그 기억들은 여전히 나와 함께 있지만 악몽은 사라졌다.


고통스러운 기억을 무의식으로부터 되살리고, 완전한 자각을 통해 그것에 직면함으로써 그 참전 군인은 자신의 심리적 상처를 치유하고 그것을 연민으로 변화시킬 수 있었다. 이것은 명상적 자각이 가진 치유력의 한 예이다.

매일 짧은 좌선을 수행한다면, 우리는 그보다 훨씬 부드러운 경험을 할 것이다. 처음에는 부주의한 환상들이 몇 분 단위로 이어지는 가운데, 그와 분리된 짧은 순간만 깨어 있는 명료함이 있을 것이다. 그러다 점차로 그 우위가 바뀐다. 오로빈도의 전기작가는 다음과 같은 비밀을 밝혀냈다.

인내하며 끈질기게 노력하고 또 노력하라.
그리고 그 무엇보다도
마음과 정신적으로 투쟁하려는
실수를 범하지 않도록 하라.

모든 깊은 영적 작업에 있어서 인내와 끈기는 필수적인 자질이다. "우리 앞에 놓인 경주를 인내와 함께 달리게 하소서"라는 기독교 성경 말씀은 모든 위대한 종교들을 대변한다. 달라지기를 바라거나 바꾸려고 하지 않고 단지 모든 경험에 대해 열려 있는 상태를 강조하는 마음챙김 명상은 이러한 경주를 하는 데 필요한 인내와 끈기를 발달시키는 최상의 방법이다.

## | 연습 7 깨어 있는 마음으로 말하라 |

명상적 자각은 일상 활동에 적용될 수도 있고 다른 수련과 결합될 수도 있다. 예를 들어 자신이 하는 말에 담긴 정서와 동기를 주의 깊게 관찰하고 정제할 수 있다.

이 연습을 할 때는 일정 시간, 이를테면 하루 정도 날을 잡아 말을 할 때마다 마음의 상태를 주의 깊게 관찰하는 데 몰두하도록 한다. 당신의 동기는 무엇인가? 좋게 보이려고 하는가? 누군가를 흠

잡으려고 하는가? 스스로를 방어하려고 하는가? 그렇게 말한 의도가 돕거나 치료하려는 욕구에서 생겨난 것인가?

만약 의도가 건전하다고 생각되면 무슨 일이 있어도 그 말을 하라. 그러나 의도가 불건전하다면 이 대처하기 어려운 감정이 지나가기를 바라야 한다. 이런 방식으로 자각과 윤리, 그리고 정서적 변형의 수련이 통합되기 시작한다.

비전이
없는
곳에서
사람들은

－유대교 속담

타락해간다.

위대한 종교들은 삶에서 드러나는 우리의 일상적인 부주의를 일종의 비극으로 여긴다. 또한 세상에 대해, 타인에 대해, 그리고 우리 자신의 신성에 대해 눈멀어 있는 것을 우려한다.

## |과학의 맹목적인 힘|

맹목은 과학의 힘에 크게 기인하며 현대 서구 사회에서 특히 극적으로 나타난다. 과학의 영향력은 우리의 삶에 너무나 큰 영향을 미치고 있다. 우주를 거대하고 무의미한 하나의 기계로 묘사하는 것에 너무 자주 세뇌되어 우리는 이러한 관점을 사물을 보는 자연스럽고 유일한 길로 여긴다.

그 결과 철학자들이 '마술에서 깨어난 세상disenchanted world' 이라고 부르는 세상을 보게 된다. 그것은 의미와 영혼을 빼앗긴 세상을 의미하며, 우리 자신 또한 건조하게 바라보는 것을 포함한다. 보다 높은 목표나 비전 없이 우리 사회가 표류하는 것처럼 보이는 것은 이상한 일이 아니다. 너무나 많은 사람들이 자신의 삶에 의미가 없다고 여기며, 보다 높은 어떤 것에 지속적으로 목말라하는 것도 이상한 일이 아니다. 보다 높은 어떤 것이 우리 모두가 자유로이 접할 수 있도록 열려 있음에도 불구하고, 극히 소수의 사람들만이 그것을 본다는 것이 문제다. 그것은 우리가 이제까지와는 다른 방식의 앎을 계발할 필요가 있음을 시사한다.

과학은 가장 탁월한 두뇌를 지닌 인류가 발견해낸, 물질적 대상과 그 특성에 대해 배울 수 있는 뛰어난 도구이다. 그러나 과학은 의미나 목적, 가치나 영혼 같은 비물질적인 것에 대해서는 거의 아무것도 볼 수 없고 말할 수 없다. 깊은 성찰을 해온 과학자들 중 가장 뛰어난 두 사람인 아인슈타인과 에딩턴은 이를 솔직히 인정했다. 아인슈타인은 다음과 같이 주장했다.

물질과학의 공리公理를 인간의 삶에 적용하려는 최근의 열정은 전적으로 오류일 뿐만 아니라 비난받아 마땅하다.

전 시대에 걸쳐 가장 뛰어난 천문학자 중 한 사람인 에딩턴은 다음과 같이 고백했다.

우리 자신의 정신적이고 영적인 본성은 물리학적 방법을 초월하는 친밀한 접촉에 의해 우리 마음에 알려지며 (⋯) 과학이 명백히 줄 수 없는 것을 우리에게 제공한다.

## | 새로운 방식으로 보기 |

영적인 수련은 '자신의 정신적이고 영적인 본성'에 도달하기 위해서 하는 것이다. 일곱 가지 수련은 영적인 비전, 즉 우리 자신과 세계 속의 신성을 인식하는 능력을 발달시킨다. 영향력 있는 서구 철학자이자 신비가인 플로티노스는 이러한 비전을 "새로운 방식으로 보는 것 (⋯) 우리 모두가 타고난 권리이지만 거의 사용하지 않는 일종의 깨어 있음"이라고 묘사했다.

영적 비전은 역사를 통해 성인들에게 영감을 불러일으키며 여러 가지 이름으로 불려왔다. 기독교인들과 플라톤은 그것을 '영혼의 눈'이라고 불렀다. 수피들은 '가슴의 눈', 도교도들은 '도의 눈' 혹은 '내면의 눈'이라고 칭했다. 그 이름이 무엇이든 간에 이는 모든 사람, 모든 사물, 그리고 우리 자신 속의 신성을 인식하는 직관적 자각이 꽃피는 것을 의미한다.


## | 내면의 신성 |

강력한 자각은 자아의 쉴 새 없는 혼란을 뚫고 우리 존재 안의 깊은 곳에 있는 성스러운 핵심까지 우리를 인도한다. 성 아우구스티누스는 어떻게 주의를 내면으로 돌렸느냐고 묻자 "내 영혼의 눈으로 그 불변의 빛을 주시했다"라고 말했다. 그는 "내면의 눈을 통해 진리를 볼 수 있다"고 하면서 "삶에서 주어지는 우리의 모든 과업은 하나님을 볼 수 있는 마음의 눈을 건강하게 회복하기 위한 것이다"라고 결론지었다.

아우구스티누스는 거의 1000년 전에 플라톤과 노자가 말했던 고대의 주제를 공명하고 있었다. 노자는 "분별 있는 사람은 외부의 눈보다 내면의 눈을 선호한다"라고 했다. 모든 성인이 동일한 주제를 반복한 것이다. '분별 있는 사람'은 육체적인 눈보다는 신성을 인식케 하는 영혼의 눈에 훨씬 더 높은 가치를 매긴다는 것이다.

## | 성스러운 세계 |

우리 자신과 세계 내부의 신성에 대한 최초의 인식은 석양의 아름다움이나 사랑하는 이와의 접촉 혹은 기도의 평온함 속에서 아쉽게 스치는 섬광 정도로만 나타난다. 그러한 순간에는 평범한 현실세계가 거룩하게 변모한다. 예전에는 그저 즐겁고 익숙했던 경험이 황홀하고 아름다운 비전의 순간을 통해 인생에서 가장 값지고 완전한 변화를 일으키는 순간으로 바뀐다. 그 순간에 우리는 유대교 토라에서 야곱이 말하는 것처럼 "주님은 이곳에 계신데 나는 그것을 몰랐다"는 것을 문득 깨닫게 되고, "아버지의 나라는 이 세상 어디에나 존재하나 인간은 그것을 보지 못한다"는 예수의 진술을 이해하기 시작한다.

이따금 황홀경이 자연스럽게 일어나고, 그 경험은 영적 수련을 통해 다시 경험되고 심화될 수 있다. 최초의 경험이 어린 시절에 일어난 경우에는 한 번도 성스러움을 맛보지 못한 다른 사람들의 오해를 사거나 거부당할 수도 있다. 한 선 수행자는 아홉 살 때 매사추세츠의 해안에서 경험한 것을 다음과 같이 묘사했다.

다른 날과 마찬가지로 태양이 막 떠오를 무렵, 갑자기 나의 자각이 변하기 시작했다. 나는 바다에서 천천히 움직이는 뚜렷한 입자들로 구성된 빛이 떠오르는 것을 보았고, 두려운 마음으로 그것들이 계속 변화하는 패턴 속에서 여러 빛깔로 결합되는 것을 보았다.
태양이 완전히 떠오를 무렵에는 나를 압도하는, 말로 표현할 수 없는 느낌으로 인해 황홀해졌다. 지금 표현한다면 모든 것이 서로 완벽하게 들어맞고, 세상은 모든 면에서 훌륭하며, 삶 그 자체는 경이와 마술로 느껴진다고 묘사할 수 있는 느낌과 비슷하다. 겨우 아홉 살이었던 나는 나의 눈부신 경험을 설명할 수 있는 단어를 찾지 못해 나 혼자 그 사실을 간직하기로 결심했다. 그러나 뭔가 잘못된 것이 있다는 두려움이 시작되었다.
그럼에도 불구하고 나는 나의 직관을 신뢰했다. 나는 도시 근교에서 살면서 주변에서 그 누구도 언급한 적이 없는 어떤 것과 접촉하기 시작했다는 것을 알고 있었다. 몇 년이 지난 후, 내 경험의 의미를 찾는 추구가 나를 '영적인 여정'으로 이끌었고, 결국 선불교에 이르게 되었다. 그곳에는 나의 일출 체험이 '잘못된' 것이 아니라 아주 진실하고 실제적인 것임을 확신시켜줄 수 있는 스승이 있었고, 그것을 다른 이들과 나눌 수 있었다. 선을 수행하는 동안 곧 어린 시절의 기억이 다시 강렬하게 되살아났고 나는 마침내 그것이 무엇이었는지에 대해 영적으로 깨달을 수 있었다. 황홀한 체험을 하고도 그렇게 불필요한 의구심을 가져야 했던 작은 소녀에 대한 슬픔도 느꼈다.

그러나 나는 그 경험에 대해 여전히 감사하며, 특히 그것이 내 의식에 심은 씨앗이 침묵과 어둠 속에서 30년 간 조용히 자라나 현재에 이르게 되었음에 감사한다. 세계와 실재의 진리에 문을 열어준 그 경험에 영원히 감사할 것이다.

선을 수련함으로써, 나의 신비로운 일화가 모든 순간으로 돌아올 수 있음을 깨닫게 되었다. 떨어지는 물 한 방울, 더러운 접시, 그리고 하나의 미소에도.


## | 관계상의 완전한 변화 |


도시 외곽의 길가에 앉아 있는 한 노파에게 다가온 여행자가 물었다.

"이 도시에는 어떤 사람들이 삽니까?"

"당신 고향에 있는 사람들은 어땠수?"

"아, 그 사람들은 아주 끔찍했어요. 거짓말쟁이, 사기꾼, 무능력자들이었지요. 당신은 그들 중 아무도 믿을 수 없을 거예요. 그들을 떠나와서 기뻐요."

"당신은 이 도시에서 그와 똑같은 사람들을 발견하게 될 거예요."

얼마 후에 두 번째 여행자가 노파에게 다가와 마찬가지로 이 도시의 사람들에 관해 물었다.

"당신 도시의 사람들은 어땠수?"

노파가 되물었다.

"아, 그 사람들은 아주 훌륭했어요. 멋지고, 정직하고, 열심히 일하는 사람들이죠. 그들과 함께 있을 수 있었던 건 특권이었어요. 그들을 떠나와서 참 아쉬워요."

"당신은 이 도시에서 그와 똑같은 사람들을 발견하게 될 거유."

노파가 대답했다.


이 이야기는 우리의 인성과 기대가 관계의 질과 사람을 어떻게 보는지를 결정한다는 사실을 보여준다. 영혼의 눈이 모든 사물 속의 신성을 깨닫기 시작하면서 모든 사람 안의 신성 또한 일깨운다. 전에는 이방인이나 경쟁자, 적이나 친구를 보던 곳에서 우리는 이제 붓다나 신의 아이들을 인식하기 시작한다.

말할 필요도 없이 이는 극적으로 다른 관계를 형성하게 한다. 의심이나 두려움을 대신해서 개방성이나 사랑 같은 감정들이 올라온다. 행운과 기쁨을 즐기는 사람들을 보면, 그들의 행복으로 인해 행복감을 느낀다. 불교도들은 이를 '공감적 기쁨'이라고 부른다. 반대로 고통에 빠진 사람을 보면 보살핌과 자비의 마음이 일어나고, 자연스럽게 그들을 도우려는 마음이 생긴다. 노자는 아래와 같이 말했다.


눈이 열린 사람은 마음도 열렸고,
마음이 열린 사람은 가슴도 열렸다.

아프거나 죽어가는 사람이 테레사 수녀의 집으로 비틀거리며 들어올 때면, 그녀는 '구걸을 가장하며 변장한 그리스도'를 보았다. 이 가난한 사람은 개처럼 살아왔으나, 그곳에서는 성자처럼 여겨지며 대접받았다. 이것이 각성된 비전이 변화시키는 힘이다.

우리는 타인 속에서 신성을 깨닫게 될 때 자신 안의 신성도 돌아보게 된다. 그때 우리는 "서로의 안에서 그리스도를 보고, 서로의 안에서 그리스도가 되게 하소서"라는 오래된 기도를 이해하고 그 기도에 답하기 시작한다. 명상적인 기독교인인 머튼은 그 자신의 비전이 일깨워졌을 때 타인이 그에게 어떻게 보였는지에 관해 훌륭한 묘사를 남겼다.

그때 나는 문득 그들 가슴속의 비밀스러운 아름다움을 보았다. 죄나 욕망이 닿을 수 없는 깊이에서 사람들 각자가 신의 눈 속에 있는. 그 속에서만 그들 자신을 있는 그대로 볼 수 있다. 그 속에서만 전쟁과 미움, 잔혹함이 없는 방식으로 서로를 볼 수 있으며 (…) 우리가 무릎을 꿇고 서로를 경배할 수 있다.

지각은 수동적 과정이라기보다는 적극적인 창조이며, 우리가 인식하는 세계의 상태는 마음의 상태를 반영한다. 인식 가능성의 범위는 광범위하며 편집증paranoia에서부터 섭리pronoia[68], 그리고 초월증transnoia[69]에 이르기까지 확장될 수 있다. 우리는 편집증에 사로잡히고 분노에 불타올라 그것을 외부세계에 투사하여, 우리를 공격하려는 음모를 꾸미는 사람들로 가득 찬 적대적이고 끔찍한 세계를 본다. 그러나 초월증과 함께 하면 세계와 모든 사람은 초월의 표현으로, 우리를 일깨우고 깨닫게 하기 위한 거대한 계획의 일부로 인식된다. 영적 수련은 편집증을 치유하고 영혼의 눈을 뜨게 함으로써 우리로 하여금 섭리와 초월증 속에서 살고 사랑하게 한다.

환상 속에서, 사물이 드러난 모습 안에서
당신은 살고 있다.
실재가 있고, 당신이 바로 그 실재이다.
그것을 알게 되면 당신이 아무것도 아니라는 사실을 깨닫게 될 것이다.

# 아무것도 아님으로 있을 때, 당신은

－칼루 린포체Kalu Rinpoche

# 모든 것이다.

신성을 인식하는 것은 새로운 사물을 보고 아는 것이 아니라 사물을 새로운 방식으로 보는 것이다. 신성은 모든 사물과 분리되어 있거나 다른 것이 아니다. 모든 사물 안에 숨어 있는 것이다. 우리 자신과 세상 안에 있는 영성을 보는 것은 이미 현존하는 것을 인식하는 것이다. 새로운 방식으로 보는 것은 계발되어야 하는 내재된 재능이다.

## 연습 8 자연 속의 신성에 열려 있어라

어떤 철학자가 성 안토니St. Anthony(사막의 교부들 중 최초의 인물이면서 가장 유명한 성인)에게 물었다. "신부님, 위안을 주는 책을 모두 빼앗기고도 어떻게 그렇듯 행복해 보이실 수 있습니까?" 안토니는 대답했다. "오, 철학자여, 내 책은 바로 피조물의 본성이라네. 하나님의 말씀을 읽고 싶을 때에는 언제나 책이 내 앞에 있다네."

자연의 어떤 장소들은 오랫동안 영적으로 강력하다고 인식되어 왔다. 과도하게 분주한 우리의 일상 속에서는 그곳에 가까이 가기 위한 시간을 낼 수 없지만 황량한 사막과 웅대한 산맥, 광대한 숲과 육지와 바다가 만나는 지점 같은 뛰어나게 아름다운 장소는 영적인 영감과 회복의 원천이 될 수 있다.

이 연습은 간단하고 즐겁다. 각별하게 끌리는 자연 속 한 장소를 찾아보라. 그리고 그것을 즐길 수 있는 충분한 시간을 마련하라. 당신은 기도나 종교적인 의식으로 시작해서 그것만으로 끝내는 것이 유익하다는 사실을 발견할지도 모른다. 또는 시간의 일부를 명상을 하면서 보내고 싶어할지도 모른다. 무엇을 많이 할 필요는 없다. 단순하게 그 주위 환경에 당신을 열고 풍경의 장엄함과 초목과 동물의 다양함, 그리고 그것들이 당신의 가슴과 마음에 미치는 영향을 감상하라. 많은 사람들에게 이러한 경험은 자연스러운 치유감을 느끼게 하며, 그것은 곧 자연의 신성에 대한 인식으로 이어진다.

## | 연습 9 내면의 빛을 인식하라 |

편안하게 자리에 앉아서 눈을 감고 이완할 시간을 가져라. 몇 번 느리고 깊은 숨을 쉬면서 모든 긴장을 풀어라. 자신을 더 평온하게 하기 위해 몇 분 동안 호흡이나 통찰 명상을 할 수도 있다.

이제 사랑하는 누군가를 정면에 영상으로 떠올려라. 그 사람에 대해 당신이 가지고 있는 따뜻한 느낌을 경험할 시간을 잠시 갖는다. 그 사람의 몸에서, 가능하다면 가슴이나 이마에서 빛이 뻗어 나오는 것을 상상하라. 그 빛의 세기가 더 커지도록 놓아두라. 드디어 온몸에서 빛이 뻗어 나오고 그 빛은 더욱 찬란하게 빛나고 몸은 거의 사라지기에 이른다.

이제 빛이 된 사랑하는 이 옆에 당신이 좋아하지 않는 사람이 서 있다고 상상하라. 사랑하는 이로부터 발산되는 빛이 밝아져 좋아하지 않는 사람을 가득 채우면서 두 사람이 똑같은 빛을 발산하게 되기까지 지속해서 보라. 두 사람 모두에게 있는 동일한 광채를 인식하라.

이제 그들의 광채가 당신을 가득 채워 당신 역시 발광체가 되면서 몸이 배경 속으로 사라지는 것을 느껴보라. 이 비전 안에서는 당신과 당신이 사랑하는 사람, 그리고 싫어하는 사람 사이에 아무런 차이가 없다. 요가에서는 '고난으로부터 자유로운 내면의 광채'라고 불리고, 도교에서는 '내면의 도道에서 발하는 광채'라고 불리는 그것 안에서 당신은 그들과 하나가 된 것이다.

우리는 이 광채를 통해 싫어하는 사람에 대한 노여움의 감정을 제거할 수 있다. 또한 사랑하는 이에 대한 애정이 확장되어 당신의 적과 당신 모두를 포함하기에 이를 수 있다. 만약 그렇게 된다면 당신은 모든 사람을 동등하게 사랑할 수 있는 가능성을 감지할 수 있을 것이다.

가능한 한 오랫동안 이 경험을 즐긴 다음 눈을 뜨도록 한다. 당신의 감정에 머물기 위해 서서히 일어서라. 그리고 그 감정을 당신의 활동 속에서도 느껴보도록 하라.

## | 연습 10 성자들을 주변에 두라 |

부처나 하나님의 아들, 도의 현신들처럼 모든 사람이 진정으로 성스럽다면 우리가 그들을 대할 때 어떤 일이 일어날까? 확실히 위대한 종교들은 우리가 그렇게 대해야 한다고 강조한다. 불교에는 이런 격언이 있다. "해탈하고자 한다면, 우리가 만나는 각각의 사람을 궁극적인 경외의 대상으로 삼아야 한다."

본 연습을 위해서는 하루 또는 한 시간같이 일정한 기간을 정해야 한다. 그리고 만나는 모든 사람을 성스러운 사람으로 간주하고 그렇게 대하려고 노력하라. 테레사 수녀가 그랬듯이 그들을 변장한 그리스도로 봐도 좋고, 불교도가 그러듯이 그들 자신이 부처라는 것을 모르는 부처로 보아도 무방하다. 성스러운 사람들을 어떤 식으로 대하게 되겠는가? 분명히 경외와 친절, 기쁨으로 대할 것이다.

그것은 일방통행이 아니다. 다른 사람을 그렇게 보고 대하면, 우리는 자신도 그렇게 보고 대하게 된다. 다른 사람들 안에 있는 성스러움을 보는 것은 우리 자신 안에 있는 성스러움을 인식하는 데 도움이 된다.

## | 연습 11 모든 사람을 스승으로 삼아라 |

다른 사람들을 성스럽게 대하고자 노력하면, 당신은 모든 사람을 스승으로 볼 수 있다. 훌륭한 자질을 가진 사람들은 우리에게 영감을 준다. 부정적인 자질을 지닌 이들은 우리의 단점을 일깨우며, 우리가 변화하도록 자극한다. 공자는 이에 대해 명쾌하게 말했다.

다른 두 사람과 함께 길을 가면서 나는 그들로부터 배우지 않을 수 없었다. 나는 한 사람의 좋은 점을 모방했고, 다른 사람의 나쁜 점은 내 자신 안에서 바로잡았다.

우리는 친절한 사람을 만나면 감사의 마음을 계발할 수 있고, 그들을 우리 자신의 친절함과 관대함을 고취시키는 역할 모델로 삼을 수 있다. 우리는 불친절한 사람들로부터도 역시 배울 수 있다. 우리가 얼마나 비판과 적의에 쉽게 상처받는지를 보면서, 타인들 또한 상처받기 쉽다는 것을 깨닫고 그들에게 상냥하게 대하려고 결심하게 된다. 또한 용서를 연습할 수 있고, 여러 날 동안 원망에 사무쳐 지내는 것보다 용서하는 편이 훨씬 낫다는 것을 발견할 수 있다.

이 연습을 준비하려면 초기에는 오전이나 하루같이 시간대를 정하는 것이 좋다. 그 시간 동안 당신이 만나는 사람을 당신에게 중요한 가르침을 주는 스승으로 보려고 노력하라. 당신에게 주어진 도전은 그 가르침이 무엇인가를 인식하는 것이다. 그 후에는 그 사람으로부터 배울 수 있는 최대한의 것을 배워야 한다. 그날의 마지막 시간에 각각의 사람들과 당신 사이에 있었던 상호작용과 그들이 가져다 준 가르침, 그리고 스스로 배운 것을 되돌아보고 검토하라.

이러한 연습을 반복함에 따라 영혼의 눈이 점차 열리고, 우리 안에 있고 우리 가운데 있는 신성을 점차 자각하게 된다. 모든 경험이 배움의 기회가 될 때, 모든 사람은 스승이 되며 우리의 영적 본성에 대한 암시가 된다. 그러면 초월증이 피어나게 되고, 세상이 우리와 또 다른 이들을 깨어나게 하고 치유하는 방법을 가르치기 위해 지어진 신성한 학교임을 알게 된다. 세상이 줄 수 있는 선물 중에 이보다 더 값진 선물이 어디 있겠는가.

# "도란 어디에 있습니까?"

# "없는 곳이 없소."

— 장자

헌신적인 수련은 놀랄 만한 연속성과 비범한 자각의 깊이를 모두 가져온다. 좀처럼 경험하기 어려웠던 신성의 스침이 반복적으로 인식되다가 궁극적으로는 지속적인 현존으로 피어난다. 더욱더 많은 활동을 각성의 기회로 활용하는 것이 성공의 비결이다. 그렇게 함으로써 영적 수련은 이따금 하는 활동에서 모든 활동의 일부로 성숙해간다.

나이 지긋한 노파가 찾아왔을 때, 붓다는 이와 관련된 멋진 예를 보여주었다. 그 노파는 정말로 영적인 삶을 살고 싶지만, 승가의 엄격함을 견디기에는 너무 늙고 허약하며 명상을 위해 오랜 시간을 따로 내기에는 집안일이 너무 많다고 말했다. 그 노파는 어떻게 해야 했을까? 붓다는 대답했다.

할머니와 할머니 가족을 위해 우물에서 물을 길어올 때마다 하나하나의 손동작과 움직임을 알아차리는 상태에 머무십시오. 물동이를 머리 위에 이고 집으로 가져갈 때, 발의 모든 걸음을 알아차리십시오. 허드렛일을 할 때, 모든 찰나에 끊임없이 마음챙김과 자각을 유지하십시오. 그러면 당신도 명상에 숙련될 것입니다.

영적 수련이 성숙함에 따라, 명료한 자각의 순간이 증가함에 따라 영혼의 눈이 열리고 모든 사물에서 신성을 인식하기 시작한다. 이에 대해 가장 잘 알려진 설명 중 하나는 워즈워스의 시에 나타나 있다. 그는 이 선물의 황홀경과 그것이 사라지는 아픔을 모두 표현했다.

> 한때 초원, 작은 숲, 그리고 개울,
> 대지, 그리고 모든 일상의 광경이
> 나에게는 진정
> 천상의 빛을 입은 듯했다.
> 꿈같은 영광과 생생함이여.

체계적인 명상 수련을 하지 않은 워즈워스는 이 황홀경의 비전을 유지하지 못했고 끝내는 안타까워하면서 "내가 보았던 것들을 지금은 더 이상 볼 수 없다"고 했다.

이러한 경험을 상실하는 것은 좌절일 수 있다. 이전에 경험하지 못한 의미와 즐거움을 삶에 가져다 준 세상의 비전을 어렴풋이 감지한 후에, 자신의 진정한 본성에 대한 형언할 수 없는 희열을 맛본 후에 그것을 다시 경험할 수 없는 삶은 피상적이고 생기 없는 것처럼 생각될 수 있다. 이것이 십자가의 성 요한이 표현한 '영혼의 어두운 밤the dark night of the soul'[72]이다. 여기에는 단 하나의 치료방법이 있다. 그것은 수련을 계속하고, 자각을 맑게 하며, 가슴을 정화하여 그것을 신뢰하는 것이다. 마이모니데스가 약속한 바와 같이 "이러한 조건들을 충족한 이는 의심할 여지없이 비범하면서 신성한 것들만을 지각할 것이다."

## |계시의 섬광을 영속적인 빛으로 변화시켜라|

꾸준히 수련하는 사람들에게는 처음의 어렴풋한 스침이 점차 반복해서 드러나는 비전으로 바뀐다. 절정 체험은 고원 체험으로 이어지고, 의식의 변성상태altered states of consciousness[73]는 의식의 변성특질altered traits of consciousness[74]이 되며, 계시의 섬광은 영속적인 빛으로 변형된다. 신에 대한 마음챙김이나 자각 같은 자신이 원하던 상태가 점점 자연스러운 습관이 된다. 이전에는 마음이 타성적으로 무의식적인 산만함 속에 떨어졌다면, 이제는 명료한 자각 속으로 흘러들어가기 시작한다. 이전에는 지속적인 노력이 요구되었다면, 이제는 단순한 의도만으로도 충분하다.

이는 고급 수련의 결정적 단계이다. 그것은 불교에서는 노력 없는 노력effortless effort으로, 도교에서는 무위nondoing로, 수피즘에서는 연속성continuance(세속적 활동 가운데 성스러운 교감에 머무를 수 있는 능력)으로 알려져 있다. 수피즘은 이 발전 단계를 하나의 과정으로 훌륭하게 설명했는데, 그 과정에 의해 기억(항상 신에 대한 마음챙김을 하기 위한 노력)과 혀의 기억(자파japa, 신의 이름 암송)이 가슴의 기

억(과도적인 신비 체험)이 되며, 마지막에는 영혼의 기억(여기에서는
암송과 마음챙김이 지속된다)이 된다. 마침내 이 기억은 한밤에도 계
속된다.


## |꿈 요가|


세상의 종교들은 오랫동안 꿈을 영적으로 의미심장하게 여겨왔
다. 수천 년 동안 샤먼과 요기, 예언자들은 꿈에 의해 인도되어왔
다. 유대교 토라는 다음과 같이 선언하고 있다.


내 말을 들으라. 너희들 가운데 예언자가 있을 때, 나 하나님은 비전 속
에서 그에게 나 자신을 알려준다. 나는 꿈속에서 그에게 말한다.


보통 영적인 꿈은 드물게 나타난다. 그러나 매일 집중적인 수련
을 하는 사람은 강력한 정신적 추진력을 발달시킨다. 그래서 기도
나 마음챙김, 만트라, 화두 수련의 효과가 꿈속에 침투하기 시작하
고 마침내 수련이 밤낮으로 끊이지 않고 지속되는 시점에 이른다.
시리아의 성 이삭St. Isaac the Syrian[75]은 아래와 같이 말한다.


잠들어 있거나 깨어 있거나
그때는 사람의 영혼 속에서 기도가 중단되는 일이 없다.
먹고 마시는 가운데, 잠자거나 무언가를 하는 가운데,

심지어 깊은 잠 속에서도 아무런 애씀 없이 그의 가슴은
기도의 향기와 기도의 속삭임을 내어놓는다.
그때는 기도가 그를 떠나는 일이 없다.
매시간마다, 외견상 침묵하고 있더라도,
그것은 내면에서 은밀하게 활동을 계속한다.


처음에는 기도나 다른 형태의 수련이 꿈속에 나타난다. 이어서 수련자는 자각몽lucid dream[76]을 꾸기 시작한다. 자각은 이제 아주 강력해서 꿈을 꾸는 동안에 자신이 꿈꾸고 있다는 사실을 인식한다.

자각몽은 놀랄 만한 잠재력을 가지고 있다. 그중 가장 중요한 것은 영적 수련을 잠자는 동안에 지속한다는 것이다. 800년 전에 티베트의 불교도들은 고도로 정교한 꿈 요가dream yoga를 개발했다. 이슬람 신비주의의 대철학자로 널리 존경받는 이븐 알 아라비Ibn al-Arabi[77]는 단언했다.


사람은 꿈속에서 자신의 생각을 통제해야 한다. 이 깨어 있음에 대한 훈련은 개인에게 커다란 이익을 가져다 줄 것이다. 모든 사람들은 그런 위대한 가치를 지닌 능력을 얻는 데에 전념해야 한다.


그러나 그렇듯 놀라운 꿈 요가와 명상조차도 수면 수련의 정점은 아니다. 훨씬 더 놀랄 만한 체험이 가능하다. 자신의 꿈을 주시하는 것이 가능하다. 그리고 꿈이 없는 수면 동안에도 자각에 머무를 수 있다.


**340**

꿈을 '주시하는' 것은 꿈에 사로잡히지 않으면서 꿈을 고요하고 침착하게 관찰하는 것을 의미한다. 그러한 방식으로 수련자는 낮과 밤을 통하여 동요 없는 자각을 계발한다. 그 결과는 파탄잘리에서 설명하는 바와 같다.

마음은 행위와 분리된 것으로서 진정한 자기를 체험하기 시작하고, 자연스럽게 깨달음으로 이끌린다.

더 나아가 고급 수련자들은 꿈꾸는 동안만이 아니라 꿈이 없는 수면 동안에도 자각을 유지할 수 있다. 오로빈도는 아래와 같이 말했다.

수면 중에 전적으로 의식하게 되는 것도, 꿈 경험의 단계를 처음부터 끝까지 혹은 넓은 범위에 걸쳐 추적하는 것도 가능하다. 그러고 나면 의식의 각 상태로부터 꿈이 없는 밝고 평화로운 짧은 휴식상태를 통과하고, 동일한 방식으로 깨어 있는 의식으로 되돌아가고 있는 자신을 스스로 자각하고 있는 것을 발견할 수 있다. 꿈이 없는 밝고 평화로운 짧은 휴식상태는 깨어 있는 본성의 에너지를 진정으로 복원한다. (…) 성취하거나 확립하기 어렵기는 하지만, 수면에 대해 일관되게 아는 것이 가능하다.

이러한 역량이 성숙해지면 자각은 밤낮으로 끊어지지 않고 머무른다. 수련자들은 자기 자신이 잠에 빠져들고, 꿈꾸고, 꿈이 없는 순수한 자각 안에서 휴식하며, 의식을 잃어버리지 않고 다음 날 아침에 깨어나는 것 모두를 지켜볼 수 있다. 플로티노스는 이 능력을 '항상 현재에 깨어 있음ever-present wakefulness'이라고 명명했다. TM 명상가들은 이것을 '우주 의식cosmic consciousness'이라고 표현했고, 심리학자들은 '주체 영속성subject permanence'이라고 부른다. 힌두교는 훨씬 더 나아가 이 의식의 상태를 투리야Turiya라고 부른다. 이는 '네 번째'라는 의미로 깨어 있는 상태, 꿈꾸는 상태, 꿈이 없는 수면상태라는 세 가지 일상적 상태를 넘어선 네 번째 상태라는 것을 함축한다.

이 상태가 안정화되면 영적 비전이 일깨워져서 모든 경험과 활동 가운데 항상 깨어 있고, 낮과 밤 내내 깨어 있게 된다. 몸은 잠들거나 병들 수 있고 경험은 오고 가지만, 의식은 더 이상 그것들에 의해 제한되거나 영향받지 않는다. 그리고 끊어지지 않고 명료하며 빛나는 자각 안에서 지속적으로 빛을 발한다. 영성과 심리학, 물리학에 대한 탁월한 저서들을 발표한 켄 윌버Ken Willber[78]는 이런 상태에 대한 그 자신의 경험을 묘사하고 있다.

깨어 있는 상태, 꿈꾸는 상태, 수면 중인 상태를 모두 관통하는 이 연속적인 의식상태는 다년간의 명상 이후에 일어나는 경향이 있다. 내 경우에는 약 25년이 소요되었다. 그것이 드러나는 모습은 아주 간단하다. 당신은 깨어 있는 상태 동안에 의식하고 있으며, 잠에 빠져들어 꿈을 꾸기 시작할 때 꿈꾸고 있음을 의식한다. 자각몽과 유사하지만 약간의 차이점이 있다. 일반적으로 자각몽에서는 자신의 꿈을 조작하는데, 혼음 파티나 맛있는 음식, 산 위를 나는 것 따위를 꿈꾸기로 선택한다. 그러나 지속적으로 주시하는 의식과 함께 할 때는 꿈속에서 일어나는 그 어떤 것도 바꾸려고 하지 않는다. 당신은 단순하고 순수하게 그것을 주시한다. 그것은 선택 없는 자각이며, 거울 같은 자각이다. 무슨 일이 일어나도 공정하고 치우치지 않게 비추어낸다. 따라서 당신은 꿈꾸는 상태 동안 의식하고 머무르면서 그것을 주시하고, 그것을 변화시키지 않는다.(당신이 원한다면 그럴 수도 있지만, 일반적으로 당신은 원하지 않을 것이다.) 그리고 나서 꿈이 없는 깊은 수면으로 넘어갈 때도 당신은 여전히 의식하고 있다. 이제 당신은 아무것도 자각하지 않고, 어떠한 내용도 없이 광대하고 순수하게 비어 있음만을 자각한다. 그러나 여기에는 이원성이 없으므로 '무엇을 자각함'이란 말은 정확하지 않다. 아무런 속성이나 내용물 없이, 주체나 객관 없이 '무無'인 것이 아니라 아직 제한되지 않은 광대하고 순수한 비어 있음이, 순수 의식 그 자체가 거기에 있는 것이다.

자아는 정묘 단계the subtle에서는 약간의 흔적만 드러내고 거친 상태gross state에 주로 존재하기 때문에 당신이 지속적인 의식, 즉 세 가지 상태 안에 존재하는 의식과 자신을 동일시하게 되면 당신은 자아의 속박을 무너뜨린다. 그것은 정묘 단계에서는 거의 존재하지 못하고, '인과적 공causal emptiness', 즉 비어 있음의 한 형태인 깊은 수면상태에서는 전혀 존재하지 않기 때문이다. 당신은 자아와 동일시하는 것을 중단한다. 그리고 있는 그대로의 형상 없는 순수한 의식에 자신을 동일시한다. 이 의식은 색깔이 없으며, 공간이 없고, 시간이 없으며, 형상이 없다. 순수하고 맑은 비어 있음이다. 당신은 무엇과도 특별하게 동일시하지 않는다. 따라서 당신은 일어나는 모든 것을 무조건적으로 껴안을 수 있다. 자아가 사라져버렸을 때, 당신은 우주 만물과 하나가 된다.

당신은 아직 깨어 있는 상태의 자아에 접근할 수 있다. 그러나 더 이상 당신은 단지 그것뿐이지 않다. 오히려 당신의 참으로 깊은 부분은 스스로 빛나는 영광 속에서 전체 우주와 하나이다. 당신은 진정 순간순간 일어나는 그 모든 것이다. 당신은 하늘을 보지 않는다. 당신이 하늘이다. 당신은 대지를 만지지 않는다. 당신이 대지이다. 당신은 빗소리를 듣지 않는다. 당신이 비다. 당신과 우주는 신비주의자들이 이른바 일미One Taste라고 부르는 것이다.


## | 실험실에서 관찰된 자각|


이는 놀라운 주장이며, 그 주장의 대전제는 이미 명백한 사실로 간주된다. 그 주장은 과연 사실인가? 수련자들은 정말 밤새도록 자각에 머물러 있을 수 있는가? 1997년에 실행된 놀라운 수면 실험이 그 해답을 제공했다. 연구자들은 아주 고급 수준의 TM명상자 그룹을 관찰했는데 그들 모두는 스물네 시간 내내 계속해서 깨어 있다고 주장했다. 명상자들이 밤에 잠든 동안 뇌파를 관찰하자 이전에는 보여진 적이 없는 패턴이 나타났다. 깊은 수면을 나타내는 아주 느린 리듬 위에 빠르고 깨어 있는 리듬이 중첩되어 나타남으로써 명상자들이 자는 동안에도 깨어 있으며 자각에 머물러 있다는 사실을 시사했다. 현대 과학은 고대의 지혜를 검증했다. 지속적인 자각이 실험실에서 관찰된 것이다.

위대한 종교들의 핵심 메시지는 "깨어 있으라!"라고 아주 단순하
게 요약될 수 있다. 깨어남의 징표는 이제 과학에 의해 어렴풋이 감
지되고 있다.

## 영적 지능의 계발

# 지혜를 계발하고
# 삶을 이해하라

지혜를 찾는 사람들은 행복하다.

그것은 보석보다 귀중하며,

당신이 원하는 그 어떤 것과도 비교할 수 없다.

그 길은 즐거움의 길이며,

그 모든 길은 평화이다.

지혜를 얻어라, 통찰을 얻어라.

그것을 잊지 마라.

— 토라

지식은
다른 사람들에
대해 아는
것이나, 지혜는
자기 자신을
아는 것이다.

— 노자

세상은 정보의 홍수에 휩쓸려 있고 우리는 데이터 속에서 허우적대고 있다. 우리는 매일 새로운 사실을 알게 된다. 불과 몇 세기 전까지만 해도 한 사람이 평생을 배워야 했던 것보다 더 많은 정보를 신문 한 부에서 얻는다.

그러나 무엇인가 결여된 것이 있다. 우리는 많은 지식을 소유하고는 있으나 지혜는 어떠한가? 그것은 또 다른 이야기이다. 세상의 고통과 광기를 잠시만 떠올려도 지혜가 절대적으로 부족하다는 것을 고통스럽게 깨닫게 된다.

지혜의 결핍은 두 배나 슬픈 일이다. 왜냐하면 지혜는 정상적인 삶과 사회를 위해서 필요할 뿐만 아니라 각성을 위해서도 반드시 필요하기 때문이다. 이런 점에서 모든 위대한 종교들이 지혜에 높은 가치를 두고 있다는 것은 새삼스러운 일이 아니다. 유대교와 기독교에서는 "가장 위대한 선은 지혜이다"라고 했으며, 코란은 "지혜가 있는 사람들은 진실로 풍요로운 행복을 얻은 것이다"라고 했다. 힌두교에서 지혜의 계발은 영적 수행의 중요한 여정 중 하나로서 요가의 한 분파를 이루고 있다. 불교에서는 지혜를 종종 탁월한 영적 능력으로 간주한다. 그러면 지혜란 무엇이며 우리는 그것을 어떻게 강화시켜야 하는가?

## | 무엇이 지혜가 아닌가 |

기본을 확실히 하기 위해 무엇이 지혜가 아닌가에서부터 논의를 시작해보자. 지혜는 단순한 지능이나 지식이 아니며 극적 체험이나 개인적 힘과 동일시될 수 없다. 그것들은 모두 나름대로 가치가 있으나 지혜와는 뚜렷이 구별되는 것이다.

### 지능

지능은 학습하고 이해하며, 명확하고 논리적으로 사고하는 능력이다. 지능은 매우 중요한 능력으로 지혜를 계발하고 표현하는 데 활용될 수 있다. 그러나 지혜는 단순한 지능 이상의 것이다. 왜냐하면 지혜는 삶의 핵심적 문제를 이해하는 데 있어 지능을 활용하는 것이기 때문이다.

### 지식

마찬가지로 지혜는 지식 이상의 것이라 할 수 있다. 도교에서는 "사람이 배웠다고 해서 지혜로운 것은 아니다"라고 단언한다. 지식은 단순히 정보를 얻는 것인 반면, 지혜는 정보에 대한 이해를 요구한다. 지식은 사물을 객관적으로 바라보는 반면, 지혜는 삶 속에서 사물의 함의를 주관적으로 검토하여 어떻게 잘 살아갈 것인지를 인식한다. 지식은 우리에게 정보를 주고, 지혜는 우리를 변화시킨다. 지식은 우리가 소유한 무엇이며 지혜는 우리가 되어야 하는 무엇이다. 지식은 언어로 표현되고 지혜는 삶 속에서 표현된다. 지식은 힘을 부여하는 반면, 지혜는 힘을 부여할 뿐만 아니라 각성시킨다. 불교에서는 다음과 같이 주장한다.

명상 중에 잠시 스치는 성스러운 지혜는 많은 양의 지식보다 더 귀중한 것이다.

### 극적인 체험

강력하고 영적인 체험일지라도 그 체험이 지혜를 얻었다는 증거가 될 수는 없다. 장기간 집중적으로 영적 수행을 한 사람은 빠르든 늦든 간에 황홀경과 강렬한 정서, 날카로운 통찰 같은 뚜렷한 경험을 하게 될 것이다. 그러나 비전과 통찰은 잘못된 것일 수도 있으며 모든 경험은 결국 사라지게 된다. 이런 강력한 체험은 지혜의 증거가 아닐 뿐만 아니라 지혜에 도달하기 위해 꼭 필요한 것도 아니다. 여기서 중요한 점은 우리가 그러한 경험을 어떻게 연결시키고 학습하느냐 하는 것이다. 이것은 영적 수련의 지극히 중요한 비밀 중 하나이다.

황홀한 체험은 우리를 현혹시킬 수도 있고 고무시킬 수도 있다. 황홀한 체험이 우리를 유혹한다면 우리는 그것에 집착하게 되고, 그 경험을 있는 그대로 받아들이며 더 성장하기보다는 체험 자체를 연장하고 재연하기 위해 노력하게 된다. 니사의 성 그레고리 St. Gregory of nyssa[79]의 말처럼 우리는 다음과 같은 중요한 사실을 망각하고 있다. "우리가 모든 지점에서 얻게 되는 영광은 실로 위대하나 우리의 즉각적인 이해를 넘어 존재하는 길은 끝이 없다."

**350**

보다 파괴적인 것은 강력한 체험을 자기초월을 위해 사용하지 않고 스스로를 특별하고 중요하며 각성된 존재로 여기는 과대망상에 빠지는 것이다. 종종 나는 깊은 통찰을 경험하곤 했는데, 바로 그 다음 순간 나의 마음은 자만심과 그 발견을 어떻게 세상에 알려야 하는지에 대해 골몰하는 데 사로잡혔다. 이런 것을 영적 실현이라고 부르는데, 영적 체험에 집착하고 그것을 자기중심적 목적에 편향하려는 경향성이라고 할 수 있다. 아래의 한 선불교 일화는 영적 실현에 대한 효과적인 해독제라고 할 수 있다.

한 젊은 승려가 명상 중에 갑자기 방석 위로 몸이 뜨게 되자 스승의 방으로 달려갔다. 승려는 신발을 벗을 겨를도 없이 책을 읽으며 앉아 있던 스승 앞에 엎드려 자신이 광채로 빛나는 금부처를 보았다고 숨 가쁘게 말했다.
"걱정 마라."
스승은 책에서 눈도 떼지 않은 채 말을 이었다.
"계속 명상을 하면 없어질 것이다."

물론 깊은 체험은 지혜로 연결될 수 있다. 그러나 그 체험은 조심스럽게 검토되고 검증되며 스승과 의논되어야만 한다. 그리고 배움과 무집착에 활용되어야 한다. 지혜는 체험으로 자랄 수 있으나 단순한 체험 훨씬 이상의 것이다.

지혜는 또한 개인적인 힘 이상의 것이다. 힘과 카리스마를 영적 성숙의 증거로 믿는 제자들에게 강력한 스승은 매우 유혹적일 수 있다. 그러나 그것은 진실이 아니다. 스승은 다양한 모습과 역량으로 나타난다. 어떤 스승은 지도력 있는 성격의 소유자일 수 있고, 또 다른 스승은 조용하고 차분할 수 있다. 여기서 성격과 심연의 힘을 혼동하지 않는 것이 매우 중요하다.

스승의 힘이 명백한 심령적 능력과 관련된 경우 더욱 유혹적일 수 있다. 심령적 능력의 실재 여부는 과학계의 가장 치열한 논쟁거리 중 하나로, 한 세기 이상을 엄청나게 뜨거운 열기 속에서 서로를 물고 뜯으며 비방하고 모독해왔다. 과학자들이 항상 차분하고 이성적으로 작업한다고 맹신하는 사람들은 초심리학 서적을 보면 그 맹신이 치료될 것이다. 효과는 미미하지만 심령적 능력이 실재한다는 것은 점점 사실로 입증되고 있다.

위대한 종교들은 모두 심령적 힘이 존재한다는 것에 동의한다. 그러나 심령적 힘은 지혜나 영적 성숙의 표현이 아니며, 궁극적 자유라는 목표에 비하면 훨씬 부차적인 것이라고 규정한다. 위대한 종교들은 심령적 능력을 단순한 부가적 효과로 보기 때문에 진지하게 추구해야 할 것으로 여기지 않는다. 만약 그런 힘이 나타나면, 삼가는 마음으로 다른 사람들의 이익을 위해 사용해야 한다는 것이다. 다음과 같은 고대의 신화는 이 점을 잘 지적하고 있다.

한번은 붓다와 제자들이 강가에서 뱃사공이 와서 자신들을 태워줄 때까지 인내하며 기다리고 있었다. 기다리는 동안 붓다는 주변에 모여든 서민들에게 설법을 전했다. 그때 심령적 능력을 발휘하기 위해 수년 간 노력해온 한 요기가 갑자기 자신의 능력을 대중에게 과시하고자 강물 위를 가로질러 왕복했다. 그런 후에 붓다에게 자기와 같은 묘기를 보여달라고 요구했다. 그러자 붓다가 물었다.

"알려주시오. 강을 건너는 데 뱃삯이 얼마요?"

요기가 어리둥절해하며 대답했다.

"뭐, 얼마 안 됩니다. 동전 몇 닢이면 되겠지요."

그러자 붓다가 말했다.

"그것이 바로 당신이 가진 심령적 힘의 가치요."


## 지혜의 정의

지혜는 삶의 가장 주요한 문제, 특히 실존적·영적 문제에 대한 깊은 이해와 실용적 기술을 바탕으로 한다.

실존적 문제는 인간이기 때문에 우리 모두가 반드시 직면하는 중요하고도 보편적인 문제이다. 이 문제는 우리 삶의 의미와 목적을 탐색하고, 인간관계와 고독을 관리하며, 우리의 이해 수준을 뛰어넘는 광대한 우주 속에서 자신의 한계와 협소함을 인정하는 것을 포함한다. 또한 피할 수 없는 불확실성과 신비 속에 사는 것이며 질병과 고통, 죽음을 다루는 것이다. 이러한 문제들을 깊이 통찰하고 그것을 다루는 기술을 개발시켜온 사람은 진정으로 지혜로운 사람이다.

고대 그리스 이래로 지혜는 서로 구별되면서도 밀접하게 연관된 두 가지 측면을 갖고 있다고 생각되어왔다. 즉 비전 또는 이해의 측면과 실용 또는 적용의 측면이다.

### 비전과 이해

지혜의 비전적 측면은 깊고 명료하게 보는 데서 비롯되는데, 그것은 사물과 삶의 보다 깊은 본질을 인식하기 위해 표면에 드러나는 모습을 바닥까지 꿰뚫어보는 것을 의미한다. 이는 명료함과 미묘함, 꿰뚫어보는 힘 등을 특징으로 하는 매우 정제된 자각을 요구한다. 이 예리한 힘은 대개의 경우 집중력에서 비롯되는데, 전통적인 불교에서 집중력은 지혜에 선행하는 요인 혹은 보다 직접적인 요인으로 기술되기도 한다.

비전은 직관을 제공하며, 직관으로부터 이해가 가능해진다. 명확하고 집중된 비전은 사물을 있는 그대로 보며, 이해는 사물의 존재 방식을 적극적으로 탐색하고 분석하는 것에서 비롯된다. 탐색은 매우 통찰적인 것이라 불교도들은 그것을 칠각지七覺智[80] 중 하나로 꼽으며, 탐색적인 마음의 자질과 능력은 깊은 각성에 반드시 필요한 것으로 받아들인다. 신유교의 한 성자는 다음과 같이 단언한다. "사색과 탐구의 마음으로 스스로를 더욱더 갈고닦는다면 대오각성의 아침이 찾아올 것이다."

이 말을 한 위대한 신유교 철학자 왕양명은 자신의 깨달음에 대한 경험이 "지식의 극한 수준까지 확장될 수 있도록 사물을 탐색하라"는 구절을 이해할 때 일어났다고 기록했다.

사물을 탐색함에 따라 지혜는 행복한 삶을 위한 주요 원칙과 그 함의를 파악할 수 있게 된다. 단순한 수준에서는 "이러한 유형의 행동은 고통을 초래한다", "그 사고방식은 행복을 촉진시킨다" 같은 인과관계를 파악할 수 있고, 보다 정교한 수준에서는 지혜의 비전적 통찰과 실제적 적용을 정확하게 말하고 설명할 수 있는 완전한 심리학과 철학을 창조할 수 있다.

지혜의 비전적 측면은 세 가지 대상인 삶, 마음, 실재의 본질을 살피고 탐구한다.

## 삶

지혜는 삶의 본질, 특히 행복과 고통의 원인과 치유에 대해 탐구하고 성찰한다. 지혜는 세상에 엄청난 양의 불필요한 고통이 존재하며, 그 대부분이 탐욕이나 증오 같은 파괴적인 힘에 눈이 먼 사람들에 의해 유발된다는 사실을 알려준다. 또한 지혜는 비윤리적이거나 탐욕스러운 행위들이 짧은 시간의 쾌락을 가져다 주는 대신 그보다 훨씬 긴 시간 동안의 고통을 유발한다는 사실도 깨닫게 해준다. 반면 윤리적이고 자비로운 행위들은 지속적인 행복을 가져온다는 것도 알게 해준다. 대부분의 사람들은 이러한 사실을 깨우치지 못하고 행복의 가능성을 스스로 좌절시키는 방식으로 살아간다.

비전적 지혜는 전통적인 삶의 방식이 고통으로 가득 차 있다는 사실을 알려준다. 실용적인 지혜는 살아가는데 더 좋은 방식이 반드시 있다는 것을 인식하고 그것을 발견할 수 있다고 확신하는 데서 시작된다. 즉 각성을 추구하기 시작하는 것이다.

## 마음

지혜는 마음의 경외로운 힘이 우리의 경험을 창조할 수도 있고 흐리게 할 수도 있음을 알게 해준다. 즉 황홀감과 고통을 창조할 수도 있고, 배울 수도 있으며, 정체시킬 수도 있다. 일단 우리가 마음이 사용하는 모든 힘을 존중하면 어떻게 마음이 작용하는지, 어떻게 그것을 훈련시켜야 하는지를 배우는 것이 현실적인 목표가 된다.

지혜는 훈련이 안 된 마음은 사납고 제어가 불가능하다는 사실을 알려준다. 또한 마음은 훈련되고 다스려질 수 있으며, 변형과 초월이 가능하며, 행복과 사랑, 이타주의와 궁극적 자유를 촉진시키는 데 필수적이라는 것을 알려준다. 따라서 마음의 훈련이 최우선 순위를 차지한다고 할 수 있다. 이러한 훈련은 지혜의 성장을 더욱 촉진시킨다.

## 실재의 본질

현명한 사람들은 자신의 체험을 깊이 탐색함으로써 실재의 본질을 깊이 있게 바라본다. 그것을 통해 그들은 영원의 철학의 여러 측면들을 재발견하기 시작한다. 현명한 사람들에게는 그것이 단순한 이론적 지식이 아니라 삶과 세계, 마음을 통찰하는 탐색에서 비롯된 직접적이고도 개인적인 인식이다.

현명한 사람들은 보통 사람들은 모르는 많은 사실을 배울 수 있다. 한편 역설적이게도 그들은 또 그 배움에 한계가 존재한다는 사실까지도 배우게 된다. 지식은 부분적이고, 지성은 제한적이며, 우리의 이해는 가늠할 수 없는 신비를 지니고 있는 무한한 우주 속에서 유한한 것이다. 이런 한계를 인식하고 수용하는 것도 지혜의 한 측면이며, 또 앞으로 살펴보게 되겠지만 지혜를 계발하는 데 있어 필수적인 것이기도 하다.

## 실용적 지혜

실용적 지혜는 삶의 기술로서, 특히 삶의 핵심적이고 실존적인 문제에 대처하는 데 필요하다. 그것은 지혜의 비전적 · 이해적 측면을 표현하는 삶의 방식이다. 다른 말로 하면 가장 깊은 곳에서, 영원의 측면sub specie aeternitatas에서 사는 것으로 도교에서 말하는 "도와 더불어 산다"와 같은 의미이다.

위대한 비전과 깊은 이해는 '자연의 법칙'이나 '자연의 윤리', '자연스러운 삶의 방식'에 대한 존중으로 이어지며, 각각 사회 법규, 윤리, 라이프 스타일 같은 실재의 본질에 뿌리를 두면서 우리를 조화롭게 하고 일깨워준다.

성인이라는 유교적 이상은 이러한 사상을 체화한 사람이다. 성인이란 "모든 원칙에 완전히 순응하며, 자연과 사회와 조화를 이루어 살며, 한 세대의 비할 데 없는 스승이다."

모든 발달 단계에서 사람들은 윤리적이고 친절해지기 위해서 노력한다. 그러나 왜 도덕적이어야 하는가와 같은 근본적인 의문에 대해서는 신비 체험과 그에 따른 결과인 지혜만이 확실한 답을 제공한다. 정의에 대한 개념과 다른 사람들의 입장을 고려하는 동시에 모든 사람과 모든 생명과의 일체감을 직접 체험하는 경험이 없다면 윤리적이고 친절한 행동은 도덕적인 삶을 살기 위해 노력하는 것에 그칠 것이다. 도덕적 삶은 분명 가치 있는 것이지만 그 역시 제한된 것일 수밖에 없다. 이에 대해서 도덕 발달에 대한 선구적 연구자인 로렌스 콜버그Laurence Kohlberg[81]는 다음과 같은 결론을 내렸다.

정의 추론의 가장 높은 단계에서조차 "왜 도덕적이어야 하는가?"라는 질문에는 충분히 답을 할 수 없다 (…) 오직 윤리적이고 존재론적인 지향성만이 "왜 도덕적이어야 하는가?" 같은 궁극적인 도덕적 문제 의식에 대해 충분한 해답을 낼 수 있다. "왜 정의롭지 않아 보이는 세상 속에서 정의로워야 하는가?"라는 문제는 우주적 관점을 지니고 있다. (…) 이러한 지향성은 초월적 또는 신비적 체험의 몇 가지 유형, 예를 들어 자기와 우주가 일체되는 것과 같은 수준의 체험에 의존하는 것으로 보인다.

신비 체험은 성숙한 지혜의 기초를 제공하며, 이는 나아가 성숙한 자아초월적 윤리, 동기, 정서, 서비스를 촉진시킨다. 따라서 지혜는 타인들과 조화롭고 자비롭게 살아가도록 유도한다. 여러 세기에 걸친 이런 주장은 최근 들어 여러 학자들이 지지하게 되었으며, 이 연구자들은 자신들이 연구했던 현인들은 "인간의 과제를 초월

하여 집단적 · 우주적 문제로 전환했다"라고 결론을 내렸다. 불교
는 그것을 지혜와 자비의 통합이라고 하는데, 왜냐하면 지혜가 있
어야 다른 사람들에게 봉사할 때 필요한 표현을 자연스럽게 찾을
수 있기 때문이다.

# 지혜는 빛나는 것이며 드러나는 것이다.

— 장자

지혜를 사랑하는 사람들은 지혜를 쉽게 알 수 있고
지혜를 찾는 사람들에게는 쉽게 발견된다.
갈망하는 사람들에게 지혜는 서둘러 스스로를 드러낸다.
그것에 대한 생각을 확고히 하는 것은 완벽한 이해이다.
지혜의 시작은 가르침을 향한 가장 진지한 열망이다.
다수의 지혜로운 자들이 세계를 구원한다.

지혜로워지기 위해 우리는 어디로 가는가? 지식의 전당으로 군림하는 대학에 가서는 안 된다. 정치와 힘을 숭배하고 종종 지구를 위협하는 지도자들에게 가서도 안 된다. 그 대신 수천 년 간 축적된 지혜와 수많은 성인들을 배출한 위대한 종교 전통의 영적 핵심으로 가야 한다. 지혜의 열쇠는 그곳에 있다.

## | 지혜를 준비하는 것 |

여기까지 읽고 앞 장의 연습을 마쳤다면, 당신은 이미 지혜를 계발하기 위해 많은 일들을 실천한 것이다. 동기를 정제하고 집착을 놓아버리면 보다 현명한 선택을 할 수 있다. 윤리적 삶과 정서를 변화시키면 분노, 죄책감, 공포에 의해 흐려지는 결과를 감소시킬 수 있다. 이는 매우 중요하다. 토라에서 지적했듯이 "지혜는 거짓된 영혼으로 들어가는 것이 아니다." 집중과 명료한 인식은 자각을 예리하게 하고 숙련된 행위와 선택을 깨우쳐준다. 그 결과 과거에 덜 매여 있고 욕망에 덜 흐려진 마음, 보다 집중되어 있고 명료하며 깊이 꿰뚫어볼 수 있고 심오한 이해를 할 수 있는 마음을 얻게 된다. 마음은 지혜를 계발하는 훌륭한 도구가 된다. 이 계발은 중요한 인식에서 비롯된다.

## 지혜에 대한 무지



지혜는 역설에서 비롯된다. 만약 우리가 지혜롭다면, 먼저 우리가 그렇지 않다는 사실부터 깨우쳐야 한다. 우리가 모른다는 사실을 알 때 비로소 배우려는 동기가 생긴다. 지혜의 중요성은 학식이 많은 학자와 지혜로운 선사의 만남을 다룬 전통적인 선 일화에 잘 묘사되어 있다.

학자는 선사에게 자신을 소개하면서 선에 대해 좀 배우고 싶다고 밝혔다. 그러자 선사가 말했다.

"좋습니다! 들어오시지요."

그들이 앉은 후, 선사는 선에서 윤리적 삶이 얼마나 중요한지에 대해 이야기하기 시작했다. 이때 학자가 말을 자르며 끼어들었다.

"아, 그렇습니까? 윤리는 중요한 주제입니다. 그렇지 않습니까? 나는 그와 관련된 여러 학파에 대해 공부했습니다. 사실 저는 관련된 책도 썼습니다."

학자는 빠르게 윤리학의 다양한 이론에 대해 강의하기 시작했다. 학자가 숨을 내쉬기 위해 잠시 멈췄을 때, 선사가 점잖게 말했다.

"선에서는 어떤 것을 말하거나 행하는 것의 정확한 동기가 아주 중요하며, 우리는 진실로 도움이 되는 것만을 말하려고 노력합니다."

"맞습니다. 그러한 관점을 갖는 몇 가지 이론들이 있지요. 그러나 나는 그 이론들에 결함이 있다는 사실에 대해 말하고 싶습니다."

그러고는 즉시 다양한 동기 이론에 대해 길게 설명했다. 학자가 잠시 쉬는 동안 선사가 말했다.

"잘 알겠습니다. 차 한 잔 하시겠습니까?"

그러자 학자가 좋다고 대답했다. 선사는 미소를 지으며 학자의 찻잔이 다 차서 흘러넘쳐 테이블을 적시도록 차를 따랐다. 학자는 할 말을 잊고 침묵한 상태로 가만히 있었다. 그러다 차가 그의 무릎에까지 흐르자 벌떡 일어나 고함을 질렀다.

"그만 하시오! 잔이 가득 찬 것이 보이지 않습니까? 더 이상은 채울 수 없습니다!"

"아, 그렇군요. 보입니다."

선사는 미소를 지으며 말을 이었다.

"그런데 당신의 마음이 오래된 사고로 꽉 차 있다는 사실은 보이지 않습니까? 새로운 것을 담을 수 없다는 사실은 어떤가요? 그래서 당신은 선에 대해 배울 수 없습니다."


우리가 무지하다는 사실에 대한 인식은 우리 자신에 대한 통찰 이상의 것이다. 그것은 실존에 대한 매우 가치 있는 통찰이다. 우주는 이해할 수 없을 만큼 광대하고 삶은 상상할 수 없을 만큼 심오한 반면, 상대적으로 우리 마음은 한계를 가지고 있으므로 우리의 삶과 우주는 위대하며 경외로운 신비감에 싸여 있다고 할 수 있다. 스미스는 우리의 상황을 다음과 같이 요약했다. "우리는 신비 속에서 태어나, 신비 속에서 살다가, 신비 속에서 죽는다."

이 엄청난 신비에 직면하여 우리의 무지를 깨닫는 것은 인간의 조건을 정확하게 성찰하는 것이다. 그것은 실제로는 깊은 안도감이다. 이는 나 자신의 경험으로부터 확신할 수 있다. 몇 년 동안 나는 무지와 신비감 속에서 낙담했는데, 그 느낌은 나나 나의 영적 수련이 뭔가 잘못됐다는 신호이며 만약 내가 제대로 수련한다면 사라질 것이라고 생각했다. 그러다 마침내 그러한 느낌이 부적절함을 나타내는 신호가 아니라 실재를 반영하는 것이라는 사실을 깨닫고 진정한 안도감을 느끼게 되었다.

우리의 무지를 깨닫는 것은 위대한 선물이라고 할 수 있다. 그것은 자만심과 편견을 버리고 새로운 가능성에 마음을 열게 하며, 지혜가 흐를 수 있도록 마음을 깨끗한 빈 그릇으로 만든다. 모른다는 것에 대한 두려움은 삶의 영원한 불가사의 속에서 경외와 기쁨으로 대체된다. 우리는 "존재는 불가사의에서 불가사의로 열려 있다"는 노자의 말을 알고 있다. 기독교 성경은 오래된 관념을 놓아버리고 신성에 마음을 여는 방법으로 다음과 같은 성찰을 추천했다. 치유효과를 기대한다면 그것을 아주 천천히, 그리고 조용히 읽어야 한다.


잠시 멈추고 우리가 배워왔던 모든 것들, 우리가 가져왔던 모든 생각들을 잊어버리자.
그리고 사물이 무엇을 의미하며 그것의 목적이 무엇인지에 대해 우리가 가져왔던 모든 편견들을 잊자.
세계가 왜 존재하는지에 대한 우리 자신의 생각을 기억하지 말자.

우리는 모른다.

단지 이것만 하라.

차분하게 앉아 당신은 무엇이며, 신은 무엇인지에 대한 모든 생각을 접어두라.

세계에 대해 배워왔던 모든 개념과 스스로에 대해 가져왔던 모든 이미지를 접어두라.

과거로부터 습득되었다고 여겨지는 것들과 이전에 어디선가 얻었던 믿음도 버려라.

이 세계를 잊고 이 과정을 잊어라.

그리고 당신의 신을 향해 완전히 빈손으로 다가가라.

## | 지혜의 원천 |

궁극의 수준으로 다가가려고 하거나 다가갈 수 있는 사람들,

그들은 기꺼이 배우고자 해야 한다.

—붓다

우리는 어디서 지혜를 발견할 수 있는가? 결국은 어느 곳에서나 가능하다. 열린 마음으로 탐색하는 모든 사람, 상황, 그리고 경험에서 지혜가 발견될 수 있다. 모든 사람, 모든 사건으로부터 배우는 것이 가능한데, 특히 종교 전통들은 다음 다섯 개의 근원을 추천했으며 그것들로부터 지혜를 찾으라고 조언한다.

1_ 자연.

2_ 침묵과 고독.

3_ 현자.

4_ 우리 자신.

5_ 삶과 죽음의 본질에 대한 성찰.


이 장에서는 앞의 네 가지 근원들에 대해 검토하고 삶과 죽음에 대한 성찰은 다음 장에서 살펴보겠다.


## 신성의 탄생지인 자연

우리의 삶에서 진정 중요한 것이 무엇인지는 너무 쉬워서 잊어버릴 수 없다. 워즈워스는 우리의 어려움에 대해 다음과 같이 요약했다.


세상은 밤낮으로 너무도 고달파라.

얻고 소비하면서 우리는 힘을 소진하고 있네.

정작 우리의 것인 본성은 좀체로 발견하지 못하며,

우리는 자신의 마음일랑은 내던져버렸네.


세계 곳곳의 영적 수행자들은 일상적 삶의 소란과 혼돈 속에서 우리의 마음을 빼앗기는 함정을 인식하고 자연을 치유의 해독제로 추천한다. 사막의 교부, 샤먼, 요기, 도교 신자, 그리고 아메리칸 인디언들은 모두 자연이 우리의 신성을 일깨우고 자신을 발견하며 지혜를 찾는 데 훌륭한 환경이라는 점을 강조한다. 아메리칸 인디언들은 비전 퀘스트(황야에서의 기도와 단식 기간)에 가치를 둔다. 그들은 "유일하고 진정한 지혜는 인류와 멀리 떨어져 있다"고 주장한다. 그들은 다음과 같이 말한 기독교인 성 베르나르St. Bernard의 결론을 반향하고 있다.

성스러운 과학과 성스러운 경전에 대해 내가 아는 바는 숲과 들판에서 배웠던 것이다. 나는 너도밤나무와 오크나무 외의 스승을 만난 적이 없다. 체험에 귀를 기울여라. 그리하면 책보다 숲에서 더 많이 배울 것이다.

산 정상이든, 계곡이든, 해변이든 자연은 우리 마음의 잔재를 털어내주고 무한함과 중요한 점을 깨우쳐준다.

## 침묵과 고독

신이 말씀은 마음의 침묵 속에 있다.

—마더 테레사

자연이나 어떤 상황에서 영적인 힘은 침묵과 고독에 의해 더욱 강화될 수 있다. 많은 사람들이 홀로 있는 것을 두려워하며 그것을 피하기 위해 몸부림친다. 그러나 고독은 외로움과는 상당히 다르다. 외로움은 뭔가 결핍된 고통스러운 감정이다. 반면 고독은 평온과 민감성, 그리고 그에 따른 여러 가지 이점들을 촉진시키고 맛보기 위해 홀로 있고자 하는 신중한 선택이다.

고독의 이점은 수천 년에 걸쳐 입증되어왔다. 종교 창시자들의 예를 살펴보자. 붓다가 수행한 숲 속에서의 장기 명상, 마호메트의 동굴 속 기도, 예수가 보낸 황야에서의 40일 등이 있다. 이 모든 것은 아메리칸 인디언의 "고독의 힘은 위대하고 이해를 뛰어넘는다"는 말과 맥락을 같이 한다.

고독 속에서, 정말이지 너무나 고요한 고독 속에서 우리는 사회의 피상적 요구로부터 자유로워지는데, 코란에 따르면 그 요구는 영적인 삶으로부터의 '우회와 혼란에 불과한 것'이다. 침묵은 마음을 쉬게 해준다. 생각과 상상이라는 내면의 속삭임이 멈추고, 내면의 침묵은 외부의 침묵을 반영한다.

고요함이 내면과 외면 양쪽 모두에 자리 잡을 때, 우리는 결코 들을 수 없었던 것과 언어를 넘어 존재하는 지혜를 들을 수 있다. 아메리칸 인디언의 현자 블랙 엘크Black Elk는 "침묵은 바로 그 위대한 영의 목소리를 위한 것이 아닌가?"라고 말했다. 확실히 세상의 현자들은 그렇게 생각해왔다. 토머스 키팅Thomas Keating[82] 신부에 의하면 "침묵은 신의 언어이며, 그 외의 모든 언어는 잘못된 번역이다." 도교는 다음과 같은 가능성을 제시한다.

고요함 속에서 (마음은) 더욱 명료해진다.
명료함 속에서 마음은 밝아진다. 그리고 이 밝음은 내면에서의 도의 광채이다.

일찍이 한 선사는 신성을 추구함에 있어 다음과 같이 경고했다.

그것에 대해 더 많이 말하고 생각할수록 진리로부터 더 멀어지고 방황
하게 된다.
말하고 생각하는 것을 멈추라. 그러면 알 수 없는 것은 아무것도 없다.


종교들은 침묵과 고독을 예찬했고, 현대 심리학자들 또한 이러한
합창에 동참해왔다. 그들의 연구는 얼마간의 고독은 성찰과 기분
전환을 촉진한다는 고대의 주장을 입증했으며, 더 나아가 창의성과
신체적 건강의 증대를 비롯한 보다 많은 이점들을 발견해왔다.
침묵과 고독의 시간은 가끔 교류와 토론의 시간과 교대로 진행될
수도 있다. 한쪽은 다른 한쪽을 풍부하게 하며, 우리 각자는 스스로
를 최대한 돌보고 일깨우는 균형점을 발견해야 한다. 위대한 종교
는 모든 만남 중 가장 풍요로운 것은 현자와의 만남임을 이구동성
으로 지적하고 있다.

## 현자

누가 현자보다 지혜를 더 잘 가르칠 수 있겠는가? 그리고 어떤
사람들이 현자인가? 붓다, 노자, 공자, 예수, 마호메트 같은 위대한
종교 창시자들은 확실한 현자이다. 그리고 이스라엘의 선지자들,
중국의 성인들, 인도의 요기들과 같이 전통을 지키고 발전시켜온
위대한 선인들도 있다.
현인들은 이미 몇천 년 전에 사라졌다고 생각할 필요는 없다. 의

미를 부여하고 계발한다면 지혜는 모든 시대, 모든 공간의 사람들에게서 꽃필 수 있다. 구약성서 외경 중 하나인 솔로몬의 지혜서는 다음과 같이 밝히고 있다. "지혜를 갈구하는 사람들에게 지혜가 스스로 모습을 드러내도록 서두르라." 20세기에는 현명하고 자비로운 사람들이 많이 배출됐다. 그들 중 대다수는 알려져 있지 않지만 간디, 마더 테레사, 달라이 라마 등은 귀에 익은 이름들이다. 이러한 사람들의 삶을 연구하는 것은 귀감이 될 본보기를 배우는 것이다. 그들을 만나는 이유는 그들의 존재 자체가 영감을 주기 때문이다. 현인들의 말을 경청하거나 읽는 것은 그들의 지혜를 직접 흡수하는 것과 같다. 최근 발견된 토마 복음서에는 다음과 같은 예수의 말씀이 인용되어 있다.

나의 입으로 마시는 자는 나와 같이 될 것이다.
나 자신이 곧 그가 될 것이며, 숨겨진 사실들이 그에게 드러날 것이다.

라마크리슈나는 다음과 같은 결론을 내렸다.

가장 효과적인 훈련은 신을 의식하는 사람들과의 우정과 지속적인 교류이다.

유대교의 지혜는 다음과 같이 조언한다.

당신의 집을 지혜로운 사람들이 만나는 장소로 만들어라. 그리고 목마름으로 그들의 말을 마셔라.

붓다 역시 그것을 아름다운 표현으로 요약했다.

스승이 있을 때 당신이 깨어 있다면,
한순간에 도를 깨달을 수 있을 것이다.
깨달은 사람을 따르라. 그리고 스스로를 자유롭게 하라.


성인과 성자를 직접 만나는 것은 매우 어려운 일이다. 다행히 현대의 기술은 훌륭한 해결방법을 제시하고 있다. 우리는 성인을 한 번 만나기 위해 더 이상 몇백 킬로미터를 걸어갈 필요가 없다. 이제 우리는 세계 곳곳에서 현자들을 우리 집으로 초대할 수 있으며, 책과 테이프와 비디오 등을 통해 말씀을 접할 수 있다. 그러나 항상 그렇듯이 영적 시장에서는 통찰력과 분별력 있는 쇼핑을 하는 것이 필수적이다.

성인이나 성자만 우리를 고무시키는 것은 아니다. 지혜에는 다양한 수준이 있으므로 단 몇 발짝 먼저 나아간 사람들 또한 도움이 될 수 있다. 공자는 "솔직하고 진실되게 말하는 사람, 식견이 있는 사람과 사귀는 것은 행운이다"라고 말했다. 신성에서 비롯된 사랑을 나누는 이러한 우정은 그 깊이와 정직성, 사랑에 있어 고유한 것일 수 있다. "무엇이 행복을 가져옵니까?", "우리는 무엇에 대해 진정으로 포상해야 합니까?"라고 샹카라에게 물었을 때 그는 "성스러운 자와의 공감과 우정이다"라고 대답했다. 또한 붓다는 "진리를 사랑하는 친구를 찾아라"하고 강조했다.

## 자신을 알라

자신을 아는 것은 신을 알기 위한 가장 빠른 지름길이다.

—이슬람 성자

지혜의 네 번째 탐구 영역은 자신을 아는 것이다. 수련이 깊어질수록 우리는 차츰 놀라운 실현과 체득으로 인해 깨어난다. 우리는 자신을 진정으로 알지 못한다. 물론 우리는 매일의 익숙한 습관과 성격을 알고 그것이 우리 자신인 척한다. 그러나 내면의 깊이나 마음, 가장 심오한 진아가 어떻게 작용하는지에 대해서는 제대로 모르고 있다.

그래서 많은 현자들은 우리에게 "자신을 알라"고 강조하고 조언하며 심지어 간청하기도 한다. 플라톤은 "먼저 나 자신을 알아야 한다"라고 말했다. 한 제자가 "시간을 허비하지 않기 위해 무엇을 해야 합니까?"라고 마호메트에게 질문했을 때 그는 대답했다. "너 자신을 알도록 공부하라."

자신을 아는 것에 대한 보상은 심오하다. 왜냐하면 우리의 진아, 즉 진정한 영적 자기는 신성을 향한 관문이기 때문이다. 성 아우구스티누스는 기도했다. "나 자신을 알게 해주십시오. 주여, 그래야 당신도 알게 됩니다." 마찬가지로 마호메트는 "자신을 아는 사람은 그의 신을 아는 사람이다"라고 확언했다.

그렇다면 "자신을 알라"는 것은 무슨 의미인가? 우리는 그것을 세 가지 수준에서 생각해볼 수 있다. 즉 외면, 내면, 그리고 심층이다.

1_ 우리의 외적인 자기를 아는 것은 세상에 보여주는 가면을 아는 것이다. 즉 우리의 표면적인 정서, 습관, 성격을 파악하는 것이다. 그것은 모든 사람에게 보여주는 자기이다.

2_ 우리의 내적인 자기는 오직 자신에게만 보인다. 그러나 그것을 잘 알기 위해서는 내면을 의식적으로 성찰해야 한다. 여기에 우리의 비밀스러운 소망, 공포, 환상 등이 살아 있으며, 다른 사람들에게는 보이지 않고 스스로에게도 일부는 감추어둔다.

자신의 이미지는 우리가 누구이며 무엇이라고 여기는지에 대한 그림으로 그것은 우리의 진정한 모습이라기보다는 피상적인 믿음이나 이미지에 불과하다. 가장 비싼 대가를 지불하는 영적 오류 중 하나는 우리가 이러한 미천한 자기이미지를 깊은 자기와 혼동한다는 것이다.

3_ 우리의 깊은 자기는 우리의 진정한 진아이다. 즉 영적 수련의 목표인 아트만, 붓다의 본성, 하나님의 형상이다.

### 삶의 비밀을 밝히는 것

영적 구도의 길을 가는 초보자들을 괴롭히는 가장 흔한 고민들 중 하나는 그들이 발견할 수 없는 삶의 비밀이 존재한다는 사실이다. 몇 가지 비밀스러운 지식은 그들의 깊은 의문에 답할 수 있으며, 몇 가지 이해를 통해 가장 깊은 신비를 벗길 수 있다. 그러나 그

비밀은 꽉 닫혀 있어서 극소수만이 깨달을 수 있다. 노자는 다음과
같이 말했다.

> 내 방법은 느끼기도 단순하고 적용하기도 쉬운데,
>
> 오직 몇 사람만이 느끼고 적용할 수 있네.

우리는 삶의 비밀을 간과하기도 하는데, 그 이유는 그것을 엉뚱
한 곳에서 찾기 때문이다. 마침내 주의를 내면으로 돌리게 되면, 우
리는 우리가 생각했던 것이 우리가 아니었음을 발견하게 된다. 자
신에 대해 안다는 것은, 생각했던 것보다 자신이 훨씬 더 훌륭하다
는 것을 깨닫는 것이다. 그것은 우리의 진아와 우리의 보잘것없는
자기이미지를 바꾸는 것이며, 우리의 진아는 성스러운 자기이며 신
성으로 가는 관문임을 발견하는 것이다. 삶의 비밀은 무엇인가? 그
것은 바로 당신이다!

### 자신에 대해 아는 법 배우기

우리는 어떻게 진정한 자기에 대해 아는 법을 배울 수 있을까?
어떤 의미에서 모든 영적 수련은 자기를 발견하기 위한 것이다. 그
러나 그중에서도 다음 세 가지 기법, 즉 명상, 자신에 대한 공부, 자
기수용이 특히 중요하다. 우리는 이미 명료한 자각을 위한 필수적
인 도구인 명상에 대해 논의해왔다. 명상은 또한 자신을 알기 위한
강력한 도구도 된다. 마하라지는 다음과 같이 말했다.

우리는 모르는 것의 노예이고,

아는 것의 주인이다.

우리의 내면이 아무리 악하고 약할지라도,

그 이유와 그 작용을 알게 되면, 아는 것만으로도 그것을 극복할 수 있다.

명상의 최우선 목표는 우리의 내면적 삶을 의식하고 익숙해지는 것이다.

궁극적인 목표는 삶의 근원에 다가가는 것이다.


내면의 탐구와 명상의 힘은 우리의 외면적 자기를 파악하는 것으로도 강화된다. 그것은 우리가 말하고 행동하는 모든 것에 신중한 주의를 기울이는 것을 의미한다. 그것은 모든 경험으로부터 배우려고 노력하는 것을 의미한다. 우리는 우리가 말하고 행동하는 것, 습관과 관계, 강점과 약점, 성공과 실패를 관찰할 수 있다. 이렇게 할 경우 모든 경험, 모든 사람, 모든 상호작용은 교훈이 되며 세상은 영혼을 위한 학습의 터전이 된다.

유대인 성자에 따르면 "현자는 듣는 모든 말, 관찰하는 모든 사건, 공유하는 모든 경험으로부터 배운다." 그렇게 함으로써 "당신은 모든 경험을 신에게 더 가까이 다가가는 방법으로 활용할 수 있다."

모든 경험으로부터 배우고자 하는 이런 노력은 훌륭한 체험이다. 그것은 별도의 시간이나 노력을 거의 필요로 하지 않으며 모든 경험을, 그리고 궁극적으로는 한 인간의 전체 삶을 지속적인 배움의 기회로 완전히 변화시킨다.

## 자기수용

자기를 깊이 알기 위한 세 번째 요소는 자기수용이다. 우리는 다른 사람을 수용하는 것이 중요하다는 말을 많이 들어왔고 아마도 어느 정도는 그렇게 하고 있을 것이다. 그러나 자기수용에 대해서는 거의 들어본 바가 없는데, 아마도 그것을 자부심이나 독선과 혼동하기 때문일 것이다. 자기수용은 우리 자신의 자만심을 불러일으키거나 남보다 우월하다고 느끼는 것을 의미하지 않는다. 오히려 자신에 대한 공격과 비난을 줄이는 것을 뜻한다.

현대 심리학과 고대의 지혜에 따르면 자기수용은 심리적·영적 건강에 필수적이다. 서구 심리 치료의 가장 중요한 발견 중 하나는 자기비난이 유발하는 극심한 신경증적 고통과 자기수용이 가져오는 치료적 효과이다.

우리는 실패를 겪을 때 자기 자신을 공격하면 실패감을 경감시킬 수 있다고 생각하는 경향이 있다. 사실 그런 공격은 낡고 익숙한 방식에 더욱 경직되고 방어적으로 집착하게 만든다. 융은 "비난은 해방시키지 못하고 억압한다", "자신의 '자기'를 수용하는 것은 한 인간의 삶에 대한 총체적인 견해를 신랄하게 검증하는 것이다"라고 했다. 최신 연구들은 자기수용이 삶의 만족을 가져다 주는 가장 훌륭한 예측 변수 중 하나라고 보고하고 있다.

어떤 종교단체는 매우 다른 관점을 주장하기도 한다. 그들에 따르면, 우리는 모두 비참한 죄인으로서 자기비난과 모욕을 달게 받아야 한다는 것이다.

우리 모두가 어리석은 잘못을 저질러왔다는 것은 확실하다. 그러나 잘못은 행복과 성장에 있어 큰 장애인 자기혐오보다는 배움을 위한 기회로 훨씬 더 잘 활용될 수 있다. 우리에게는 한쪽의 팽창된 자만심과 다른 한쪽의 자기혐오 사이의 중도中道가 필요하다. 중도는 자신을 있는 그대로, 선행이나 실수를 과장 없이 바라보는 것이다. 이것이 바로 자기수용이다. 자기수용은 단점을 부정하거나 치유하고자 하는 노력을 포기하는 것이 아니다. 그것은 단점이 있다는 이유로 스스로를 공격하거나 무시하지 않으면서도 그 단점을 깨닫고 인지하며 고치는 것을 의미한다.

이 세상의
그 무엇도
지혜만큼
정화시킬 수

―바가바드 기타

없다.

티베트의 불교도들은 "세상은 스승의 활동이다"라고 말한다. 그 것은 초월증이다. 즉 세상과 모든 삶의 경험들이 배우고 자각하기 위한 요청이라는 관점이다. 그 도전은 이러한 경험에 마음을 열고 그 경험으로부터 학습하는 것이다.


## |연습1 침묵과 고독의 시간을 가져라|

우리 대부분에게 진정한 도전은 침묵과 고독을 위한 시간을 확보 하는 것이다. 자신을 위해 가져야 하는 시간이 대개 일과 심부름 혹 은 잡일들로 채워져 있다. 이는 실로 불행한 일로, 유대교 토라는 다음과 같이 지적했다.

지혜는 (…) 여유로운 시간을 가질 기회에 달려 있다.
일을 적게 하는 사람만이 지혜로워질 수 있다.

따라서 조용히 혼자 있는 시간을 갖는 것은 소중하며, 그 시간은 하루에 단 몇 분, 1주일에 한 시간이라도 좋다. 자연이 특히 도움이 되는 것은 확실하나 좋은 환경이라면 어디라도 괜찮다.
치유와 각성에 의식적으로 시간을 투자해야 시작할 수 있다. 만약 집중하고 싶은 구체적인 의문이나 고민이 있다면, 반드시 그것에 집중하도록 한다. 책에서 영감을 얻고 싶지 않을 때에는 조용한 성찰에 시간을 최대한 투자하며 명상이나 기도를 함께 할 수도 있다.

## |연습 2 네 가지 마음의 동인을 성찰하라|

인간이 경험할 수 있는 가장 길고 가장 집중적인 영적 수련 중 하나를 시작하게 된다고 상상하라. 당신은 티베트의 불교도로서 3년 3개월 동안 수행할 것이다. 3년 3개월 동안 당신과 함께 수행하는 소집단은 외딴 집에 머물며 밤낮으로 영적 수련을 지속할 것이다. 어떻게 시작하겠는가? 3년 3개월이라는 시간 동안 어떤 수련을 해야 당신에게 영감을 불어넣는 지혜와 동기를 계발할 수 있겠는가?

당신은 첫 한 달 동안 네 가지 심오한 개념에 대해 성찰하는 시간을 가져야 한다. 이 개념은 '네 가지 마음의 동인the four mind-changers'이라고 알려져 있다. 왜냐하면 그것은 삶의 본질을 이해하고 그에 따라 우리의 마음과 삶을 변화시키는 것을 돕기 때문이다. 그것은 다음과 같은 사실에 대한 성찰이다.

· 삶은 상상할 수 없을 정도로 소중하다.
· 삶은 짧고 죽음은 확실하다.
· 삶에는 피할 수 없는 어려움들이 존재한다.
· 윤리적 선택은 우리의 삶을 결정짓는다.

이러한 생각은 다른 위대한 종교들에서도 찾을 수 있으며, 특히 티베트의 불교도들은 이를 기본적인 것으로 받아들인다.

마음을 이완하고 진정시키며 시작하라. 그리고 하나의 개념과 그에 따르는 논의를 천천히, 그리고 깊이 생각하며 읽어 나간다. 관련된 생각과 연상이 마음에 일어나도록 허용하라. 만약 삶에 대한 감사나 죽음에 대한 공포 같은 정서가 나타나면 그것을 탐색하라. 그 생각이 당신의 삶에 미치는 의미를 생각하고 그것을 어떻게 바꾸고 싶은지에 대해 숙고하라. 생각과 의미를 되새겨보기 위해 시간을 투자하라. 다 되면 그 다음 개념으로 넘어가라.

**삶은 상상할 수 없을 정도로 소중하다.** 삶이라는 선물은 값을 매길 수가 없으며 티베트인들이 말하는 '자유, 그리고 잘 가꿔진 삶'을 향유하는 이들은 특별히 운이 좋은 것이다. 그것은 수많은 사람들을 괴롭히는 비참한 가난이나 질병 같은 끔찍한 어려움에서 벗어나는 것으로, 우리의 가장 깊은 욕구에 부응하고 자신과 타인을 위한 행복을 찾는 데 있어 자유로워지는 것이다. 이러한 자유는 대단한 선물이다. 잘 가꾸어진 삶을 꾸려 나가는 것은 매우 훌륭한 일이며 시간과 자원, 영적 수련을 도와주는 스승과 친구들이 필요하다. 우리의 도전은 너무도 소중한 이런 기회를 최대한 활용하여 사소한 강박이나 하찮은 목표에 휘둘리지 않고, 모든 목표 중에서도 가장 위대한 목표를 찾는 것이다. 그 목표는 우리 자신의 각성, 그리고 다른 사람의 각성과 행복이다.

 걸림 없이 삶을 바라보면 우리와 모든 사물은 결국 사라진다는 사실을 알게 된다. 누구도 여기서 예외일 수 없다. 재에서 재로, 먼지에서 먼지로. 그것이 모든 살아 있는 것들의 운명이다. 한 신랄한 유머에 의하면 '삶은 치명적인 예후를 갖는 성적으로 감염된 질병'이다.

죽음은 누구에게나 찾아오며, 결과적으로 삶은 믿을 수 없이 짧은 것으로 여겨진다. 83세이신 내 고모님은 노인들의 당혹감을 대변해 탄식하셨다. "아침에 일어나서 네가 늙어버렸다는 사실을 확인하면 얼마나 충격적인지 모를 거다."

이는 그 사실을 모르고 있었다는 말이 아니다. 모든 시대를 막론하고 성인들은 우리에게 삶이 얼마나 짧고 예측하기 힘든지에 대해 깨달을 것을 촉구해왔다. 도교 신자들은 삶이 '단 한순간' 지속될 뿐이라고 말하기도 한다. 유대의 성가는 다음과 같이 탄식한다. "삶은 곧 가버린다. 삶은 한숨으로 끝나버린다. 꿈과 같이." 성경은 "삶은 무엇인가?"라는 질문에 "너는 작은 먼지로 나타났다가 사라져버린다"라고 대답한다. 샹카라는 "연꽃 잎에서 떨어지는 물방울처럼 빙그르 돌면서 빨리 사라지는 것은 무엇인가?"라는 질문에 같은 의미로 다음과 같이 대답했다. "젊음, 부, 그리고 인생의 시간들."

삶의 불확실성과 순간성을 강조하는 성자들의 의도는 우리를 맥빠지게 하기 위한 것이 아니라 고무시키기 위한 것이다. 우리는 죽음의 운명을 깨닫지 못한 채 사소한 것에 목숨을 걸고 아등바등 살아가며, 하찮은 것들로 스스로를 잠식시키고, 무엇이 인생에서 정말로 중요한지를 잊어버린다. 기독교 수사들이 "죽음은 확실하고 시간은 불확실하다"라고 주지시켰던 바를 되새길 때, 우리는 얼마나 살지 모른다는 사실을 기억하게 되고 더 완전하고 더 용기 있고 더 완벽하게 살도록 고무된다.

그것은 임사 체험이 삶을 탈바꿈시키는 것과 같은 맥락이다. 임사 체험은 죽음의 운명을 부정하는 것을 멈추고 삶을 재평가하도록 자극한다. 위대한 천문학자 칼 세이건Karl Sagan은 바로 그러한 경험을 했는데, 후에 그는 다음과 같이 썼다.

나는 죽음 직전의 체험을 모든 사람들에게 권한다. 그것은 성격을 재형성하는 것이다. 당신은 무엇이 중요하고 무엇이 중요하지 않은지에 대해, 그리고 삶의 소중함과 아름다움에 대해 보다 명확한 개념을 가지게 된다.

에이즈에 걸린 사람들은 그 체험이 진정한 자기의 발견을 가속화시키며 '결정적인 순간의 깨달음'을 가져다 준다고 말한다.

**삶에는 피할 수 없는 어려움들이 존재한다.** 삶은 짧을 뿐 아니라 어렵기도 하다. 즐거움, 사랑, 성공, 기쁨들을 만끽하는 행복한 시간도 있지만 질병, 상실, 비탄, 절망을 경험하는 슬픈 시간도 있다. 또한 의미 없는 강박감과 고뇌, 완패감과 고통 같은 이해하기 어려울 정도로 불필요한 슬픔도 있다. 우리 중 누구도 상처투성이의 삶에서 도망칠 수 없다. 그것을 인식하는 것은 매우 중요하며 피할 수 없는 삶의 어려움에 대해서는 해석을 달 필요도 없다. 왜냐하면 더 나아지기 위한 길은 최악의 상황에 직면해야만 찾을 수 있기 때문이다. 다음은 종교학자인 제이콥 니들맨Jacob Needleman[83]이 세계의 종교를 연구하고 내린 결론이다.

인간 조건에 내재된 고통에 대한 인식, 인간이 인간에게 자행하는 잔혹성에 대한 인식 같은 자각의 순간은 모든 전통에서 비범한 순간이라고 일컬어져왔다. 그 순간이 비범한 이유는 자비심과 각성에 대한 동기를 부여하는 우리 자신과 세계 둘 다의 고통에 대한 인식이기 때문이다. 이러한 동기는 영적 수련을 독려하여 궁극적으로는 고통에서 벗어나 다른 사람의 고통도 경감시켜준다.

**윤리적 선택은 우리의 삶을 결정짓는다.** 우리가 말하고 행하며 생각하는 모든 것은 삶에 영향을 미치며 우리를 힘들게도 하고 도움을 주기도 한다. 격노와 화에 사로잡히면 우리의 두뇌는 마비된다. 사랑으로 얘기하면, 사랑은 우리의 마음을 결정짓는다. 이것이 업의 원칙이다. 윤리적 삶은 우리의 행복에 절대적으로 필요한 것이다. 우리는 이미 앞 장에서 이러한 원칙들을 살펴보았으므로 "어디를 가든지, 어디에 있든지 행동의 결과는 따라올 것이다" 같은 몇 가지 말을 첨언하는 것 외에는 여기에서 더 이상 논의할 필요가 없을 것이다.

마음을 변화시키는 네 가지 개념은 가장 중요한 삶의 비밀 중 몇 가지를 포함한다. 티베트의 불교도들은 그것을 반복적으로, 심지어 매일 성찰하라고 추천한다. 왜냐하면 그들은 지혜의 씨앗이 우리의 마음을 차츰 변화시킬 뿐 아니라 우리의 삶도 변화시킨다는 것을 잘 알고 있기 때문이다.


## |연습 3 영적 독서를 통해 성찰하라|

이 연습은 영적인 서적을 읽고 성찰함으로써 앞의 연습을 확장시키는 것이다. 우리는 대개 정보를 얻기 위해 책을 읽지만 독서는 지혜를 일깨울 수도 있다. 현자들의 글을 읽고 성찰함으로써 그들의 사고와 관점은 차츰 우리 자신의 것이 된다. 위대한 종교 전통들은 성자들의 말씀을 담은 보고寶庫를 포함하며, 말씀을 읽고 성찰하라고 촉구한다.

지혜의 문헌을 읽는 최선의 방법은 일반적인 접근과는 매우 다른데, 기독교인들은 이를 거룩한 독서Lectio Divina라고 부른다. 센터링 기도Centering Prayer의 창시자인 키팅 신부는 다음과 같이 설명했다.

우리는 다른 여느 책들처럼 성서를 읽는 경향이 있다. 거룩한 독서는 그렇게 하는 것이 아니다. 그것은 성경을 맛보며 신성의 출현에 여유 있게 머무는 것이다.

성서를 읽으면서 우리는 사실보다는 통찰을, 정보보다는 변화를 추구한다. 결과적으로 독서는 느리고 반성적이 되며, 한 시점에 몇 문장 혹은 몇 단어만을 읽게 된다.

공명되는 저술을 선택하여 시작하라. 그것은 고전이 될 수도 있고 현대 성자의 이야기나 이 책의 몇 가지 인용이 될 수도 있다. 선정한 책을 천천히 반성적으로 읽고, 그 말들이 자신의 심층으로 가라앉도록 하라. 관련된 사고가 떠오르면 그것을 자유로이 사색한다. 통찰이 떠오르면 그것을 탐색하라. 느낌이 표면화되면 그것을 수용하라. 희망이나 소원이 올라오면 그것을 기도하라. 물론 당신은 관련 없는 생각이나 환상 속에서 길을 잃을 수도 있는데, 그러면 독서로 다시 돌아가면 된다. 이런 식으로 실천하면 성서를 읽으면 그것은 명상과 기도가 된다.

## 연습 4 스승과 그 선물을 인식하라

당신에게 가장 위대한 스승들은 누구인가? 그들은 가족 구성원일 수도 있고, 친구나 코치, 어린아이일 수도 있다. 또 어떤 시점에는 적대관계에 있었거나 싫어한 사람들일 수도 있다.

그들을 기억하면서 이름을 적는다. 그리고 그들에게 받은 도움과 당신이 그들로부터 배운 교훈을 열거해보라. 다음에는 그들의 지혜를 수용하는 당신의 자질에 대해 성찰하라.

마지막으로 이러한 스승들이 나타난 사실에 대해 은혜와 감사의 감정을 느껴라. 어떤 때는 그 감정을 그들에게 직접 표현하고 싶을지도 모른다. 이는 확실히 그들에게 선물이 될 것이며 당신에게도 역시 선물이 될 것이다. 왜냐하면 은혜의 마음을 표현하는 것 자체가 그 마음을 강화시키기 때문이다.


## |연습 5 현자의 집단에서 즐겨라|

이 연습은 매우 간단하다. 당신이 개인적으로 알고 있는 사람들 중 지혜로워 보이거나 지혜로워지고자 노력하는 사람들의 목록을 작성하라. 그리고 그들과 더 많은 시간을 보낼 수 있는 방법을 생각해보라. 그들을 방문할 수 있는가? 아니면 당신의 집에 초대할 수 있는가? 그들을 어떤 식으로든 도울 수 있는가? 한 프로젝트에서 함께 일할 수 있는가? 한 집단이 이 책을 함께 읽을 수 있는가? 각자가 이 연습을 하도록 독려할 수 있는가? 좋아하는 방식을 선택해 시작하라.


## |연습 6 삶의 철학을 발견하라|

많은 위대한 성인들처럼 간디는 소박하면서도 깊이가 있는 사람이었으므로, 단 몇 마디로 중요한 생각을 전달할 수 있었다. 한번은 그가 열차에 탔는데, 열차가 움직이기 시작할 때 한 기자가 달려와 말했다. "혹시 사람들에게 전달할 메시지가 있습니까?" 그날은 간디가 단 몇 마디의 말과 쓰기만으로 대화를 하는 침묵의 날이었다. 기차가 속력을 내기 시작하자 기자가 숨을 헐떡이며 그 옆으로 달려왔다. 간디는 "내 인생이 나의 메시지입니다"라고 적었다.

간디의 소박함과 봉사하는 삶이 그의 메시지이듯이 우리 각각의 삶 역시 하나의 메시지이자 삶의 기저에 있는 철학에 대한 성찰이다. 그것을 알든 모르든, 우리 각각은 삶의 철학에 의해 발전하고 살아간다. 이 철학은 삶의 본질과 자신에 대한 믿음, 아름답고 진실한 것, 우리의 삶이 헌신할 만한 가치가 있는 것 등을 포함한다. 이러한 철학의 많은 부분은 우리 내면에 깊이 잠재되어 인식되지 않으나 그 일부는 상당히 쉽게 의식으로 불러일으킬 수 있다.

간디는 그 가능성을 보여주었다. 삶의 철학이 무엇이냐는 질문에 그는 세 문장으로 답했다. "즐겁게 살아라. 집착을 버려라. 그리고 갈망으로부터 자유로워진 삶이 제공하는 자유와 기쁨을 만끽하라."

자신의 삶을 안내하는 철학을 발견하기 위해 먼저 이완하고 눈을 감아라. 평온해지면 조용히 물어라. "세 문장으로 말할 수 있는 내 삶의 철학은 무엇인가?" 그리고 심층에서 올라오는 대답을 기다려라. 대답을 하려고 애쓰거나 이해하려고 노력할 필요는 없다. 그것은 당신 마음의 아주 깊은 곳에서 올라오는 것이 아니라 지성을 이용하는 것일 수 있다. 그보다는 조용히 깨어 있으면서 귀중한 답을 얻기 위해 당신의 내적인 지혜를 인내를 가지고 믿어라. 그렇게 할 때 당신의 삶을 이끄는 가장 깊은 원칙들 중 몇 가지를 발견하게 될 것이다.

## |연습 7 삶을 반성하라|

삶과 행동을 주기적으로 반성하는 일은 아주 이로우며 깊이 있는 영적 삶에 반드시 필요한 것으로 널리 인식되어 있다. 경험이나 실수로부터 배우지 않으면 우리는 계속 실수를 하게 된다. 고대 유대인들은 "자신의 행동에 대해 깊이 생각하는 사람들은 스스로에게 많은 도움이 된다"고 말했다. 이러한 사색은 점진적인 탐구의 정신 속에서 가장 잘 일어나는데, 그것은 자신에 대한 판단이나 비판보다는 이해와 수용을 목표로 한다. 자기탐구를 자기비판과 혼동해서는 안 된다. 자기반성의 목표는 학습이지 처벌이 아니다. 나흐만은 다음과 같이 강조했다.

매일 당신의 삶을 차분히 점검할 별도의 시간을 갖도록 하라. 하고 있는 일을 검토하고 그 일에 삶을 투자하는 것이 과연 가치가 있는지 사색하라.

그것을 체계적으로 실행하는 것은 도움이 된다. 하루를 마감하는 시간은 특히 자기반성을 위한 귀중한 시간이다. 왜냐하면 그때 하루 동안의 활동과 그것으로부터 배운 것들을 검토할 수 있기 때문이다. 추천할 만한 한 가지 방법은 일어난 시간부터 하루 동안 있었던 일을 차례로 점검하는 것이다. 모든 활동을 회상할 필요는 없다. 주요한 사건과 체험이면 충분하다. 각 활동이 마음에 떠오르면 그것을 단순히 반성하고, 당신이 느끼고 행동했던 방식에서 무엇을 배울 수 있었는가를 살펴본다. 유대의 전통은 저녁에 진심으로 반성하는 사람들을 '밤 반성의 달인들'이라고 부른다.

자신에 대한 모든 탐색과 반성의 목적을 기억하는 것이 중요하다. 그 목적은 배우는 것이지 비난하는 것이 아니다. 즉 지혜 속에서 성장하는 것이며 죄의식에 빠지지 않는 것이다. 약점을 인정하는 것만큼 강점을 받아들이는 것이다. 우리는 좋은 선택뿐 아니라 실수로부터도 배울 수 있으며, 가끔은 실수에서 더 많이 배울 수도 있다. 다음의 이야기가 그것을 확실하게 설명해준다.


깊고 험한 산을 오른 후에 수행자들은 마침내 훌륭한 스승 앞에 와 있음을 알게 되었다. 깊이 고개를 숙이면서 그들은 오랫동안 내면에서 갈구해왔던 질문을 던지기 시작했다.

"어떻게 해야 지혜로워질 수 있습니까?"

스승이 명상에서 깨어날 때까지 오랜 침묵이 흘렀다. 마침내 주어진 대답은 다음과 같았다.

"좋은 선택을 해야 합니다."

"어떻게 좋은 선택을 해야 합니까?"

"체험을 해야 합니다."

"그러면 어떻게 체험을 해야 합니까?"

"나쁜 선택을 하면 됩니다."

스승이 답했다.


주기적인 자기반성은 좋은 선택을 강화시킨다. 걱정과 죄책감 같은 고통스러운 감정이 점차 희미해지면서 지혜와 행복이 넘친다. 공자는 말했다. "자신을 점검하면서 자신을 비판할 그 어떤 것도 없다면, 그가 걱정과 공포를 가질 일이 뭐가 있겠는가?"

## |연습 8 교정적 심상화를 수행하라 |

자신을 검토하는 중에 어리석은 말이나 행동을 했던 상황이 떠오르면, 그것을 어떻게 치유해야 할까? 가능한 문제의 여러 측면들을 교정하는 것이 좋다. 예를 들어 우리가 어떤 사람에게 상처를 준 경우, 우선적으로 할 일은 사과를 하는 것이다. 윤리에 대한 장에서 논의했듯이, 그것은 관계를 치유하는 데 도움을 준다. 어떤 것을 망가뜨리거나 손해를 입힌 경우에는 수리하거나 교체해주는 것이 해결방법이 될 수 있으며, 그것이 손실을 만회할 것이다.

여기서도 어리석음을 유발한 파괴적인 정서나 습관을 치유하는 것이 중요하다. 이를 위해 유용한 방법이 교정적 심상화인데, 유대 스승들에 의해 100년 전부터 제시되어왔으며 현재는 심리 치료자들에 의해 넓게 활용되는 기법이다. 이는 상황을 보다 기술적으로 처리할 수 있도록 스스로를 심상화하는 것이다.

몇 분 간 이완하라. 현재 후회하고 있는 방식으로 말했거나 행동했던 때를 회상해라. 할 수 있는 한 생생하게 그 상황 속에 있던 자신을 돌이켜보라. 당신이 있던 장소와 거기에 있던 사람들을 떠올려보라. 무엇을 했는지, 어떻게 느꼈는지를 회상하라. 그리고 그 상황이 전개되는 것, 자신이 시행착오를 범하는 것을 지켜보고 그 결과를 관찰하라.

이제 처음부터 그 심상화를 다시 시작하고 또다시 그 장면이 전개되도록 하라. 그러나 이번에는 자신이 보다 현명한 선택을 하는 것을 바라보고, 그 모습이 어떻게 느껴지는지 주목하라. 예를 들어 어떤 친구가 기분 상하는 말을 하자 당신이 화를 버럭 내며 거칠게 보복했을 수도 있다. 그래서 우정에 금이 갔을 수 있다. 그 장면을 재생시키면서 세 번의 깊은 호흡을 하고, 그 말을 여유 있게 유머로 받아들이는 모습을 지켜본다. 만약 원한다면, 여러 번 그 장면을 재생시켜 다른 형태의 세련된 응답을 하는 모습을 생각해볼 수도 있다. 단 몇 분 간의 이 연습은 치유감을 가져다 주고, 새로운 통찰력을 제공하며, 건강한 습관을 길러준다.


## |연습9 내적인 스승과 접촉하라|

우리는 지혜를 학습해야 하는 어떤 것으로 생각하는 경향이 있는데 그것은 어느 정도는 사실이다. 그러나 위대한 종교들은 또 한편으로 지혜가 우리 내면에 이미 존재하고 있음을 확신시킨다. 우리의 마음은 엄청나게 기적적인 것으로 융에 의하면 "모든 우주의 경외 중에서 가장 위대한 것"이며 손상되지 않은 지혜와 이해의 원천을 포함한다. 우리는 스스로 안다고 생각하는 것보다 훨씬 더 많이 알고 있다. 내면적 지혜의 원천은 많은 명칭으로 불렸다. 힌두교에서는 '내적 스승inner guru', 티베트 불교에서는 '개인적 신성personal deity'으로 불렸으며, 기독교 퀘이커교도들은 '내면의 차분하고 고요한 소리still small voice within', 심리학자들은 '상위의 자기higher self'라고 불렀다. 그 이름이 무엇이든 간에 의미는 동일하다. 우리는 내면에 엄청난 지혜를 지니고 있는데, 만약 그 지혜를 인식하고 집중하는 법을 배운다면 그것은 우리를 이끌어주고 도와준다. 아래의 연습은 그렇게 하기 위한 하나의 방법이다.

눈을 감고 이완하라. 자신이 아름다운 장소에 있다고 상상하라. 아마도 당신이 좋아하는 해변, 산, 또는 정원이 될 것이다. 그곳에 있는 자신을 보고 그 특별한 장소가 불러일으키는 감정을 즐겨보라.

몇 분 후에, 당신은 아주 현명한 사람이 있는 장소에 초대된다. 그는 위대한 영적 스승일 수도 있고 잘 알려지지 않은 현명한 사람일 수도 있다. 누가 됐든 그 사람은 위대한 지혜와 사랑, 그리고 있는 그대로의 당신을 완벽하게 수용하는 자질을 가지고 있다.

이 현자를 아름다운 장소로 초대하고 자신을 소개하라. 깊은 지혜와 끝없는 사랑을 가진 사람 앞에서 존재의 경험을 만끽하는 시간을 가져라. 당신을 완벽하게 이해하고 사랑하는 누군가와 함께 있는 느낌이 어떠한가? 당신을 있는 그대로의 방식으로 수용하는 누군가의 현존 속에서 공포와 방어가 완전히 녹아버리는 기분은 어떠한가?

당신을 힘들게 하는 어떤 문제에 대해 조언을 얻을 수도 있다. 당신이 가장 묻고 싶은 질문에 대해 몇 분 동안 생각하라. 그리고 첫 질문을 던지고 그 답을 조용히 기다려라. 어떤 것이 일어나도록 노력할 필요는 없다. 단지 이완하고 내면에서 지혜가 응답하도록 놔두라. 준비가 되면 다음 질문을 던지고 대답을 기다리고, 계속 더 많은 질문을 던져라.

그 다음엔 당신에게 해줄 말이 있는지 현자에게 물어라. 이완한 상태에서 대답을 기다려라. 그리고 현자가 당신에 대해 어떤 의문을 갖고 있는지 물어라.

마지막으로 도움을 요청하거나 이 연습을 하는 미래의 어느 시점에 다시 나타나줄 수 있는지 현자에게 물어라. 그리고 이 만남이라는 선물에 대해 감사의 마음을 표하라.

이제 자신이 현자와 통합되는 것을 상상하라. 당신과 현자의 몸과 마음이 하나로 합쳐진다. 실제로 이미 합쳐졌다고 생각하라. 왜냐하면 성인의 사랑과 지혜 같은 자질은 당신의 마음의 창조물이며 그 일부이기 때문이다. 당신이 현자의 자질을 흡수했으며 그 체험을 탐구했음을 느껴라. 지혜로워진 느낌이 어떠한가? 공포가 사라지고 어떤 식으로든 자신을 방어할 필요가 없는 느낌이 어떠한가? 자신을 비롯한 모든 사람들에 대한 끝없는 사랑과 배려를 느끼는 기분이 어떠한가? 있는 그대로의 자신을 완전히 수용하고 사랑하는 기분이 어떠한가?

이 체험을 만끽한 후에 가만히 눈을 떠라. 이 과도기를 천천히, 그리고 차분히 보내야 체험했던 자질들을 다시 불러일으킬 수 있다.

지혜, 공포의 소멸, 사랑, 그리고 수용 같은 감정들을 반추하기 위해 잠시 시간을 내라. 그 감정들은 새로운 것도 생소한 것도 아니다. 그것들은 당신이 현자에게 투사했던 자신의 모습이다. 사실 그 감정들은 완전히 계발되지 않았으며 항상 접근할 수 있는 것도 아니다. 그러나 그것들은 존재하고 있으며 당신의 주의가 깨어나고 강화되기를 기다린다.

이 연습은 당신이 체험하고 싶거나 긍정적인 자질을 키우고 싶을 때마다 반복할 수 있다. 어려운 질문이나 선택에 닥쳐 안내가 필요할 때 연습할 수 있으며, 혼란스러운 시점에 특히 유용하다.

다른 사람을 아는 사람들은 지혜로운 자들이고,

자기 자신을 아는 사람들은 깨달은

— 노자

자들이다.

철학자들에 의해 인식된 실용적이고 비전적인 지혜에 더하여 영적 수련자를 차츰 밝히는 보다 심오한 초월적 지혜가 존재한다. 수련자는 각 발달 단계에서 나타나는 훌륭한 통찰력을 흡수하면서 초월적 지혜를 활짝 꽃피운다. 이때의 도전은 이러한 통찰을 마음, 자기, 실재에 대한 보다 넓고 깊고 포괄적인 이해와 통합하는 것이다. 이 장에서는 세 개의 주요한 단계, 즉 정묘 단계, 순수 의식 단계, 비이원 단계를 통과할 때 수련자들이 직면하게 되는 중요한 통찰과 도전 의식을 간략하게 살펴보겠다.


## 정묘한 지혜


자각이 점점 명료해지면서 그것은 일상적인 의식의 마음과 심리학에서 탐구하는 무의식의 영역 더 밑에 있는 정신의 정묘한 깊이를 꿰뚫는다. 여기서 수련자는 초기에는 희미하고 미묘하나 엄청난 변화력을 갖는 자아초월적 힘을 발현하게 된다. 그것은 원형적 이미지, 성스러운 비전, 끝없는 사랑, 자비 같은 정서들이다.

이러한 체험은 새로운 수준의 지혜를 촉진하고 요구한다. 수련자들은 그 강력한 변화의 에너지를 깨우고 다루는 법을 배워야 하며, 동시에 빠지기 쉬운 함정과 그 에너지를 소유함으로써 갖게 되는 과대망상을 피해야 한다. 수련자들은 이러한 새로운 체험을 그들의 실재에 대한 이해와 동화시키고, 삶 속에서 그 이해를 표현하는 방법을 배워야 한다. 정묘한 지혜의 핵심적인 통찰은 정신이 다층 구조로 되어 있으며, 그 심층 속에는 적절하게 체험되고 통합되고 표현되어야만 하는 강력한 자아초월적 힘이 있다는 것이다.

## | 순수 의식의 지혜 |

자각이 보다 예리해짐에 따라 그것은 순수 의식이나 마음 혹은 정신의 영역을 통과한다. 이 영역에는 대상도, 생각도, 사물도 존재하지 않으며 시간도, 변화도, 고통 받는 마음도, 썩어 죽을 육체도 존재하지 않는다. 시공을 초월하여 영원히 자유로운 끝없는 자각의 희열만이 존재한다.

이 단계에서는 육체와 마음 간의 배타적인 동일시가 사라진다. 수련자들은 자신들이 개체적 자아이고, 몸에 구속되어 있으며, 죽음을 피할 수 없는 운명을 가졌다는 사실을 믿지 않게 된다. 샹카라는 이러한 인식에 대해 다음과 같이 설명했다. "아트만을 아는 사람은 자신을 자신의 몸과 동일시하지 않는다. 그는 마치 마차 안에 있는 것처럼 몸 안에 존재한다." 수련자는 사물과 육체를 뛰어 넘고, 모든 변화와 고통과 죽음을 뛰어넘는 영역이 있음을 발견한다.

이러한 이해는 자연스럽게 신의 은총에 비하면 조악하기 짝이 없는 세계에 대한 집착과 일시적인 쾌락을 약화시킨다. 샹카라의 경구에 따르면 "브라만을 깨닫게 되면 인간은 세속으로부터 자유로 워지며 끝없는 희열만이 존재한다." 그러한 사람들에 대한 예수의 조언은 그 의미를 완벽하게 전달한다.

네 자신을 위해 나방과 욕망이 소비하고 도둑이 침범해 훔쳐가는 세상 의 보물을 축적하지 마라. 그러나 네 자신을 위해 천국의 보물은 축적하 라. 천국에서는 나방이나 욕망이 소비하지 않으며 도둑이 들어서 훔쳐 가지도 않는다. 네 보물이 있는 곳에 네 마음이 존재하기 때문이다.

이 수준에서 지혜가 행하는 주요 통찰은 순수 의식의 성스러운 영역이 우리의 진정한 본성이며 집이라는 것이다. 그것을 깨닫게 되면서 고통을 초월하고 성스러운 희열을 직접적으로 알게 된다. 이 수준에서의 난제는 이러한 통찰을 안정화시키고 행동을 재정향 시키는 것이므로, 당신은 이 깨달음의 더 많은 부분을 삶 속에서 체 험하고 표현하게 된다.

## | 비이원적 지혜 |

순수 의식의 수준에서 수련자들은 세상이나 자각의 초월적 영역 을 체험할 수 있으나 두 가지를 동시에 체험하지는 못한다. 그러나 비이원적 단계에서는 초월적 의식이 남아 있는 동안 내적 혹은 외 적 대상에 대한 자각이 다시 찾아온다. 그러나 그 대상은 완전히 새로운 방식으로 재등장한다. 이제 체험이 일어나면 그것은 즉시 자발적으로, 그리고 노력 없이 의식의 창조물이나 현현으로 인식된다. 별도의 독립적인 개체로서 나타나지 않고 모든 것이 의식의 표현이나 투사, 신의 성스러운 놀이, 즉 신의 유희로 보여진다. 무한한 의식이나 마음, 브라만 또는 신은 모든 존재, 모든 사물, 모든 세계로 인식되거나 에크하르트의 말처럼 "모든 사물은 오직 신이 되는 것이다." 선의 제6대 조사는 깨달음을 얻은 순간 외쳤다. "누가 모든 사물을 마음의 본질의 현현이라고 생각해왔던가!"

구도자는 성인이 된다. 그는 세계도 바라보고 내면도 들여다본다. 그리고 그는 어디에서든 신을 본다. 기독교 신비주의자인 안젤라 폴리노Angela Foligno[84]는 다음과 같이 설명했다.

내 영혼의 눈은 열려 있었다. 그리고 나는 신의 충만함을 목격했다. 그 안에서 나는 세상 전체를 이곳과 심연과 대양, 그리고 모든 사물을 넘어서 이해했다. 이 모든 것들 중에 나는 무無가 확실히 묘사할 수 없는 방법으로, 큰 목소리로 외치는 영혼의 대단한 경이로 "이 전체 세계는 신으로 가득 차 있다"고 말하면서 성스러운 힘을 구원하고 있음을 보았다.

이러한 인식은 시대를 통틀어 성인들이 무아지경에서 표현하는 탄성의 기본이다. 유대교의 "신은 모든 것 안에 있으며 모든 것은 신 안에 있다", 마호메트의 "그 안의 신을 보지 않고서는 어떤 것도 본 적이 없다"와 같은 외침이다. 마찬가지로 수피 바바 쿠히Baba

Kuhi[85]는 다음과 같이 설명했다.

> 시장에서도, 수도원에서도 나는 오직 신을 보았다.
>
> 계곡에서도, 산에서도 나는 오직 신을 보았다.
>
> 양초처럼 나는 그의 불 속으로 타들어가고 있었다.
>
> 타오르는 가운데 불꽃이 번쩍였다. 나는 오직 신을 보았다.
>
> 나 자신의 눈으로, 나는 가장 분명하게 보았다.
>
> 그러나 신의 눈으로 보았을 때, 나는 오직 신을 보았다.
>
> 나는 무아지경에 빠졌으며 나는 소멸되었다.
>
> 그리고 보라, 나는 모든 생명이었으며 나는 오직 신을 보았다.

이는 비이원에 대한 인식이며 정신과 사물, 마음과 현현, 내면과 외면, 개인과 초개인, 신성과 세속, 자기와 신의 완전한 통합이다. 라마크리슈나에 따르면, 이러한 절정의 비전은 그것에 대해 스스로 준비가 되어 있는 순간부터 우리 모두에게 가능하다.

모든 존재, 구조, 차원의 이 신성은 마음이 충분히 순수해지면서 자연스럽게 발달하는 궁극적 비전의 감각에 의해 확실히 인식될 수 있다.

## | 누가 붓다의 이름을 노래하는가 |

만약 지금 모든 사물을 신성의 분리될 수 없는 측면으로 체험할 수 있다면 그것 역시 자신에 대한 감각이다. 자신에 대한 감각, 육체에 한정된 자신, 모든 사물로부터 영원히 분리된 자신은 신성 의식의 번쩍거리는 빛 속에서 융해되며, 신성의 한 측면으로서의 자신, 모든 사람, 모든 사물에 대한 인식에 의해 대체된다. 왕양명에 따르면 이러한 인식은 "하늘, 땅, 신비로운 사물로 한 몸을 구성하는 조건을 회복하는 것이다." 수피 성자인 니자미Nizâmî는 다음과 같이 설명했다.

당신은 나를 보고 있다고 상상한다.
그러나 나는 더 이상 존재하지 않는다.
남아 있는 것은 사랑받는 자일 뿐이다.

더 이상 물질적 세상을 바라보는 개별 자아는 존재하지 않으며 신을 바라보는 신, 그 현현을 관찰하는 의식만이 존재할 뿐이다. 붓다는 붓다의 본성을 알아차린다. 브라만은 그의 유희를 즐긴다. 이슬람 철학자 중에 가장 위대한 이븐 알 아라비는 이 궁극적인 역설을 천명했다.

그는 자신에 의해 자신을 본다. 그는 자신에 의해 자신을 안다. 그 외의 누구도 그를 보지 않는다. 그 외의 누구도 그를 인식하지 못한다. 그 외의 다른 사람이나 다른 존재는 없다.

에크하르트는 설명했다. "여기에, 내 자신의 영혼 안에 모든 기적 중 가장 위대한 것이 일어난다. 신은 신에게로 돌아간다!"
또한 샹카라는 절대적인 겸허함으로 외쳤다.

나는 이 사물도 아니며 그 사물도 아니다. 나는 모든 사물을 현현하게 하는 것이다. 나는 최고이며, 영원히 순수하다. 나는 내면도, 외면도 아니다. 나는 무한한 브라만이며, 두 번째가 없는 하나이다.
나는 시작이 없는 실재이며 동일한 것도 없다. 나는 '나' 와 '당신', '이것' 과 '저것' 이라는 환상의 부분이 아니다. 나는 브라만이다. 두 번째가 존재하지 않는 하나이며, 끝이 없는 환희이며, 불변하는 진실이다.

항상 그렇듯이 장자는 이를 매우 소박하게 설명했다.

수천 가지의 사물과 나는 하나이다.
우리는 이미 하나이다.
그 밖에 말할 것이 무엇이 있으리오.

선공안禪公安[86] "누가 붓다의 이름을 노래하는가"에 대한 대답은 곧 '붓다' 이다.
이는 엄청난 혼란을 야기한 논점으로서 많은 성인들이 그것 때문에 불타 죽고, 독살당하고, 십자가에 못 박혀 죽었다. 예수는 "아버지와 나는 하나이다"라고 천명했고, 그 이후 바로 십자가에 못 박혔다. "나는 진리이다(신의 이름 중 하나)"라고 고백한 수피 알 할라즈al-Hallaj 역시 십자가에 못 박혔다.

이는 그들 자신을 신이라고 주장한 로마 황제들이 드러냈던 과대망상적 자아팽창이 아니다. 자신의 몸에 대한 경계조차 파악할 수 없는 심각한 정신병자의 자아해체도 아니다. 또한 신에 대한 불경도 아니다.

그것은 오직 신만이 존재한다는 자각이다. 모든 사람, 모든 창조물, 모든 생명이 신이라는 인식은(분명 자아만이 아니다) 신 속에 살며 신에 의해 산다. 황제나 정신병자는 그들만이 신이라고 생각하는 반면, 성인은 모든 사람을 신으로 인식한다. 정신병자와 과대망상자는 모든 사람에게 추앙받기를 원하지만 성인은 즐겁게 모든 사람을 추앙한다. 정신병자는 자아해체로 고통 받고, 과대망상주의자는 자아팽창으로 인해 고통 받는다. 그러나 성인은 자아초월 속에서 기뻐한다. 이들을 혼동하는 것은 '전초 오류pre-trans fallacy'[87]를 범하는 것이다. 그것은 전개인적 퇴행을 초개인적 진보와 혼동하는 덫이다. 그 둘 사이에 존재하는 차이가 보이지 않는단 말인가?


## | 지혜를 해방시키는 힘 |


초월적 지혜는 많은 수준들과 호크마hokhmah(유대교), 반야prajna(불교), 즈나나jnana(힌두교), 마리파mar'ifah(이슬람교), 그노시스

gnosis(기독교) 같은 많은 명칭을 갖는다. 그 이름이 무엇이든, 지혜는 큰 자유를 얻는 힘을 가진 영적 역량이다. 우리와 실재가 진실로 존재하는 방식을 보는 것은 잘못된 신념과 존재방식을 교정하는 것이다. 물질적인 것 외에는 실재가 없다든가, 우리는 그저 표피로 둘러싸인 자아일 뿐이라든가, 열망과 공격은 지속되는 행복을 가져다 줄 수 있다든가 하는 무수한 망상은 고통을 낳는다. 이러한 망상을 없애버림으로써 지혜는 마음의 감옥을 해체시키고, 고통을 감소시키며, 자각을 촉진시킨다. 이기주의의 굴레를 풀어버림으로써 지혜는 다른 사람들에 대한 관심과 자비를 촉진시킨다.

## 행동하는 영성의 표현

# 관용과 봉사의
# 기쁨을 만끽하라

미움이 있는 곳에 사랑을 가져다 주소서.

적대감이 있는 곳에 용서를 가져다 주소서.

불화가 있는 곳에 화합을 가져다 주소서.

오류가 있는 곳에 진실을 가져다 주소서.

의심이 있는 곳에 믿음을 가져다 주소서.

어둠이 존재하는 곳에 빛을 가져다 주소서.

슬픔이 있는 곳에 기쁨을 가져다 주소서.

그것은 받는 것은 스스로 주는 데 있기 때문이며,

발견되는 것은 스스로 망각하는 데 있기 때문이니라.

—성 프란체스코

# 내가 자신을 위하지 않는다면, 누가 위할 수

— 힐렐Hille[88]

# 있겠는가?

그러나 내가 오직 나만을 위한다면, 나는 무엇인가?
또한 지금이 아니라면, 언제란 말인가?

우리는 모두 예수와 마호메트가 강조했던 "받는 것보다 주는 것이 더 은총받은 일이다"라는 말을 들어왔다. 그러나 항상 그런 건 아니라고 느끼기도 한다. 시간이든 돈이든, 그것을 베푸는 것은 기회라기보다는 아주 어려운 일로 여겨진다.

위대한 종교 전통의 주장이 옳고 베푸는 일이 진정 큰 만족감의 원천이라면, 왜 그것은 종종 희생으로 다가오는가? 그 대답의 핵심은 윤리적이고 사랑하는 마음으로 살아가는 것과 마찬가지로 열린 마음으로 베푸는 것 또한 계발되어야 할 기술이므로 처음에는 실천하기 어려울 수도 있다는 것이다. 그러나 우리가 성숙해지면 관용도 성숙하고, 영적 삶이 깊어지면 나중에는 관용이 자발적이면서도 즐겁게 샘솟게 된다.

## 봉사 예찬

위대한 종교들은 모두 관용과 봉사에 대해 예찬한다. 공자는 "다른 사람들에게 최선을 다하는 것을 생활의 원칙으로 삼아라"라고 강조했다. "가장 훌륭한 행동은 어떤 것입니까?"라는 질문에 마호메트는 "인간의 마음을 행복하게 해주고, 배고픈 사람에게 음식을 나눠주고, 병든 사람을 보살펴주고, 슬픔에 빠진 사람의 슬픔을 덜어주고, 상처받은 자의 잘못을 용서해주는 것이다"라고 대답했다. 마호메트와 예수는 둘 다 이 점에 대해서는 타협하지 않았다. 마호메트는 어떤 부탁을 받았을 때 결코 '아니요'라고 말한 적이 없었다. 또한 예수는 "네 도움을 청하는 모든 사람들에게 도움을 베풀어라. 그리고 네게서 뭔가 얻고자 하는 사람을 거절하지 마라"라고 강조했다.

랍비 이스라엘 살란터Israel Salanter는 도움이 필요한 사람을 도와주는 것이 성스러운 대상과 의식을 지키는 것보다 훨씬 더 중요하다는 사실을 보여준다. 살란터는 19세기의 뛰어난 유대교 개혁자로서 분노와 같이 고통스러운 감정을 변화시키는 몇 가지 기법을 개발하기도 했다. 그는 중병을 앓고 있는 제자가 제대로 치료받지 못하는 모습을 보고 그의 동료들을 따끔하게 나무랐다.


랍비 살란터는 병을 앓고 있는 제자가 속한 유대교 집회에서 기도하고 있던 사람들에게 물었다.

"왜 당신들은 그를 더 잘 보살피지 않는 거요?"

"우리 단체는 돈이 없소."

그러자 랍비 살란터는 그들에게 소리쳤다.

"거기 율법 목록이 보관된 상자의 아름다운 덮개를 팔아서 그 돈을 이 사람을 돕는 데 사용해야 했소!"

랍비 살란터는 무척 화가 난 듯했다. 그러나 사람들은 그가 혼잣말로 얘기하는 소리를 들었다.

"겉으로만 화를 낼 뿐이다. 겉으로만 화를 낼 뿐이다."

## 우리 모두는 돕기를 원한다

위대한 종교들은 서로 돕는 것을 단순한 의무 이상으로 중요하게 간주한다. 즉 그것을 인간의 핵심적 욕구로 본다. 유대교나 기독교, 이슬람교 같은 유일신 전통에서는 다른 사람에 대한 사랑과 봉사는 종종 신에 대한 사랑과 봉사와 유사한 것으로 간주되기도 한다. 불교에서는 자비심을 우리 본성에 내재된 측면으로 본다.

심리학자들 또한 이에 동의하기 시작했는데, 오랫동안 그들은 이타주의에 대해 특히 모호한 관점을 가지고 있었으며 다른 사람을 돕는 것은 스스로에 대해 만족감을 느끼고 다른 이들에게 잘 보이고 싶기 때문이라고 주장해왔다. 그러나 최근의 실험은 훨씬 더 아름다운 결과를 보여준다. 즉 인간은 진정으로 이타적일 수 있다는 것이다. 우리 모두는 돕고자 하는 욕구를 가지고 있다.

## 진정한 관용을 가로막는 장애

그러나 위대한 종교들은 이러한 욕구가 처음에는 아주 약하고 미미한 것이라고 말한다. 즉 그것은 탐욕이나 공포, 분노 같은 갈등을 일으키는 감정의 힘에 의해 잠식되기 쉽다. 그 강력한 힘은 만족을 갈구하면서 너무 쉽게 다른 사람들에 대한 관심을 말살시킨다. 이 슬픈 결과는 인색함이나 잘못된 관용의 가면이라고 할 수 있다. 탐욕이 마음을 지배하면 우리는 강박적으로 우리가 얻을 수 있는 모든 것을 얻고자 하며, 우리의 소중한 소유물을 내놓고자 하는 생각은 두려움으로 대체된다.

집착과 공포의 소용돌이 속에서는 다른 사람들에게 베푸는 행위가 건강하지 않은 동기에서 비롯될 수 있다. 소유물에 대해 그러하듯이 우리는 사람들에게도 집착할 수 있다. 그리고 그들의 애정을 얻기 위해 처절한 선물 공세를 퍼부을 수도 있다. 이는 겉으로는 관용처럼 보일 수 있으나 실제로는 조작된 것으로, 나누고자 하는 즐거운 욕구에서 비롯된 것이 아니라 사랑받기 위한 처절한 욕구에서 비롯된 것이다. 즉 베풂이 우리 자신의 욕구에 부응하기 위한 인위적인 책략이 된다.

### 관용의 성숙

어떻게 관용과 봉사를 고통스러운 부담에서 영적인 즐거운 기회로 바꿀 수 있을까? 그것은 일곱 가지 수련을 통해서 가능하다.

그 수련은 관용을 촉진시키는 사랑과 감사 같은 마음의 자질을 강화시키며, 그것을 방해하는 탐욕과 분노 같은 장애를 약화시킨다. 고대의 지혜와 현대의 심리학은 모두 우리가 성숙해짐에 따라 남을 돕고자 하는 욕구와 즐거움도 성숙해진다는 점에 맥을 같이한다. 콘필드는 다음과 같은 결론을 내린다.

시간, 소유물, 돈, 사랑에 대한 관용. 그 무엇이든 원칙은 동일하다. 진정한 관용은 우리의 마음이 열림에 따라 자라고, 완전성과 내면적인 삶의 건강과 함께 자란다. 위대한 관용은 건전함과 우리 존재의 완전함으로부터 자연스럽게 자라난다.

위대한 종교는 이러한 관용의 성장이 여러 단계를 통해 발달한다고 말한다. 불교는 그것을 다음과 같이 세 단계로 묘사하고 있다.

1_ 일시적 베풂 이 단계에서 우리는 주저하기도 하면서 양가적인 마음으로 선물을 주는데, 나중에 그것을 잃어버릴까 두려워하고 다른 사람의 필요보다 자신의 두려움을 더 걱정한다.

2_ 형제자매로서의 베풂 이 단계에서 우리는 기꺼이 주려고 하고, 우리의 은총을 다른 사람들과 나누면서 행복해지며, 자신뿐 아니라 다른 사람의 행복에 의해서도 동기화된다.

3_ 고귀한 베풂 관용은 이제 상당히 계발되었고 노력할 필요 없는 자발적인 것이 되었으므로, 자연스럽게 우리가 가장 아끼는 것을 다른 사람들의 행복의 극대화를 위해 기꺼이 주려고 하게 된다. 다른 사람들의 행복은 우리 자신의 행복만큼 중요하며, 그들의 행복은 우리의 행복을 증대시킬 수 있다. 이 단계에서 타인에 대한 봉사는 확실히 영적 수련, 은혜, 즐거움이 될 수 있다.

## 봉사의 즐거움

마더 테레사와 함께 일했던 수녀들은 고귀한 봉사와 그것이 만들어내는 즐거움에 대한 눈부신 본보기를 보여준다. 그들의 삶은 금욕적이다. 그들은 안락한 집을 떠나 가난한 사람들 중에서도 가장 가난한 사람처럼 살아간다. 캘커타의 마더 테레사의 집에서는 한 방에 서너 명이 같이 지내며, 개인 소유물은 두 벌의 옷과 세면도구

뿐이다. 그들은 가난한 사람들과 같은 음식을 먹으며 질식할 정도의 더위에도 에어컨 없이 지낸다. 또한 동트기 전에 일어나 하루 종일 슬럼가에서 일한다. 그것은 완전히 억누르지 않으면 우리 대부분이 힘들다고 여기는 실존이다. 마더 테레사를 방문한 어떤 텔레비전 인터뷰 기자는 다음과 같이 말했다.

"지금 당신과 당신이 함께 일하는 수백 명의 여성들을 보니, 그들 모두가 너무도 행복해 보입니다. 겉으로만 그렇게 보이는 것은 아니겠지요?"
"오, 아닙니다. 전혀 아니지요. 아주 어려운 상황에 처한 사람에게 자선의 손길을 베푸는 것보다 자신을 더 행복하게 만드는 것은 없습니다."
기자는 나중에 이렇게 기록했다.
"맹세코 그렇게 인상적이면서도 즐거운 감정을 경험한 적은 한 번도 없었다."

노벨 평화상을 수상한 인도의 시인 타고르는 봉사의 수련을 두 줄로 요약했다.

나는 삶이 봉사라는 사실을 깨달았으며 보았다.
나는 행동하고 보았다. 봉사는 즐거움이라는 사실을.

아프리카의 가난하고 병든 사람들을 돕는 데 일생을 바쳤던 또 한 명의 노벨상 수상자인 슈바이처는 그 사실에 동의하면서 다음과 같이 조언했다. "당신들 중 진정으로 행복한 사람은 어떻게 봉사할지를 찾고 발견한 사람이다." 물론 우리는 봉사를 하거나 봉사로 인한 행복감을 느끼기 위해 수녀나 노벨상 수상자가 될 필요는 없다. 작은 선물이나 단순한 친절만으로도 지속적인 만족감을 불러일으킬 수 있다. 사람들에게 흐뭇하게 느껴지는 관용적 행위를 말해보라고 하면, 가장 기억에 남는 것 중 몇 가지는 너무도 단순하거나 사소한 일이라 그들은 종종 놀라기까지 한다.

지금 나는 신년 초에 이 책을 쓰고 있다. 지난해를 돌이켜보면서 내가 가장 행복했다고 느끼는 일 중 하나는 놀랍게도 내가 한 선물이라는 사실을 깨닫는다. 내 어머니는 배로 여행하는 것을 좋아하시는데 그동안에는 그럴 만한 여유가 없으셨다. 그래서 여든 살 생신을 맞아 나는 어머니께서 오랫동안 가고 싶어하셨던 알래스카 크루즈 여행을 보내드렸다. 그것은 나에게 약간의 재정적 타격을 안겨주었지만 지금 나는 그 선물을 해드린 것에 만족하고 있다.

## 봉사자의 희열감

심리학자들은 관용의 이점에 관련된 종교적 주장을 지지하는 놀랄 만한 증거를 발견해왔다. 관용적인 사람들은 이기적인 사람들보다 더 행복하고, 심리적으로 건강하며, '봉사자의 희열감'을 경험한다고 한다. 나이가 들어감에 따라 사람들은 차츰 그것이 삶에 의미와 만족감을 부여하는 그들의 유산임을, 세상과 미래에 대한 공헌임을 깨닫는다. 다른 사람들을 행복하게 만들기 위해 시간을 보내는 것은 자신의 만족에 모든 노력을 기울이는 것보다 우리를 훨씬 즐겁게 만든다. 심리학자들은 이를 '쾌락의 역설' 이라고 부르는데, 여기에는 몇 가지 이유가 있다.

다른 사람들에 대한 봉사는 몇 가지 방식으로 우리를 만족시킨다. 그것은 마음의 부정적인 힘을 약화시키고 긍정적인 힘을 강화시킨다. 우리는 우리의 재산과 시간 혹은 에너지를 나눌 때 우리를 자아에 묶어놓는 탐욕과 질투, 상실에 대한 두려움 같은 무거운 사슬을 풀어놓게 된다. 이와 같이 사랑과 행복의 정서는 친절하게 표현되는 과정 속에서 더욱 강해진다.

우리는 다른 사람들에게 의도하는 바를 스스로도 경험하게 되어 있다. 만약 미움과 배신감에 들끓고 있다면, 그 감정을 다른 누군가에게 폭발시키기 전에 우리의 마음이 먼저 분노로 떨리고 찢겨진다. 반대로 우리가 다른 사람들의 행복을 바라면, 행복에 대한 생각은 먼저 자신의 마음을 충만하게 하고 넘쳐흘러 돌봄의 행위로 나타난다. 이것이 관용이 고통스러운 감정을 경감시키고 우울증을 치료하는 데 도움이 되는 한 가지 이유이다. 이 책을 검토한 편집자 중 한 명이 나에게 편지를 보냈다.


이 장은 매우 중요한 영적 의미를 전달하는데, 나는 당신의 글을 읽어가면서 스스로 끄덕거리고 있음을 발견했습니다. 관대하게 행동하는 것은 자신의 만족감을 키우며, 더 베풀고자 하는 열망을 만듭니다. 이러한 유형의 피드백은 지난 수년 간의 제 자신의 체험과 아주 밀접하게 연결되어 있습니다. 이전에 저는 6개월 동안이나 우울증에서 벗어나려고 애썼는데, 지난 몇 달 간은 행복하게 보냈습니다. 그 전환점은 어떤 책에 대해 인터뷰를 했던 두 명의 불교 스승과 하루를 보냈을 때 찾아왔습니다. 두 분 모두 저에게 매우 관용적이었으므로, 저는 매우 행복해져 나 자신도 관용적이라고 고무될 정도였습니다. 저는 "인간이 얼마나 많은 선을 실천할 수 있을까?"라는 벅미니스터 풀러 게임(34장에서 설명하겠다)을 완전히 실천하지는 못했지만 부분적으로는 실천했다고 확신합니다. 제가 놀라웠던 점은 그것이 얼마나 쉬우며, 얼마나 빨리 내부 보상체계를 발동시키는가 하는 점이었습니다.

붓다는 관용의 이점에 대해 자신이 이해한 만큼 깊이 이해한다면, 이웃에게 나눠 먹자고 권하지 않고서는 단 한 끼의 식사도 하고 싶지 않을 거라고 말했다.


## | 최고의 수련으로서의 봉사 |

관용과 봉사는 큰 가치가 있으므로, 몇몇 전통은 그것이 영적 삶의 정수이며 다른 모든 수련은 그 수련을 기초로 한다고 말한다. 이 관점에서 영적인 삶의 중요한 목표는 스스로 효과적인 행동을 하도록 만드는 것이다. 깨달음이라는 최고의 목표는 자신만을 위한 것이 아니라 다른 사람들에게 보다 잘 봉사하고 그들을 일깨우기 위해 추구하는 것이다.

이 목표를 마음에 간직한 몇몇 수행자들은 영적 수련에 집중적으로 매진하기 위해 일시적으로 세속적인 관계를 떠나기도 한다. 그들은 자신들이 빨리 각성해야만 다른 사람들을 각성시킬 수 있다는 희망으로 그 길을 선택한다. 만약 그 희망이 이루어지면 수행자들은 성인이 되고, 성인은 모든 사람과 모든 생명의 복지에 스스로를 헌신하게 된다.

수행자들은 자신의 문제에 대한 해답을 얻으면서 세상의 혼란이 밝아지기를 기다린다. 자신의 고통이 치유되면서 다른 사람의 고통이 그들의 마음을 잡아당긴다. 자신의 자아중심적 동기가 사라지면서 봉사의 바람이 샘솟는다. 이제 그들은 준비가 되어 사회로 돌아가 기여하도록 동기가 부여된다.

은둔 수련과 그 뒤를 잇는 봉사라는 이 두 단계의 과정은 역사가 토인비가 말했던 '철수와 회귀의 순환the cycle of withdrawl and return'이라 할 수 있다. 세계사 연구를 통해서 토인비는 그 순환이 문명을 위해 가장 공헌한 사람들의 삶을 보여준다는 사실을 관찰했다. 그는 다음과 같이 질문했다.

현대를 살아가는 인류에게 가장 위대한 은인들은 누구인가? 그들은 공자와 노자, 붓다, 이스라엘과 유대의 예언자, 조로아스터, 예수, 마호메트와 소크라테스이다.

요약하면 심오한 영적 깨달음을 경험한 사람들은 그들의 삶을 봉사에 바쳤다는 것이다.

철수와 회귀의 순환에 관련된 수많은 은유들이 있다. 그중 가장 잘 알려진 것 중 하나는 산에 올라가는 것과 내려오는 것이다. 수행자는 산에 올라서는 삶과 세상에 대한 새로운 초월적 관점을 갖고, 내려와서는 그것을 다른 사람과 나눈다. 서구의 훌륭한 예는 모세에 대한 것으로, 그는 시나이 산에 올라 신과 대화를 나누고 돌아와 이스라엘인들에게 십계명을 전달했다.

위대한 신화학자인 캠벨은 이러한 회귀와 봉사의 마지막 단계를 '영웅의 귀환the hero's return' 이라고 불렀다. 선에서는 이를 입전수수入纏垂手[89]라고 표현하기도 한다. 한편 기독교에서는 이것을 신과의 '영적 결혼the spiritual marriage' 의 정점 또는 '영혼의 만개fruitfulness of the soul' 라고 말한다. 절정의 사랑 속에서 신과 결속감을 느낀 신비가는 치유와 도움을 베풀기 위해 세상으로 돌아가게 되고, 이 영적 결혼은 열매를 맺게 된다. 기독교 신비주의의 가장 위대한 학자 중 한 사람인 에벌린 언더힐Evelyn Underhil[90]은 다음과 같이 기록했다.

성인은 사랑의 환희 속에서 고통과 임무를 받아들이고 하나의 원천, 새로운 영적 삶의 '아버지' 가 된다. (…) 이는 위대한 신비가들의 발달상 보기 드문 마지막 단계를 형성하는데, 그들은 그들이 등졌던 세상으로 돌아간다. 그리고 그곳에서 초월적 에너지의 중심으로 있는 그대로 살아간다. 산을 홀로 올라가는 것과 사절로서 세상에 다시 돌아오는 것은 인류의 가장 훌륭한 동반자가 되는 방법이다.

인류 역사상 가장 위대하고 가장 유능한 사람들은 두 가지 일을 한다. 그들은 깨어 있으며, 그 깨어 있음을 세상과 공유한다.

## 수단으로서의 봉사

봉사는 깨어 있음의 표현일 뿐 아니라 깨어 있음의 수단이기도 하다. 우리 중 극소수만이 오랫동안 세상을 떠났다 돌아오는 철수와 회귀의 위대한 순환을 겪게 된다. 반면에 우리 대부분은 그 순환을 빈번하게 겪는다. 매일 한 시간씩, 매주 하루씩 또는 매년 몇 주씩 떠났다가 다시 돌아온다. 이러한 리듬은 많은 전통에, 예를 들어 유대교의 안식일과 기독교의 주일 등에 마련되어 있으며 철수와 회귀의 다양한 기회를 제공한다.

봉사하기 위해 깨달을 때까지 기다려야 할 필요는 없다. 나 또한 처음에는 가르침을 시작할 준비가 되기 전까지는 기다려야 한다고 생각하는 실수를 범했다. 모든 것을 베풀고 마침내 오랜 기간의 집중적인 은둔 명상을 거쳐 깨달음을 얻은 위대한 성인들의 영웅적 일화에 감동을 받으면서도 나는 수년 간 영적인 가르침을 실천하는 것을 미루었다.

마침내 내 아내는 배우자만이 할 수 있는 방식으로 나를 현실적으로 만들었다. 나의 빈번한 집중 명상과 몇 년 간의 수련을 지켜보면서 아내는 내가 단 한 문장도 가르치지 못하고 현재의 수준에서 죽을 수도 있다고 지적했다. 결국 나는 매슬로가 심리학적으로 건강한 사람들에 대한 연구를 통해 내린 결론을 이해하게 되었다.

보다 좋은 조력자가 되는 가장 바람직한 길은 보다 좋은 사람이 되는 것이다. 보다 좋은 사람이 되기 위해서는 다른 사람들을 도와야 한다. 따라서 인간은 두 가지 일을 동시에 해야 하며, 동시에 할 수 있다.

## 어려움은 잠재적 기여다

훌륭한 재능과 심오한 영적 통찰은 가치를 매길 수 없는 선물이
나 우리는 봉사를 꼭 효과적인 방식으로 실천할 필요는 없다. 우리
가 단점이나 결핍이라고 간주하는 것조차도, 만약 우리가 그것을
개방적으로 인정하고 타인을 돕기 위해 사용한다면 도움이 될 수
있다. 이와 관련해서 내가 좋아하는 일화는 레이철 리먼Rachel Remen
한테 전해 들은 것이다. 그녀는 그때까지 자신이 만났던 사람들 중
가장 분노가 심한 젊은이를 치료하게 되었다. 그는 어떤 대학의 인
기 있는 운동선수였는데, 운동선수로서 그의 삶은 승리로 가득 찬
전적, 눈부신 인정, 좋은 차, 많은 여자들에 둘러싸여 환상 그 자체
였다. 그러던 중 그는 오른쪽 다리에 통증을 느끼게 되었다. 암이라
는 진단이 내려지고 2주 만에 그의 다리는 절단되었다.

수술로 생명을 구했으나 그에게 익숙했던 삶은 끝장났다. 그는
우울증에 걸렸고 강한 분노를 느끼며 자기파괴적으로 변해갔다. 학
교를 그만두고 마약과 알코올을 남용하기 시작했으며, 예전의 친구
들과도 연락을 끊고 여기저기서 문제를 일으키며 되는 대로 살아갔
다. 그의 예전 코치는 레이철에게 치료를 부탁했다.

자신의 감정을 드러내라고 격려하면서 나는 그에게 종이를 주고 자신의
몸을 그리라고 말했다. 그는 꽃병의 윤곽을 대충 스케치하고 가운데에
아주 깊은 균열을 그렸다. 그는 검은 크레용으로 그 균열을 계속 칠했고
이를 갈며 종이를 구겨버렸다. 그의 눈에는 눈물이 고였다. 그것은 분노
의 눈물이었다. 그림은 그의 강렬한 고통의 표현이며 상실감의 결정체

로 보였다. 균열이 생긴 그 꽃병은 결코 물을 담을 수 없으며 다시는 꽃병으로 기능할 수 없음이 분명했다. 그가 떠난 후, 나는 그 그림을 집어 들고 다시 폈다. 그것이 너무 중요하게 느껴져서 버릴 수가 없었다.

레이철과 상담이 진행되면서 그 젊은이는 치유되기 시작했다. 처음에 그는 다른 환자들을 배려하는 데 관심이 없었고 의사와 의료진에 대한 분노로 가득 차 있었다. 그러나 시간이 흐르면서, 그는 자기와 비슷한 사람들의 고통에 대해 처음으로 관심이 꿈틀거리는 것을 느끼기 시작했다. 그는 자신과 같은 문제를 가진 외과 병동의 젊은이들을 찾아가기 시작했고, 같은 고통을 겪지 않은 사람들은 할 수 없는 방법으로 그들에게 다가갈 수 있다는 사실을 깨닫고 기뻐했다. 시간이 지나면서 그는 환자들의 가족을 돕기 시작했고 의사들도 사람들을 그에게 보냈다. 그는 봉사의 한 형태를 개발했고, 그러는 동안 분노는 희미해졌다.

마지막 상담에서 우리는 그동안의 진행 상황과 고통스러웠던 지점과 전환점을 검토했다. 나는 그의 차트를 열어 2년 전에 그가 그린, 균열이 있는 꽃병 그림을 찾아 펴 보이면서 그가 자신의 몸이라고 그렸던 그 그림을 기억하는지 물어보았다. 그는 그것을 손에 들고 잠시 들여다보더니 말했다.
"보다시피, 이 그림은 아직 완성되지 않았습니다."
나는 약간 의아해하며 크레용 상자를 그에게 내밀었다. 그는 노란 크레용을 집어 들고, 꽃병의 균열에 선을 그리기 시작했다. 짙은 노란 선이었다. 나는 그것을 보면서 놀라지 않을 수 없었다. 그는 미소를 지었다. 마침내 그는 손가락으로 균열을 그린 부분을 짚고 나를 바라보며 부드럽게 말했다.

"여기가 빛이 나오는 곳입니다."

빛은 우리가 다른 사람을 돕기 위해 사용하는 자신의 한 부분에서 나온다. 루미는 다음과 같이 말했다.

당신의 결점은 영광이 나타나는 방식이다.
그곳은 빛이 당신에게로 들어가는 곳이다.

# 다른 사람한테 베푸는 모든 것은 자기 자신에게

—라마나 마하르쉬

# 베푸는 것이다.

만약 이 진실을 이해한다면,
누군들 다른 사람에게 베풀지 않을 것인가?

## |관용을 계발하는 원리|

앞의 여섯 가지 수련은 관용을 위한 기반이 되었다. 여기에서는 관용을 직접적으로 개발하는 핵심 원리들을 살펴보겠다.

### 다른 사람들에게서 영감 찾기

이 책에 흐르는 주제는 다른 사람들이 우리에게 미치는 강력한 영향력과 동료 수행자가 얼마나 많은 영감을 줄 수 있는가이다. 붓다는 다음과 같이 말하면서 더 나아간다.

외부적 요인에 대해 말하자면, 나는 존경할 만한 사람들과의 우정이라는 단 한 가지 요소가 그렇게 큰 도움이 될 수 있다는 점에 대해 미처 생각하지 못했다.

위대한 유대교 성인인 마이모니데스는 존경받는 사람들이 큰 도움을 주는 이유에 대해 다음과 같이 설명했다.

사람의 성격적 특성은 이웃이나 친구에 의해 영향을 받게 되어 있으며 그가 속한 나라 사람들의 관습을 따르게 된다. 그러므로 바르고 현명한 사람들의 행위로부터 배우기 위해서는 그들과 계속적으로 접촉할 필요가 있다.

분위기나 동기는 영향받기 쉽다. 사랑과 즐거운 관용이 넘치는 사람과 만난다는 것은 영감이며 기쁨이다. 마더 테레사, 달라이 라마와 보냈던 단 몇 시간은 그 이후에도 내게 지속적인 영감을 주었으며, 그들을 다룬 영화는 세계 곳곳의 사람들에게 영감을 주고 있다. 이것이 삶을 각성과 봉사에 헌신하는 사람들의 힘이다.

우리 주변의 세계가 보이지 않는 영웅들로 가득 차 있다는 사실을 발견하게 되면, 성자를 만나기 위해 세상을 돌아다닐 필요가 없다. 당신은 그들 중 몇몇을 직접 알고 있을 수도 있다. 그들은 여가 시간을 학교와 병원에서 조용히 봉사하며 보내거나 병자를 도와주거나 집 없는 사람들에게 음식을 대접하거나 자원봉사단체에서 일한다. 이러한 사람들과 친구가 되어 함께 일하는 것은 영감을 얻고 그들의 자질을 나 자신의 자질로 만드는 훌륭한 방법이다.

### 나에게 맞는 봉사방식 발견하기

봉사는 숨겨진 비밀이 있다. 그것은 봉사가 모든 이들을 위한 선물인 동시에 스스로를 위한 선물이라는 것이다. 그 이유는 봉사가 허드렛일이 아니라 즐거움이기 때문이다. 당신의 시간을 함께 나눌 뿐 아니라 당신의 행복도 나누기 때문이다. 주면서 불평하고 회의감을 갖는 사람에게서 누가 도움을 받고자 하겠는가?

첫 번째 단계는 당신의 느낌과 접촉하여 어떤 방식으로 돕기를 원하는지 파악하는 것이다. 무조건 해야 한다는 생각과 할 수 없는 것에 대한 위축된 믿음을 잠시 밀어놓고 하고 싶은 것을 인식하도록 한다. 대개 진정으로 하고 싶은 일은 자신의 독특한 개성을 최대한 활용할 수 있는 것이 된다. 원하는 방식을 찾는 데는 시간이 소요될 수 있으므로 당신에게 가장 와 닿는 것을 발견하기 전까지는 다른 유형의 봉사를 실행하면 된다.

나는 우리가 초래한 지구의 위기를 처음 깨닫고 내게 맞는 방법을 발견했다. 아시아를 방문하고 마더 테레사와 만나면서 인구 과잉, 가난, 기아의 끔찍한 수준을 깨닫고 충격을 받았다. 그 직후에 나는 핵전쟁의 재앙적인 결과를 다룬 〈마지막 전염병*The Last Epidemic*〉이라는 영화를 보았는데, 그것을 계기로 무의식적인 안이함에서 빠져나올 수 있었다.

사회에 대해 관심이 많다고 맹신했던 내가 우리가 직면하고 있는 문제의 심각성에 대해 어떻게 그다지도 무심했을까? 어떻게 내가 그렇게 오랫동안 우리의 급박한 상황에 대해서 무관심했단 말인가? 이제 나는 알게 되었다. 그렇다면 무엇을 할 수 있는가?

여러 달 동안 나는 최선을 다해 많은 것을 배웠다. 책을 읽고, 강의를 들었으며, 사람들과 대화를 나누었다. 사람들이 무엇을 도우려고 하는지 알기 위해 노력했고 봉사단체에 가입했다. 그리고 작든 크든 헌신적으로 일하는 많은 자원봉사자들에 대해 존경심을 갖게 되었다. 그러나 이러한 모든 공헌에 깊이 경의를 표하면서도 나는 내가 특별히 기여할 수 있는 고유하면서도 전략적인 뭔가가 틀림없이 있을 거라고 계속 생각했다.

그리고 수개월을 고민한 끝에 마침내 그것을 발견했다. 나는 지구가 직면한 문제에 대한 심리학적 근원에 대해 글을 쓸 수 있었다. 그것은 내 안에, 그리고 우리 사이에 위험을 유발하는 심리적 힘으로 만약 지구의 위기가 진정으로 치유되어야 한다면 그 심리학적 근원이 밝혀져야 한다. 나는 정신의학자로서 저술 활동이 나에게 자극을 주며 만족을 준다는 사실을 발견했다. 이것은 전략적인 기여로 나의 특기를 활용하고 스스로도 즐길 수 있는 것이었다. 그 결과가 바로 《인간 생존의 심리학*Staying Alive: The Psychology of Human Survival*》이라는 책이다.

우리 모두는 고유하게 실천할 수 있는 성스러운 영역을 가지고 있으며, 시간을 두고 인내하면 그것이 무엇인지 분명해진다. 다른 사람을 도울 뿐 아니라 자신을 풍요롭게 하는 성스러운 실천을 발견함으로써 우리는 "혼자 시작했으나 혼자로 끝내지 않는 것이 중요하다"고 강조했던 유대교 성인의 조언을 이해하게 된다.


## 베풂의 바른 동기

어떤 일을 하면서 동기를 갖는 것은 매우 중요하다. 누군가를 도울 때 행복한 감정을 느끼지 못할 수도 있다. 혹은 돕고 나서 후회로 속이 뒤집힐 수도 있다. 만약 그렇다면 우리의 행위는 부적절한 동기에 의해 오염된 것이 확실하다.

어떤 것을 돌려받고자 하는 바람으로 베풀었다면, 죄책감이나 '아니요'라고 말하는 것이 두려웠기 때문이므로 스스로를 고통에 시달리게 만든다. 외적으로는 관용처럼 보일 수 있으나 그러한 베풂은 매우 다르게 느껴지며, 이후엔 후회와 분노를 일으킬 수 있다. 기저에 깔린 동기는 베푸는 행위의 정서적·영성적 효과를 결정한다.

따라서 베푸는 데 있어 우리의 동기를 탐색하는 것은 매우 중요하다. 만약 개방적인 마음, 진정으로 돌보는 느낌을 갖는다면 베풂은 그 느낌을 표현하고 강화하는 훌륭한 방법이 된다. 그러나 계산적인 마음이나 긴장 또는 분노를 갖는다면 우선은 그 감정을 탐색하고 해결하기 위해 시간을 보내는 것이 더 바람직하다. 어떤 요청에 '예'라고 응하는 것과 우리가 할 수 있는 한 관대한 마음으로 베푸는 것은 대부분의 경우 당연하다. 그러나 다른 어떤 시점에는 '아니요, 할 수 없습니다'라고 말하는 것이 더 적절할 수도 있다. 콘필드는 다음과 같이 지적했다.

자비심을 수련하는 공식은 없다. 모든 위대한 영적 예술에서처럼 그것은 우리의 동기를 알아차리고, 주의를 기울이며, 이해할 것을 요구한다. 그러고 나면 우리 자신에게 어떤 행동이 진정으로 도움이 될 수 있는지를 질문하라. '나 이외의' 모든 존재에 대해 끝없이 자비를 베풀어야 한다는 이상적인 마음을 갖는 대신, 자신을 포함한 모든 존재에 대한 자비심을 발견해야 한다.

## 작은 일부터 시작하기

관대한 마음을 계발하기 위한 또 하나의 중요한 원칙은 작은 일부터 기꺼운 마음으로 시작하는 것이다. 이는 관용을 강화시켜 이후에 우리가 온 마음으로 베풀 수 있도록 도와준다. 붓다는 이 사실을 잘 알고 있었다. 한 인색한 부자가 찾아왔을 때, 붓다는 베푸는 마음을 조금씩 키울 수 있는 쉬운 방법을 얘기해주었다. 처음에는 가족들에게 작은 선물을 하라고 권했다. 그 다음에는 친구들, 그리고 마지막으로는 거지와 부랑자에게까지 확장했다.

그러고 나서 붓다는 선물의 크기를 점차 키우라고 독려했다. 신기하게도 부자는 그가 받은 감사의 인사에 흐뭇해하는 자신을 발견하게 되었으며, 마침내 베푸는 행위 그 자체를 이해하게 되었다.

작은 일부터 시작하는 것이 좋다. 우리는 모두 세상의 기아와 전쟁이 끝나기를 원한다. 그러나 아픈 이웃에게 한 끼 식사를 대접하는 것, 자선단체에서 일하는 것, 전쟁으로 파괴된 국가의 버려진 고아들을 지원하는 것부터 시작하는 것이 바람직하다. 마더 테레사는 다음과 같은 말을 반복적으로 강조했다.

그리 대단한 행위를 기대하지 마라.
중요한 것은 당신 자신의 선물이다.
당신의 행위 속에 불어넣는 사랑이 중요한 것이다.

세상에 존재하는 고통의 수준과 비교하면 우리의 노력은 하찮은 것처럼 여겨질 수도 있으나 받는 사람들에게는 그것이 삶을 구원하는 것일 수도 있다.

## |깨어 있는 봉사의 요가|

바른 동기와 결합된 봉사는 깨어 있는 봉사로 변화하거나 힌두교에서 말하는 카르마 요가Karma Yoga[91]가 된다. 카르마 요가는 두 가지 측면을 갖는데, 둘 다 동기를 변화시키고 정화시키는 목적을 갖는다.

### 보다 높은 목적을 향한 행위

카르마 요가의 첫 번째 측면은 세상에서 일하고 봉사하는 것으로 자신만을 위해서가 아니라 더 높은 목적을 위해서 일하는 것이다. 이러한 목적은 한 가족의 이익을 위한 것일 수도 있고, 세상의 복지를 위한 것일 수도 있으나 전통적인 목표는 성스러운 의지를 표현하고 성취하는 것이다.

바가바드 기타는 다음과 같이 강조한다.

일은 신성한 것이다.
일하는 자의 마음이 가장 높은 것에 집중되어 있을 때
그에 적절하게 실천한 행위는 자유를 가져온다.

물론 이러한 사상은 힌두교에서만 독특한 것은 아니다. 예를 들어 사도 바울은 "신의 영광을 위해 모든 일을 하라"고 말했다.

## 집착 버리기

카르마 요가의 두 번째 측면은 노력의 결과에 대한 집착을 놓아 버리는 것이다. 대개 어떤 일을 하려고 애를 쓸 때, 우리는 우리가 원하는 결과와 우리가 당연하다고 여기는 인정과 보상에 대해 제한된 생각을 가질 수 있다. 이것은 재난을 부르는 생각이다. 만약 상황이 기대했던 바와 다르게 나타나거나 칭찬을 충분히 받지 못하면, 집착은 채워지지 않을 것이며 그에 따르는 고통을 받게 될 것이다. 이것이 공자가 그렇게 강력하게 "얻게 될 보상을 생각하지 말고 봉사하라"고 강조했던 이유다.

우리가 얼마나 많은 고통을 받는가는 그 집착을 그냥 지나쳐버리는지 아니면 그 집착으로부터 교훈을 얻는지에 달려 있다. 전자를 따르면 집착에 분별없이 매달려 분노로 들끓게 되고 우울증에 빠지게 된다. 후자를 따르면 이러한 정서를 자명종으로 인식할 수 있다. 그것은 우리의 좌절된 자아가 지르는 비명으로, 집착한 상태에 머무르면서 계속 고통 받을 수도 있고, 놓아버리고 평화로워질 수도 있음을 상기시켜준다.

인정에 대한 집착을 줄이는 한 가지 방법은 주의를 끌면서 자아를 부풀리고 자만심에 으쓱해하며 팡파르를 요란하게 불지 않고 조용히 선행을 하는 것이다. 예수는 강조했다. "네가 선행을 베풀 때마다 위선자처럼 앞에 놓인 나팔을 불지 마라." 실제로 예수와 마호메트는 "선행을 베풀 때, 네 오른손이 하는 일을 왼손이 모르게 하라. 네 선행이 비밀리에 이루어지도록 하라"고 거의 비슷한 말을 남겼다.

깨어 있는 봉사는 섬세한 균형을 유지하는 행위이다. 우리는 혼신을 다해 일하고 노력하는 동시에, 그 결과가 어떠해야 한다는 고정관념과 인정에 대한 집착을 버리도록 노력해야 한다. 바가바드 기타는 그 도전에 대해 다음과 같이 요약했다.

책임을 다하라. 항상, 그러나 집착 없이.
그것이 궁극적 진실에 도달하는 방법이다.
즉 결과에 대한 걱정 없이 일하는 것이다.
실제로 많은 사람들은 이러한 영혼 속에서 임무를 다했다는 것만으로도 깨달음을 얻게 된다.

## 행하는 모든 것으로부터 배우기

깨어 있는 봉사에 세 번째 요소를 추가하면 그 봉사는 더욱 견고해진다. 즉 봉사로부터 가능한 많은 것을 배움으로써, 우리의 지혜와 능력은 더욱 성장한다.

봉사하는 행위와 그 봉사의 결과는 모두 학습의 원천이다. 이러한 태도를 가지면 모든 성공과 실패, 그리고 모든 정서적 반응은 피드백의 한 형태가 된다. 만약 우리가 진행하는 프로젝트가 잘 성사되면, 우리는 그 요인을 배우려고 노력할 것이다. 만약 우리가 실수를 범한다면 그 역시 탐색해야 한다. 우리의 실수는 우리의 성공만큼 가치가 있는 것이 분명하며, 어떤 경우에는 실수가 더 많은 가치를 지닌다. 이러한 관점에서 보면, 실패에 대해 죄책감을 갖거나 자기비판을 할 필요가 없다. 그것은 학습을 위한 별로 즐겁지 않은 경험일 뿐이다. 수피는 어떤 결과를 수용하고 교훈을 얻은 사람을 '충족된 자기contented self'라고 불렀다. 이 높은 단계에 있는 사람은 "선행을 하는 사람은 결코 걱정하지 않는다"는 공자의 말에 대한 살아 있는 증거가 된다.

더 높은 목표에 노력을 기울이는 것, 특정한 목표에 대한 집착을 놓아버리는 것, 그리고 경험으로부터 학습하는 것 이 세 가지 요소는 깨어 있는 봉사의 핵심이다. 그 요소들을 결합함으로써 큰 힘을 갖는 영적 기법을 만들어낼 수 있다. 깨어 있는 봉사를 통해 동기를 정화하는 동시에 열망을 약화시킬 수 있고, 우리가 할 수 있는 최선의 봉사를 통해 미래에는 어떻게 봉사할지, 어떻게 보다 효과적으로 깨어 있을지를 배우게 된다.

깨어 있는 봉사의 커다란 이점은 그것이 일상적 행위를 영적 수련으로 바꿔놓는다는 것이다. 그 덕분에 우리는 봉사를 할 때 왜, 어떻게 하는지만큼 무엇을 하는지를 바꿔야 할 필요가 없다. 깨어 있는 봉사는 일과 가족에 매여 있는 사람들을 위한 훌륭한 수련이다. 이러한 접근방식을 통해 일과 가족은 영적인 삶을 흐트러뜨리는 것이 아니라 영적인 삶의 핵심이 되며, 모든 프로젝트와 가족사는 성스러운 것으로 변화될 수 있다.

이와 관련하여 다양한 영적 수련을 경험한 20세기 인도의 성자 아난다마야 마Anandamaya Ma의 훌륭한 예를 들 수 있다. 그녀는 2년 정도밖에 학교를 다니지 않았으며 스스로를 '볼품없고 배우지 못한 아이'라고 불렀다. 그러나 그녀는 아름답고 심오한 담화를 하는 능력을 가졌으며, 그녀의 제자 중에는 유명한 학자, 철학자, 정치가

들이 포함되어 있었다. 그녀는 가족과 자신의 관계에 대해 다음과
같이 묘사했다.

이 몸은 아버지, 어머니, 남편과 함께 살았다. 이 몸은 남편을 섬겼고,
그래서 당신은 이 몸을 아내라고 부른다. 모든 사람을 위해 음식을 했으
므로 요리사라고 부른다. 빨래와 천한 일을 했으므로 하인이라고 부른
다. 그러나 또 다른 관점에서 보면, 이 몸이 신 외에 그 어떤 것도 섬기
지 않았음을 알게 될 것이다. 나의 아버지, 어머니, 남편, 그리고 다른
사람들을 섬길 때, 나는 그들을 전능함의 다른 표현이라고 여겼으며 그
들에게 그렇게 대했다. 음식을 만들기 위해 앉을 때, 나는 그것을 마치
의식처럼 행했으며, 요리된 음식은 신을 위한 것으로 받아들였다. 무엇
을 하든 간에 나는 성스러운 봉사의 영혼 속에서 했다. 나는 단 하나의
사상을 가졌다. 즉 모든 것을 신처럼 섬기는 것은 신을 위해 모든 것을
하는 것이다.

모든 수련과 마찬가지로 깨어 있는 봉사는 초기엔 노력을 필요로
한다. 그러나 시간이 흐름에 따라 그 노력은 자발적이 되어가며 봉
사는 기쁨이 된다. 점차 깨어 있는 봉사는 우리의 삶을 포함하는 것
으로 확장되고 치유와 각성 속에서 모든 행위가 포용된다. 그러면
서 우리는 우리가 진정 누구인가를 인식하기 시작하며 고대 힌두교
의 속담이 점차 진실로 다가온다.

내가 누군지를 잊을 때, 나는 당신을 섬긴다.

봉사를 통해, 나는 내가 누구인지를 기억한다.

그리고 내가 당신이라는 것을 안다.

# 모든 사람들에게 친절하게 대하라.

—마호메트

네 주변의 가장 훌륭한 사람들은
다른 사람들에게도 은인이다.

## |연습1 일을 봉사로 전향하라|

앞에 나왔던 석공들의 이야기를 기억하는가? 그들 중 한 사람은 시간을 죽이고 있고, 또 한 사람은 성당을 지으며 깨어 있는 봉사를 하고 있다. 그것은 중요한 이야기이다. 같은 행위, 같은 일을 완전히 다른 동기로 행할 수 있다는 사실을 확실히 보여주기 때문이다. 그 두 사람은 정확히 같은 작업을 해왔다. 그러나 한 사람은 불만에 차 고양이를 발로 차고, 다음 날 또 다른 쳇바퀴를 돌기 위해서 마지못해 침대에서 빠져나온다. 또 다른 사람은 일을 행복하게 느끼고 고양이한테 먹이를 주며, 또 노력을 쏟을 수 있는 하루를 기대하면서 다음 날 아침 잠에서 깬다.

당신은 시간을 죽이기를 원하는가 아니면 성당을 짓기를 원하는가? 당신이 하는 일을 고된 일로 받아들이는가 아니면 기여로 받아들이는가? 여기서 중요한 논점은 우리가 선택할 수 있다는 것이다. 이 동일한 행위는 완전히 다른 방식으로 해석될 수 있는데, 그 이유는 일의 의미와 중요성을 결정하는 사람이 바로 우리 자신이기 때문이다. 매일 우리가 하는 많은 일들이 이미 봉사이다. 청소든, 요리든, 경리든, 그 일의 많은 부분을 다른 사람들(그들이 고객이든, 친구든, 가족이든 상관없이)의 이익을 위해서 행한다. 그러나 그것을 고된 일로 여기느냐 봉사로 여기느냐는 당신에게 달려 있다.

일상적 행위들을 단 몇 분 간만 생각해보라. 봉사하는 마음으로 하루 동안 기꺼이 하고 싶은 일이 있는가? 그 일은 복잡하고 기술적인 작업일 수도 있고, 쇼핑만큼 단순한 일일 수도 있다.

한 가지 일을 선택하라. 그리고 사람들에게 도움을 줄 수 있는 방법에 대해 생각하라. 아마도 당신의 일은 다른 사람들의 일을 보다 수월하게 해주는 일일 것이다. 쇼핑을 한다면 가족과 친구들에게 음식을 대접하기 위해서일 것이다. 이러한 의미에 집중하면서 당신의 임무를 그들을 위한 봉사로 여기고 행하라.

이 수련을 함에 따라 도와주는 것에 대한 보상이 차츰 분명해질 것이다. 그 보상을 느끼게 됨에 따라 이 수련이 삶의 자연스러운 방식이 될 때까지 봉사의 관점에서 더욱 많은 활동을 시도하게 될 것이다.

## | 연습 2 헌신의 힘을 활용하라 |

우리는 동기를 변화시킴으로써 우리 자신과 행위를 완전히 변화시킨다. 앞에서 이미 동기를 변화시키는 티베트 불교의 방법에 대해 언급했다. 독서든 청소든 간에, 중요한 모든 행위를 하기 전에 잠시 쉬도록 한다. 그러고 나면 자신의 이익만을 위하는 마음으로 무심하고 단순하게 처리하는 대신에, 자신의 자각에 그 행위를 집중함으로써 다른 사람들을 더 잘 돕고 일깨울 수 있다.

일을 마치면 다시 쉰다. 이쯤 되면 당신은 모든 사람 혹은 모든

438

생명의 이익을 위해 그 일을 행함으로써 얻은 이점을 제시할 수 있게 된다. 무엇을 얻었든 그 이점은 다른 사람들에게 베풀려고 시도한다는 것이다.

그것은 희생처럼 여겨질 수도 있다. 당신이 얻기 위해 열심히 노력한 것을 양보하는 것처럼 보일 수 있다. 그러나 그 마음이 작용하는 방식을 되짚어보면 그것이 기술적인 전략이며, 역설적으로는 자신을 포함한 모든 이들을 이롭게 하는 것임을 깨닫게 된다. 다른 사람들을 위해 당신이 경험하고 강화시키기 원하는 것을 마음속에 기억하라. 봉사나 명상으로부터 얻은 사랑과 인내 같은 자질을 베풀면, 그것들은 관용과 더불어 더욱 완전하게 꽃필 것이다.

준비가 되었으면 몇 가지 활동을 혼신을 다해 시작하고 마무리하는 실험을 시작하라. 하나의 시작점은 반성, 명상, 기도 같은 조용한 시간이다. 성스러운 침묵이 가져다 주는 감수성 속에서 헌신하는 것을 기억하게 되고, 그것이 가져다 주는 이점을 느낄 수 있게 된다.

이러한 이점들이 뚜렷해짐에 따라 그 헌신의 방식을 더 많은 행위에 적용하고 싶어질 것이다. 예를 들면 일, 놀이, 요리, 그리고 식사 등이다. 그것은 활동을 변화시키며, 가장 소박한 일상적 활동도 각성의 과정에 기여할 수 있다는 점을 확실하게 증명한다.

죽어가는 사람들이 찾는 마더 테레사의 집이 위치한 캘커타의 스모그는 정말 끔찍하다. 그곳을 떠날 때, 나는 목에서 따갑고 불쾌한 통증을 느꼈다. 인도의 성스러운 도시 중 하나이며 많은 힌두교인들이 죽기 전에 오는 장소인 베나르Benares에 도착했을 때, 나는 기관지염에 걸린 게 확실했다. 그동안 알고 지내왔던 사람들로부터 수천 킬로미터나 떨어져 있어서 안 그래도 외로운데 아프기까지 하니 왠지 서글퍼져서 그날 내내 호텔에 누워 있었다.

그날 밤 늦게 나는 놀라운 깨달음에 이르렀다. 몸은 아프지만 나한테는 약과 음식, 그리고 편안한 침대가 있었다. 그러나 내 방 창문 밖 거리와 하수도에는 집도 없고 돈도 없으며 병에 걸려 죽어가는 수천 명의 사람들이 누워 있었다. 갑자기 나 자신의 문제는 극히 사소한 것으로 여겨졌으며, 내 마음은 고통 받는 극빈자에게로 향했다. 자비심이 자기연민을 대체했다.

한 연구에 따르면 이런 유형의 '하강적 비교downward comparison', 즉 더 나쁜 상태에 있는 누군가와 자신을 비교하는 것은 우울과 고통의 감정과 싸우는 데 효과적이다. 또한 그것은 자비심을 배양하는 효과적인 수단이 될 수도 있다.

이 연습을 위해 당신이 가지고 있는 몇 가지 어려움에 대해 살펴보라. 그것은 물질적인 것일 수도 심리적인 것일 수도 있고 또는 영적인 것일 수도 있다. 그 다음에는 같은 유형의 어려움이나 그와 관련된 어려움으로 당신보다 더 고통 받고 있는 사람들을 생각해보

라. 만약 당신이 아는 사람들 중에 이렇게 고통 받고 있는 사람이 있다면, 그를 마음속에 떠올려라. 당신의 어려움이 가져다 주는 모든 고통을 생각해보라. 그리고 그들이 틀림없이 경험하고 있을 모든 고통들을 생각해보라. 그들의 고통을 직접 느껴보라. 당신이 고통에서 벗어나고 싶은 것과 마찬가지로 그들도 벗어나고 싶어한다는 사실을 깨달아라. 그들이 고통에서 벗어나는 것을 소망하든 기도하든, 그들에 대한 자비심이 우러나오도록 하라.

## | 연습 4 모든 것을 포용하는 친절을 연습하라 |

이 연습의 핵심은 매우 직접적이다. 정해진 시간 동안 할 수 있는 최선의 친절을 가능한 많은 사람들에게 베풀어라. 그 기간은 한 시간이 될 수도 있고 오전이 될 수도 있으며, 하루가 될 수도 있다. 원한다면 도와줄 대상에 사람뿐 아니라 생명체도 포함할 수 있다. 마더 테레사는 깨어 있는 순간순간을 이 연습에 헌신했으며 그 경험을 다음과 같이 요약했다. "사람들이 더 나아지거나 행복해진 상태에서 당신을 계속 찾도록 하라."

물론 당신의 친절이 취하는 특정한 형태는 상황에 따라 달라진다. 당신의 행동 중 많은 부분은 아마도 매우 단순할 것이다. 예를 들어 위로가 필요한 친구를 찾아간다든가, 낯선 사람에게 미소를 짓는다든가, 넘어진 아이를 도와준다든가 같은 것이 될 수 있다. 사람들이 많이 모인 장소에서는 사람들에게 단지 미소만 지을 수도 있다. 실제로 이것은 작은 선물이 아니다. 돈도 없고 나눠줄 음식도 없는 한 무리의 가난한 사람들이 어떻게 자기들이 다른 사람을 도울 수 있느냐고 마호메트의 수양아들에게 묻자, 그는 사람들에게 미소를 지어서 다른 사람들로 하여금 보호받고 있다는 느낌이 들도록 하라고 조언했다.

당신의 도움이 아무리 작고 무의미해 보일지라도, 목표는 항상 당신이 할 수 있는 한 도움을 주는 것이다. 간디는 아마도 20세기에 살았던 그 누구보다도 많은 선행을 했을 것이다. 그는 자신의 직접적인 경험을 통해 다음과 같이 말했다.

"당신이 행하는 거의 모든 일은 무의미하게 보일 수도 있다. 그럼에도 불구하고 그 일을 하는 것은 매우 중요하다."


## 연습 5 깨어 있는 봉사를 하라

깨어 있는 봉사 혹은 카르마 요가는 세 단계를 포함하는데, 각 단계는 그 자체가 각성을 위한 강력한 힘이다. 우리는 이미 그것에 대해서 논의했으므로 여기에서는 간략하게 요약만 할 것이다.

첫 번째 단계는 하나의 행위를 자신만의 만족보다 더 큰 한 가지 목적에 집중하는 것으로 시작한다. 더 큰 목적은 가족의 행복이 될 수도 있고 가난한 사람들을 돕는 것이 될 수도 있다. 또는 사도 바울이 권고했던 바대로 신의 영광을 위하는 것일 수도 있다.

두 번째 단계는 결과가 어떠해야 한다는 당신의 생각에 대한 집착을 버리는 것이다.

세 번째는 이 과정을 통해 배우는 것이다.

예를 들어 하루 일과로 녹초가 되어서 가족들과 차분하게 저녁 시간을 보내기를 간절히 바라고 있다고 상상해보라. 이 시간을 자신의 행복과 각성뿐 아니라 가족의 행복을 위해 투자하겠다는 사실을 기억하면, 당신은 그것을 깨어 있는 봉사의 시간으로 변화시킬 수 있다. 가족이 모두 맛있게 먹을 수 있도록 식료품을 살 수도 있고, 집을 청소하면서 모두가 집에 오기를 간절히 기다릴 수도 있다.

가족이 집에 돌아왔다. 아주 기분이 좋은 상태이다. 그런데 한 명은 오자마자 극장에 간다고 하고, 다른 둘은 파티에 참석한다며 음식을 전부 싸가버린다. 또 한 명은 친구한테 병문안을 가야 한다고 말한다. 깨끗한 집에 남은 음식 조금과 개만 당신의 친구로 남아 있다.

이제 중요한 질문이 주어진다. 당신은 가족들의 이기심에 대한 분노로 부글부글 끓고 있으며, 스스로에 대한 연민으로 침울해져 집을 왔다 갔다 하는가? 아니면 이 저녁은 어떠해야만 한다는 자신의 집착을 깨닫고, 웃으면서 그 집착을 놓아버리기 위한 시간을 갖는가? 그 상황과 반응으로부터 가능한 많은 것을 배우고 있는가? 그런 후에 쾌적하고 고요한 집에서 맘 편한 저녁을 보내며 안정을 취하는가? 당신은 고통스러운가 아니면 즐거운가? 한탄하는가 아니면 배우는가? 이렇게 깨어 있는 봉사는 선택권을 제공한다.

이 연습을 시작하는 간단한 방법 하나는 당신이 이미 노력을 기울이고 있는 일을 선택하는 것이다. 만약 그 노력이 주기적인 것이라면 보다 유익하며, 그것으로부터 배울 수 있는 다양한 기회를 가질 수 있다. 예를 들어 당신은 아픈 이웃을 방문하거나 매주 학교에서 봉사할 수 있다. 보다 큰 목적을 위해 헌신하고 특정 결과에 대한 집착을 알아차리고 떨쳐버리는 전 과정을 학습함으로써, 당신은 그 기여를 깨어 있는 봉사로 변화시킨다.

## |연습6 익명으로 베풀어라|

위대한 종교들의 전통은 베풂이 가져다 주는 깊은 만족에 대해 언급해왔는데, 앞서 말했듯이 심리학자들은 이를 '봉사자의 희열감'이라고 부른다. 만약 스스로 이 고양된 상태를 경험한다면, 우리는 다른 이들을 돕는 것이 얼마나 보람 있는지를 배우기 시작한 것이다.

베푸는 행위 자체에서 흘러나오는 행복한 감정은 칭찬을 받는다든가 답례로 선물을 받는 것 같은 보상과 관련된 감정과 섞이게 된다. 그러므로 칭찬이나 답례품을 바라지 않는 익명의 선물을 주는 것은 소중한 학습 경험이 될 수 있다. 익명으로 베푸는 행위는 위대한 종교들의 전통에 의해 오랫동안 칭송되어왔다. 유대의 탈무드는 고대 사람들이 밤에 구원의 손길을 필요로 하는 사람들의 문 앞에 음식을 두고 가는 것이 얼마나 자비로운가에 대해 묘사했다.

내 친구 중 한 명은 흐뭇한 '봉사자의 희열감'을 경험했다. 영적인 수련에 참가했을 때, 그는 익명으로 베푸는 것에서 아주 큰 교훈을 얻었다고 한다. 수련원의 음식은 다소 부족하고 조촐했는데, 이때 그에게 우편으로 케이크 하나가 배달되었다. 그는 아주 기분이 좋아졌다. 그러나 한 조각을 먹고 나니 수련 중인 다른 사람들이 생각나기 시작했다. 그들도 모두 이 케이크가 먹고 싶을 것이었다. 잠시 망설이다가 그는 부엌으로 가서 모든 사람의 그릇에 케이크 한 조각씩을 올려두었다. 그리고 숨어서 지켜보았는데, 사람들은 부엌에 들어와 빈 접시가 아니라는 사실보다는 예기치 않은 미묘한 사건에 대해 놀라움과 기쁨을 표현했다고 한다. 20년 전의 일임에도 불구하고, 그는 자신이 먹었던 케이크의 맛은 기억할 수 없으나 그날 사람들의 얼굴에 나타난 기쁨은 아직도 기억하고 있다고 말한다. 말하자면 그는 케이크 하나를 20년 간 즐기고 있는 것이다.

물론 부모들은 주기적으로 이 익명의 베풂을 실천한다. 즉 그들은 크리스마스 양말을 산타클로스의 선물로 채우고 아이들이 기뻐하는 모습을 즐긴다. 자선단체에 기부금을 보내는 것 같은 일을 하나의 연습으로 삼아 익명의 선물을 하는 것은 유익할 것이다.

익명으로 줄 선물이 있는가? 그렇다면 선물을 주고 일어나는 느낌을 지켜보라. 그리고 가능하다면, 당신의 선물을 즐기는 사람들과 그 모습이 당신 안에 일으키는 더 많은 느낌을 지켜보라.

## | **연습 7** 깨어 있는 봉사를 위한 시간을 마련하라 |

　모든 연습의 힘은 그것에 특정 시간을 투자함으로써 확대될 수 있다. 이 연습을 위해 당신이 택할 수 있는 시간이 얼마든 깨어 있는 봉사에 투자하라. 아마 한 시간, 아침나절, 또는 하루가 될 것이다. 이 시간과 수련은 다음의 네 단계를 거치면서 풍부해질 것이다.

　1_ 시간을 할애하여 그 시간 동안 당신이 하는 모든 일에 헌신하는 것에서 시작하라.

　2_ 어디에 있든, 누구와 있든, 무엇을 하든 도와줄 수 있는 방법을 찾아라.

　3_ 무엇을 하든 그것을 봉사의 영혼 속에서 실천하도록 하라.

　4_ 봉사를 할 때마다 깨어 있는 봉사인 것처럼 노력하라. 그 과정에서 어떤 결과에 대한 집착을 버리고 각 활동으로부터 배우게 된다.

　특정 기간 동안 깨어 있는 봉사를 하겠다고 결심하는 것이 반드시 당신의 삶에 큰 변화를 일으키는 것은 아니다. 슬럼가에서 일하기 위해 직장을 그만둘 필요도 없고, 가족을 소홀히 하지 않아도 된다. 하루 정도만 봉사할 수도 있고, 계획을 잘 짜서 당신의 일상적 활동을 봉사하는 기회로 삼을 수도 있다.

　표면적으로는 당신의 삶이 별반 다르지 않게 보일 수 있다. 더 많은 사람들에게 미소를 짓고, 더 많은 칭찬을 하고, 급한 사람에게 차례를 양보하고, 거지에게 돈을 주고, 프로젝트를 통해 누군가를 도와줄 수 있으나 외적으로는 보통 때와 크게 다르지 않다.

그러나 내면적으로는 다르다. 이제 당신은 하루를 더 큰 목적을 위해 사용했고 그것이 당신이 한 전부이다. 이제 모든 행위는 만족의 원천이 되며, 모든 회의는 영적인 만남이며, 두려움이나 분노로 인한 모든 통증은 숨어 있는 집착을 버리는 실마리가 되며, 모든 체험은 학습을 위한 고마운 기회가 된다.

물론 목적을 잊거나 반의식적인 습관 속에서 대부분의 시간을 소비하는 때로 되돌아갈 수도 있을 것이다. 그것은 당연하다. 우리가 이러한 봉사의 수련이나 다른 여타 수련을 완벽하게 할 수 있다면, 우리는 성자이자 성인이다. 그러나 우리는 평범한 인간이므로 성자나 성인이 행하는 것을 수련하고자 노력할 뿐이며, 자주 실패할 뿐 아니라 그들도 한때 우리가 현재 그런 것처럼, 고통스럽고 실패한 경험이 있었다는 사실을 알게 된다. 모든 노력, 모든 연습, 모든 헌신은 우리의 진정한 본질이 성인들과 동일하다는 인식에 한 걸음씩 더 다가가도록 해준다.

나는
가난한 자,
병든 자,
무지한 자,

—비베카난다Vivekananda[92]

억압받는 자의

모습으로 나타나는 신을 숭배하고 봉사한다.

수십 년 전에 한 젊은 남자가 삶의 가장 깊은 나락으로 떨어졌다. 회의감과 우울증에 시달리면서, 그는 다리 위에 서서 스스로 목숨을 끊을지에 대해 번민했다. 만약 자살을 한다면 고통은 끝날 것이다. 그러나 산다면 어떻게 될 것인가? 무엇이 삶에 살 만한 가치를 부여하는가? 무엇이 어려움과 절망을 직면할 수 있도록 삶에 충분한 의미와 가치를 가져다 줄 것인가?

섬광처럼 그에게 답이 주어졌다. 그는 인간으로서 할 수 있는 최대한의 선행을 발견하는 도전에 그의 삶을 바치기로 결심했다.

그 젊은이는 세상에 버키로 알려진 벅미니스터 풀러Buckminister Fuller였고, 그는 60년 후에 자연사로 사망했다. 60년 동안 그는 2000여 개의 발명품에 대해 특허를 냈고, 25권의 책을 저술했으며, 최고의 발명가이자 설계사, 사상가로서 국제적인 명성을 쌓았다. "한 인간이 할 수 있는 선행은 얼마나 되는가?"라는 그의 질문에 대한 대답은 "아주 많다"이다.

물론 풀러는 최대한 많은 기여를 하려고 노력하는 이 게임을 발견한 첫 인물은 아니었다. 이미 현자들은 이 게임을 수천 년 간 즐겨왔으며, 인간이 할 수 있는 최고의 게임은 기여와 각성이라고 추천했다. 그들은 그 어떤 것도 삶에 그만한 의미와 가치를 주지 않는다고 주장했다.

현대의 명상가들 또한 이에 동의하며, 우리에게 무엇보다도 할 만한 가치가 있는 게임을 찾으라고 촉구한다. 그 게임을 발견하고, 그것에 집중하여 마치 당신의 삶과 건강이 그 게임에 달려 있는 것처럼 실행하라.(그것들은 실제로 그 게임에 의존한다.) 각성, 기여, 그리고 우리가 얼마나 많은 선행을 할 수 있는가를 발견해내는 것은 확실히 해볼 만한 게임이다. 벅미니스터 풀러 게임은 우리 모두 할 수 있는 게임이다. 꼭 풀러처럼 천재일 필요도 없고 성자일 필요도 없다. 벅미니스터 풀러 게임은 이전 연습의 논리적 확장일 뿐이다. 한 시간, 하루를 최선의 봉사에 바치는 것 대신 그 목표가 우리 삶의 더 많은 부분에 주입되도록 하는 것이다.

이는 힘들게 남을 도와주는 봉사일 필요는 없으며 오히려 보다 현명하게 도와주는 것을 의미할 수 있다. 벅미니스터 풀러 게임의 흥미진진한 목적은 우리의 기여가 가장 효과적일 수 있고, 우리의 봉사가 가장 전략적이고 유익할 수 있는 방법을 찾는 것이다. 오랜 속담에서 이르듯이 "사람들에게 고기를 주면 당신은 그들을 하루 먹여 살리는 것이다. 그러나 사람들에게 고기 잡는 법을 가르쳐주면 당신은 그들의 인생을 먹여 살리는 것이다."

간디는 이 게임의 대가로, 그의 소박하고도 전략적인 행동은 세상을 바꾸어놓았다. 한 가지 아름다운 예는 영국의 소금세에 대한 그의 대응방법에 관한 것이다. 영국은 모든 해변에 널려 있는 풍부한 소금을 인도인들이 무료로 사용하는 것을 금지시키고, 그 소금을 사도록 하는 법안을 통과시켰다. 인도의 지도자들이 간디에게 달려와서 어떻게 대응할지 조언을 구했다. 간디는 지금은 알 수 없다고 답하고 그 문제에 대해 곰곰이 생각하기 위해 혼자 시간을 보냈다.

7일 간의 고요한 성찰과 기도 후, 그의 마음에 섬광처럼 한 가지 답이 찾아왔다. 간디는 자신이 어느 바다의 해변에 소금을 가지러 갈 것이며, 그 법을 어기겠다고 발표했다. 그리고 그는 그 바다를 향해 그저 걸어가기 시작했다. 그는 매일 걸었으며 그의 여정에 대한 뉴스는 나라 전역으로, 그리고 세계 각국으로 산불처럼 퍼져갔다. 마침내 그는 그 해변에 도달했다. 그는 물에 들어가 목욕을 하고, 기도하며 한 줌의 소금을 집어 들었다. 수백만 명의 사람들이 그의 모범을 따르고자 모여들었으며 영국의 소금법은 무력화되었다.

이러한 간디의 전략은 행동하기 전에 조용한 성찰의 시간을 갖는 것이 중요하다는 것을 암시해준다. 마음이 휴식을 취하고 자각이 명료해질 때, 우리 자신은 영감에 열리게 되어 보다 명확하고 효과적으로 행동할 수 있게 된다. 명상과 카르마 요가를 병행함으로써, 우리는 더 효과적으로 세계를 향해 나아가기 위해 자신의 내면으로 들어가며, 또한 자신의 내면으로 보다 깊이 들어가기 위해 세계로 나아간다. 세상에서 일을 하며 자신을 들여다보는 것은 깨어 있음과 봉사가 번갈아 나타나는 하나의 위대한 파동이 되며, 그것은 우리의 삶을 안내하고 충족시킨다.

|봉사와 영적인 비전|

## |봉사와 영적인 비전|

각성과 봉사가 지속되면서 영적인 비전이 깨어나기 시작한다. 그러면서 우리는 우리가 진정으로 누구이며, 누구에게 봉사하고 있는지를 인식하기 시작한다. 우리는 공포에 질린 얼굴, 앙상한 몸, 부서진 뼈의 이면을 깨닫기 시작한다. 즉 우리가 실제로는 붓다, 그리스도, 엘리야, 그리고 신의 자식들에게 봉사하고 있다는 것이다. 우리는 마더 테레사의 다음과 같은 말을 이해하고 말할 수 있게 된다.

실제로 우리는 불쌍한 자 안에 있는 그리스도의 몸을 만지고 있다. 불쌍한 사람들 안의 배고픈 그리스도를 먹여 살리고 있다. 우리가 옷을 주는 사람은 벌거벗은 그리스도이며, 우리가 머물 곳을 제공하는 사람은 집 없는 그리스도이다.

영혼의 눈을 뜨고 있는 사람은 더 이상 자신과 다른 사람을 구별하지 않는다. 이제 한 붓다가 다른 붓다를 보살피며, 한 그리스도가 다른 그리스도에게 쉴 장소를 마련해주고, 신의 아들이 신의 아들에게 음식을 제공한다. 관용과 봉사는 한 손이 다른 손을 도와주는 것처럼 자연스러우며, 자발적이고 노력 없이도 가능한 반응이다. 누가 자신의 진아를 도와주지 않으려고 할 것인가? 라마크리슈나는 이 단계의 사람들에 대해 다음과 같이 묘사했다.

내면적으로나 외면적으로나 모든 생명체를 위한 소박한 봉사에 지속적으로 참여한다. 그들은 모든 생명체를 하나의 현존을 담은 투명하고 아름다운 그릇으로 경험한다. 그들과의 성스러운 동반 속에서 진리를 알고, 진리와 하나가 되고자 하는 바람이 우러나오며 자연스럽게 강화된다.

이러한 깨달음에 도달하는 것이 슈퍼맨의 묘기처럼 여겨질 수도 있다. 그러나 이 단계에 도달한 사람들은 우리 모두가 그런 능력을 가졌으며, 그것에 수반되는 희생은 무의식적이고 이기적으로 살아감으로써 감수하게 되는 희생보다 훨씬 적다는 점을 주지시켜준다. 간디는 다음과 같이 말했다.

나는 평균 이하의 능력을 가진 평균적인 사람이다. 만약 사람들이 같은 정도의 노력을 하고, 같은 희망과 믿음을 계발하고, 진리에 헌신하기만 한다면 그 누구든 나만큼 할 수 있다는 것을 추호도 의심하지 않는다.

## 구원이 필요한 세계

비극적이면서도 불필요한 엄청난 양의 고통에 대해 열린 마음을 가지면 우리의 관심과 자비심이 증대된다. 우리는 자발적으로 확장되는 관심의 원환을 발견할 수 있는데, 그것은 가족과 친구를 뛰어넘고 국가와 특정한 종교 전통을 뛰어넘는 것으로 궁극적으로는 모든 사람과 모든 생명체를 포용한다. 아인슈타인은 이 과정을 오직 천재만이 할 수 있는 표현으로 요약했다.

인간은 우리가 우주라고 부르는 전체의 한 부분이며 그 부분은 시간과 공간에 제한된다. 그는 자신의 생각과 느낌을 나머지 부분과 분리된 어떤 것, 즉 그가 의식하는 시각적 망상의 한 형태로 경험한다. 이러한 망상은 우리에게 하나의 감옥과 같은 것으로, 개인적인 욕구와 가까운 몇몇 사람들에 대한 애정에 우리를 속박시킨다. 우리의 임무는 자선의 원환을 확장하여 모든 살아 있는 생명체와 그 자체의 아름다움 속에서 자연 전체를 포용하고 스스로를 이 감옥으로부터 자유롭게 만드는 것이다.

그리하여 우리는 미미하지만, 모든 생명체와 그 자체로 아름다운 자연의 모든 것에 봉사하기 위한 방법을 찾는다. 그것은 현자의 말을 기억하지 않는다면 내키지 않는 과정이 될 수도 있을 것이다. 유대의 지혜는 우리에게 상기시킨다. "그 일을 완성시키는 것은 당신을 위한 것이 아니지만, 그것을 시작하는 것은 당신에게 달려 있다."

우리는 꼭 세계를 뒤흔드는 대단한 행위를 할 필요는 없지만 우리가 가질 수 있는 만큼의 지혜와 자각, 사랑을 행할 필요는 있다. 세상의 많은 고통은 그것이 가난이나 억압이나 오염에서 비롯되든, 잔혹성이나 중독이나 전쟁에서 비롯되든 우리가 계발하려고 노력하는 바로 그 자질이 부족한 데서 비롯된다.

인도의 전통에서 인간의 의식은 종종 광대한 바다에 비유된다. 그 바다는 우리의 삶을 어둡게 하는 공포와 분노, 탐욕과 무지로 오염된 바다이다. 이 바다에 무엇이 떨어지든 간에 그것은 영원히 잔물결이 치는 파도를 만들고, 그 크기는 줄어들지라도 결코 완전히 사라지지 않는다. 우리의 사명은 이 바다에 우리가 줄 수 있는 지혜, 자각, 사랑 같은 유익한 선물을 떨어뜨리는 것이다. 우리의 작은 선물은 인간 의식의 광대한 바다에 영원한 잔물결을 만들 것이다. 그 선물은 경계가 없이 효력을 발휘한다.

유대의 전통은 우리 각자가 내면에 신성의 불꽃을 가지고 있다고 주장한다. 예수는 그의 선례를 따르는 자들을 '세상의 빛'이라고 불렀고, 바스크족 주술사들은 인간을 '걸어 다니는 별'이라고 표현했다. 일곱 가지 수련을 통해, 우리 안의 섬광이 빛나게 되고 우리는 더욱 빛나는 별이 된다. 인간의 슬픔에 차 있는 바다가 가없는 빛의 바다가 될 때까지, 고통과 무지의 어두움을 비출 수 있도록 다른 사람을 도와주는 일과 각자의 길을 밝히는 일은 가치를 매길 수 없는 우리의 특권이 된다.

그리스도는
지금 당신의
몸 외에는
세상에

—아빌라의 성 테레사

몸이 없었다.

당신의 몸 외에는 손도, 발도 없다.
당신의 눈은 그리스도가 세상을 자비심으로 바라보는 눈이다.
그가 선을 행하기 위해 돌아다닐 때 사용하는 발은 당신의 발이다.
그가 사람들에게 은총을 내릴 때 쓰는 손은 당신의 손이다.

각성의 여정은 모든 인간이 실행할 수 있는 가장 훌륭한 모험이다. 다른 어떤 행위도 궁극적으로는 자신에게 큰 의미가 있을 수 없으며 다른 사람에게도 유익할 수 없다.


## |각성된 가슴, 각성된 마음|


다른 모험과 마찬가지로 당신이 보다 열린 마음으로 실천할수록, 그것은 더 큰 충족을 가져다 준다. 그러면 우리는 어떻게 이 각성의 게임을 완벽하고 효과적으로 할 수 있는가?

그 대답은 간단하다. 가능한 한 완벽하게 일곱 가지 수련을 하라. 그 일곱 가지가 영적 수련의 핵심이며 각성을 촉진시키기 때문이다. 이미 당신은 일곱 가지 수련을 이해했고 그것을 활용하기 시작했다. 현재의 도전은 그 수련을 주기적으로, 점차 삶의 핵심적인 부분으로 만드는 것이다.

물론 수련의 난이도에 따라 다양한 기간이 필요하다. 영적인 삶에도 리듬이 있으며, 우리는 주어진 단계에서 가장 적합한 수련을 파악하기 위해 높아지는 민감성과 명석함의 선물을 활용할 필요가 있다. 어떤 시점에는 정서에 초점을 맞추고 분노를 감소시키기를 원할 것이며, 다른 시점에는 보다 더 큰 이해를 위해 공부할 필요성을 느낄 것이다. 그리고 결국에는 기여와 봉사에 이끌리는 느낌을 가질 것이다. 람 다스는 이렇게 말했다.

내면의 작업을 해야 하는 단계에 있다면, 명상할 조용한 장소를 찾고 그 것을 지속하는 일이 당신이 추구해야 할 전부이다. 동시에 외부로 향하는 시간을 갖고 공동체에 참여하는 시간도 가져야 한다. 이러한 순환의 양 측면은 수련의 일부분이다. 공동체에서 당신에게 벌어지는 상황은 명상을 도울 것이며, 명상 중에 일어나는 통찰은 당신이 집착 없이 공동체에 참여하도록 도울 것이다. 처음에는 수련을 삶의 일부분이라고 생각할 것이다. 그러나 시간이 흐름에 따라 행하는 모든 것이 수련이라는 사실을 깨닫게 될 것이다.

모든 일이 수련의 일부가 될 때에도, 현대적 삶의 번잡함과 분주함에서 벗어나기 위해서는 주기적으로 시간을 할애하는 것이 반드시 필요하다. 중요한 것은 수련을 주기적인 일과로 자리 잡게 하는 것이다. 그 무엇도 일상의 수련을 대신할 수 없다. 만약 주기적인 수련이 가져다 주는 반복적인 영감을 통해 항상 깨어 있지 않는다면 깊은 통찰과 절정상태는 희미한 기억 속으로 사라져버릴 것이다.

## | 미루지 말고 오늘 시작하라 |

2000년 전 유대교 선지자는 강조했다. "여유 있을 때 공부한다고 말하지 마라! 아마도 당신은 여유를 가질 수 없을 것이다." 아주 예리한 위트를 가진 동시대의 한 무명 시인은 우리의 미루려는 습성에 대해 날카롭게 통찰하여 다음과 같이 적었다.

미루는 것은 죄악이다.
그것은 끝없는 슬픔을 야기한다.
내가 진정으로 그 습관을 버려야,
실제로 내일 시작하게 될 것이다.

해결책은 무엇인가? 오늘 시작하는 것이다. 사소한 것일지라도 매일 수련하는 것이다.

## | 수련을 최우선 순위로 정하라 |

오래전, 나는 그것을 어려운 방법으로 습득했다. 하루 일과 중에서 수련을 최우선 순위에 두지 않으면 결국 그것을 하지 않게 된다. 아침에 제일 먼저 하는 일을 수련으로 정하고, 하루의 나머지 시간 중에도 특정 시간을 수련에 할애해두지 않으면 내가 시작하기도 전에 그날은 역사 속으로 사라져버린다.

현재 나는 주기적인 일과로 수련을 한다. 잠이 깨면 샤워를 하고 즉시 수련을 시작한다. 가끔은 오후 시간에 사람들에게 30분 정도 내버려두라고 통보한 후, 내 서재나 사무실로 숨어들어가 문을 잠그고 전화 코드를 빼놓는다. 이런 식으로 바쁜 하루 중에도 조용한 시간의 오아시스를 만들 수 있다.

물론 당신은 다른 시간대를 더 좋아할 수 있으므로 자신에게 가장 적합한 일정을 찾는 것이 중요하다. 많은 부모들의 경우, 그들이 수련을 성공적으로 실천하는 비결은 아이들이 깨기 전에 일어나서 그 시간을 조용한 성찰이나 명상 또는 영적인 독서의 시간으로 활용하는 것이다. 어떤 형태이든 신성한 시간을 배려하여 별도로 할애하기 위해서는 정해진 틀을 가질 필요가 있다. 그렇지 않으면 세상의 번잡함과 요구에 주어진 시간을 모두 소비하게 될 것이며, 영적 수련에 바친 순간은 파편으로만 남은 채 또 다른 날과 달과 해가 반복되어 10년이 망각 속으로 사라져버렸다는 사실을 발견하고 놀라게 될 것이다.

## 영적인 친구와 단체 찾기

가장 큰 비극 중 하나는 소수만이 각성할 수 있다는 사실을 알고 있고, 더 소수만이 그것을 어떻게 해야 할지를 이해하며, 더더욱 소수만이 그것을 진지하게 시도한다는 사실이다. 대부분의 단체는 우리가 계발하고 있는 가치와 수련에 대한 지원체계를 갖추지 못하고 있다.

그러므로 같은 영적 여정을 걷는 친구를 발견하고 같은 가치를 공유하는 것은 대단히 소중한 일이다. 그러한 친구들은 정말 훌륭한 선물이다. 그들은 영감과 격려를 주며 통찰과 발견을 공유할 수 있다. 힘들 때에는 위안과 지지를 보내주기도 한다. 각자의 배움을 촉진하기 위해 다른 사람들과의 관계를 활용하고 함께 모여서 확신을 공유할 때, 영적 성장은 눈에 띄게 가속화된다. 붓다는 다음과 같이 조언했다.

만약 진실하고 현명한 동반자를 발견할 수 있다면, 그와 즐겁게 동반하면서 여정의 어려움을 극복할 수 있다.
그러나 만약 함께 할 친구나 스승을 발견할 수 없다면, 단지 동반을 위해서 바보와 함께 하는 것보다는 혼자 여행하라.

## 안내자를 발견하라

영적인 동반자는 큰 가치가 있다. 만약 더 오래 수련하고, 그 여정을 더 진행해 나아갔으며, 더 심오하게 이해하는 동반자라면 더 큰 가치가 있다. 지혜와 친절이 풍부한 사람은 지도자나 스승이 될 수 있다. 붓다는 다음과 같이 말했다.

현자들은 네가 어디에 빠져들었는지, 어디에 빠질 것인지를 말해준다.

무한한 비밀이 존재한다! 그들을 따르고 그 길을 따르라.

당신의 인생은 말할 것도 없고, 당신의 수련을 전적으로 맡기기 전에 특정한 스승들에 대해 가능한 많이 파악하는 것이 현명하다. 좋은 스승은 스스로도 상당한 양의 수련을 실천하며 자신의 스승으로부터 지도할 수 있다는 인가를 받는다. 그는 말이나 삶, 관계에 있어 자신이 전달하는 메시지와 똑같은 방식으로 처신한다. 그는 제자를 포함한 모든 사람을 친절과 존경으로 대한다. 그의 주요 관심사는 명성이나 권력 같은 자아의 덫이 아니라 각성이다. 좋은 스승은 자신의 실수를 개방적으로 수긍하며 완벽한 척하지 않는다. 이 점은 완벽한 스승을 얻고자 하는 미성숙한 구도자들을 당황스럽게 만들 수도 있다. 그러나 완벽한 스승이란 없다. 오직 가르침을 줄 수 있는 인간만이 존재할 따름이다.

## 어쩔 수 없는 실패에 낙담하지 마라

이제 우리는 사랑과 자비심 같은 아름다운 자질을 계발하기 위해 노력하고 있다. 그런데 갑자기 모든 것이 잘못되어가고 있는 것처럼 여겨진다. 마음은 사랑 대신에 분노로 파괴된다. 기쁨 대신에 고통스러운 기억이 동굴의 박쥐처럼 무의식으로부터 기어 나온다. 수련은 문제를 개선하기보다는 악화시키고, 진보시키기보다는 후퇴시키는 것처럼 느껴진다.

걱정하지 마라. 그것은 자연스럽고 정상적이며 가치 있는 치유의 과정이다. 수련은 긍정적인 자질을 개발할 뿐만 아니라 고통스러웠던 묵은 기억과 정서를 알아차려 치유를 위해 노출시킨다. 그것은 과거에 매였던 고통의 감옥으로부터 우리를 자유롭게 하는 것이며, 현재의 가능성에 우리를 열게 하는 것이다.

이러한 혼란을 두려할 필요는 없다. 그것을 판단할 필요도 없으며, 자신이 그렇다는 이유로 스스로를 비난할 필요도 없다. 만약 그것이 특별히 강렬하고 심지어 압도되기까지 한다면, 언제나 영적인 수련을 이해하는 스승이나 심리학자와 그 문제를 의논하라. 상황에 따라 수련을 줄일 수도 있고 한동안 다른 방식의 수련을 할 수도 있다. 이러한 어려움은 다 지나가게 마련이며, 돌이켜보면 도전이기도 하지만 치유와 정화를 위한 가치 있는 과정이기도 하다.


## | 다시 시작하라 |


곧 모든 사람들에게 다음과 같은 상황이 벌어진다. 우리는 정신 없이 바쁘거나 급한 가정사에 얽매이거나 게으름의 공격을 받아 수련을 중단하게 된다. 이 단계의 위험성은 죄책감이나 부적절감을 느끼며 우리가 실패했고, 영원히 반복적으로 실패할 것이라고 비탄에 빠지는 것이다. 왜 용기를 내어 다시 시작하지 않는가?

영적인 관점에서 보면 '패'는 또 다른 배움의 기회이고, 어떤 경우에는 가장 귀중한 것이다. 감당하기 어려운 일정이나 할 수 없다는 믿음 같은, 우리를 멈추게 하는 요인들을 탐색함으로써 우리는 자신과 자신의 삶에 대해 더 많이 알게 된다. 감당이 어려운 일정을 탐색하는 작업은 우리가 어떤 요구에 '아니요'라고 말하는 것에 대해 죄책감을 느낀다는 사실을 보여준다. 부적절하다는 감정은 우리가 스스로를 얼마나 공격하고 과소평가하는지를 보여준다. 일단 이러한 덫을 인지하게 되면, 우리는 차분히 그것에 대해서 여유를 갖고 배울 수 있다. 그리고 더 현명해지고 더 강해져서 수련을 다시 시작할 수 있다.

## | 모든 사람의 이익을 위해 수련하라 |

수련을 실천하는 힘은 어느 정도는 그것을 하는 동기에 달려 있다. 자신을 포함한 모든 사람들의 행복과 각성을 위해 수련하는 것이 자신만을 위해 수련하는 것보다는 훨씬 큰 힘을 발휘한다. 자신의 행복에만 집중하는 것은 스스로를 다른 이들로부터 분리시켜 사랑이나 관용 같은 이로운 자질에 목마르게 만든다.

모든 사람들과 모든 생명체들의 이익을 위해 수련하는 것은 보살핌의 원환을 확장하고 사랑이나 친절 같은 정서를 계발시킨다. 시간이 흐름에 따라 다른 사람들의 행복이 우리 자신의 것이며, 모두의 이익을 위해 수련하는 것은 희생이 아니라 기쁨이라는 사실이 차츰 분명해진다. 우리의 영적 작업은 우리를 도울 뿐 아니라 마하르쉬가 말한 바와 같이 "당신이 다른 사람에게 베푸는 최선의 도움이다." 우리의 과제는 단지 우리가 할 수 있는 한 정성을 다해 수련을 하는 것이다. 이러한 방식으로 우리는 차츰 스스로를 일깨우며, 모든 무한한 형태 속에 깃든 생명을 사랑하고 봉사하며, 모든 것에서 신성을 발견하고, 고통 받는 세계를 돌보는 방법을 배우게 된다.

우리가 사는 세계는 절실하게 치유를 원하고 있다. 그리고 그 치유는 훌륭한 손에 맡겨져 있다. 그것은 바로 당신에게 맡겨져 있다. 당신 안에는 모든 치유의 근원이 머물고 있으며 필요한 전부는 당신과 세계를 각성시키는 것뿐이다.

1 13세기 중엽~1321(?). 터키 출생으로 투르크 문학에 강력한 영향력을 끼친
시인. 수피(이슬람 신비주의자)였으며, 신비주의 철학에 정통했다고 알려져
있다.

2 유대 신비주의인 카발라에서 영혼의 수준을 나타낼 때 쓰이는 용어로, 이 세상
에 신의 현존을 직접 지각하고 그를 향한 신성한 삶의 숨결을 느낄 수 있는 능력
을 말한다. 영혼은 육체적·물질적 의식인 네페시nefesh와 영적 의식인 루아
흐ruach를 타고 나며 네샤마neshamah는 이 둘을 넘어서 최초로 나타나는 초
월 의식이다.

3 8세기에 이슬람교가 수니파와 시아파로 분열된 후, 시아파에서 나타난 이슬람
신비주의를 가리킨다. 자기의 내면에서 직접 신과의 합일을 추구했으며 주로
지크르(염불의 일종)를 통해 수행했다. 이슬람 신비주의자인 루미에 의해 시작
된 회전춤으로도 유명하다.

4 1260(?)~1327, 독일 출생으로 중세 기독교의 신비주의자. 영혼 깊은 곳에서의
'영혼의 불꽃'과 신과의 합일合一을 강조했으며 이러한 경지에 이르기 위해서
모든 피조물뿐만 아니라 자신에게서도 벗어나 자신을 완전히 비워야 한다고
주장했다.

5 브라만교의 성전 베다에 속하며, 시기적·철학적으로 마지막 부분을 형성하고
있기 때문에 베단타(Vedânta, 베다의 말미 또는 극치)라고도 한다. 현재 200여

종이 전해지고 있으며, 대우주의 본체인 브라만과 개인의 본질인 아트만이 일체라는 범아일여梵我一如 사상을 담고 있다.

6 1542~1592, 에스파냐 출생의 기독교 신비주의자로 맨발의 가르멜 수도회를 이끌며 교회개혁에 앞장섰다. 저서로는《영혼의 암야》가 유명하다.

7 퍼나. 이슬람교 수피즘에서 신과의 합일을 이룩한 순간을 의미한다.

8 Ruah Hagodesh는 성령의 히브리어 표기다.

9 1931~. 미국에서 태어난 저명한 명상가. 대학에서 LSD를 이용한 의식 연구를 하다가 해고되었으나 1967년 인도 여행에서 영적 스승인 카롤리 바바를 만나 람 다스(신의 하인)라는 이름을 받은 후 명상과 요가를 연구하여 사람들에게 가르쳤다.

10 1873~1960. 미국에서 주로 활동한 현대 도교의 스승 중 한 명이다. 선시, 도덕경, 논어 등 다양한 동양의 철학을 시적인 언어로 서구인들에게 소개했다.

11 인간성의 자아초월적이고 영성적인 차원을 탐구하는 심리학의 한 분야로서 인본주의 심리학의 뒤를 이은 심리학의 제4세력이라고도 일컬어진다. 전통적인 서구 심리학의 접근상의 한계를 인식하고 동양의 영적 전통을 통해 이를 보완하려는 시도라고 할 수 있으며, 의식에 자아를 초월하려는 기본적 경향이 모든 인간에게 있다는 개념을 근본적 진실로 삼는다. 이 분야를 대표하는 학자로는 켄 윌버가 있다.

12 비록 많은 경을 독송할지라도
게을러 수행하지 않으면

마치 남의 목장의 소를 세는 목동과 같나니,

수행자로서 아무런 이익이 없다.

—팔리어 법구경 한글 역, 대구對句의 장 19게송, 거해 스님 편역


13 1207~1273. 아프가니스탄 발흐 출생으로 이슬람 신비주의자이자 시인. 저서
   로는 6권, 2만 7000여 대구로 된 대서사시《정신적인 마트나비 *Mathnavî-ye
   Ma'navî*》(1273)가 유명하다. 회전춤의 창안자이기도 하다.


14 '쿤달리니'라는 말은 뱀과 같은 똬리를 의미한다. 하타 요가의 고전적인 문헌
   에서 쿤달리니는 척추 기저에 똬리를 틀고 있는 뱀으로 묘사된다. 용수철과 같
   은 똬리 이미지는 개발되지 않은 잠재 에너지라는 의미를 갖고 있다.


15 콜버그가 주장한 도덕 발달 이론에서는 위에서 언급된 세 단계, 세분화해서는
   일곱 단계로 나누어 인간의 도덕성 발달에 대해 설명한다.


16 윌버는 그의 저서《아트만 프로젝트*The Atman Project*》에서 의식의 발달 단
   계를 세 단계로 나누어 설명한다. 그는 자기를 확립해 나가는 전개인적 단계에
   서 개인적 단계로 나아가는 과정은 외향적인 길이며 개인에서 초개인적 단계
   에 이르는 길은 본래의 자기로 돌아가는 내향적인 길이라고 주장했다.


17 1842~1910. 미국 출신의 심리학자. 현대 심리학의 아버지라 불린다. 역작《의식
   의 원리*The Principles of Psychology*》는 1200페이지에 달하는 방대한 분량
   속에 생리학, 심리학, 철학에 관한 풍부한 아이디어들을 담고 있으며 이후 현상
   학과 실용주의에도 상당한 영향을 끼쳤다.


18 1941~. 미국 출신으로 국제적으로 저명한 심리학자이자 행동과학자, 문화인
   류학자이다. 인간의 잠재력과 의식에 대한 연구에 앞장서고 있으며 강연, 세미

나, 워크숍 등 활발한 활동을 하고 있다.

19 1872~1950. 인도 태생의 사상가이자 영적 스승. 그는 인류 최대의 적은 인간의 내부에 있으며, 자기성찰에 정진하면 인간의 의식도 신성을 향해 진화될 수 있다고 가르쳤다. 인도에는 아직까지도 그의 이상을 실천하는 '오로빌'이란 공동체가 운영되고 있다.

20 1897~1981. 라마나 마하르쉬와 함께 현대 인도가 배출한 영적 스승. 마하라지는 우리의 본래 모습이 바로 무한한 실재임을 상기시킴으로써 우리가 신과 인간, 나와 남, 육체와 영혼, 물질과 에너지 등의 모든 이원성을 넘어설 수 있다고 말했다. 마하라지와 제자들의 대화를 담은 저서인 《아이 앰 댓 *I am that*》이 유명하다.

21 미국 미시간 주 호프칼리지의 심리학 교수로 재직 중이며, 기독교 신앙을 주류 심리학적 관점에서 대중들에게 소개하는 작업에 주력하고 있다. 가장 널리 쓰이는 심리학 교과서의 저자이기도 하며 최근 저서로는 《행복의 추구》, 《혼돈에서 공동체로: 미국의 사회적 퇴보와 재생》 등이 있다.

22 제(諦, satya)는 진리·진실이라는 의미이며, 그 진리가 신성arya한 것이라 하여 사성제四聖諦·사진제四眞諦라고도 한다. 불교의 가장 기본적인 교리로 고제苦諦·집제集諦·멸제滅諦·도제道諦의 네 가지 진리를 말한다.

23 중생이 고통의 원인인 탐貪·진瞋·치痴를 없애고 해탈解脫하여 깨달음의 경지인 열반의 세계로 나아가기 위해서 실천하고 수행해야 하는 여덟 가지 길 또는 그 방법. 이것은 원시 불교의 경전인 《아함경阿含經》의 법으로, 석가의 근본 교설에 해당하는 불교에서는 중요한 교리이다. 고통을 소멸하는 참된 진리인 여덟 가지 덕목은 ①정견正見: 올바로 보는 것. ②정사유正思惟: 올바로 생

각하는 것. ③정어正語: 올바로 말하는 것. ④정업正業: 올바로 행동하는 것. ⑤
정명正命: 올바로 생계를 유지하는 것. ⑥정정진正精進: 올바로 부지런히 노력
하는 것. ⑦정념正念: 올바로 마음을 챙기는 것. ⑧정정正定: 올바로 마음을 집
중하는 것이다.

24 1472~1528. 중국 명나라 중기의 유학자로 심즉리설心卽理設을 통해 모든 현
상이 인간의 마음에 의지해 일어난다고 보았으며, 당시 주류인 주자학과는 달
리 천리를 탐구해 나아가는 데 있어 실재하는 사물에서 이理를 찾으려 할 것이
아니라 자기 자신의 마음속에서 그 이치를 찾아야 한다는 주장을 폈다.

25 788(?)~820(?). 인도에서 활동한 탁월한 힌두교 철학자이자 개혁가. 베단타에
대한 해석을 바탕으로 만물이 하나의 근원에서 나온 것이며 다원성과 차별성
은 환상일 뿐이라고 주장했다.

26 중동에서 600여 년 전에 활동했다고 알려지는 전설상의 신비가로 '현명한 바
보'로 상징되는 인물이다. 현대의 신비가인 오쇼 라즈니쉬가 유머의 주인공으
로 자주 사용하면서 널리 알려졌다.

27 4세기경에 씌어진 요가 경전, 요가 수트라의 저자로 알려진 인도의 요가학자.
기본적인 요가의 실천에 대해 기술했을 뿐만 아니라 요가학파의 철학적 바탕
을 제공하고, 마음과 감각의 노예가 되어버린 사람을 해방시키는 데 요가가 어
떻게 사용되어야 하는지를 처음으로 지적했다.

28 인간의 신체 여러 곳에 있는 정신적 힘의 중심점 가운데 하나로 산스크리트어
로 '바퀴'라는 뜻이다. 힌두교 요가와 탄트라 불교의 일부 종파에서 행해지는
신체 수련에서 중요시되는 개념으로, 정신적인 힘과 육체적인 기능이 합쳐져
상호작용을 하는 것으로 본다.

29 유대교에서는 '좋은 성향'은 인간성의 천사적인 측면에서 나오고 '악한 성향'은 인간성의 동물적인 측면에서 나온다고 보았다. 인간은 좋은 성향을 이용하여 악한 충동을 바로잡고, 그 힘을 선한 목적을 추구하는 데 쓸 수 있다고 보았다.

30 354~430. 북아프리카 출신으로 초대 그리스도교 교회가 낳은 위대한 철학자이자 사상가, 성인. 저서로는 《고백록》, 《삼위일체론》, 《신국론》 등이 널리 알려졌다.

31 1897~1967. 미국 출신의 사회심리학자. 성격심리학의 권위자이며, 선입견에 대한 연구로 유명하다.

32 성장 욕구가 충족되지 못해 생기는 병리로 권태나 허무감, 절망 등의 증세가 나타난다.

33 1908~1970. 미국 출신의 인본주의 심리학자. 여섯 단계의 욕구 계층이론으로 유명하며, 행동주의 심리학과 정신분석 양쪽을 비판하면서 보다 종합적이고 긍정적인 차원에서 인간을 이해할 것을 주장했다. 말년에는 자아초월 심리학의 탄생에 기여했다.

34 "나는 열다섯에 학문에 뜻을 두었고, 서른 살에 섰으며, 마흔 살에 미혹되지 않았고, 쉰 살에 천명을 알았으며, 예순 살에 귀가 순했고, 일흔 살에 마음이 하고자 하는 바를 따랐지만 법도를 넘지 않았다." 子曰 吾十有五而志于學, 三十而立, 四十而不惑, 五十而知天命, 六十而耳順, 七十而從心所欲不踰矩. 《논어》, 〈위정爲政〉편.
공자의 이 말로부터 15세를 지학志學, 30세를 이립而立, 40세를 불혹不惑, 50세를 지천명知天命, 60세를 이순耳順, 70세를 종심從心이라고 부르게 되었다.

35 1772~1810. 유대 신비주의인 하시디즘의 위대한 스승들 중 한 명으로 하시디즘의 창시자인 바알 셈 토브의 증손자이다. 그의 가르침은 사후에도 여러 나라의 언어로 번역되어 비유대교인들에게도 깊은 감명을 주었다.

36 1904~1987. 비교신화학, 비교종교학으로 유명한 미국의 교수이자 작가, 연설가. 저서로는 '출발-입문-귀환'이라는 전 세계 영웅 신화의 공통경로를 제시한 《천의 얼굴을 가진 영웅》과 비교신화학의 고전으로 불리는 《신의 가면》이 유명하다.

37 1135~1204. 유대교의 저명한 랍비이자 의사, 철학자로서 그의 사상은 아퀴나스와 에크하르트에게도 영향을 끼쳤다. 저서로는 《방황하는 자들을 위한 안내서》가 유명한데, 이는 이슬람교단의 아리스토텔레스 철학과 유대 신학을 조정하고자 한 것으로서, 유대교의 보수적인 정통파와 신비주의자에게는 배척을 받았으나 일반인으로부터는 열광적인 찬사를 받았다.

39 미국의 심리학자로 자신의 저서인 《감성지능》를 통해 EQ(emotional quotient, 감성지수)를 소개했다. EQ는 자신과 다른 사람의 감정을 이해하는 능력과 삶을 풍요롭게 하는 방향으로 감정을 통제하는 능력을 의미한다.

40 1835~1910. 《톰 소여의 모험》, 《허클베리 핀》의 모험으로 유명한 미국의 소설가.

41 'Mindfulness'는 팔리어의 '사티sati'라는 용어에 대한 영어 번역어 중 가장 널리 받아들여지고 있는데, 의미상 '관찰하는 힘Observing power'이라고도 표현할 수 있다. 우리는 마음챙김을 통해 대상을 대면하여 관찰할 수 있다. 국내에서는 'Mindfulness'가 '마음챙김', '알아차림', '마음지킴', '의식주시' 등으로 다양하게 번역되고 있다.

42 주로 이집트의 사하라 사막 일대에서 은둔한 기독교 신비가들을 말한다. '은수
자들의 아버지', '모든 수도자들의 아버지' 로 불리는 성 안토니우스가 가장 유
명하다.

43 미국의 저명한 불교 수행자이자 심리 치료사. 태국, 미얀마, 인도에서 불교 수
행을 했으며 미국 통찰명상회(IMS)에서 위파사나 수행을 지도하다가 명상 수
행자에게도 심리 치료가 필요하다는 생각으로 독립하여 센터를 설립하고, 명
상과 심리 치료를 통합적으로 실시하면서 저술 활동도 활발히 하고 있다.

44 미국 콜롬비아의과대학의 교수였던 헬렌 슈크만은 1965년부터 이상한 꿈을
꾸기 시작했다. 그녀는 그것을 동료 교수인 윌리엄 셰퍼드와 상의했고, 셰퍼드
는 그녀에게 꿈속에서 벌어지는 모든 것을 적어보라고 권유했다. 그리고 1965
년 10월 21일, 그녀는 "이것은 기적수업이다. 이것을 받아 적도록 하라"는 내
면의 계시를 받고 그것을 쓰기 시작했다. 그 책은 직접 읽고 실천할 수 있게 구
성되어 있고 기독교적 문체로 기록되어 있으나 그 내용은 종파를 초월한 진리
를 가리키며 용서를 특별히 강조한다.

45 공자의 문하생이자 제자로 다소 어리석었다고 한다.

46 1182~1226. 이탈리아 아시시에서 태어나 아시시의 성 프란체스코라고도 불린
다. 중세 기독교가 낳은 위대한 신비가이자 수도자로 청빈과 노동을 바탕으로
수도회를 이끌었으며, 가난한 사람들을 위한 설교에 주력하고, 동물에게도 하
나님의 복음을 전파했다. 그가 남긴 '태양의 기도'와 '평화의 기도'는 아직까
지도 사람들에게 깊은 감명을 주고 있다.

47 인본주의 심리학자 매슬로가 제기한 것으로 인본주의 심리학과 자아초월 심리
학을 연결하는 핵심 개념 중 하나다. 깊은 몰입과 황홀감을 수반하는, 개개인의

인생에 있어서 최고로 고양된 만족과 환희의 체험을 지칭한다.

48 매슬로는 절정 체험의 지속된 형태를 고원 체험이라고 보았다. 고원 체험은 절정 체험의 모든 요소들을 포함하며, 영원의 관점에서 일상을 신비적·시적으로 바라보고, 매일을 기적 속에서 살아가는 것으로 묘사한다.

49 '부정의 길negative way'로 해석되기도 한다. 우리가 결코 알거나 이해할 수 없는 신의 더 큰 부분이 존재한다는 것을 받아들이고 궁극의 상태에 도달했을 때, 최고의 소통은 말이나 움직임 없이 완전한 침묵 속에서 존재하는 것을 통해 이루어짐을 뜻한다.

50 1919~. 미국의 저명한 종교학자. 그의 저작인 《세계의 종교》는 그 분야의 고전으로서 200만 부 이상이 팔렸으며, 훌륭한 비교종교학 입문서로 손꼽힌다.

51 중세 가톨릭의 핵심 주장인 의전주의儀典主意는 오직 교회만이 사제가 거행하는 세례와 예배를 통해서 죄를 면해줄 수 있다고 주장하면서 내세의 신앙을 강조했다.

52 이 용어의 의미는 진리(사티아)의 파악 또는 주장(그라하)이다. 간디가 아프리카 남부에서 현지 인도인 노동자들의 공민권 획득 투쟁을 하던 중에 이 운동이 시작되었다. 그 후 1906년 12월 캘커타의 국민회의파대회에서 스와데시(swadeshi, 경제적 독립과 국산품 장려)와 더불어 구호로 등장했다. 간디의 대중적 반식민 투쟁에서는 시종일관 사티아그라하가 근본 사상이 되었다. 일반적으로 '시민 불복종운동'과 거의 같은 의미로 사용되나 한국에서는 '비폭력 저항운동'으로 번역되고 있다.

53 1937년 뉴욕에서 알코올 중독자였던 주식 중개업자, 외과 의사 등에 의해 시작

되었다. 서로의 경험과 희망을 함께 나누어 알코올 중독이라는 공동의 문제를 해결하고 다른 알코올 중독자들의 회복을 돕는 것을 목표로 한다. 국내에도 이미 소개되어 전국적으로 지부를 두고 있다.

54 16세기에 씌어진 가장 대표적인 도덕극. 알레고리(은유) 위주로 씌어졌으며 내용은 '에브리맨'에게 죽음이 찾아오자 그는 우정, 친지, 힘, 아름다움 등에게 함께 가달라고 부탁하지만 거절당하고, 결국 무덤에 선행만 가져간다는 교훈을 담고 있다.

55 정말로 형제들아 무엇에든지 참되며, 무엇에든지 경건하며, 무엇에든지 옳으며, 무엇에든지 정결하며, 무엇에든지 사랑할 만하며, 무엇에든지 칭찬할 만하며, 무슨 덕이 있든지, 무슨 기림이 있든지 이것들을 생각하라.

56 1915~1968. 미국 출신의 가톨릭 성직자이자 저술가. 트라피스트 수도사로 활동했으며 도가 사상과 선불교 등 동양의 영적 전통에도 지대한 관심을 가졌다. 저서로는 신앙의 고전으로 여겨지는 《칠층산*The Seven Story Mountain*》, 《명상의 씨앗*The Seeds of Contemplation*》이 유명하다.

57 1440(?)~1518. 인도의 신비가이자 시인, 종교 개혁가. 수피즘의 영향을 많이 받았으나 힌두교로 개종하여 윤회, 업, 범, 해탈 등의 개념을 받아들였다. 시크교를 비롯한 근세 힌두교 개혁가들에게 많은 영향을 끼쳤다.

58 붓다는 열반에 들면서 "방일하지 말고 힘써 정진하라"고 강조했다. 여기서는 mindless를 '게으름, 조심성 없음'을 의미하는 불교 용어로 방일, 심리학적 용어로는 '부주의'로 번역했다.

59 1911~1977. 독일 태생의 경제학자, 환경 운동가. 《작은 것이 아름답다》는 저서

로 유명하다.

60 1757~1827. 18세기 영국의 낭만주의 문학에서 가장 독창적인 시인 가운데 한 사람이다. 그는 시인으로서, 화가로서, 그리고 뛰어난 상상력을 지닌 사람으로서 이전에 볼 수 없었던 감성을 자신의 작품을 통해 표출해냈다. 시집으로는 《아메리카》,《유럽》,《유리젠서》 등이 있다.

61 1935~. 미국의 심리학자. 자아초월심리학의 창시자들 중 하나로 의식의 변성 상태에 대한 과학적인 연구로 유명하다.

62 행동과 지각에 주의를 기울여서 자동화된 행동이나 사고 패턴에서 벗어나는 것을 의미한다.

63 1893~1970. 독일 출신의 유대계 정신과 의사로 정신분석을 포함한 기존의 심리학에 반대하며 게슈탈트 심리 치료를 창안했다. 전체를 장field의 관점에서 통합적으로 이해할 것을 강조한다.

64 1902~1987. 미국의 심리학자. 그가 체계화한 인간 중심 치료 이론과 성격 이론은 심리 전문가나 그 밖의 전문가에게 급속하게 받아들여져 카운슬링의 이론적인 지주가 되었다.

65 항상 경험에 열려 있어 실존적 삶을 영위하며, 자신의 몸을 신뢰하고 감정을 자유롭게 표현하며, 독립적으로 행동하고 창조적이며, 풍요로운 삶을 사는 사람을 의미한다. 로저스는 내담자 자신이 본래 성장 욕구나 자기실현 욕구를 가지고 있어서, 적절한 치료적 상황이 주어져 증세나 부적응에서 해방되면 '충분히 기능을 발휘할 수 있는 인간' 에 가까워진다고 보았다.

66 1902~1980. 미국 출신으로 색맹과 소아마비로 어린 시절 고생했으나 이를 통해 비언어적인 커뮤니케이션을 예리하게 지각하게 되었다. 후에 이를 바탕으로 에릭슨식 최면법을 고안하기도 했다. 20세기의 가장 저명한 최면 치료가로 손꼽힌다.

67 미국에서, 'sweeping meditation' 은 위파사나 명상 방법 중, 몸에서 일어나는 감각을 부위별로 마음챙김하는 고엔카 수행법을 지칭한다. 또한 '바디 스캔(body scan)' 으로 불리워지기도 한다.

68 Pronoia는 편집증의 반의어에 해당되며 일종의 균형을 의미한다.

69 초월증은 모든 것에 내재된 초월성을 인식하는 것을 의미한다. 편집증과는 달리 여기선 긍정적인 의미로 사용되었다.

70 1905~1989. 티베트 불교 카규파의 2대 영적 스승으로 서구에 불교를 알리는데 지대한 공헌을 했다.

71 동곽자東郭子가 장자에게 물었다. "도란 어디에 있습니까?" 장자가 대답했다. "없는 곳이 없소." 동곽자가 다시 물었다. "분명히 가르쳐주십시오." 장자가 대답했다. "땅강아지나 개미에게 있소." 동곽자가 "어째서 그렇게 낮은 것에 있습니까?" 하고 물으니까 장자가 다시 "돌피나 피에 있소" 하고 대답했다. "어째서 그렇게 점점 더 낮아집니까?" 하고 동곽자가 묻자 "기와나 벽돌에도 있소" 하고 공자가 대답했다. 동곽자가 "어째서 그렇게 차츰 더 심하게 내려갑니까" 하고 물으니까 장자가 대답했다. "똥이나 오줌에도 있소." 동곽자는 그만 말문이 막혀 아무 대꾸도 하지 않았다. 《장자》 외편의 〈지북유知北遊〉 제22.

72 성 요한은 신과의 합일을 체험한 후 나타나는 영적 메마름, 의심, 그리고 하나

님과 멀어진 상태를 이렇게 표현했다.

73 "일반적으로 '의식의 변성상태' 는 약물로 유도된 상태, 임사 체험, 명상 등을 통해 경험되는 의식의 비정상적·비일상적 상태를 의미한다."(《켄 윌버 사상의 본질》조효남 지음) 위 글에서는 명상을 통해 의식이 고양된 상태를 가리킨다.

74 변성된 의식상태가 항구적으로 이어지고 개인의 심리적 측면과 두뇌에도 근본적인 변형을 가져올 때 이를 의식의 변성특질이라 부른다.

75 7세기경 활동한 기독교의 성인. 엄격한 고행주의와 그에 관한 글쓰기로 유명하다.

76 수면자 스스로 꿈을 꾸고 있음을 자각한 상태에서 꿈을 꾸는 현상.

77 1165~1240. 에스파냐 출신으로 이슬람 철학에서 존재론, 인식론, 신지학의 종합을 이뤘다고 평가받는 수피즘 후기의 가장 위대한 신비 사상가.

78 1949~. 미국에서 태어났으며 자아초월 심리학 분야에선 데카르트와 프로이트, 아인슈타인에 비유되는 대사상가로서 이 분야의 새로운 지평을 연 것으로 평가되고 있다. 주요 저서로는 《무경계》, 《아이 투 아이》, 《통합 심리학》 등이 있다.

79 325~394. 기독교 초기 교부들 중 하나로 아리우스파를 몰아내고 삼위일체설을 성립하는 데 커다란 기여를 했다.

80 칠각지七覺智, 칠보제분七菩提分, 칠각분七覺分, 칠각의七覺意 또는 각지覺支라고도 한다. 불도를 수행함에 있어서 지혜로써 참된 것, 거짓인 것, 선한 것, 악한 것을 살펴 골라내는 데는 일곱 가지가 있다. ①택법각지擇法覺支: 지혜로

모든 것을 살펴 선한 것은 택하고 악한 것은 버리는 일. ②정진각지精進覺支: 여러 가지 수행을 할 때 쓸데없는 고행은 그만두고 바른 도에 전력하여 게으르지 않는 일. ③희각지喜覺支: 참된 법을 얻어 기뻐하는 일. ④제각지除覺支: 그릇된 견해나 번뇌를 끊어버리고, 능히 참되고 거짓됨을 가려서 올바른 선근善根을 기르는 일. ⑤사각지捨覺支: 바깥 세상에 집착하던 마음을 끊음에 있어, 거짓되고 참되지 못한 것을 추억하는 마음을 버리는 일, ⑥정각지定覺支: 선정禪定으로 마음을 통일하여 깨달음에 들어가는 일. ⑦염각지念覺支: 불도를 수행함에 있어, 잘 생각하여 정定과 혜慧가 고르게 하는 일. 수행할 때 마음이 혼미하면 택법각지·정진각지·희각지로 마음을 일깨우고, 마음이 들떠서 흔들리면 제각지·사각지·정각지로 마음을 고요하게 한다.

81 1927~1989. 미국의 발달심리학자로 아동들에게 도덕적 갈등 상황에 대한 질문을 던져 그 결과를 바탕으로 도덕성이 단계적으로 발달한다는 이론을 제시했다.

82 1923~. 미국 출신의 작가이자 신비가로서 대표적인 저서로 《마음을 열고 가슴을 열고Open Heart, Open Mind》가 있다. 관상 기도를 통해 하나님께 나아갈 것을 강조했다.

83 1937~. 현재 샌프란시스코주립대의 철학교수이며 종교와 심리학에 관련된 많은 저작을 남겼다.

84 1248~1309. 이탈리아 움브리아 지방에서 활동한 기독교 신비가. 영적 황홀경 상태에서 본 비전과 메시지를 남긴 것으로 유명하다.

85 330~442. 이란의 수피이자 시인. 시라즈란 도시에서 활동했으며 "내가 아는 것은 오직 신뿐"이란 말로 유명하다.

86 불가의 수행자가 깨달음을 얻기 위해 참구參究하는 문제.

87 윌버는 자신의 저서 《아이 투 아이》에서 이성의 이전 단계와 초월한 단계는 둘다 비이성적이라는 점에서 같은 것으로 혼동되기 쉬우며 전-이성적인 것을 초-이성적인 것으로 바라볼 때 격상주의 오류가 발생하고, 초-이성적인 것을 전-이성적인 것으로 볼 때 환원주의 오류가 발생한다고 주장했다.

88 헤로데스 왕 시대(기원전 73?~기원전 4)에 살았던 유대교의 영적 지도자.

89 십우도의 마지막 단계로 저자에 들어가 중생을 돕는다는 뜻이다.

90 1875~1941. 미국의 작가로 기독교 신비주의에 관한 글로 유명하다. 그녀는 언제나 독자들에게 영적 호기심을 넘어선 직접적인 체험을 강조했다. 주요 저서로 《신비주의 Mysticism》가 있다.

91 카르마 요가란 인도 요가의 한 흐름으로 '일이 수행이다' 라는 생각을 바탕으로 헌신하며 깨달음을 추구하는 수행법의 일종이다.

92 1863~1902. 근대 인도의 사회개혁 및 종교 지도자로 스승인 라마크리슈나의 가르침을 서구에 알리는 데 주력했다.

몇 년 전 나는 한 친구를 통해 이 책을 처음 알게 되었다. 그가 한 번은 정말로 대단한 것을 발견했다고 흥분하면서 이 책 이야기를 꺼냈다. 불교뿐 아니라 인류 역사상 거의 모든 위대한 종교적 수행 전통을 쉽고 간결하게 설명하면서도 위파사나 명상부터 가톨릭 명상까지 수행의 정수를 현대인의 일상에 접목시킬 수 있는 구체적 방법까지 제시한 그야말로 보물 같은 책이라는 것이었다. 그가 이런 주제에까지 관심을 기울이는 것이 신선하기도 했지만, 다른 한편으론 내면의 성숙과 자기 계발에 대한 일반인의 관심이 의외로 클 수도 있겠다는 생각이 들었다. 그 친구도 내가 보기엔 지극히 평범한 직장인이기 때문이다. 바로 그 점이 이 책에 관심을 가지게 된 이유이기도 했다.

그런데 정작 그 친구가 왜 그렇게 흥분했는지는 나중에 그가 선물한 원서를 읽으면서야 알게 되었으며, 마찬가지 이유로 이 책을 번역해서 다른 사람들과 함께 나누고 싶다는 생각까지 갖게 되었다. 즉 상담심리학을 공부하는 사람으로서, 나는 항상 나 자신을 포함하여 주변에 심리적, 정신적 고통을 갖고 있는 사람뿐만 아니라 내면의 미성숙함과 무지 또는 심리적 결함을 극복하고자 하는 많은 보통 사람들까지도 효과적으로 도울 수 있는 방법에 대해 관심을 가져왔고, 이 책이 바로 그러한 탐색에 하나의 해답이 될 것이라는 확신이 들었기 때문이다.

이 책의 저자인 로저 월시Roger Walsh 박사는 자아초월심리학 분야의 저명한 학자이자 정신과 의사로서 캘리포니아 의과대학에서 정신과와 철학, 인류학 교수로 재직하고 있다. 이 책은 월시 박사의 20년이 넘는 연구와 영적 수행에 근거한 책으로, 그는 유대교, 기독교, 힌두교, 불교, 도교, 유교와 같은 인류의 위대한 영적 전통들이 궁극적인 공통의 목표, 즉 우리 주위에 그리고 우리 안에 존재하는 신성神性을 깨닫는 것과 그 목표에 도달하기 위한 일곱 가지의 원리가 있다는 사실을 발견했다. 그는 위대한 종교 전통의 정수를 추려내어 쉽고 간결하게 풀어낸 설명과 함께 단계적 수련법, 실제적 조언으로 가득 차 있는 영성의 진수Essentials of Spirituality를 이 한 권에 집대성하여 요약한 것이다. 이 책은 이들 일곱 가지 원칙을 우리 삶 속에 통합하여 사랑과 평화, 친절과 관용, 즐거움, 지혜를 일상 속에서 조금씩 키우는 방법을 보여준다. 월시 박사는 이 책을 통해 인간 존재의 핵심인 '영성'에 현대인들이 친숙하고 쉽게 다가가는 실용적인 수련법을 제시하고 있는 것이다.

20세기 들어 서양의 심리학과 철학, 자연과학 등 제 분야에서는 현대적 맥락에서 동서양의 지혜와 전통을 재해석하고 통합하는 작업이 활발해지고 있다. 나아가 그러한 작업의 성과를 어떻게 현대인의 바쁜 일상에 접목할 것인가에 대해서도 많은 관심을 기울이고 있다. 나는 한국인으로서, 또 한 사람의 동양인으로서 지난 수천 년간 우리나라를 포함한 동양에서 불교, 도교, 힌두교 등의 위대한 지혜가 엄청나게 축적되어 왔음에도 불구하고 그런 지혜의 보고가 일부 종단이나 개인 차원에서 소수만이 실천할 수 있는 수련 방식이나 지적 탐구의 대상으로 한정되어 왔다는 것에 안타까움을 느낀다. 왜 동양에서는 보다 많은 인간들의 삶을 향상시키고 이롭게 할 수 있는 실용적인 수련 방법을 개발하고 공유하는 작업에 좀 더 관심을 기울이지 않았을까? 아무리 많은 지혜가 있다 한들 실천하지 않으면 무슨 소용이 있는가?

이런 차원에서 본다면, 이 책에 제시된 일곱 가지 수련방법은 이 시대를 살아가는 현대인에게 참으로 적절하고 유용한 선물이 아닌가 싶다. 수련 혹은 수행이라는 말을 들을 때 우리는 흔히 조용한 산사, 금욕적인 생활방식, 현실과의 유리, 몇 시간이나 고통스럽게 다리를 틀고 앉는 자세 같은 이미지를 떠올리게 된다. 그러나 이제 수련은 더 이상 일부 결심과 각오를 단단히 한 이들만의 전유물이 되어서는 안 될 것이다. 이 책은 특별한 수련 장소와 특정한 시간, 환경을 고려하지 않고도 현대의 복잡한 삶과 일상을 모두 수련으로 변환시킬 수 있는 간단하고도 쉬운 방법들을 제시하고 있다.

책을 읽어가면서 우리는 저자의 친절함과 자상함에 거듭 감동을 받게 된다. 시종일관 그는 수련을 시작하는 초보자들에게 쉽게 시작하고 실패에 너그러워질 것을 조언한다. 그만큼 간단한 수련이라도 일단 시작하고 꾸준히 지속해나가는 일이 어려우며 중도에 포기하기 쉬운 것임을 저자 자신이 체험을 통해서 잘 알고 있기 때문이라고 짐작된다. 윌시 박사의 조언대로 처음에는 가능한 부담 없이 시작하는 것이 중요하다. 이 책을 읽으면서 일곱 가지 수련 중 본인에게 가장 맞고 쉬운 한두 가지를 선택해서 일정 기간 동안 꾸준히 실천해볼 것을 권유하고 싶다.

우리는 왜 이러한 수련을 해야 하는가? 흔히 말하는 거창한 '영적 깨달음'을 얻기 위함인가? 부족하고 투박한 견해를 감히 밝히자면, 좀 더 행복하게 살아가고 싶어서가 아닌가 싶다. 즉 우리 스스로, 그리고 우리 가족, 친구, 이웃과 더불어 보다 깨어 있고 진실하게 살아가기 위한 노력이 아닐까? 또한 그 점이 내가 처음 그 친구의 소박한 흥분에 공감했던 이유가 아닐까?

2007년 2월
옮긴이